［徹底解明］

タックスヘイブン

グローバル経済の見えざる中心のメカニズムと実態

ロナン・パラン
リチャード・マーフィー
クリスチアン・シャヴァニュー

青柳伸子 訳　林 尚毅 解説

TAX HAVENS

作品社

[徹底解明] タックスヘイブン——グローバル経済の見えざる中心のメカニズムと実態　目次

第Ⅰ部　タックスヘイブンの機能と役割

第1章　タックスヘイブンとは何か？

第Ⅱ部　タックスヘイブンの起源と発展

第4章　タックスヘイブンの起源　187

第5章　大英帝国によるタックスヘイブンの発展　214

第Ⅲ部　国際政治におけるタックスヘイブン

第9章　国際的・組織的規制の開始 337

［注記について］
注は、すべて見開きの左端に掲載した。▼印は原注および参考文献、◆印は本原著に掲載されている用語解説であり、★印のものは日本語版のための付した訳注である。参考文献の詳細な書誌データは、巻末の「参考文献一覧」に掲載した。

[図表一覧]

［日本語版序文］

タックスヘイブンの現在

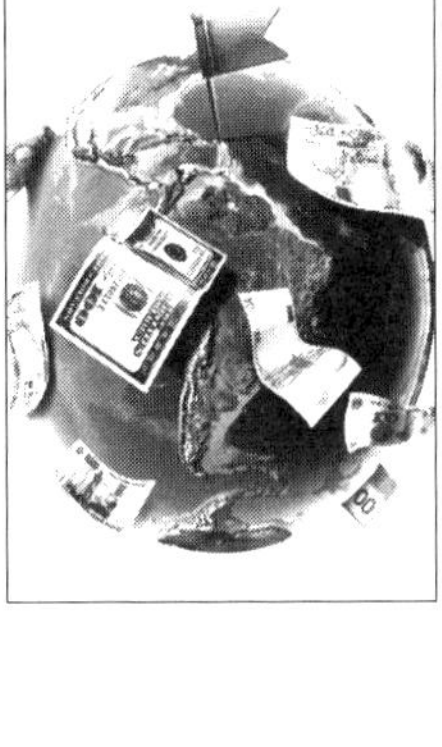

タックスヘイブンと規制の現状

二〇〇九年のロンドンG20サミットで、当時のイギリス首相ゴードン・ブラウンは、タックスヘイブンの終わりの始まりを告げた――世界を飲み込んでいる金融危機の原因に対処するための自らの計画の中心にタックスヘイブンを据えたのである。

ブラウン首相は、風潮を捉えていたように思われる。タックスヘイブンに対する姿勢は硬化してきている。タックスヘイブンとの闘いが、メディアや政界で注目されるようになっただけではない。もっと重要なことに、オフショア世界の弁慶の泣き所として広く認知されるようになった秘密主義と透明性の欠如に、今では焦点をぐっと絞り込んだ形で闘いが推進されている。そのため、本書の読者の方々は、もっともな疑問を抱かれているかもしれない。タックスヘイブンは今でも問題なのか、私たちが本書で主張するように、タックスヘイブンはグローバル化の核であり続けるのか、と。

タックスヘイブンの現在の労苦の、言うなれば貸借対照表を検討してみよう。税金の不正利用に立ち向かう多国間の努力を、富める国々が集まったシンクタンクである経済協力開発機構（ＯＥＣＤ）が調整している。本書において私たちは、OECDの課税協定モデルである租税情報交換協定（TIEA）は脆弱かつ煩雑すぎて意図された目標を達成できないと主張する。本書の英語版初版の刊行以来、OECDは、自らが奨励してきたグローバル・フォーラムとともに、相互審査《ピア・レビュー》プロセスという野心的なプロジェクトに着手することで、二国間条約のTIEA制度を強化する決定を下した。

ピア・レヴュー・プロセスは、多様な国々の取締官を導入し、租税回避、脱税、不透明性の法規定ならびにロジスティック規定について、文字どおり「相互に審査」する。ピア・レヴュー・プロセスは、二段階を経る。第一段階では、各国の法律と規制を分析し、それに等級を付与する。執筆中の現在、進行中の第二段階では、規則や規制を改善するよう各国に求める具体的な勧告が審査員《レヴュアー》らによって行なわれている。ピア・レヴュー・プロセスは明らかに、国際租税ならびに不透明性の分野でこれまで実施されてきたいかなる多国間活動よりも強固・徹底的かつ本腰を入れた活動である。だが、これは機能しているのだろうか。

OECD「ピア・レビュー・プロセス」は機能しているか？

私たちの見解では、機能していない。あまり、ということだ。

第一に、私たちが本書で主張するように、ピア・レヴュー・プロセスは、そもそも最初から欠陥のあったプロセスの強化を単に目的としており、TIEAを強化したところでその限界を克服できない。タックス・ジャスティス・ネットワーク（TJN）◆は、国家間の自動的な情報交換協定と国別会計報告の必要性をかねてから強く訴えてきた。イギリス、インドの両首相は、すでに自動情報交換協定の支持を公に表明し、TIEAの限界を暗に認めている。

第二に、個別のピア・レヴューは、政治的操作その他の圧力を被ったという証拠がある。ジェイソン・シャーマン▼1が実施し、後にTJNをはじめとする多くの研究者たちが確認した調査研究により、デラウェア州が率いるアメリカのいくつかの州が、世界でも有数の守秘法域とみなされるという動かぬ証拠が提示された。それにもかかわらず、何とアメリカは、第二段階の審査は全く必要なし、というお墨付きをピア・レヴューのレヴュアーらから頂戴している！　その他の多くの言わずと知れたタックスヘイブンも、ピア・レヴュー・プロセスを見事にパスした。

ピア・レヴュー・プロセスは、ＯＥＣＤ、国際通貨基金（ＩＭＦ）、金融活動作業部会（ＦＡＴＦ）〔本書338頁を参照〕による往年のブラックリスト化プロセスによって構築され、踏みならされた古道を辿っているように見受けられる。本書において私たちが報告するように、こうした「名前を公表して恥をかかせる」キャンペーンは、常に同じ結論に達する。つまり、すべての国々は税金の不正利用根絶に協力する構えがあり、世界にはもうタックスヘイブンなど残っていないから心配無用、というのだ。それにもかかわらず、その同じ組織が、わずか二年、あるいはせいぜい三年のうちに、自らが消滅を宣告したまさにその税金の不正利用と取り組むための新たな、いっそう包括的なイニシアチブを発表するとは。

ＩＭＦが嬉しそうに発表したとおり、タックスヘイブンが二〇〇四年にもはや問題ではなくなったのならば、いったいどうして二〇〇八年のロンドンＧ20サミットで、あれだけ多くの時間を費やして税金の不正利用とタックスヘイブンへの対策を討議したのだろう。

一九九八年に始まった有害な税の競争に対するＯＥＣＤのキャンペーンが、ＯＥＣＤの主張どおり二〇〇二年に成功を収めていたのだとしたら、なぜ当のＯＥＣＤが、独自のＴＩＥＡプロセスの開始を決

◆タックス・ジャスティス・ネットワーク（ＴＪＮ）コラム「2-1」参照（95頁掲載）。

▼1　〔参考文献〕Sharman, Jason. "Shopping for Anonymous Shell Companies: An Audit Study of Anonymity and Crime in the International Financial System." *The Journal of Economic Perspectives*. 24. no.4 [2010]: 127-40

定したのだろう。そしてまたしても、TIEAの成功を宣言しておきながら、舌の根の乾かぬうちにピア・レヴュー・プロセスを同様に開始したのだろう。

何より呆れるのは、タックスヘイブンがもはや存在しないのなら、なぜ本書で報告するような二〇〇八年のリヒテンシュタインとUBSの事件が起き、それ以後もタックスヘイブン絡みの一連のスキャンダルが続いているのだろう。まったくもって不思議だ。

第三に、そしておそらく最も説得力のあることに、OECDの一連のキャンペーンの信憑性に疑いを抱いているのは私たちだけではなく、アメリカ、EU、そして……当のOECDを含む三つの非常に強力な組織が私たちの行なっている評価に加わっている。まずアメリカ、厳密にはオバマ政権から話をはじめよう。

アメリカの現状とタックスヘイブンへの対応

アメリカは今でも、少なくとも表向きは、秘密主義と税金の不正利用に取り組むための多国間のイニシアチブを支持している。しかし、実際には、そしてその行動においては、国際的な租税回避イニシアチブに痺れを切らし、ニンビー戦略◆と表現できるような一方的な道を歩んでいるように思われる。アメリカは、パナマやリベリアなどの便宜置籍船によってもたらされる安全性に対する懸念に自ら対処するようになったのと同じやり方で、タックスヘイブンを扱うよう提案している。リベリアの法律や政策を変えようとする試みを金輪際《こんりんざい》しない代わりに、別の手法を選んだのだ。アメリカに関する限り、船舶はどこの国の旗でも好きに掲げることができるが、アメリカに入港したければ、耐航性基準と船員の処遇についてアメリカ連邦保安局による査察を受けない限りアメリカの領海に入れない。こうして、アメリカは、アメリカに入港するすべての船が、便宜的に籍を置いている「本国」の規則ではなくアメリカの法律を必ず守るようにしている。

アメリカは、金融というきわめて移動性のある世界にもこの同じ原則を適用するよう提案している。こうした考え方は、元を正せば、いわゆるQIプログラムの下で国際的なポートフォリオ◆投資家に対処するためにアメリカで開発された。このプログラムにおいて、アメリカ国税庁（IRS）は、国境を越えた金融取引の複雑さと、オフショア事業体の広範な利用が、源泉地国投資の判断を非常に難しくしていると認識した。二重課税協定◆があることから、源泉地国がどこなのかの判断は、ひいては源泉徴収税の決定において重要となる。その結果、アメリカ国民が、さまざまなオフショア構造を利用してアメリカに投資できる一方、アメリカ国民でないように見せかけ、本来支払うべき税金を回避しているとわかった。また、ポートフォリオ投資を行なっている者は、アメリカの居住者であれ非居住者であれ、オフショア構造を利用して非常に寛大な二重課税協定の恩恵を受けられる。

これに対処するため、IRSは、アメリカ適格仲介人制度▼2（QI）と呼ばれる構想をまとめ、二〇〇一年に運用を開始した。QIは、イタイ・グリンベルクが述べるように、本質的にアメリカ系金融機関と非

◆ニンビー戦略　原子力発電所・ゴミ廃棄所など地域環境にとって好ましくないものが、他所にできるのはともかく、近所に設置されるのは反対という人、また、そういう住民エゴの態度についていう。英語の"NIMBY: Not In My Back Yard"からきている。

◆ポートフォリオ　投資家や金融機関が、安全性や収益性を考えて、株式などの金融資産を分散して投資した際の、その有価証券の組み合わせ一覧のこと。

◆二重課税協定　第4章・83頁の注を参照。

▼2　〔参考文献〕Grinberg, Ithai. *Of Anonymity and Crime in the International Financil System International Tax System.* Washington: Georgetown Law, the Scholarly Commonns, 27 January 2012

アメリカ系金融機関との「取引」だった。QIの下で、非アメリカ系金融機関は、アメリカに投資している顧客の情報を収集することに同意した。その見返りにその取引の一環として、QIは、その金融機関の非アメリカ人顧客の素性を競合金融機関ならびにその他のIRS諸部門から隠すことができた。こうしてQIは、仲介の連鎖において他の金融機関が顧客を盗めないよう保証したのだ。

QIには多くの限界があったが、今にして思えば、その重要性は、はるかに重要なイニシアチブであるBSスキャンダルに続き——アメリカ議会は、内国歳入法の一四七一条から一四七四条（一般には〝FATCA〟86として知られる）を成立させた。FATCAの下で、外国金融機関は二〇一四年以降、アメリカ人ならびに、アメリカにかなりの所有権を有する外国事業体の金融口座に関する情報をIRSに直接報告するよう求められる。また、各アメリカ口座の勘定残高あるいは価額ならびに、配当・利子・その他の所得・アメリカ口座に入金された財産の売却による総収益の金額を報告しなければならなくなる。フランス、ドイツ、イタリア、スペインおよびイギリスは、FATCAの類似規定を実施し、アメリカとはもちろんのこと、互いに一致協力する計画だ。

FATCAによる予測歳入は、総額九〇億米ドル程度とあまり多くはないが、FATCAによって形勢が一変する。FATCAは、オフショア事業体を通してこれまで隠蔽されていた情報を入手するための代替手段を、アメリカはもとよりその他の多くの国々に与えることになる。EUは、課税分野におけるEU行政協力指令の下で同様のイニシアチブを推進している。その間にOECDは、またしてもピア・レヴュー・プロセスの大成功を宣言したが、さらに重要なことに、G20の指導者らに「自動的な情報交換を含む包括的情報交換システムを改善するために必要な手段を講じるとともに、FATFとの協力の下、特別目的会社の悪用を防止し、不正活動との闘いにおける諸機関協力体制を改善する措置[3]」を講ずるよう求めた。言い換えるならば、OECDはもはや、TIEAが役目を果たすとは確信していない。OECDは今、同じ効果を有すると思われる仲介プロジェクト（なんとも曖昧な表現だ）に権限を与えている。最も重要なのは、私たちの見解では、二〇一三年初頭に発表された税源の侵食と利益移転（BEPS）に関する新たなイニシアチブだ。これは、大企業が画策する濫用的租税回避スキームに対処するための最終的で、おそらく最も包括的な政策である。これまでのところ、曲がりくねった長い道のりの第一歩にすぎないように見受けられるが、BEPSは、OECDもようやく心を入れ替えようとしている、と私たちにようやく示唆している。

さまざまな規制策の有効性

とはいえ、これでタックスヘイブンがもう問題ではなくなったことになるのか。あながちそうとも言えない。私たちがこれらの新たな措置の可能性に対してかなりの警戒心を抱いているのには、多くの理由がある。

第一に、こうした活動努力すべてがあるにもかかわらず、タックスヘイブンは依然として世界の金融システムの有効性を蝕む不透明性の核にあり、その不透明性こそが解決の鍵なのだ。FATCAあるいはその類似規定があろうとなかろうと、世界の大手企業がどこで取引しているのか依然として不明であり、グループ間での取引となればなおさらのこと。世界の主要財務報告制度すべてが求める連結勘定によって提供される不透明性と相まって、タックスヘイブンがこれを保証している。その結果、移転価格操作◆の意図的濫用が、依然として世界の発展途上国にとっては最大の問題の一つであり、自国領土から流出するマ

▼3 〔参考文献〕OECD. *Progress Report to the G20, Los Cabos, Mexico*. Paris: OECD, 2012, 18

◆移転価格操作　第2章・126頁、第7章・293頁を参照。

ネーを追跡できないがゆえに、納められてしかるべき税を徴収できずにいる。たとえば二〇一三年、グーグルやアマゾンといった企業の活動が世界中に知れ渡ったことで、これが発展途上国にとっての問題に留まらないとわかった。こうした企業が赤字を埋めるために収入を意図的に追い求めるがゆえに、先進国にとっても問題になっている。デービッド・キャメロンが、この問題を二〇一三年G20の議題のトップに据えたのも不思議ではない。

第二に、そしてさらに意義深いことに、タックスヘイブンに多額の基金が置かれていることが、二〇〇九年以降になってこれまでにないほど明らかになった。タックス・ジャスティス・ネットワークの推計では、総額にして少なくとも二一兆米ドルに上る。当然ながら数字については議論の余地があるものの、この問題が今や以前には想像もつかなかったほどに大きいことを疑う者はほとんどいない。しかも、その結果としての損失も莫大だ。EUは現在、租税回避と脱税によるEUの損失を年間一兆ユーロになるのではないかと見ている。すべてがタックスヘイブンに起因するわけではなかろう。それは疑う余地がない。だが、和解が示唆するとおり、アメリカやイギリスなど数か国がスイスその他から回収した総額はタックスヘイブンに起因する。とはいえ、これは氷山の一角にすぎない。重要なことに、前述した措置を踏まえると、オフショアに置かれている資産・基金の総額ならびにオフショア事業体の数はそろそろ減少しはじめたのではないか、私たちはそう期待する――だが、減少を示す証拠は今のところない。正確には、スイスでは明らかに減少しているものの、シンガポールでは増加している。だが全体として、タックスヘイブン世界は、これまでにないほど上昇傾向にあるように見受けられる。オフショア世界の顕在ぶりに研究者たちは戸惑っている――私たちもそうだ――が、こうした事実に鑑みて私たちが達することのできる唯一の合理的結論は、タックスヘイブンは依然として現代経済においてきわめて中心的な役割を果たしており、将来もその可能性がある、ということだ。

グローバル資本主義における「計画的異常」

こうした事柄すべてを通して、タックスヘイブンはいかにして生産的な経済資源を不当に割り当て、生産的な経済活動と外国直接投資を投機やタックスヘイブンを本拠とするポートフォリオ・ベースの基金に転用してきたのか、という疑問が浮上する。ケイマン諸島などを本拠とする多くのヘッジファンドやプライベート・エクイティ・ファンド◆によって、このことは如実に証明されているのではなかろうか。損失は誰にもわからない。だが、こうした問題が相まって及ぼす影響の大きさからもわかるように、タックスヘイブンは有害であり、金融部門に対してのみならず、投資資源を乏しくすることで実体経済に対しても、そして租税回避を通してであれ、脱税を通してであれ、資源を与えないことで各国政府に対しても莫大な損失を負わせている。このことはすべて、タックスヘイブンが依然として世界中の人々の実生活に強い影響を及ぼしていることを意味する。

タックスヘイブンの極意はひとえに、彼らの秘密主義にある。だから、彼らの評価が非常に難しいのだ。しかも、だからこそ彼らは研究に値する。なぜなら、地球全域にわたって市場利益が認識できるよう保証する、隠し立てのない透明なやり方で、世界経済が当然の機能を果たすつもりならば、不透明さを打破しなければならないからだ。タックスヘイブンは、その可能性を阻止する。彼らは、地球規模の資本主義の中で、そうした可能性を破壊する力を依然として有する大きな、しかも計画的な異常なのだ。

だからこそ、タックスヘイブンは、今なお問題なのである。

◆ヘッジファンドやプライベート・エクイティ・ファンド　コラム「1・1」参照（60頁掲載）。

[序文]
グローバル経済の中核として機能するタックスヘイブン

1……世界金融危機とタックスヘイブン

二〇〇七年九月、未曾有の破壊的な金融危機が始まったわずか一か月後、イギリスの銀行ノーザン・ロックは、破綻の瀬戸際にあった。ノーザン・ロックは、破産前に急成長を遂げ、それによって債務担保証券◆（CDO）向け国際市場における積極的プレイヤーとして成長するための資金を調達し、イギリスにおける五大住宅金融銀行の一つとして台頭してきた。

しかし、そのCDOはノーザン・ロックそのものが発行したのではなく、その影の会社として知られるようになったグラニット・マスター・イシュアー公開有限責任会社◆とその関連会社が発行していた。その取り決めについて興味をそそられたのは、グラニットを所有していたのが、ノーザン・ロックそのもので

◆**債務担保証券（CDO）**　資産担保証券の一種で、社債やローン（貸出債権）などの資産を証券化したもの。

◆**公開有限責任会社**　株式を公開している大きな規模の企業で、アメリカの〝corporation〟や日本の「株式会社」などに相当する。

はなく、ノーザン・ロックが設立したイギリスの慈善信託◆だったことである。その結果生じたグラニットの経営の大半、おそらく独立機構は、有名なヨーロッパのタックスヘイブン★であるジャージー島に置かれた。

二〇〇八年三月、アメリカの主要投資銀行ベア・スターンズが破綻した。ベア・スターンズは、ヘッジファンド★を通じて巨額の資産を失っていた。そのヘッジファンドの多くが、ケイマン諸島やダブリンの国際金融センター——ともに有名なオフショア★金融センター★（ＯＦＣ）である——に登記されていた。

有名なタックスヘイブンが金融危機に巻き込まれたのは偶然ではない。エデンの園を思わせる、陽光張るエキゾチックな島、少数の大富豪やマフィア、腐敗した独裁者が不正に得た利益を隠している島としてタックスヘイブンを想像するなら、考え直していただきたい。タックスヘイブンは二〇〇八～〇九年の金融危機の根底に恒常的に存在するテーマだ。その破綻が一か月に及ぶ世界的な金融大混乱の引き金となったリーマン・ブラザーズは、デラウェア州——一九世紀後半以降、アメリカ国内のタックスヘイブンとしての役割を果たしてきた——に登記されていた。リーマンの破綻に続いて、マドフのスキャンダルが発覚した。ウォール・ストリートの有名な金融業者バーナード・マドフが周到に画策した五〇兆ドルのねずみ講詐欺だ。マドフの詐欺とタックスヘイブンとのつながりは、火を見るよりも明らかだった。二〇〇八年一二月三〇日付『ニューヨーク・タイムズ』紙の見出しは、「マドフへの着目、オフショア・ファンド◆の役割へ進展」と報じた。

本書において、タックスヘイブンが二〇〇八～〇九年の金融危機の原因だったと示唆するつもりはないが、金融危機を早めた最も重要な要因の一つであったと確信している。そして、今後の金融市場安定化のためのいかなる計画にとっても、その規制が鍵となると主張したい。

こう思うのは、私たちだけではない。フランス、ドイツ、イギリス、アメリカの各国政府もこぞって、今やG20との協力のもとタックスヘイブンへの圧力に本腰を入れている。これは、金融市場の安定化を目的とするとともに、当然ながら、従来から存在する他の理由にも起因する。というのも、タックスヘイブ

◆**慈善信託**　資産を持つ企業（オリジネーター）とその証券を発行する企業（SPV）間に資本関係があるとき、オリジネーターが破綻するとSPVに影響を与える。これを回避するために、中間的株主（オリジネーター破綻時にはSPVの資本金を慈善団体に寄付させる）を置くこと。

★**タックスヘイブン**　一般には、次の三つのうちの少なくとも一つを満たす国とみなされる。非居住者に対する無課税、または無に近い課税。厳しい秘密保持条項と匿名性。簡単・迅速・柔軟な法人設立規則。

★**ヘッジファンド**　一般に攻撃的かつ危険な、一連の投資戦略を採用する多種多様な投資家を表現する。一般に、規制監督・税金双方の最小化を図るため、オフショア金融センターに登記されていることもあれば、いないこともある。

★**オフショア**　あらゆる種類の規制（税規制、金融規制など）あるいはその一部を回避する目的で、取引が実際に行なわれる場所と法的所在地を切り離す合法的場所。オフショア金融センター、オフショア船登録センター（便宜置籍船）などがある〔訳注："offshore"とは「海岸から離れること」「沖合い」などの意味だが、課税されない外洋上と同じ、といった意味から使われるようになった。タックスヘイブンとほぼ同義である。その逆に「オンショア」とは通常の課税対象になることを指すが、金融業界では低額の税金がかかる「ゆるいオフショア」を意味することもある〕。

★**オフショア金融センター（OFC）**　いかなる国にも所在する金融センターで、規制の一部あるいはすべてを回避する目的で非居住者である顧客に金融サービスを提供する。Y・S・パークによれば、OFCには四つのタイプがある。すなわち、世界中の顧客を相手にする金融市場センターである主要センター、せいぜい銀行取引センターでしかなく、資本市場を持たない記帳センター、対内金融仲介機関の役割を果たす資金調達センター、対外金融仲介に従事する対外センターである。

◆**オフショア・ファンド**　オフショア市場で設定・運用される投資信託。

ンが、人生において数々ある絶対確実なものの少なくとも一つである租税を回避する、あるいは逃れることのできる場所であるため、大半の国の国家財政に大きな穴を残すからだ。また、タックスヘイブンを利用することで他の規制を逃れ、マネーロンダリング◆を行ない、仲間や配偶者からマネーを隠し、商業活動のための秘密を保持できる。

フランス語では、タックスヘイブンを「paradis fiscaux」、すなわち金融の楽園、あるいは金融天国と呼ぶ。タックスヘイブンは、課税のみならず、さまざまな金融目的に影響するため、このほうがふさわしい用語だろう。それどころか、その役割や機能の微妙な違いを反映し、この概念の翻訳は言語によってわずかに異なる。スペイン語では、タックスヘイブンを「asilos de impuesto」、つまり課税からの避難所と捉えているが、フランス語のように、金融の楽園を意味する「paraisos fiscales」という用語も使っている。イタリア語では、「rifugio fiscale」、すなわち金融避難所。ドイツ語では、英語の意味◆に最も近い「Steuerhafens」と訳されるが、ロシア語では、課税制度緩和あるいは資本税の優遇措置を含意する「特別課税地域」である。国際機関は、このような一般に普及した用語の使用を避け、「オフショア金融センター」、さらには「国際金融センター」を好んで用い、タックスヘイブンが他の金融センターと何ら変わらないと――本書において論証するとおり、まさにそのとおりである――暗に示している。改革を求めて運動している人々は、現在、タックスヘイブンを守秘法域と呼んでいる。こうした用語の違いからも、タックスヘイブンが複雑な多目的現象であることがうかがえる。

証拠は、容易に見つかる。モナコの有名な埠頭を散策し、本書で論ずる主要なタックスヘイブン――ケイマン諸島、バミューダ、マン島、ジャージー島、さらにルクセンブルク――の旗を掲げていない船舶を見つけようとしたら、さぞかしたいへんだろう。タックスヘイブンに特有の限られた規制から、ルクセンブルクのような内陸国でさえ、世界有数の海運国として浮上している。

あるいは、多くのインターネット・カジノ◆の住所を調べ、タックスヘイブンに登記していないものが一つでもあるかどうか見てみよう。一般に、タックスヘイブンが、租税回避や脱税のみに関与しているのでないのがよくわかる。広範な規制をかいくぐることが、今ではビジネスモデルの重要な一部となっている。それにもかかわらず、低課税方針が、ビジネスの要であることに変わりはない。

個々のタックスヘイブンは、小さくて取るに足りないもののように見えるかもしれないが、組み合わさると世界経済において重要な役割を果たしている。第一に、銀行をはじめとする金融機関、国際企業、資産家に「規制逃れのフリー切符」とも言えるものを提供することで、主要国の規制や課税プロセスをかいくぐる。第二に、そうすることで、グローバルエリートにとっては有利だが、圧倒的多数の人々に損害を与える形でグローバル化の損益の分配を歪める。その意味で、タックスヘイブンは、グローバル化の核、少なくとも一九八〇年代以降、目の当たりにしてきた特定タイプのグローバル化の中心にある。

それにもかかわらず、タックスヘイブンは、主権国家◆あるいは宗主国◆の法域であり、それがともに独自の国内法を定める法的権利を有するという単純な理由から合法的な存在である。タックスヘイブンは、他国が有害とみなすような形で税法や金融法を定めることを選ぶかもしれない。この関係における合法的と

◆マネーロンダリング　資金洗浄。不正・違法な手段で手に入れた金をある金融機関に預け入れて、そこから他の金融機関へ送金することにより出所を隠すこと。

◆英語の意味　英語では"TAX HAVEN"（日本では「租税回避地」と訳される）。"HAVEN"は「避難所、寄航地」の意で、"heaven"（天国）ではない。

◆インターネット・カジノ　インターネットを通じてプレイするカジノ。オンラインカジノとも呼ばれる。

◆主権国家　植民地、自治領、保護国などと異なり、主権を完全な形で行使できる国。

◆宗主国　従属国や植民地に対して宗主権をもつ国家。

は、「法のもとで認められた」、「裁判所によって承認または確立された」、あるいは「公式に許可された」という意味である。合法性は、意見、倫理のどちらにもほとんど関与しない。これらの場所が独自の権利を行使し、それを正当化しているのは、国際法がそれを認めているという事実である。

主権を行使して法を選択しているからといってタックスヘイブンを非難することは、議論の単純化もいいところだろう。実際問題、世界のタックスヘイブンの過半数は、きわめて小さな法域であり、そのほとんどが、盛況なグローバル・ビジネス業界を支えるのに必要とされる技術を教える大学もなければ、研究センターもない。また、そのほとんどが、高い生活水準を維持することのできる地域資源もない。タックスヘイブンは、手数料と引き換えに、唯一の主要な資産――主権――を使って、タックスヘイブンが提供することのできる特権に対する需要をもたらす会計士や弁護士、銀行家や大規模投資家といった外国人居住者に奉仕する金融の導管である。

一九世紀末に向けて現代の「規制」国家が形となって現われるにつれ、多くの先進工業国は、歳入制度の再編という長く、骨の折れる道を歩みはじめた。一九三〇年代の世界大恐慌まで、国家は、国民経済において小さいながらも重要な担い手でいられた。国民総生産（GNP）に対する国家支出の割合は、長い期間を経て、二〇世紀初期の平均一〇%から二一世紀初頭の平均三〇ないしは四〇%に増加した。こうした展開と並行して、租税回避と脱税がかなり興味深い話題となった。そうした中でも、タックスヘイブンは、依然として弁護士、会計士、税の専門家しか興味を持たない特殊な問題のままだった。長引くスタグフレーションと、それにともなう七〇年代の国家財政危機により、タックスヘイブンへの新たな関心が巻き起こったが、今度は、租税回避や脱税を容易にするものとしてだけでなく、新興の金融センターとしてのタックスヘイブンへの関心だった。[1] それにもかかわらず、タックスヘイブン研究は、専門知識の二次的分野のままであり、主流の学問にほとんど、あるいはまったく影響を及ぼさなかった。ところが、九〇年代以降、事態が劇的に変化した。一九九八年に刊行された経済開発協力機構（ＯＥＣＤ）の有害な税の競争に関する重要な研究をきっかけに、多くの国際金融機関が、タックスヘイブンを主要優先事項の一つとした。同時に、ますます多くの学者（コラム「２-１」参照、95頁掲載）やジャーナリストが、タックスヘイブンに着目するようになり、市民社会◆団体もそうだった。その結果、新たな情報や理論的論議がまさに爆発的に発生した。

本書は、世界経済におけるタックスヘイブンの役割と機能に関する最新評価を提供する。また、一九世紀終盤から共産主義後の諸国、中東、アフリカの最新のタックスヘイブンに至る、その起源と発展を考察する。さらに、現象の規模に関する最新見積もりを提供し、タックスヘイブンのさまざまな活用を説明し、タックスヘイブンが国家やビジネスに及ぼす影響を分析する。ＯＥＣＤならびに欧州連合（ＥＵ）によるオフショア世界への攻撃が及ぼす影響をもって本書を締めくくるとともに、次なる展開を検討する。タックスヘイブンに関する文献は飛躍的に増加してはいるものの、私たちの知る限り、本書はタックスヘイブンに関する、本質的に異なるさまざまな研究や知識を包括的にまとめた初の概説書である。

タックスヘイブンについて受け入れられている考えは、その大半が間違いである、というのが本書の主要論点である。タックスヘイブンは、世界経済の末端で作用しているのではなく、現代のビジネス慣行に不可欠な一要素である。さらに、タックスヘイブンは、国家に対立する存在ではなく、調和的に存在している。それどころか、租税回避や脱税のための導管であるばかりか、もっと広く金融の世界、組織、国、

▼1 〔参考文献〕Park 1982; Johns 1983; Johns & Le Marchant 1993

◆市民社会　シビル・ソサイエティー。市民が自発的に参加することにより生まれる社会。国家や営利団体に依存して構成される社会と対立する概念。

個人の財源を管理するビジネスに属しているというのが私たちの見解である。タックスヘイブンは、グローバル化した現代の金融制度において最も重要な媒介の一つ、金融不安の主因の一つとなっている。その主権ゆえにタックスヘイブンは切り離されているが、それでも、少なくとも部分的には自ら設定することのできた条件の下で、タックスヘイブンが世界に溶け込むための手段を提供しているのは、ほかならぬこの主権なのだ。

2……隠蔽されてきたグローバル経済の中心

この二〇年にわたって発生した金融危機、あるいはスキャンダルの——東アジア、ロシア、アルゼンチンの金融危機であれ、ロング・ターム・キャピタル・マネジメント◆、パルマラット◆、レフコ◆、エンロン◆などの企業、および二〇〇八〜〇九年の金融危機におけるノーザン・ロック、ベア・スターンズ、さらにマドフのねずみ講詐欺に関連した企業の大失敗であれ——そのどれにおいても、オフショア法域の名前が取り沙汰された。

大失敗の意識が頂点に達したのは、二〇〇八年二月、ドイツの平凡な男が、仲間のドイツ国民一四〇〇人（大部分がごく普通の人）とともに、ドイツの課税を免れようとリヒテンシュタインのLGT銀行が管理する匿名の信託★（トラスト）を開設したことが発覚したときだろう。▼2 同年六月、スイス首位の銀行UBSの行員が、アメリカにおいてロシアの新興財閥が数百万ドル相当の租税回避をする便宜を図ったと罪を認めた。同年一一月、同銀行のスイス本店の上級行員が、アメリカにおける脱税の罪で起訴された。同行員は、資産二〇〇億ドルが関与し、UBSの年間手数料総額は二億ドルに上った可能性があると見積もった。UBSは、取り調べに協力しているとのこと。▼3 同行員によれば、UBSは、アメリカ顧客向けオフシヨア勘定に関しては規制を無視することとし、その過程で脱税を助長した。

このことからも明らかなように、タックスヘイブンと、少なくともそのいくつかが助長している脱税は深刻な問題となっている。ある時点で、量的成長が積み重なって質的変化を生じ、タックスヘイブンに関連するこれらの驚くべき数字からもわかるとおり、タックスヘイブンは、現代社会においてしばしば見落とされがちではあっても重要な役割を果たしている。タックスヘイブンを単なる余興、金持ちや有名人の保養地だと信じている人が、本書を読んで考えを改めてくださることを期待する。

統計データには、実に目を見張らされる。私たちの推定では、現在、世界には四六から六〇の活動中のタックスヘイブンがあり（図表「1・4」参照、89頁掲載）、推定二〇〇万のインターナショナル・ビジネス・コーポレーション★（IBC）の本拠地となっている。IBCとは、途轍もない数の一連の企業体——

◆ロング・ターム・キャピタル・マネジメント　通称LTCM。かつてアメリカ合衆国コネチカット州に本部を置いて運用されていたヘッジファンド。
◆パルマラット　イタリアの食品会社。ヨーロッパ有数の多国籍企業でもある。
◆レフコ　米商品先物大手。
◆エンロン　アメリカ合衆国テキサス州ヒューストンに存在した、総合エネルギー取引とITビジネスを行なう企業。
★信託（トラスト）　個人または事業体（受託者）が、特定財産（信託財産）の法的所有権を保有するが、一ないし複数の個人または組織（受益者）の利益のために法的支配を行使する義務を有する関係。言い換えるならば、資産の法的所有者と受益者とのあいだに障壁を生み出す契約上の取り決めである〔第3章・164頁参照〕。
▼2　〔参照文献〕Dinmore and Williamson 2008
▼3　〔参照文献〕Balzli and Hornig 2008

その大半の実体がきわめて不透明である――と、（何百万とは言わないまでも）何千もの信託会社◆、投資信託会社◆、ヘッジファンド、キャプティブ保険会社◆を表現するために用いられる用語である。国際銀行業務の約五〇％、世界の外国直接投資◆（ＦＤＩ）残高の三〇％がこれらの法域に登記されている。いくつかのきわめて小さな島が、世界最大の金融センターとなっている。カリブ海に浮かぶ三つの小島からなるイギリス海外領土のケイマン諸島は、世界で五番目に大きな国際金融センターである。イギリス王室の小さな属領であるジャージー島、ガーンジー島、マン島、さらに私たちが「中間ヘイブン」と呼ぶ、スイス、ルクセンブルク、アイルランド、シンガポールなども、こうした中に含まれる。

世界的富裕層《グローバル・リッチ》――フランクが「リッチスタン」◆（Richistan）と呼んだ[4]――は、二〇〇七年現在、タックスヘイブンに約一二兆ドルの富を保有していた。アメリカの年間ＧＮＰを全額タックスヘイブンに預け入れていたようなものだ。

ヘッジファンド業界は、タックスヘイブンの醍醐味をすでに見出している。いくつかの推計によれば、カリブ海の四大ヘイブン――ケイマン諸島、英領ヴァージン諸島、バミューダ、バハマ――に、世界のヘッジファンド業界の五二％が本拠を置いている。ケイマン金融サービス機構は、その領土だけでも世界のヘッジファンド業界の三五％が所在している[5]と主張しており、八〇％などというありえないほど高い数字を挙げる者もいる[6]。この未解決の議論には、当惑させられる。ヘッジファンド業界について、われわれがいかに知らないかを物語っている。

統計値は大きいが、数字にすぎず、数字には解釈が必要であり、その解釈こそ本書が意図する重要な仕事である。本書では、政治経済学者の観点から数字を解釈する。すなわち、数字に組み込まれている政治的・社会的傾向の把握を目標とする。数字とは、現代社会の深遠な矛盾を反映するものであり、しかも、こうした数字が表わす事柄は、一つの言葉――回避――によって攻略できると断言する。数字は、世界中の国家、企業、財界エリートが、自らがこぞって作った法や規制そのものを回避しようとする結集した努力の抽象表現なのだ。

こうしたエリートたちは、租税を回避しようとする。国家が提供する〔あるいは、提供するとされている〕治安、経済的・政治的・社会的安定、健康、教育、インフラなどの「共同財」に対して支払う負担金

★**インターナショナル・ビジネス・コーポレーション（IBC）**　オンショア企業の子会社あるいは独立企業のいずれかとして、タックスヘイブンやオフショア金融センター（OFC）に設立された有限責任会社。さまざまな目的で利用されるが、主要目的は、利益性の高いビジネス部分を税金の低い国に移すこと〔第3章・152頁参照。日本では、オフショア会社、オフショアカンパニーと呼ばれることが多い〕。

◆**信託会社**　特定目的信託において、特定資産の保有者〔オリジネーター〕から債権や不動産などの資産の拠出を受けて、受益証券を発行する会社。

◆**投資信託会社**　証券会社などが投資家から集めた資金の、実質的な運用方法を決めて指示を出す会社。

◆**キャプティブ保険会社**　一般の損害保険会社のように不特定多数の顧客を対象とするのではなく、企業グループが自らのリスクを専用に処理するために設立した再保険会社。

◆**外国直接投資（FDI）**　外国の企業に対して、永続的な権益を取得する〔経営を支配する〕ことを目的に行なわれる投資。

◆**リッチスタン（Richistan）**　Rich〔金持ち〕+ stan〔ペルシャ語で「国」の意〕で「金持ちの国」といった意味。ITや金融投資などによる新富裕層たちを指す。

▼4　〔参考文献〕Frank 2007〔ロバート・フランク『ザ・ニューリッチ――アメリカ新富裕層の知られざる実態』飯岡美紀訳、ダイヤモンド社、二〇〇七年〕。

▼5　〔原注〕米会計検査院、GAO2008に報告されたケイマン諸島金融庁の数字。

▼6　〔参考文献〕Zuill 2005

を、一致団結して回避あるいは削減しようとする。しかし、エリートたちは、規制も回避しようとする。彼らが回避しようとする規制は、秩序と安定の維持のために導入する金融やビジネスの規定や規範であることが多い——そうでなければ、金持ちはそもそもこれほどまでに裕福になれなかった。タックスヘイブンは、人々が、他の多くの、より難解な社会規制にうまく対処することを可能にする。その例が、ギャンブルやポルノに関する法律の回避だ。

確かに、課税や規制のすべてが必要あるいは社会的利益にかなっているわけではない。一九七〇年代まで、先進資本主義国の大半が放送産業を厳しく規制し、国営の放送会社にしか運営を許可していなかった。ラジオ・ルクセンブルクやラジオ・キャロラインはともにタックスヘイブンの原則に基づいて運営されているが[▼7]、このようなオフショア・ラジオ局の成長が、今にして思えば有益な展開だったように思われる。これらのオフショア放送局の絶大な人気と、放送電波の制限の無駄を認識した各国政府は、国内放送の規制を緩和した。こうして、「オフショア」は、煩わしい規制を政府に廃止させる近代化勢力であると自ら証明した。しかし、放送は誰でも利用できる特例と言える。大半の場合——それどころか、本書で考察するすべての事例において——タックスヘイブンが提供する恩恵への参入障壁は高く、きわめて裕福な少数の人々に顧客を限定している。その結果、残念ながら、タックスヘイブンは金持ちや権力者に利益を与える一方で、その費用の大半を他の人々が負担している。

本書で、タックスヘイブンはグローバル化の中核にある、と言う場合、タックスヘイブンは、世界中の人々へのグローバル化の利益と費用の配分を決定する最も重要でありながら、常に見落とされている構造的要因の一つであるということを意味する。世界のごく少数の金持ちや権力者が得をするように、タックスヘイブンがグローバル化の利益を歪めているのは、非常に重大な政治課題だ。

社会のあらゆる階層、当然ながら最貧層から最富裕層まで、個人的な喜びのために共同財を利用している人々の例はいくらでもある。タックスヘイブン現象は、最も権力のある最富裕層が、めったに見られないほどの規模で共同財を利用しようとする大々的かつ組織的な試みであり、しかも、世界的に発生しているのはおそらく初めてのことだろう。したがって、タックスヘイブンは、特定タイプのグローバル化――最富裕層とそれ以外の人々との溝の深まりを特徴とするグローバル化――の中心にある。このようなグローバル化は、不必要であると同時に必然的なものではない。むしろ、一連の複雑な要因の産物である。国際政治、とくにアメリカが関与した国際政治を特徴づけてきた、タックスヘイブンを大目に見る寛大な姿勢がその最たるものだ。

3……規制の経緯と現状

タックスヘイブンに関連する驚くべき統計値から、タックスヘイブンが、世界経済の発展を歪める中心的役割を果たしてきたことがわかる。第一に、グローバル化に参加するすべての国や地域はもちろんのこと、参加していない国や地域についても、その国際金融の規制環境や税制を掘り崩す一因だった。第二に、総じて、グローバル化の費用と利益の分配を歪める媒体として作用してきた。現代のビジネスは、その大小を問わず、タックスヘイブンに深く組み込まれているが、驚くなかれ、そのことはめったに認識されていない。タックスヘイブンとまったく関与しない国際企業あるいはビジネスは、今日、希少な存在だ。ところが、タックスヘイブンの影響は、主に間接的にしか感じられず、一九八〇年代以降、世界中で持続的に伸びている貧富の差を示す統計値を通してしか明らかにされていない。[8] 金融規制をかいくぐるうえでタ

▼7 〔参考文献〕Palan 2003
▼8 〔参考文献〕Duménil and Lévy 2004など。

ックスヘイブンが果たしている役割が表面化したのは、ごく最近である。

とはいえ、こうしたことはすべて、しばらく前からわかっていた。なぜ先進国は、これらの小さな法域の成長・繁栄を放置できたのだろう。まあ、一概には言えない。アメリカ、イギリス、フランス、ドイツなどの国々は、ときどき一定の抜け穴を塞ごうとし、あちこちのタックスヘイブンに政策や規定を変えるよう圧力をかけた。はるか昔、両大戦間の時期に、タックスヘイブンへの協調的な国際的対応を決めようとする、はかない試みがいくつかあるにはあった。だが、率直に言って、成果はあまり上がらなかった。悪いことに、おそらくフランスとドイツは別として、この同じ国々が、第二次世界大戦後のタックスヘイブン現象の進展の立役者だった。

本書で後に考察する理由から、一九九〇年代終盤にかけて気運に変化の兆しが見られた。その頃から、OECDの「有害な税の競争」キャンペーンをきっかけに、数々のイニシアチブが勢いを増しはじめた。しかし、優れた詳細分析において、ジェイソン・シャーマン[9]が、これらの努力の大半は効果がないと明らかにした。それでも、そのわずか三年後の今、タックスヘイブンは、かつてないほど大きな脅威に晒されているように思われる。

タックスヘイブンに対する懸念は、ずいぶん前から湧き上がってきていたが、タックスヘイブンが世界経済に及ぼす大きな影響が熟知されるには長い年月がかかり、EU指導者たちにようやく理解されるようになったのかもしれない。OECDのキャンペーンが、概して不振だった一方、EUは、タックスヘイブンに対する世界的な闘いの有能な指導者として台頭した——二〇〇八年一一月の選挙結果にもかかわらず、アメリカに譲り渡す可能性のない権威の座である。クリントン、ジョージ・W・ブッシュ両政権とも、この課題を認識しており、クリントン政権はタックスヘイブンに対する多国間の取り組みを推進していた。だが、ブッシュ政権が最初に取った行動の一つは、有害な税の競争と闘うための国際的な取り組みへの支援停止だった。オバマ新政権は、完全に異なる。上院議員当時、バラク・オバマは、タックスヘイブンと闘うためのさまざまなイニシアチブにおいて重要な役割を果たしていた。そして、政権に就くと、タックスヘイブンとの闘いにおいて、アメリカをフランスおよびドイツと連携させるという政策の大転換を示した。

二〇〇七〜〇九年の金融危機は、タックスヘイブンに対する規制面での対応の重要な分岐点であることを物語っているだろう。タックスヘイブンに対する規制面での対応の最近の動向については、本書の結論において論じる。

4……タックスヘイブンとは何か？

タックスヘイブンの定義は難しく、本書は実に丸ごと一章そのテーマに充てている（第1章）。現時点では、タックスヘイブンとは、課税・金融をはじめとする法規制を作るに足る自治権を有する場所あるいは国（主権国家とは限らない）と述べておこう。タックスヘイブンはすべて、この自治権を利用し、非居住者である個人または企業が、実際の経済取引を行なう場所で課される規制義務を回避できるよう便宜を図れるような法律を作っている。

大半のタックスヘイブンに共通して見られるもう一つの特徴は、現地法の下で創造された機構を利用する者が、まったくの匿名で、あるいはほぼ匿名でこれを行なえる秘密主義の環境だ。三番目の共通した特徴は、領域内で法人化された組織の利用が簡単かつ手ごろなことである。

▼9 〔参考文献〕Sharman 2006

5……「脱税」と「租税回避」の違い

タックスヘイブンは、その名が示すように、租税回避と脱税に利用される。しかし、この二つの用語はしばしば混同されるため、この段階で何としても明確化しておかなければならない。

世界中、ほとんどどこの個人や企業も、自らが居住あるいは操業している領域の法律が認める範囲内で「税金対策★」と表現される事柄に取り組む機会がある。先進工業国でそこそこの賃金をもらっている大半の人々をはじめ、世界の人口の過半数にとって、「税金対策」という概念はほとんど意味がない。税金は普通、収入から源泉徴収され、しかも、納税額の清算に関しては多かれ少なかれそうなっている。

これに対し、世界人口から見れば少数の富裕者や大半の企業にとって、税金対策は、ビジネスや個人生活の重要な一部である。一部の人々の人生経験を表現する特別の言葉さえある。彼らは、「パーマネント・ツアリスト◆」（PT）、つまり永遠の観光者、あるいは税金の目的では「永続的滞在者以外」の者と呼ばれる▼[10]。しかし、これは極端な事例であり、税の専門家は、実際には税務対策への三つの基本姿勢を識別している。

一つ目は、「タックス・コンプライアンス◆」だ。これは、企業または個人が自ら操業するすべての国における税法を遵守しようと努め、そのすべての納税請求に関するすべての関連情報をすべて開示するとともに、税法が要求する適切な額の税金を適切な時期に適切な場所で支払おうとする場合に生じる。ここで、「適切」とは、その取引の経済的実質と、それが申告された形式とが一貫していることを意味する。

その対極にあるのが、脱税だ。脱税とは、個人または企業の税の請求額を削減しようとする違法行為で、納税者が、所得のすべてであるいは一部を申告しない、あるいは実際に被っていない、もしくは租税目的での申告を認められていない費用で課税所得を相殺する申告をした場合に発生する。脱税は、大部分の国において刑事犯罪とされているが、スイスやリヒテンシュタインなど、ごく少数の国では民事犯罪とされている。この違いは、重大な意味を持つ。こうした国々は、民事事件に法的に協力できない。したがって、脱税関連の事件に対して他国が支援要請をしても、スイス当局からは、通常、そのような芳しくない行為はぜひとも撲滅したいと切に願うが、脱税はスイス連邦では民事事件であるため、協力いたしかねる、という返事しかもらえない。

この典型的な対応が、最近の事件で脚光を浴びるようになった。二〇〇八年、徹底した秘密主義のリヒテンシュタインの財団★（ファウンデーション）絡みの巨額の脱税が明るみに出ると、リヒテンシュタインの報道官は、一九二六年に制定された法律の下で設立された、これらの秘密財団が、外国人によって脱税目的に悪用されたことに驚くと同時に失望していると説明した。リヒテンシュタインにしてみたら、世界中の大部分の人々も、自国民とまったく同じように振る舞い、支払うべき税金をすべて快く支払うだろう

★**税金対策**　企業が所得に対する課税の削減をはかる目的で利用する手段で、国内あるいは世界中（その場合は「国際税務対策」と呼ばれる）の規制の抜け穴や隙間についての税の専門家の知識に頼っている。

◆**パーマネント・ツアリスト（PT）**　各国で非居住者とみなされる期間だけそこに滞在し、税金を合法的に払わない、もしくは最小にする人々。

▼**10**　〔参考文献〕Maurer 1998

◆**タックス・コンプライアンス**　税制への信頼と納税過程を通じた法令遵守。

★**財団（ファウンデーション）**　有限責任会社と類似する、独立した法的存在を有すると認められる信託の一形態。所有者も株主も持たない。資産を管理するために設立されるが、その資産所得は、財団が提示した特定目的を満たさねばならない〔本書167頁参照〕。

と信じたのは、少々愚直だった――だが、愚直さは犯罪ではない、と言い添えた。含意は明白だ。リヒテンシュタインは、悪意ある外国人にかつがれただけだと信じてほしかったのだ。だが、そんな対応に騙された人間はほとんどいない。

最後に、租税回避がある。租税回避は、タックス・コンプライアンスと脱税とのあいだにあるグレー・ゾーンだ。大勢の会計士、弁護士、銀行家、税の専門家が従事するお気に入りの分野である。厳密には、租税を回避しようとする個人または企業は、次の三つのうちのいずれかが必ず達成されることを求める。第一に、国の法律の妥当な解釈によって要求されるよりも少ない税金しか払わなくてすむよう求める。第二に、実際に利益が得られた国以外の国で申告した利益に関して税金を支払いたい。第三に、利益を得た時期よりもいくぶん後に税金を支払うよう手配する。

法的には、脱税と租税回避のあいだには明確な違いがある。税の専門家は、一連の判例、とくに租税回避の合法性を支持しているように思われる、世界の主要国の判例を好んで引用する。しかし、現実はもっと錯綜している。第一に、ほとんどどの国の税法規も複雑で、租税回避の多くは、疑念の余地の存在に頼っている。第二に、世界的に適用する税法規のない世界で国境を越えて取引が行なわれる場合、一方の国の税法が相手の国の税法を牽制する機会（税の専門家は「裁定取引◆」と呼ぶ過程）は、抗いがたいものだ。その結果、脱税と租税回避の線引きが、しばしば非常に難しく、一般論として定義できないため、タックスヘイブン業務に参加している者の大半の認知能力、理解能力の双方を超えている――これは、税の専門家が容易に悪用できる事実だ。こうした理由から、本書を通して、租税回避と脱税についてはっきり差別化せずに話を進めるが、その際、両者の違いをいみじくも「刑務所の壁の厚さ」と表現したイギリスの前大蔵大臣デニス・ヒーリーの金言に頼る。

6……オフショア経済を支える大英帝国

金融は、世界中に張り巡らされた、リスク取引をする非人格的単位の可動式・分散型クモの巣と考えられる。このクモの巣の中で、ロンドンは通常、世界最大あるいは二番目に大きいホールセール◆金融センターに位置づけられる。▼11 私たちの見解では、国際的な銀行信用◆の活動、外国為替や店頭取引★銘柄のデリバティブ★取引、海上保険の保険料、国際債券の発行のどれを考えるにせよ、ロンドンは実質的に主要な国際金融センターだ。

国際金融センターの従来の順位づけは、論争の余地のある前提の上に成り立っている。すなわち、ジャージー管区、ガーンジー管区、マン島より構成されるイギリス王室属領、およびケイマン諸島、バミューダ、英領ヴァージン諸島、あるいはジブラルタルといったイギリス海外領土が、イギリスから独立し、

◆**裁定取引**　鞘取売買。同じ通貨や証券を異なる市場において同時に売買し、市場間の価格差を利用して利益を得ること。

◆**ホールセール**　企業、政府（国、地方）、金融仲介機関との大口の金融取引。

▼11　〔参考文献〕Yeandle et al. 2005

◆**銀行信用**　銀行が取引先に与える信用。具体的には、銀行が資金を貸し出すこと。

★**店頭取引**　株式、債券をはじめ、デリバティブなどの金融商品を、正式な証券取引所ではなく、仲買人のネットワークを通じて取引すること。

★**デリバティブ**　その典型として、基本となる商品、金融商品や指標、さらには債務不履行・倒産といった事象に基づく、いわゆる金融派生商品。砂糖や小麦などの商品価格の保証に端を発することから、デリバティブは、今日の金融システムにおけるリスク売買の主要商品。

切り離されている。この前提を取り除けば、はるかに大きな一連の国際センターが出現し、二〇〇八年六月現在の国境を越えた銀行資産と負債の三分の一近くを占める。シンガポールや香港などのイギリスの旧植民地を加えると、すでに廃れたと長いあいだみなされてきた政治的存在――大英帝国――が現代の金融制度に及ぼす影響は明白のように見受けられ、国際銀行業務の負債総額の三七％および同資産総額の三五％を占める。

国際金融センターの一覧を詳しく調べると、さらに二つの特異点が明らかになる。一つは、スイス、ベネルクス諸国、アイルランドなどの中規模のヨーロッパ諸国の重要性である。どの国も、単独でも重要な金融センターだが、合算すると、国際銀行業務の負債総額の二〇％近くを占める。

二つ目の特異点は、現代世界において重要でないと長いあいだ思われてきた政治的存在、つまり都市国家に関連する。なかでも有名なのが、シンガポール、香港、ルクセンブルクだが、現代の異型としてケイマン諸島、ジャージー島、ガーンジー島、バーレーン、モナコ、そしてもちろんロンドンの商業と金融の中心地シティを確かに加えることができよう。ロンドンを除く都市国家は、二〇〇八年三月現在の国境を越えた銀行業務の負債総額のほぼ一七％を占め、シティを加えると、国際銀行業務の負債総額の約二八％を占める。

これらの数字には、確かに重複があり、ある程度の二重計算も行なわれているが、よく知られている統計を再構成するというこのちょっとした試みによって、いくつかの興味深い問題が提起される。まず、イギリス優位のオフショア経済の創造において大英帝国が果たす役割に、特別の注意を払うべきだとわかる。また、ヨーロッパの中間へイブンが果たす独特の役割にも傾注すべきだ。双方とも、租税回避と脱税の目的で利用され、このことがオフショア経済のイギリス優位の柱となっている。しかし、イギリスの影響を受けるこうした場所は、取りも直さず、一九八〇年代以降の投資銀行業の隆盛と密接に結びついている。

その一方で、ヨーロッパのヘイブンは、投資銀行業ではなく無形資産（ロゴ、ブランド名など）からの利益獲得と表現されるような業務を専門とし、自分たちの領土に登記されている税金の低い特化した媒体への移転を企業に奨励している。

7……タックスヘイブンを動かしてきた専門家たち

これまで、国家戦略としてのタックスヘイブンに取り組んできた。これは一般的な取り組みではあるが、非常に誤解を招きやすい。タックスヘイブンにサービスを提供する営利企業に細心の注意を払わない限り、タックスヘイブンのきわめて重要な側面を見落としてしまう。

最大規模の会計事務所が、弁護士や銀行家、税の専門家やトレーダー◆、さらに関連信託や法人向けサービス会社とともに、大部分のタックスヘイブンに存在するが、三〇ほどの最大の法域でとくに目立っている。こうした専門家は、きわめて重要だ。私たちの知る限り、彼らは、租税や規制を回避する目的のありとあらゆる立法上の刷新に立ち会った。自らの取引遂行に必要な法律を提供するよう政治家に勧告して丸めこみ、時には自らが本拠を置く国家のための法律そのものを起草することもあった。専門家は、オフショアの法律のありとあらゆる再起草にも立ち会ってきたし、そうした法律が可能とするオフショア機関を設立したのも彼らだ。彼らはまた、脱税や租税回避の新たな手法を導入し、顧客に売り、タックスヘイブンに不利な法改定に反対するようロビー活動を行ない、タックスヘイブンが、まったく合法的なビジネス

◆トレーダー　銀行、証券会社、保険会社などの金融機関において、金融ディーラーと顧客（投資家など）とのあいだを結ぶ役割を果たす職業。

の形態であると主張する。

したがって、専門家は絶対に掛け替えがない。というのも、彼らが、タックスヘイブンのビジネス繁栄を保証しているからだ。大半のタックスヘイブンは、きわめて小さな法域であり、世界規模で仕事をする人材も技術もない。ジャージー島政府が好例を提供する。ジャージー島内の「オフショア金融コミュニティー」がどのように機能し、その居住者が実際に何をしているのかを本当に理解している人間は、ジャージー政府内にいるとしてもごく限られているだろう。彼らは、頼まれたことしかしない単なる雇われ立法府なのだ。たとえば、ジャージー島の不快極まりない二〇〇六年信託法は、島議会で誰も反対もしなければ、私たちの知る限り誰もそれに関して論評もしなかったため、無投票で制定された。ところが、立法府の議員たちは、頼まれたとおりのことをした。つまり、地元の金融サービス業界が要求したものを提供した。そうすることで、彼らは暗に、きわめて単純明快な事柄に対する自分たちの理解を示した。すなわち、法律を制定する代わりに、タックスヘイブンは、オフショア・コミュニティーが明白な経費を何らともなわずに彼らの法域にもたらすいくつかの活動から歳入を得ている。これぞ、すべての利害を満たす双方両得の状況のように思われる。それなのに、信託法の退屈な詳細に時間を費やす必要がどこにある、ということだ。

こうした専門家たちは、いわゆるオフショア金融センター（OFC）・コミュニティー★を構成している。国際的で、短期間しか滞在せず、カネ儲けにしか興味がない。何らかの理由で、タックスヘイブンからマネーが出ていけば、OFCコミュニティーもそれに続くはずだ。このタイプの行動形態の好例が四大会計事務所で、四つともほぼ例外なく、最も悪辣なタックスヘイブンをはじめ、世界の重要なタックスヘイブンのすべてに存在している。これらの企業にサービスを提供している人が現地人であることは稀で、ますます顕著になってきているように、現地社会にめったに溶け込まない。オフショア顧客にサービスを提供する現地の弁護士の場合を除き、現地人であることはほぼ皆無の顧客基盤にサービスを提供し、彼らがそこにいる理由は、地理にはほとんど関係がなく、自分たちが管理しているマネーの流れにもっぱら関係している。

短期間しか滞在しないからこそ、こうした人々は、現地の規制を本当の意味ではほとんど重んじない。営業経費の一部として口先だけの賛同はするかもしれないが、アメリカにおけるUBSの事例でいけしゃあしゃあとやってのけたように、規制など無視する余裕もある。その信ずるところは単純そのもの。コンプライアンスの問題が生じたら立ち退けばすむ。その結果、コンプライアンスなど、彼らにとっては現実的な問題ではなく、だからこそ言わせてもらえば、現地の規制制度が理論的に健全であるにもかかわらず、実質コンプライアンス率は非常に低いのは明白だ。

オフショア世界に対するいかなる規制であれ、それが成果を生むには（一九九八年のOECDの報告書の発表以降、注目の話題となっており、今後一〇年間もこの注目が続きそうだ）、タックスヘイブンを規制するだけでなく、専門的な担い手たちも同様に規制する必要がある――しかも、単に彼らがこのような場所で行なう事柄に関してのみならず、彼らが助長する事柄も網羅すべきだ。彼らは、こうした動きに抵抗するだろうが、これは何としても勝たなければならない闘いである。タックスヘイブンが、本当は、数字に示される巨額のマネーが存在している場所とは限らないという理由だけから言っているのではない。本書で説明するとおり、タックスヘイブンは、主として「記録ヘイブン」、あるいは業界用語を使えば「記帳センター」で、どこかほかの場所で発生した契約関係の登記を行なうための合法的領土としての役目を果たし

★オフショア金融センター（OFC）・コミュニティー　会計事務所、ならびに弁護士、銀行家、税の専門家、トレーダーといった、オフショア世界――タックスヘイブン内でもオフショア金融センター内でもよい――を可能とする手段を築く人々。

ている(とはいえ、その見返りとしてライセンス料などの歳入を得ている)。信じ難いほど大きな統計値を見れば、真実であると言われていること、つまりタックスヘイブンは本質的に主として作り話、タックスヘイブンが記録する取引が実際に行なわれる、あるいは実際に影響を及ぼす世界の税金や規制を回避する、ただそれだけを目標とする威力絶大な架空の世界なのだ、などということが嘘だとわかる。タックスヘイブンの活動は、まったくもって寄生虫のようで、世界経済・国家システム双方を餌にしている。だからこそ、タックスヘイブンは、今や最も重要な政治課題の一つなのだ。

第Ⅰ部

タックスヘイブンの機能と役割

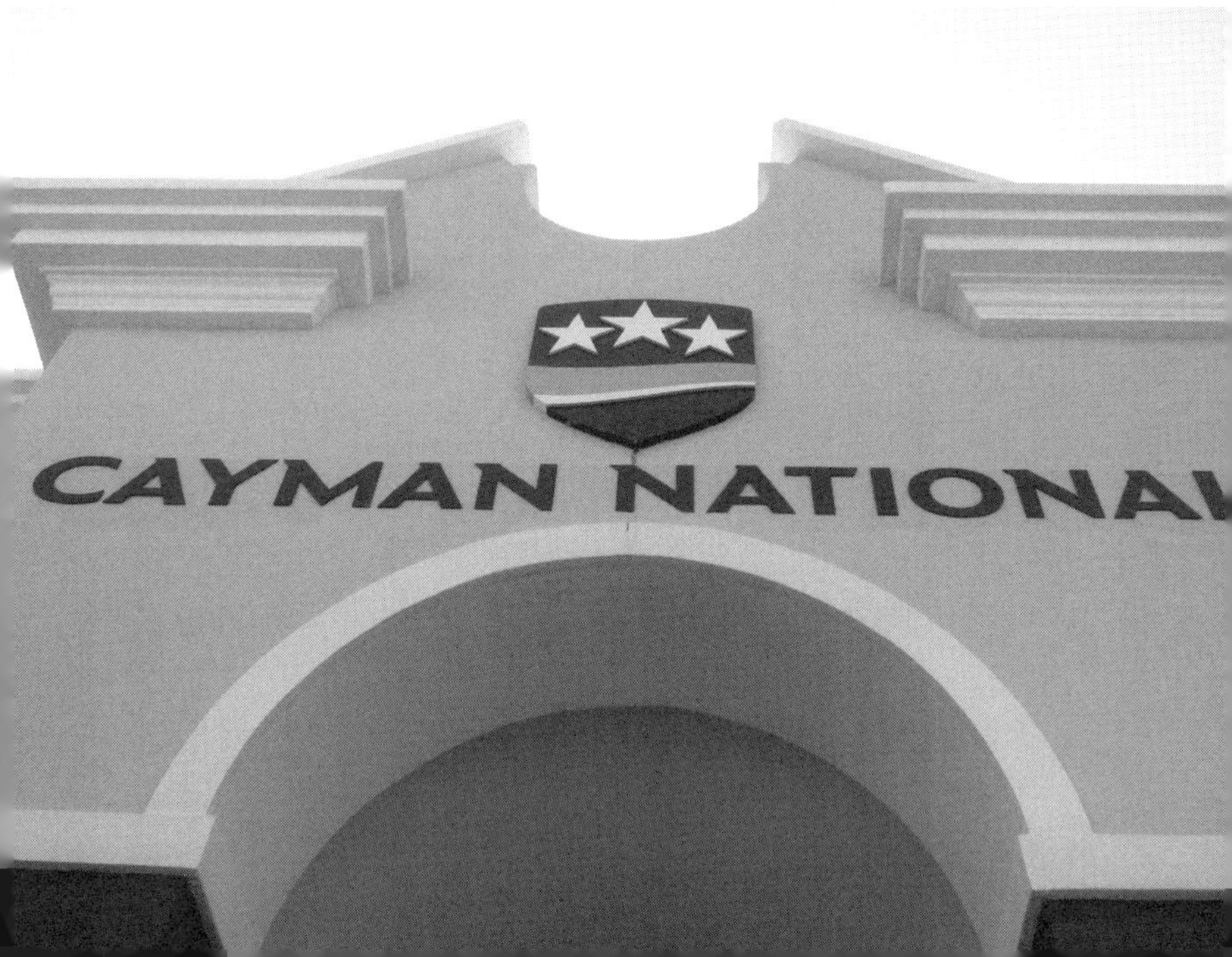

タックスヘイブンとは、
国際金融の中心部にして、汚辱の最深部である。

アラン・ヴェルネー『タックスヘイブン』1968年

私的個人にとって、蓄積は、
富を外的世界の急変から保護するのに役立つ。
富を手に触れることができる形で隠すことが可能であり、
端的に言うなら、
それによって富は完全に個人の秘密に属することになるのである。

マルクス『経済学批判要綱』1857-58年

第1章 タックスヘイブンとは何か?

「タックスヘイブン」という用語は、一九五〇年代から広く使われてきた。[1] それにもかかわらず、その意味について一致した意見はない。影響力の大きい米財務省のゴードン報告書は、「タックスヘイブンとしての国の識別を可能とする唯一の確実な客観テストは存在しない」と結んだ。[2] その二五年後、ジェイソン・シャーマンも同様の結論に達した。「タックスヘイブン」という用語は、シャーマンの記述によれば、「依然として明確な定義がなく、その適用は往々にして論議を醸し、論争を招いている」。[3] それでもなお、つまり多くの論争や論議があるにもかかわらず、タックスヘイブンと目される国のリストは、一九八〇年

▼1 〔原注〕租税「回避」という用語は、早くも一八五〇年代に見られる。「しかし、一九世紀には、行政の場でも、世間でも、この問題に関する一貫性のある、継続的な話し合いはまったく行なわれていなかった」(Likhovski 2007, 203)。一九二七年に、租税回避を目的とするチャネル諸島の利用に関し、英下院で討議が行なわれた(Likhovski 2007, 206)。「タックスヘイブン」という用語は、一九五〇年代まで、報道文献にも学術文献にもめったに登場していない。

▼2 〔参考文献〕Gordon Report 1981, 21

▼3 〔参考文献〕Sharman 2006, 21

代以降、驚くほど多少しか変化しておらず、その役割と機能についても同じことが言える。

1……資本の国際化における国家の競争戦略

タックスヘイブンに関する大部分の研究は、領土そのものに焦点を当てている。しかし、タックスヘイブンを理解するには、そもそもそれが生じるきっかけとなった地政学的・環境的条件を認識する必要があろう。タックスヘイブンが環境を生み出したのではないし、環境に大きな影響を及ぼすこともできない。自らが直面した条件を利用するようになったにすぎないのだ。

現代の国家システムは、主権と主権平等の原則の上に成り立っている。各主権国家は、その領土内で税法・規制をはじめとする独自の法律を定め、独自の政策を追求する権利を有する。二〇世紀、それぞれの国家が独自の課税制度や規制を定め、国内の競合する利害集団の優勢なほうにその都度、触手を伸ばした。その結果、多数の国家が存在するのと同じように、世界には多種多様の税制や規制制度がある。

さらに、一九世紀終盤以降とくに、ビジネスはますます可動的・国際的になってきた。外国直接投資◆や国際証券投資と同じように、国境を越えた取引が猛烈な速度で増大した。これと関連した傾向が、現在では多国籍企業（ＭＮＣあるいはＭＮＥ）として知られる大規模な――国内的には差別的、階層的、官僚的な――経済単位の隆盛である。

伝統的な職人から転じた資本家は、所有者、原材料の仕入れ係、生産者、設計者、営業、財務担当役員、法律顧問と一人で何役もこなす技能を兼ね備えていた。現代の企業は、きわめて専門化した官僚的機構へと進化し、異なる部門が異なる機能を果たしている。現代の典型的な多国籍企業は、さまざまな国に製造施設を設け、本社、設計・技術・金融部門を他の場所に置き、営業部をさらに他の場所に置く場合がある。

その結果、国際貿易の推計六〇％が国境を越えているのに、同じ企業の異なる部門間で発生している。[4] 代替モデルとしては、多くの多国籍企業が「空洞化」路線を選び、製造、財務・法務サービス、宣伝、販売などのすべてとは言わないまでも大部分を下請けに出している。

こうした展開が、相互依存や国際化としばしば呼ばれる状況を生んだ。アメリカや中国などの世界の経済大国でさえ、製造あるいはサービスを専門とするようになった。歴史的に見て、国が何を専門にするかは、国家または地域の積極的政策によることもあるが、多くの場合、自然発生的に決まってきたし、原材料を入手する機会、地理的な位置、地勢、人的資源の入手可能性など、非常にさまざまな理由に左右されてきた。

多くの政府は、自国の経済において好調な部門が世界経済において競争するのを助ける、あるいは、その代わりに新たな競合部門の発展に拍車をかけるために国権を利用して法律を制定する。そして、移動性のある資本の誘致あるいは維持を目的とする減税（非公式、あるいはきわめて不透明な一連の取り決めを通しての場合もある）や「お役所仕事」（すなわち、規制）の排除など、国庫からの助成金と賄賂との何らかの組み合わせをしばしば採用する。

こうした総合的政策の財政部分は、優遇税制★（PTR）と呼ばれ、外国資本を引き込むための幅広いイニシアチブや規制を含む。一九九〇年代後半、欧州委員会が欧州連合（EU）加盟国間の税金の不正利用についての調査を決定し、二〇六件の優遇税制を発見した――しかも、その数字には、チャンネル諸島や

◆**外国直接投資**　外国の企業に対して、永続的な権益を取得する（経営を支配する）ことを目的に行なわれる投資。

▼4　〔参考文献〕OECD 2002

★**優遇税制**（PTR）　外国資本の誘致を目的に、国家が導入する広範な政策や規制。

ジブラルタルなど、EU加盟国の属領における優遇税制は含まれていない。優遇措置は、多額の減価償却引当金から、周辺地域への助成金やさまざまなタイプの免税期間設定に及んだ。[5] 優遇税制を実施しているのはEU加盟国だけではなく、世界中の多くの国々が、驚くほど多種多様な優遇税制を提供している。こうした行為が、国家間のかなりの政治的緊張や、有害な競争、ダンピング、フリーライド◆、不正行為の告発につながってきた。こうした告発には、しばしば保護貿易主義や経済報復を求める動きがともなった。

　タックスヘイブンは本質的に、国家が実行するもう一つのタイプの経済的な得意芸だ——とはいえ、攻撃的で、一部の人に言わせれば非常に有害な優遇税制の助けを借りて生み出され、守られている。そして、これこそ、世界の最小規模の独立した法域が好む得意芸であり、その結果、数の上で最も人気のある競争戦略なのだ。[6] ダルマパーラとハインズの計算によれば、人口一〇〇万人未満の国が、タックスヘイブンになる可能性は二四～六三％である。[7] ケイマン諸島やジャージー島のような属領の法域を含めると、数字はもっと高くなるだろう。他の競争的な国家戦略同様、タックスヘイブンは、自らがオフショア部門と呼ぶものを誘致し、これを発展させるための広範な法律や税法規を定めている。したがって、同様に、そしておそらく当然のことながら、有害な競争、フリーライド、寄生的行為、不正行為といった前述と同じ非難を受ける。

金融システムの国際化と「立法空間」としてのタックスヘイブン

　世界の優遇税制の圧倒的多数は、製造と組み立てラインの誘致のために設けられた。これに対し、タックスヘイブンは、主として他の部門に照準を当てている。タックスヘイブンが何を提供するかを理解するため、金融分野における、目を見張るような難解な展開のいくつかについてしばしば論じる必要がある。金融システムは、通常、リテール・バンキングとホールセール・バンキングに二分される。リテール・

バンキング（および、保険をはじめとするその他の金融サービス）は、非常に儲かるビジネスとなる傾向にあり、個人預金者や借入者の資金需要を扱っている。ホールセール・バンキングは、金融機関のあいだで行なわれる、しばしば想像を絶するほど大きな額の専門的な大口の金融取引を管理し、さらに儲かる傾向にある。国際決済銀行◆（BIS）の推計では、外国為替市場において毎日約三兆ドルが取引され、六〇〇兆ドル超、すなわち世界のGDPの一二倍に相当する未履行デリバティブ契約がある。▼8 二〇〇八〜〇九年の危機のあいだに「凍結した」のは、このホールセール金融市場だ。

ホールセール金融市場は、第二次世界大戦終結後の活動の場であった国の国境を打破し、一九六〇年代以降は事実上、世界的に統合された一つの金融システムとして活動してきた。ホールセール金融システムは、主として「無形」財産を扱う。通貨、普通株（株式）、債券（公社債）、既存および将来の収益に関わる支払い要求、ヘッジ◆契約、指標がこれに相当する。こうした金融商品の一部が、いかに不明瞭かつ複雑に見えようとも、どれもすべて財産の所有権を交換するための契約であある。世界市場が存在するというこ

▼5 〔参考文献〕ECOFIN 1999

◆フリーライド　ただ乗り。対価を支払わずに便益を享受すること。

▼6 〔参考文献〕Palan and Abbott 1996

▼7 〔参考文献〕Dharmapala and Hines 2006

◆国際決済銀行（BIS）　世界各国の中央銀行が出資する国際特殊銀行。中央銀行との預金受け入れ・融資、国際的金融決済、国際金融問題に関する中央銀行間の政策協議などを行ない、「中央銀行の中央銀行」と呼ばれる。第一次世界大戦後のドイツの賠償処理を円滑に行なうために一九三〇年に設立された。本部は、スイスのバーゼル。

▼8 〔参考文献〕BIS 2007

◆ヘッジ　現物の価格変動リスクを、先物などの売買によって回避する取引。

とは、こうした交換を支える法的枠組みも世界的である。無形財産は、有形の物理的な存在をまったく持たない。印字されるか、今ではさらに一般的になった電子媒体に記憶させた契約上の合意として表わされる。

リテールであれ、ホールセールであれ、こうした無形財産を扱う金融センターは、その主人とも言える経済の金融ニーズを満たすべく進化した。金融センターの規模は、理論的にはそれが仕える経済の規模と連関している。ところが、金融商品が複雑で、取り扱う金額も莫大なことから、銀行・資本・金融市場、保険、仲介、会計、そして当然ながら法律のさまざまな部門で、きわめて熟練した労働者グループが発達した。その結果、金融システムは、地理的に見て世界の主要都市に集まる傾向があった。こうしたセンターにおいて生み出された利益については、これらのセンターが所在する領土を持つ国々が課税し、その関連諸国が金融センターに対する規制当局としての役割を果たす。

ホールセール金融市場は、定義上、非常に移動性のある無形資産を取引するので、他の部門が享受しえない柔軟性を持つ。それでも、経済の通常の規則は適用される――他のどんなタイプの経済活動とも同じように、金融取引は費用と収入をともなう。費用には、回収不能間接費など、取引やその手配に投入される知的労働が含まれる。収入は、契約が成立して初めて生まれるため、リスクが高い。しかし、金融の行為者は、契約交渉が行なわれた場所以外の場所に契約を「記帳する」ことで、利益に課せられる税金や規制を回避できる。たとえば、金融取引をロンドン、ニューヨーク、あるいはフランクフルト――専門家が所在する傾向のある場所――で手配することができる。だが、イギリス、アメリカ、ドイツの課税や規制を回避するため、ケイマン諸島などの税率が低く、規制の緩い法域に登記、すなわち「記帳」することができる。このようなセンターでは、銀行の支店のほとんどすべてが、「抜け殻」会社、つまりペーパーカンパニーである。言い換えるならば、支店は存在するが、実際には何も事業活動をせず、資産も持たない。記帳目的にタックスヘイブンを使うのは銀行や金融機関だけではない。多国籍企業は、多くの国々にある一連の錯綜する子会社、関連会社、下請け業者を通して事業を行なっており、そうした国々それぞれの領土で生じる利益に関して税金を支払うことになっている。したがって、多国籍企業にも、税率の低い、規制の緩い国で記帳する動機がある。また、大規模な多国籍企業には独自の年金基金があり、その基金の取扱費を削減するために規制が緩い、あるいは税金の少ない国を利用する場合がある。多国籍企業は、多くの国々で操業しているので、管理活動や金融活動を事情の許す限り税金の少ない国に登記できるよう、特化した持ち株会社を採用する。銀行も企業も、こうした目標を達成するための多種多様な手段（第3章で詳述）を講じている。企業や金融機関、資産家が租税、あるいは特定の規制を回避するのに役立つ方法は、他にもたくさんある。それについては、第3章で考察する。

タックスヘイブンは、移動性のある資本の獲得を目的とする、とくに攻撃的な優遇税制を提供する。彼らは、主に契約関係の倉庫であり、ほぼひたすら記帳装置として機能している。記帳された取引の実体が、実際にそこで行なわれることは非常に少ない。そういうわけで、タックスヘイブンには実際の活動がほとんどないため、「架空」センターとしばしば描写される。[9] したがって、タックスヘイブンを「立法空間」と呼ぶこともできよう。というのも、その領土に居住していない人々が行なう取引を容易にするための法律を意図的に制定する法域だからだ。こうした国際取引は、規制にほとんど、あるいはまったく従う必要がなく、タックスヘイブンは通常、その取引を行なっている人々とのつながりがわからないよう、法的に保護されたかなりの秘密主義を提供している。こうした取引は、「オフショア」である——つまり、実際の所在地を法律上の所在地から切り離す法律上のスペースで発生する。ちなみに、このような状況において定義された「オフショア」は地理とは無関係で、まして小さな島々はなおさらのこと、むしろ立法ス

▼9 〔参考文献〕Palan 2003

ペースと関係している。[10]

優遇税制とタックスヘイブンとの線引き——その定義の問題（1）

このようなタックスヘイブンの定義は、いくつかの実際的な問題を引き起こす。一見してわかるタックスヘイブンもあるとはいえ、きわめて移動性のある環境が、どんな国でも他のいくつかの国による課税を回避するための潜在的なヘイブンとして機能できるような状況を生む優遇税制の蔓延と結びついている。その結果、優遇税制、濫用的優遇税制、タックスヘイブンの線引きが、大いに論じられている。

早くも一九八〇年代初期に、米国税庁（ＩＲＳ）高官だったビンセント・ベロッツキーは、アメリカをはじめとする多くの国々が、タックスヘイブンの従来の定義に当てはまると指摘した。彼の記述によれば、アメリカは、「外国人であれ外国企業であれ、非居住者が銀行や貯蓄機関から受け取った利子など、特定の種類の所得に関して免税を適用している」[11]。外国人は、自分の貯蓄に関して本国に支払う税金を回避するためにアメリカの銀行制度を利用している。また、「アメリカの銀行は、外国人顧客に対して高いレベルの銀行秘密保護を提供している。国内の顧客と違い、外国人顧客は納税者番号の取得を免除され、彼らの預金残高はＩＲＳに報告されず、源泉徴収税★もない」[12]。ベロッツキーはさらに、アメリカ自らがタックスヘイブン化を積極的に推進しているとも指摘した[13]。それどころか、ドイツ当局が、一九八〇年代後半に税基盤の弱体化を懸念しはじめたとき、問題を起こしている国のリストのトップを占めていたのはスイスやケイマン諸島ではなく、アメリカ、ベルギー、オランダ、アイルランドだった[14]。

タックスヘイブンと他の優遇税制との線引きは独断的で、「程度の問題以外の何物でもない」[15]。一部のタックスヘイブンは、優遇税制など行使していないし、まして濫用的優遇税制などとんでもない、と否定さえしている。コリン・パウエルが、ジャージー島の首席事務官代理だった当時、次のように語った。「島をますます魅力ある存在にしたのは島そのものではない。相対的に自国の魅力を減じるような、主要工業国の相対的に高い租税構造だ」[16]。言わせてもらうならば、実際には、大半のタックスヘイブンは見かけほど潔白ではない。特別な法律あるいは税法規が、租税回避や脱税目的で日和見的に使われる場合も時にはあるかもしれないが、本書で考察する国々は、意識的、意図的、そして長期的な開発戦略として、タックスヘイブンの立法行為を採用してきたものと確信する。

タックスヘイブン体制は、分類を好む学者を満足させるためではなく、流動性のある資本からの「超過利益《レント》」を獲得するという商業目的のために構築されている。技術進歩によって移動が可能となれば、どんな活動でも即座に、明敏なタックスヘイブンの標的となる。税は明白な最初の標的だったし、今でもこうした立法空間を構築する主要な論理的根拠となっている。しかし、多くのタックスヘイブンは、海運、カジノ、ポルノなど、他の流動性のあるビジネスを獲得するために、その立法行為の原則を拡大することの商業的価値を認識している。たとえば、インターネットは、離れたところにあるカジノにとっての新たな機会を生み、バミューダ、コスタリカ、オールダニー島という小さな島がすぐに飛びついた。

▼10〔参考文献〕Palan 2003
▼11〔参考文献〕Belotsky 1987, 59
★**源泉徴収税**　国外の人間に対して行なわれる支払いから天引きされる税金。利子、配当金、特許などの使用料、ライセンス料など、投資所得に通常適用される。
▼12〔参考文献〕Belotsky 1987, 60
▼13〔参考文献〕Belotsky 1987, 60
▼14〔参考文献〕Weichenrieder 1996
▼15〔参考文献〕Irish 1982, 452
▼16〔参考文献〕Jeune 1999

こうした展開のなかで、タックスヘイブンの「消費者」――資産家、企業、タックスヘイブンの事業体を設立した専門家――は、それを利用する刷新的な方法を見出し、一石二鳥を味わっていることもよくある。たとえば、ダイアモンドとダイアモンド[17]は、一九八〇年代と九〇年代に資産家によるカリブ海のタックスヘイブンの利用が驚異的成長を見せた主な理由は、本質的には税制そのものではなく、結婚、家族、支払い不能といった問題にあったと信じている。こうした資産は、税務当局からではなく、配偶者や家族、債権者から隠されている――とはいえ、タックスヘイブンの立地も、税の削減に貢献しているだろう。同様に、アメリカの規制では、基金の出資者が一〇〇を超える場合にはヘッジファンドをアメリカの銀行規則や金融規制の対象としている。タックスヘイブンは、この規則を回避している――そればかりか、さらに好都合な課税措置を提供している。

競争、技術進歩、市場ニーズに刺激され、多くのタックスヘイブンは、新たな活動に手を広げてきた。タックスヘイブンに関する文献は、こうした活動の急増を二つの方法で取り扱ってきた。一つは、こうしたすべての新規事業を「タックスヘイブン」という包括的用語のもとで記述する手法だ。たとえば、リベリアあるいはパナマのような国々が実施している便宜置籍船◆（ＦＯＣ）協定をタックスヘイブンの一形態と呼んでいる専門家もいる[18]。税金は、タックスヘイブンの要ではあるが、もはや唯一の決定的な特徴ではないという考え方だ。もう一つの手法は、タックスヘイブンは限局的な区分であって、他のサービスも提供しているタックスヘイブンもあるという考え方だ。この手法は、オフショア金融センターとしてのタックスヘイブンの役割についての論争となると、とくに役に立つ。

オフショア金融センター（ＯＦＣ）とタックスヘイブンの違い――その定義の問題（２）

タックスヘイブンは、宣伝目的で自らが実施する職務の急増を当然ながら利用する。脱税、マネーロンダリング、犯罪行為、横領とタックスヘイブンとの関係から、誇りを持ってその名札を身に着けているタックスヘイブンはほとんどない。それどころか、すべてとは言わないまでも大半が、脱税との関係を否定し、良性型の優遇税制としての政策を提示しようとする。良くても（あるいは悪くても）、あまり軽蔑的でない「オフショア金融センター」（OFC）という呼称なら受け入れる覚悟ができているタックスヘイブンもある。オフショア事業部門を公式ウェブサイトで宣伝しているタックスヘイブンもあり、この数年間でOFCは一般に好まれる表現となり、とくに国際通貨基金（IMF）、金融活動作業部会（FATF）、金融安定化フォーラム（FSF）などの国際経済機関が好んで使っている。とはいえ、OFCという概念は、それなりの悪夢のような定義上の問題を提起し、IMFが二〇〇八年にOFC計画を断念したほどだ。

本書第Ⅱ部で考察するように、タックスヘイブンとOFCは、時を異にして、異なる目的のために発達した。それにもかかわらず、今日では、タックスヘイブンの活動とOFCの活動を区別することは実際には難しい。タックスヘイブンは、二〇世紀初頭から存在し、脱税と租税回避が主要ではあるが、これに限定されない目的に使われていた。マネーロンダリングや資本逃避などの目的にも役立っていたし、厳しい秘密保持条項を提供していたことから、懲罰的な離婚条件を回避したいと思う夫婦にとっては魅力的だと

▼17 〔参考文献〕Diamond and Diamond 1998

◆便宜置籍船（FOC） 船舶の船籍を、事実上の所有者の所在国とは異なる国に、便宜的に置いた船のこと。税制上または法令の適用上、より有利な条件の国に設立したペーパーカンパニーを使って、船籍が置かれる。リベリアが外国船籍誘致政策を採り、ギリシャ系の船主がこれを利用したことにはじまる。ほかに、パナマ、バハマ、マルタ、キプロスなどがある。英語では"Flag of Convenience".

▼18 〔参考文献〕Irish 1982

判明した。

これに対して、OFCという概念はもっと新しい。知る限り、この用語が使われるようになったのはつい一九八〇年代初頭だ。しかし、明確かつ一貫した形で使われてはこなかった。OFCという用語は、非居住者の金融取引、とくにユーロ市場◆取引を専門とする金融センターを表現するために、最もよく使われている。第5章で示すとおり、最初のOFCは、一九五七年九月にロンドンで発達した。ほぼすべての形

コラム1-1

「オフショア金融センター」（OFC）の四つのタイプ

一九八二年に書かれた画期的な記事において、Y・S・パーク▼一は、「オフショア金融センター」（OFC）について、四つのタイプを確認した。

(1) ロンドン、ニューヨークなどの主要OFC

ロンドンやニューヨークなどの主要OFCは、世界規模の常連客を相手にし、その市場地域向けの国際的な金融仲介機関として機能する。主要センターは、銀行取引センターのみならず、金融資本市場センターでもある。「成功しているセンターの重要な要素は」、ウィリアム・クラークの記述によれば、「新しい資金の提供であり、その資金を提供できるか否かは、柔軟な銀行金融のみならず、量的に増加する有価証券を吸収できる金融商品と金融機関の存在にかかっている」▼二。たとえばロンドンの場合、資本市場は、株式市場、インターバンク市場◆、外為・証券市場、デリバティブより成り、投資銀行、ヘッジファンド、保険会社、年金基金、投資信託、非公開投資会社◆などの各種金融機関を含む。

(2) バハマ、ケイマン諸島などの記帳センター

二つ目のタイプは、バハマやケイマン諸島などの

記帳センターである。記帳・収集・資金調達センターは、資本市場の能力はなく、あったとしても小さい。つまり、せいぜい銀行取引センターといったところで、資本市場センターまで成長していない。

（3）シンガポール、パナマなどの資金調達センター

三つ目のタイプは、シンガポールやパナマなどの資金調達センターで、対内金融仲介機関の役割を果たし、自らの市場の外から入ってくるオフショア（あるいはユーロ市場）の資金を地元あるいは地域利用に結びつける。たとえば、一九六八年にシンガポールは、ユーロ市場取引を取り扱う現地支店として機能するようにとのバンク・オブ・アメリカの要請に応えて、シンガポール・アジア通貨市場★（ＡＣＵ）と呼ばれる専門の市場を設けた。

（4）バーレーンのような収集センター

最後に、バーレーンのような収集センターは、対外金融仲介業務に主として携わる。

アイリッシュ▼三によれば、最後の二つのタイプは、記帳と運用活動を兼ね備えている。しかし、（1）を除く三つのタイプはすべて、資本市場センターというよりもむしろ銀行取引センターに留まっている。

▼一〔参考文献〕Park 1982

▼二〔参考文献〕Clarke 2004, 42

◆インターバンク市場　金融機関のあいだで短期資金の貸借が行なわれる市場のこと。市場参加者は金融機関に限られる。

◆非公開投資会社　株式を公開していない企業（将来有望な新興企業または再建途上にある企業）に出資または融資して優良企業に育て上げていき、その上で、投融資を他に転売したりして儲ける会社のこと。

★シンガポール・アジア通貨市場（ＡＣＵ）「インターナショナル・バンキング・ファシリティ（ＩＢＦ）」〔次頁の注を参照〕のシンガポール版。一九六八年開設。

▼三〔参考文献〕Irish 1982

態の金融監督や規制を免れたことから、この市場は「オフショア」として知られるようになった。そして、規制されない市場として、範囲的にはグローバルになった。この基準によれば、最大級のOFCは現在、イギリスのシティ、アメリカのインターナショナル・バンキング・ファシリティ★（IBF）、日本の東京オフショア市場（JOM）である。

数々の守秘条項、規制の甘さ、無税あるいは無に近い税率、資本規制なしを提供するタックスヘイブンは、ユーロ市場取引にとって磁石のような存在となった。それどころか、双方ともに回避から生まれ、回避の恩恵に浴しているのだから、オフショア金融センターの発展は、伝統的タックスヘイブンの理にかなった拡張だった。さらに、OFCの特徴である規制の欠如と監督の甘さは、租税回避とマネーロンダリングの目的のために簡単に利用（あるいは濫用）できる。たとえば、イギリスの銀行や企業は、タックスヘイブンの利点を素早く認識した。そして、一九六〇年代初頭に、ユーロ市場取引向けの記帳オフィスとして主に機能する子会社を直轄植民地に設けた。カリブ海のヘイブンを好む北米の銀行も、すぐにこれに倣った。こうした状況の下、いくつかのタックスヘイブンは独自の金融センターを発展させたが、主に「記帳」センターあるいは資金調達センターのどちらかとして知られていた。

ＢＩＳやＩＭＦなどの国際的な金融機関がその後、タックスヘイブンで発展している金融サービスを明確に表現するためにもっと限定的にOFCを使うようになった。OFCという用語はタックスヘイブンへ

◆ユーロ市場　通貨の発行国外で取引するその通貨の国際金融市場のこと。起源が欧州であることから この名が付いたもので、通貨のユーロとは関係ない。
★インターナショナル・バンキング・ファシリティ（IBF）　金融機関が外国人居住者や外国の機関に対し、国内規制の影響を受けずに預金・貸付サービスを提供できるようにする領土内の合法的空間。

郵便はがき

料金受取人払郵便

麹町支店承認

6747

差出有効期間
平成29年1月
9日まで

切手を貼らずに
お出しください

102-8790

102

［受取人］
東京都千代田区
飯田橋2―7―4
株式会社 作品社
営業部読者係　行

【書籍ご購入お申し込み欄】

お問い合わせ　作品社営業部
TEL 03(3262)9753／FAX 03(3262)9757

小社へ直接ご注文の場合は、このはがきでお申し込み下さい。宅急便でご自宅までお届けいたします。送料は冊数に関係なく300円（ただしご購入の金額が1500円以上の場合は無料）、手数料は一律230円です。お申し込みから一週間前後で宅配いたします。書籍代金（税込）、送料、手数料は、お届け時にお支払い下さい。

書名	定価　　円	冊
書名	定価　　円	冊
書名	定価　　円	冊
お名前　　TEL　（　　）		
ご住所　〒		

フリガナ
お名前

男・女　　　　歳

ご住所
〒

Eメール
アドレス

ご職業

ご購入図書名

●本書をお求めになった書店名

●ご購読の新聞・雑誌名

●本書を何でお知りになりましたか。

イ　店頭で

ロ　友人・知人の推薦

ハ　広告をみて（　　　　　　　　）

ニ　書評・紹介記事をみて（　　　　　　）

ホ　その他（　　　　　　　　　　）

●本書についてのご感想をお聞かせください。

ご購入ありがとうございました。このカードによる皆様のご意見は、今後の出版の貴重な資料として生かしていきたいと存じます。また、ご記入いただいたご住所、Eメールアドレスに、小社の出版物のご案内をさしあげることがあります。上記以外の目的で、お客様の個人情報を使用することはありません。

[図表1-1] 銀行の対外資産に基づく金融センターの順位(全部門)

(単位:10億米ドル、2007年12月現在)

資 産		負 債	
イギリス	$6,844,744	イギリス	$7,310,789
ドイツ	3,561,009	アメリカ	3,717,692
アメリカ	2,959,285	フランス	2,806.73
フランス	2,816,618	ドイツ	1,992,697
日本	2,401,783	ケイマン諸島	1,864,468
		スイス	1,393.45
ケイマン諸島	1,927,233	オランダ	1,192,895
		アイルランド	1,151.69
スイス	1,539.29	ベルギー	968,998
オランダ	1,341,471	イタリア	941,947
ベルギー	1,162,452	シンガポール	802,822
ルクセンブルク	1,063,835	ルクセンブルク	732,594
アイルランド	1,029,579	日本	711,981
香港特別行政区	798,302	スペイン	701,686
シンガポール	785,447		
イタリア	646,663	オーストラリア	495,631
スペイン	612,778	香港特別行政区	476,491
		バハマ	413,923
ジャージー島	518,968	スウェーデン	405.35
オーストリア	483,104	ジャージー島	348,968
バハマ	407.3	デンマーク	343.63
スウェーデン	340,698	オーストリア	324,341
カナダ	302,618	カナダ	263,118
ガーンジー島	246,337	ポルトガル	241,884
デンマーク	222,926	ガーンジー島	204,686
バーレーン	208.26	韓国	203,683
オーストラリア	184,963	バーレーン	201,587
台湾	177,271		192.5
ポルトガル	138,932	ノルウェー	173.06
ギリシャ	124,202	ギリシャ	143.92
フィンランド	101,712	フィンランド	120,417
マン島	93,469	インド	97,917
韓国	85,675	ブラジル	92,167
ノルウェー	82,178	台湾	83,701
ブラジル	65,192	マン島	68,571
トルコ	44.05	トルコ	54,228
パナマ	28,416	メキシコ	25,704
インド	27,737	パナマ	23,363
メキシコ	26,734	オランダ領アンティル諸島	20,643
マカオ特別行政区	25,169	マカオ特別行政区	12,987
オランダ領アンティル諸島	23.02	チリ	9,182
バミューダ	11,027	バミューダ	3,241
チリ	6,293		

(出典:BIS, 2008)

の丁寧な言及として使われ、それが一般的な意味となった。

同時に、国際的な金融機関は、最大級のOFCがロンドン、ニューヨーク、東京に立地しているという妙な異常を定期的に認めてきた。これが概念的な混乱を招いた。というのも、すべてのタックスヘイブンがOFCであるとは限らなかったし、OFCの中にはタックスヘイブンでないものもあり、OFCという概念と距離を置くキャンペーンを起こしたからだ。

さらに複雑なことに、OFCは、三つ目の方法、つまりタックスヘイブンに立地する専門家や金融サービスのコミュニティーを表現するためにも使われる。この場合、OFCは専門サービスのコミュニティーに適用される。このコミュニティーは、国外居住者が大部分を占め、島から転じた金融センターに立地する一目瞭然のオフショア飛び地で、現地人とはほとんど関係がない。タックスヘイブンに反対するさまざまなキャンペーンが生まれるにつれ、意味の混乱はもはや許されなくなっていた。

銀行の国際資産と負債に関する国際決済銀行（BIS）の統計によれば、世界最大級の金融センターの位置を占めるに至ったタックスヘイブンもある。ケイマン諸島は、資産にして世界第六位（図表「1 - 1」前頁掲載）、ジャージー島は第一六位、バハマは第一七位となっている。それどころか、スイス（第七位）、オランダ（第八位）、ルクセンブルク（第九位）などの中間（あるいは、オンショア／オフショアと呼ばれることもある）センターを加えると、タックスヘイブンは、OFCのリストの上位を独占している。

意味論はさておき、もっと興味深い問題は、こうした法域が純粋なOFCに発展したか、それとも単なる「名目だけのセンター」に留まり、ペーパーカンパニーや信託、委託銀行機関、キャプティブ保険会社の本拠地を提供しているかということだ。

一九八〇年代初期の記述の中で、アイリッシュが認めたところによれば、「典型的に、〔ケイマン諸島にある〕これらの支店は、商取引が行なわれる物理的な場所というより、代理業者が管理し、記録する一連の台帳以外の何物でもない。預金や貸出金は、これらのペーパーカンパニーに置かれているものの、取引そのものはどこか別の場所で物理的に交渉され、資金が実際にはペーパーカンパニーに一度も存在しない場合もある」[19]。その一五年後、リッチモンド連邦準備銀行のマーヴィン・グッドフレンドは、「税法上の優遇措置を手に入れるために、ロンドンや他の場所で交渉されたユーロダラー建て預金や貸出金が、ナッソーやケイマン諸島のような場所で記録されることがよくある」と断言した[20]。二〇〇一年に、イングランド銀行のために作成された報告書は、「多くのOFC〔つまり、タックスヘイブン〕に本拠を置く事業体が引き受ける金融仲介機能は、ほぼ完全に『無関税港《アントルポ》』と同じである」という立場を採った[21]。

シーラ[22]は、バハマやケイマン諸島などのタックスヘイブンへの金融活動の初期の波及を刺激したのは、税への関心よりも、ニューヨークと同じ時間帯を共有するという好都合な点もある、こうした場所に銀行の支店を作るほうが安上がりだったからだとしている。また、第5章で述べる技術的な理由から、イギリスの銀行や企業は、オフショアの子会社を使わない限りロンドンのオフショア市場を利用できなかった（子会社が、彼らを巧みに非居住者としたことによる）。

純粋なタイプのタックスヘイブンに記帳された金融取引の大半が、依然として他の場所で手配されていると信じるには充分な理由がある。ケイマン諸島の資産と負債は、イギリスの金融センター◆のおよそ三分の一である〔図表「1-1」〕。それにもかかわらず、シティ・オブ・ロンドン自治体がシティで直接働いている人は三三万八〇〇〇人〔掃除人や警備員を含むすべての労働者を対象とする点で誤解を招く数字だ〕と

▼19〔参考文献〕Irish 1982, 464
▼20〔参考文献〕Goodfriend 1998, 50
▼21〔参考文献〕Dixon 2001, 104
▼22〔参考文献〕Sylla 2002

[図表1-2] 報告銀行の所有者の国別状況

（残高、単位：10億米ドル）

	資産	負債	GDPの世界順位	2006年のＧＤＰ（単位：10億米ドル）
ドイツ	(1) $4,763.6	(1) $3,811.4	3	$2,906
スイス	(2) 3,569.4	(2) 3,593.5	20	380
フランス	(3) 3,227.8	(5) 3.062.0	6	2,230
アメリカ	(4) 3,075.4	(3) 3,442.0	1	13,201
イギリス	(5) 3,020.0	(4) 3,178.8	5	2,345
日本	(6) 2,316.7	(7) 1,236.7	2	4,340
オランダ	(7) 2,056.1	(6) 1,885.7	16	657
ベルギー	(8) 1,255.3	(8) 1,185.7	18	392
イタリア	(9) 863.0	(9) 858.2	7	1,844
スペイン	(10) 654.8	(10) 703.2	9	1,223
オフショア・センター	11.9	21.7		

（出典：BIS, 2007）

報告しているのに、英監査局は、わずか五四〇〇人しかケイマン諸島で働いていないと報告している。[23] 二つの数字の相違からもわかるように、ケイマン諸島はきわめて効率的なのか、あるいは依然として主に記帳センターであり、相対的に見て少ししか「実質的な」銀行業務を行なっていない。

もう一つ参考になる数字を、ケイマン諸島そのものの財務報告書から推測できる。同報告書によれば、二〇〇五年一二月までに、ケイマン諸島で法人化された企業は、銀行および信託会社四三〇社、キャプティブ保険会社七二〇社、財団七〇〇〇社超など、七万社を超えたと誇っている。[24] これらの数字からもわかるように、インターナショナル・ビジネス・コーポレーション（ＩＢＣ）をすべて除外し、銀行、キャプティブ保険会社、財団（過半数がヘッジファンドに属する）だけを足すと、このような事業体はざっと八〇〇〇社になり、各事業体の従業員数は、平均して何と約〇・五人だ！　言い換えれば、平均一名の人間が、二つの銀行、保険会社、あるいはヘッジファンドを運営し、その従業員としての機能を果たしている。

人口八万七〇〇〇人、面積四五平方マイルのジャージー島で、約一万二〇〇〇人がオフショア部門に雇われている。この数字は、そこそこの規模の国際投資銀行の雇用者数におおよそ相当する。ノーザン・ロックのSPV★（特別目的体）部門のグラニットは、四九〇億ポンドを扱い、ジャージー島を本拠としていた（第6章を参照）。ところが、報道陣がインタビューしようと従業員を探すと、一人もいなかった。グラニットを実際に管理していたのは、イギリスから派遣されたノーザン・ロックの職員だった。グレッグ・ローリングズの調査から、回答者の九七％が、こうしたタイプのOFCを利用する主な動機として税金を挙げたこともわかっている。▼25 同様に、調査ジャーナリストのブリテェイン＝キャトリンは次のように書いている。

世界の大企業は、その大半がケイマン諸島にちゃんと置かれている。ところが、ロゴ、職員、受付係の笑顔のあいさつで完結するはずのオフィスの物理的存在は、そこでは見つけられない。とんでもない。ケイマン諸島では、おざなりに名前をつけられた会社しか見つからない。その名前たるや、会

◆シティ・オブ・ロンドン自治体　シティは独立した自治体で、独自の警察を持ち、毎年市長が選出される。

▼23〔参考文献〕NAO 2007, table 15

▼24〔参考文献〕www.gocayman.com

★SPV（特別目的体）　リスク管理の手段として機能するために通常設けられた、大企業の子会社あるいは関連会社。会計面での弱さや曖昧さから、甘い規制を利用し、複雑な金融商品を発行し、負債を隠す目的にも利用される。オンショア、オフショア、どちらにも立地可能。SPEとも表記する。

▼25〔参考文献〕Rawlings 2005, 305

社そのものと同じように純粋な機能名なのだから。[26]

▼26 〔参考文献〕Brittain-Caitlin 2005, 47［ウィリアム・ブリテェィン＝キャトリン『秘密の国オフショア市場』船見侑生、長坂陽子、熊谷義彰訳、東洋経済新報社、二〇〇八年］

コラム１・２

国際通貨基金によるＯＦＣの定義

国際通貨基金（ＩＭＦ）は、真っ先にタックスヘイブンに警鐘を鳴らした国際機関の一つだった。[二] 二一世紀に入って数年の内に、しかもＩＭＦ自体も危機に直面していたことから、タックスヘイブンに関する分析・調査で他の機関からリードを奪おうとした。以後、タックスヘイブンに関する革新的分析作業の先頭に立ってきた。広く引用されている背景報告書のなかで、ＩＭＦはＯＦＣを次のように定義した。

貸借対照表の双方に計上される金融部門の取引の大半が、ＯＦＣの居住者でない個人あるいは企業との取引であり、取引がどこか他の場所で開始され、関連諸機関の過半数が、非居住者によって管理されているセンター。

（１）主として非居住者との取引に従事する金融機関を有する法域、

（２）国内経済への出資を目的とする国内の金融仲介業務と不釣り合いな対外資産と負債を有する金融システム、ならびに、

（３）より一般的には、以下の一部あるいはすべてを提供するセンター。低税率またはゼロ税率、穏やかなあるいは軽い規制、銀行取引の秘密保持と匿名性。[三]

二〇〇七年、ＩＭＦは、アフメド・ゾロメが作成した調査結果報告書を発表した。ゾロメは、既存の定義はどれも、ＯＦＣ現象の真髄を捉えていないと主張する。彼の主張によれば、ＯＦＣ現象とは、「非居住者への金融サービスの提供、すなわち金融サービスの輸出」▼三である。ＯＦＣの特異性は、彼によれば、「自国経済のニーズと規模をはるかに上回る規模の金融サービスの供給を専門としていることだ」▼四。ゾロメは次のような定義を提供する。

> ＯＦＣとは、国内経済の規模と資金調達と不釣り合いな規模で、非居住者に金融サービスを提供する国あるいは法域である。▼五

ゾロメの方法論は、いくつかの点で不完全だ。第一に、統計的方法論は比較的成功したタックスヘイブンしか示していない。しかし、「失敗した」タックスヘイブンもたくさんある――大半は太平洋の小さな諸島だが、カリブ海にもいくつかあるし（たとえばアンティグア）、旧ソ連圏の国々（モルドヴァ）にもいくつか、そしてアフリカにもあり、タックスヘイブンになろうとしたが失敗した。第二に、彼は、アメリカ（ネバダ州、デラウェア州）、ロシア（イングーシ）、マレーシア（ラブアン島）など、私たちがタックスヘイブンと関連づけているタイプの法律を成立させるために国内の自治体を使う「内国」タックスヘイブンを認識していない。第三に、オフショア金融センターを従来の言葉の意味における「サービス」経済と考える、あるいは課税の問題を完全に無視するのは疑問である。

二〇〇八年、ＩＭＦ理事の過半数が、ＯＦＣという用語に関連する意味・概論の問題を認識し、ＯＦＣ単独プログラムの断念を決定した。▼六

▼一〔参考文献〕Cassard 1994
▼二〔参考文献〕IMF 2000
▼三〔参考文献〕Zoromé 2007, 8
▼四〔参考文献〕Zoromé 2007, 6
▼五〔参考文献〕Zoromé 2007, 12-13
▼六〔参考文献〕IMF 2008

図表「1 - 2」（66頁掲載）からもわかるように、名目上は世界有数の金融センターでありながら、小さな島国のタックスヘイブンは、そのどれを見ても、大規模な国際銀行を発達させることが今のところできていない。もっと言わせてもらえば、記帳センター自体の全銀行の総資産は、ポルトガルの銀行業界のほんの二〇分の一にすぎない。ポルトガルは、この対比以外では本書の図表のどれにも登場しない国である。

スイス、ルクセンブルク、アイルランド、シンガポールなどの中規模センターの状況は、さらに複雑だ。最も目覚ましい成功を収めているのがスイスで、とても大規模で強力な国際銀行をいくつも生み出してきた（図表「1 - 2」）。ずっと後れを取っているのがイギリスで、この比較によれば世界第五位でしかない（世界のGDPランキングと一致している）。中規模のセンターは、タックスヘイブンという立場から恩恵を被ることができたため、よく機能するOFCを発達させた。しかし、ルクセンブルク、スイス、シンガポールなどのOFCが、タックスヘイブン規定がなくても生き延びることができるかどうかは、意見の分かれるところである——そのような規定がなければ、主要OFCの座に留まる可能性は少ないという見方が多い。

2……タックスヘイブンの特性と要素——その理念型記述

前節の考察は、課税の理論から現実の世界へと移行しようとするときに直面する大きな困難を示している。学者が好む一つの分析方法は、マックス・ヴェーバーの理念型定義を用いる方法である。理念型は、特定の現象の特性と要素によって形成されるが、その特性あるいは事項すべてに対応するとは限らない。この理念型に密接に対応する場所は、現実にはほとんどないという条件で、タックスヘイブンの理念型記述を提供することができる。たまたま大部分のタックスヘイブンが、きわめて小さい法域である傾向にあり、そういったなかでもとくに小さくて、成功を収めているヘイブンが、たまたま理念型記述と一致する。しかし、単に人口がたとえば五〇万から一〇〇〇万人の大きな国家あるいは領土のほうが多様な経済を持つからといって、それらがタックスヘイブンでないということにはならない。タックスヘイブンの主な「理念型」属性は、以下のとおりである。

〝低税率〟あるいは〝無税〟

典型的なタックスヘイブンは、非居住者の企業や預金者に対してゼロあるいはゼロに近い税率を提供する国である。これが、おそらくタックスヘイブンの最もよく知られている特質だが、いろいろな意味で、きわめて誤解を招きやすい。現実には、タックスヘイブンがいかに小さく、効率的であろうとも（あるいは、そう主張しようとも）、課税を通して歳入を得ることなく、適切に機能する国家を運営するという奇跡をやってのけることのできたヘイブンは一つもない。その結果、私たちの提示するタックスヘイブンのリストに、純粋に税率の低い法域がいくつかあるが、住むには満足のできない場所であり、景気の良いヘイブンになるための努力も成果を収めてもいない機能不全も甚だしい国家である傾向にある。また、運営していくに充分な歳入を得ることができると同時に、無税あるいは低税率の法域として自らを売り込んでいる「賢明な」タックスヘイブンもある。そのようなヘイブンは、次の三つの方法の一つ以上を採用することで、それを実現している。

第一に、タックスヘイブンは概して、居住納税者と非居住納税者を区別している。非居住納税者に対する見掛けの税率は、きわめて低いか、名目上ゼロにさえなりうる。タックスヘイブンは、「囲い込み」と呼ばれる操作を通して居住人口と非居住人口を分けている。これは、ヘイブンが、ヘイブンとしてのサービスを利用している者には適用したくない税金を居住人口に課す決定をする場合に生じる。有名なタックスヘイブンの多く――ジャージー島、ガーンジー島、マン島、スイス、リヒテンシュタインなど――は、居住人口の世界的な所得には所得税を課しているが、その領土を利用している税金逃れのための国外移住者がこうした課税の一部あるいはすべてを被らないようにしている。イギリスも、住所地規則を適用することで、囲い込みを実施している――イギリスがタックスヘイブンとみなされる一つの理由である（コラム「1-3」参照、78頁掲載）。英王室属領や他のいくつかのタックスヘイブンは、現地人が所有する企業には企業収益に対する所得税を課しているが、非居住者が所有する企業に対しては課していない。ジャージー島は、世界で最も厳しい租税回避防止法のいくつかを定め、他のタックスヘイブンのサービスを利用しようと望む自国住民を罰している。

しかし、非居住者がまったく課税されないと思うのは間違いだろう。現実には、非居住納税者は、ライセンス料や登記料および／または地元の「ダミー」取締役を維持するための要件など、その他の形で課税されている。すべてのタックスヘイブンが、非居住事業体の運営のための手数料を課している。たとえば、バヌアツ共和国では、企業登記に一五〇米ドルがかかり、その企業を企業登記簿に維持するために年三〇〇米ドルかかる。マン島では、非居住者の企業の年間手数料は、約三二〇ポンドだ。また、「純粋な」ヘイブンでさえ、雇用税、関税、印税、財産税――現地人を雇い、小さな現地事務所を維持するために大半のタックスヘイブンに要求される――を課す傾向にあり、非居住者の事業は間接的に税を支払っている。こうした総額は、小さなタックスヘイブンの経済に大きく貢献し、直接税税収の不足を見事に補うことができる。タックスヘイブンが、多くのペーパーつまりダミー会社を誘致できる場合はとくにそうだ。オフショア部門が生む歳入は、補完的所得として機能し、自国の税金を削減できる。

当然のことながら、タックスヘイブンは、純税収におけるこうした利益をめったに公表しないので、評価がきわめて難しい。たとえば、ケイマン諸島の公表された二〇〇四／〇五年度向け予算に関する何百ページにも及ぶデータに、政府歳入の内訳は含まれていなかった[27]——しかも、ケイマン諸島は最も透明なタックスヘイブンの一つとされている。しかし、周知のように、ケイマン諸島は、観光税や輸入税から税の大半を得ている。

減税のためにタックスヘイブンが利用する二番目に人気のある方法は、自国より大きな国からの助成金に関係する。最も成功した「純粋な」タックスヘイブンのいくつかは、属領の法域である。つまり、自国の治安、外交関係、通貨の維持、そしてマクロ経済環境のみならず、付加価値税（ＶＡＴ）の徴収のために、大きな国家に頼っている。そして、こうした蓄えの一部を居住納税者と非居住納税者に回している。きわめて成功している英王室属領のジャージー島、ガーンジー島、マン島、そしてヨーロッパのジブラルタル、カリブ海のケイマン諸島、バミューダ、英領ヴァージン諸島（ＢＶＩ）がこれに含まれる。他には、不可欠のサービスの大半をフランスに頼っているモナコとアンドラ、スイスに頼っているリヒテンシュタインがある。

マン島は、この駆け引きでとくに成功を収めてきた。イギリス政府からの年二億ポンド超に上る助成金を享受してきた——直接の競争相手であるジャージー島とガーンジー島にさえほとんど知られていない事実だ。イギリスとマン島のあいだの歳入の一部を共有することになっているいわゆる財布共有契約の賜物だ。一九一一年にマン島の住民が飢饉に近い状況に見舞われて以来、同年の協定で、マン島に助成金を提供することになっている。英監査局は、一人当たりのＧＤＰがイギリスよりも高いにもかかわらず、ＢＶＩのような場所における民間航空を規制するためにイギリスが負担しているかなりの経費など、マン島に

▼27〔参考文献〕Caymans 2004

比べれば少ない他の助成金について言及している。[28]

皮肉にも、タックスヘイブンの濫用防止を意図したいくつかの形態の規制が、ヘイブンの財源を実際に増大させてきた。たとえば、ＥＵ貯蓄課税指令★（第10章で考察する）は、イギリスとオランダが責任を負うタックスヘイブンにある銀行をはじめとする金融機関が、ＥＵ国家の住民に支払う利子から現行率で二〇％の税を天引きすることを求めている。これは、口座名義人が、自らが得た利益に関する情報を本国に開示することを拒否する場合に適用される妥協策だった。これらのヘイブンは、「管理」費として、何と天引きした税の二五％を受け取っている！　ＥＵの報告書によれば、二〇〇五年にリヒテンシュタインは二五〇〇万ユーロ、ジャージー島は四八〇〇万ユーロ、ガーンジー島は四五〇〇万ユーロ、スイスは高額の一億五九四〇万ユーロを徴収した。[29]

三つ目の方法についてはすでに示唆した。稀に、低課税制度が歴史的な場合がある。たとえば、一八六九年以来、モナコ公国はいかなる種類の収入に対しても課税してこなかった。歳入は主に、昔からこの国の大きな魅力であるカジノと市税から得ている。だが、モナコのような法域が低課税法域に見えるのは、きわめて高額の市税があるからに他ならないのも事実で、この市税は通常、公式の統計に税収として記録されていない。市税は、典型的に逆進税◆である。そのため、モナコは大富豪にとって非常に魅力的であり、彼らにしてみたら、他の国々の税金に比べるとモナコの市税制度は取るに足りないように見える。しかも前述のように、当然ながらモナコも、その必須サービスの大半をフランスに頼っている。

ようするに、この相互依存世界の現実は、低税率あるいはゼロ税率の法域を見つける人間がいれば、他の誰かがどこか他のところで余分な税を支払っており、だからその法域は低い税率でサービスを提供できるということだ。

秘密保持条項

タックスヘイブンのもう一つの特質は、厳格な守秘義務である。それどころか、タックスヘイブンを「守秘法域」と呼ぶのを好む人もおり、表面税率や公示税率よりもむしろ不透明性こそ、こうした法域と優遇税制とを区別する主要な特徴だと主張している。[▼30]

不透明性は、三つの形で認識される。最も一般的なのは、銀行秘密法[★]だろう。すべての銀行が顧客に対し秘密保持を提供するのは当たり前だが、多くの場所で、これが最善の商慣行とみなされ、法律によって命じられていない。その結果、銀行秘密は神聖とは程遠い。たとえば、イギリスのすべての銀行は、イギリスにおいて保有する全口座に関する受取利息を英歳入関税局に報告するよう義務づけられている。これは、多くのタックスヘイブンや、ヘイブンとはみなされていないものの、銀行秘密が法律によって保護されているいくつかの場所に普及している状況とは正反対である。スイスは、銀行秘密の法的概念の創始国

▼28 〔参考文献〕NAO 2007

★EU貯蓄課税指令　域内市場の適正な運用を保証し、脱税問題に取り組むために導入された。二〇〇三年に承認され、二〇〇五年七月一日に発効した。主な方法は、課税当局間の情報交換である。しかし、暫定措置として代替的な源泉徴収税協定が数か国に認められてきた。

▼29 〔参考文献〕European Commission 2006, 16

◆逆進税　課税標準の増加にともなって税率がしだいに低くなる税。累減税。

▼30 〔参考文献〕Hampton 1996

★銀行秘密法　所有者の同意なくして、銀行が口座の存在を明らかにする、あるいは口座情報を開示するのを禁止するために刑事処分を設けることにより、銀行と顧客とのあいだの秘密保持に関する通常の契約上の義務を強化するもの。

とされ、一九三四年銀行法に正式に記されている（第4章を参照）。この法律では、いかなる銀行の従業員も、理由の如何を問わず銀行の情報を開示すれば刑事犯罪になる。銀行の情報を政府が入手する権利も、厳しく制限されている。

しかし、これを実施しているのは、もはやスイスだけではない。リヒテンシュタイン、バハマ、ケイマン諸島なども、さらに厳しい法律を採択している。銀行秘密が法律に手厚く守られているため、憲法改正でもしない限り、それを取り除くことができない国もある。タックスヘイブンとみなされていないチリが、その一例だ。合法化された銀行秘密保持と政府の限られた取り調べ権限（今日では通常、刑事問題に限定されており、脱税を除外する場合もある）が、大半のタックスヘイブンにおける規範となっている。

銀行秘密法は、この数年間に、かなりの批判と政治圧力を招いてきた。オーストリアは、二〇〇〇年に銀行秘密法を廃止したし、スイスは現在、刑事事件に関して外国当局と協力する構えだ。UBSは、ルツェルンで行なわれた最近の株主総会で、アメリカの圧力に屈し、資産隠しの形で税金詐欺を犯した可能性のある不特定数のアメリカ人顧客の名前を公表する用意があると発表した。二〇〇八年一〇月六日、リヒテンシュタインの首相は、自国の銀行顧客に関する税金情報をアメリカと共有する新たな協定に「迫られている」と語った。それでも、持ちこたえている場所もある。一例として、パナマには、情報交換条項がまったくない。シンガポールは、紛れもない新たなスイスだし、ドバイも引けを取っていない。アンドラも持ちこたえている。

秘密保持が絶対とみなされていたいくつかの場所でも、今、こうした考えを普及させられるとはいえ、そんなことは極限状態でしか起こらない。大部分の人にとって、秘密保持は依然として作用する。自動的な情報交換はまったくないし、租税情報交換協定★（TIEA）もあまり使われていない。ジャージー島がアメリカと交わした同協定は、過去五年間にわずか四回しか使われていない。いくつかの亀裂は生じているかもしれないが、オフショアの構造全体の根底を揺るがすにはまだまだだと確信する。

不透明性を生む二番目に人気のある方法は、所有権と目的を認識しにくい事業体の設立の許可だ。信託が、この目的を達成する最も有名で最も人気のある仕組みだろう（第3章を参照）。大半の法域は、信託の登記を求めないし、求める場合でも、公記録事項ではない。

信託と企業が、最も広く行き渡っているオフショア事業体の形態だ。タックスヘイブンに登記される企業の大半は、有限責任株式会社だし、オンショアの企業と対照的に、ガバナンス体制、所有権、目的に関する情報は通常秘密にされる。頻繁に無記名証券が使用される（マネーロンダリングに関する金融活動作業部会の規則は、近年、この機構の利用を制限する傾向にある）。無記名証券とは、株式や社債などの資産の所持人を権利者と認める証券である。無記名証券が、通常の登録証券と違う点は、原資産の所有権に関しても、所有権の移行をともなう取引に関しても記録されないことだ。その無記名証券を物理的に所持している人間が、誰であれその資産の所有者である。

無記名証券は、匿名性を保ちたい投資家や会社役員にとって役に立つ——とはいえ、紛失・窃盗の際には所有権を取り戻すのが非常に難しい。このような証券の利用は、企業の所有権を隠せるばかりでなく、印紙税や資産売却益を支払うことなく、しかも、その会社と取引するいかなる組織にも気づかれることなく、随意に所有権の移動ができることを意味する。マネーロンダリング規制など、このような状況においては実質的に適用不可能だ。したがって、タックスヘイブンの企業は、取引相手となるかもしれない人間のほぼ全員に対して濫用の機会を提供している。

★租税情報交換協定（TIEA）　租税目的で情報の交換体制を構築するために署名される二国間協定。

最後に、財団も秘密主義の機構だ。最も一般的には、リヒテンシュタインとパナマと関連している財団は、有限責任会社に近い別個の法的存在を有すると認識される信託の一形態である、と表現するのが一番わかりやすいかもしれない。リヒテンシュタインの最近の悪評が、短期的には財団向け市場を縮小させるかもしれないが、注目すべきことに、ジャージー島のような場所が、専門的サービスを提供する地元企業の顧客が利用できる財団を作る可能性を現在調査中だ。

不透明性を生む三つ目の方法は、休眠あるいは意図的怠慢に頼っているという点で受動的と表現できるかもしれない。多くのタックスヘイブンは、相当な注意を真剣には払っておらず、意図的な規制緩和という慣行を貫いてきた。諸外国との情報交換を阻止するお役所的ハードルを並べ、その規制機関は資源を軽

コラム1・3

中規模国家のタックスヘイブン

人口五〇〇万から一〇〇〇〇万人の大規模な国家や属領のほうが、変化に富む経済を有し、一見して、タックスヘイブンの理想に適合していないかもしれない。それでも、こうした国々の中には、それ自体がいかに異議を唱えようとも、タックスヘイブンとみなされるほど、タックスヘイブンの特質を有するものもある。

世界有数のタックスヘイブンの中で、スイス、ルクセンブルク、シンガポールは、低税率の法域ではないと主張している。厳密には、その主張は正しい。確かに、自国民にとっては低税率の法域ではない。それでも、抜け穴や公式・非公式の規則を複雑に組み合わせ、非居住者に対しては低税率の法域としての役割を果たしている。また、三国とも、極めて厳しい秘密保持条項と、非居住者企業を設立するための比較的簡単で安価な機構を提供している。

表面的には、ルクセンブルクの税率には何も異常はない。市事業税を含む通常の法人税率は、約三七・五％だ。しかし、ルクセンブルクには、いわゆる調整センター向けの特別規定など、ありとあらゆる特別課税規定がある。こういうセンターは、ケースバイケースで承認され、少なくとも二国において操業している企業によって設立されなければならない。このセンターは、ルクセンブルクのすべての税金を納める義務があるが、調整センターの利益はコストプラス方式◆で決定され、少なくとも控除可能な費用の五％となっている。この利益算出方法によれば、課される表面税率が三七・五％にもかかわらず、特別規定を利用する企業は、きわめて少額の税金しか支払わずにすむ。

　ルクセンブルクの持ち株会社は、一％の資本拠出税、ならびに株式の支払い済み価額の〇・二％の応募税の対象となるので、大変重要だ。▼一 ルクセンブルクは、ほかにも多くの類似する措置を提供している。大部分が、この一〇年に問題として取り上げられたが、それでも実施され続けている。

ベルギーも、同じ調整センター措置を提供している。調整センターは、通常税率四〇・一七％のベルギーの所得税を納める義務がある。しかし、財務諸表に計上された実利に対して課税するのではなく、所得税は、特定の営業経費の一定率として決定される観念上の税方式で課税される。▼二 現実には、ベルギーの調整センターは、軽い税しか支払っていない。

　香港、パナマ、コスタリカには、すべて所得税があるが、属地主義に頼って税務法域の範囲を決定しているので、海外を出所とする所得は一般に、まったく課税されない。中規模なタックスヘイブンが意図的に採用しているこのような措置により、こうした国々は、タックスヘイブンのリストに加えられている。

◆**コストプラス方式**　支出経費に一定率を乗じて計算した金額をもって課税標準とする方式。

▼一　〔参考文献〕ECOFIN 1999, 37

▼二　〔参考文献〕ECOFIN 1999, 30

んじてきたし、何も質問をしない。たとえば、登記されたインターナショナル・ビジネス・コーポレーション（ＩＢＣ）の数が世界最大の英領ヴァージン諸島は、非継続事業数の記録をつけていない。自国の正式統計に記録されている何社のＩＢＣが現在機能しているのかまったく把握していないので、その行政の質については非常に疑わしい。

ゆるくて柔軟な法人設立

タックスヘイブンのもう一つの特徴は、事業体が法人化するときの簡便さ、法人化するときに匿名性が保証される簡便さ、ひいてはその結果生じた有限責任会社を運営する簡便さである。タックスヘイブンでは、企業、信託、さらに銀行さえも簡単に安く設立できる。企業は、文字通り「既製品のように」購入可能で、法人化の費用も非常に少なくてすむ。多くのタックスヘイブンは、金融機関や企業がその領土内に実体を持った存在を有することを求めない。

タックスヘイブン間の競争とニッチ戦略

タックスヘイブンが急増したため、激しい競争が繰り広げられている。したがって、多くのタックスヘイブンは、ニッチ戦略◆を開発し、独自の立法化された差別化を生んでいる。タックスヘイブンのもう一つの類型論は、こうしたニッチ戦略に基礎を置くことができる。この類型論は、以下のことを示している。

(1) 法人化の場所

この区分は、他のタックスヘイブンに記録された取引に使われるオフショア企業などの事業体の登記のために主として利用される。きわめて実効性の低い規制と関連する傾向にあり、モントセラト島やアング

［図表１-３］アイルランドの金融センターにおける主要外国関連会社の資産と従業員数

最終的な親会社名	関連会社名	税引き前利益（単位100万）	総資産（単位100万）	従業員数
スリーコム(USA)	スリーコム(ケイマン)	$4.6	$153	0
アルバニー・インターナショナル(USA)	Ａ１・ファイナンシャル・サービス(スイス)	€3	€117	0
エアバス(フランス)	エアバス・ファイナンシャル・サービス(オランダ)	0	€2	0
アナログ・ディベロップメント(USA)	アナログ・ディベロップメント・インターナショナル・ファイナンス(オランダ)	$11.6	$592	6
ＢＢＡ(イギリス)	ＢＢＡファイナンス(ルクセンブルク)	0	$433	0
ボストン・サイエンティフィック(USA)	ボストン・サイエンティフィック・インターナショナル・ファイナンス(オランダ)	$2.8	$312	0
タイコ・インターナショナル(バミューダ)	ブランゲート(ルクセンブルク)	$26.6	$907	6
ブリストル・マイヤーズ・スクイブ(USA)	ブリストル・マイヤーズ・スクイブ・インターナショナル(スイス)	€15.1	€947	4
シスコ・システムズ(USA)	シスコ・ファイナンシャル・インターナショナル(バミューダ)	$－109.0	$235	27
コカコーラ(ギリシャ)	コカコーラ・ホールディング（キプロス)	€－3.7	€2179	0
ＣＮＨ(オランダ)	ＣＮＨキャピタル(オランダ)	€－6.3	€94	49
ＩＢＭ(USA)	ＩＢＭインターナショナル・ファイナンシャル・ホールディング(オランダ)	$50.2	$2653	4
イーライ・リリー(USA)	キンセール・ファイナンス(スイス)	$32.9	$1409	1
ファイザー(USA)	プライザー・サービス(マン島)	$33.6	$6501	10
	ファイザー・インターナショナル・バンク・ヨーロッパ(マン島)	$23.6	$485	0
ヴィヴェンディ(フランス)	ポリグラム・インターナショナル(ルクセンブルク)	$22.0	$3919	0
シー・コンテナーズ(バミューダ)	シー・コンテナーズ・ファイナンス(バミューダ)	€0.5	€26	0
ブラック・アンド・デッカー(USA)	ブラック・アンド・デッカー・インターナショナル(オランダ)	$5.9	$888	7
フォルクスワーゲン(ドイツ)	フォルクスワーゲン・インベストメント(ケイマン諸島)	€15.9	€566	7
ゼロックス(USA)	ゼロックス・リーシング(ジャージー島)	€29.7	€645	0
ゼネラル・モーターズ(USA)	ＲＦＣ(アイルランド)	$2.1	$108	0
シグマ・アルドリッチ(USA)	シグマ・アルドリッチ・サービス(イギリス)	￡1.2	€645	0
インカ・ホールディングス(オランダ)	イケア・インベストメント(オランダ)	SEK53.7	SEK2052	1

（出典：Stewart 2005, 281に基づく）

イラがその例で、オフショア金融センターはこれといって存在しない。

（2）登記センター

これらのヘイブンは、優遇税制あるいは、「還流★」（ラウンド・トリッピング）による利益を享受するために、オフショア区域を経由して本国に投資されている現地所有のマネーと関連している。通説では、中国人が、この目的で英領ヴァージン諸島の事業体を利用している。他に例を挙げるならば、アメリカ市場向けに機能しているパナマ、ロンドン市場を標的にしているジャージー島、さらにバヌアツはオーストラリア市場向けに働いている。法人化の場所と対照的に、これらの場所は、その場所に登記された事業体を利用する顧客に貢献するため、地元の専門家を育成した。

（3）秘密保持の場所

これらの法域——リヒテンシュタイン、タークス・カイコス諸島、シンガポール、ドバイを含む——では、秘密保持が絶対最優先とされており、手厚く保護されている。

（4）特別サービスの提供者

これらのヘイブンは、特定タイプのビジネス活動の確保を目的とする。たとえば、バミューダとガーンジー島は再保険◆市場を、ケイマン諸島はヘッジファンド業界を標的とし、マン島はイギリスの新興企業向け市場（ＡＩＭ）に上場している企業向けの市場の確保に乗り出した。

（5）市場参入の導管

これらのヘイブンは、自国領土を通しての取引経路選択から利ザヤを稼ごうとする。大部分が、その過程で二重課税協定★のネットワークを利用しようとする。発展途上世界からEUへ向かう資産の獲得のために争うマルタとキプロス、対インド投資のルートであるモーリシャス、ヨーロッパ全土の投資向け持ち株会社の所在地として機能するオランダ、事あるごとに、自らが前述の機構を利用する類似の役割を求めてきたベルギーとルクセンブルクがこれに含まれる。

(6) 高い純資産の提供者

これらのヘイブン——スイス、ニューヨーク、ロンドン——は、世界有数の大富豪たちが預け入れた資産を管理するために必要な人材を育てたため、顧客が、ファンド・マネージャー◆と比較的簡単に会えるこ

◆**ニッチ戦略**　焦点絞り込み戦略。ハーバード大学のマイケル・ポーターが提唱した競争戦略の一つの基本形で、差別化戦略をより先鋭化させ、専門家やマニア向けなど、非常に限定された市場ドメインに特化し、そこでのシェアや収益性の維持を目指す戦略のこと。

★**還流（ラウンド・トリッピング）**　税制優遇措置を享受する目的で、オフショアを経由して本国で投資し、現地でマネーを所有すること。

◆**再保険**　保険会社が加入する保険。生命保険よりも損害保険の分野に多くその仕組みが見られる。巨大タンカーや高層ビルなどの大口案件やテロ・自然災害など、一社の保険会社ではその補償を引き受けるリスクが巨額となるため、その一部ないしは全額を国内外の別の保険会社（一社または複数社）に引き受けてもらうことでリスクを分散する。

◆**二重課税協定**　二つの主権国家あるいは領土のあいだで結ばれる協定で、一方で生じ、他方で受領された所得については一度しか課税しないことを可能な限り保証するもの。

◆**ファンド・マネージャー**　受託資産を運用して、投資収益の最大化を図る業者。

とを請け合うことができる。

（7）税金乗っ取り屋

これらの国々は、自国領土へ利益を移転させようとする。そこでは、利益に課せられる税率が他の場所よりも低いが、タックスヘイブンで取引が行なわれたと認識されない、高い金融的保証と低いリスクを提供する。こうした国の最たるものが、アイルランドだ。

3……世界のタックスヘイブン

タックスヘイブンとして知られる場所を特定しようと、長年にわたっていくつかのリストが作成されてきた。図表「1-4」（89頁掲載）は、およそ過去二〇年のそのようなヘイブンの「リスト」をまとめたリスト」である。

いくつかの場所については、驚くほどの一致が見られる。バハマ、バミューダ、ケイマン諸島、ガーンジー島、ジャージー島、マルタ、パナマは、どのリストにも載っている。二二の国と法域が、少なくとも八つのリストに載っている。実際には、三つ未満のリストにしか載っていないところは、重要とは思われない。ただし、ドバイ、ラトビア、ウルグアイ、米領ヴァージン諸島、アメリカ、オランダ、ベルギーは例外である。また、重要なタックスヘイブンの特色を呈しているのに、オーストリアはどのリストにも載っていない。ガーナは、現在どのリストにも載っていないが、タックスヘイブンになる基礎を築いており、タックスヘイブンの地位を持つアフリカ大陸唯一の国ソマリアに続こうとしている。ようするに、二〇〇九年現在、タックスヘイブンとして真剣に考えるに値する国は約五六か国あるものと思われる。しかし、注意すべき点は、ＯＥＣＤはタックスヘイブンとしているが、その活動の重要度が低いように見受けられるトンガなどの国を、私たちのリストから除外していることだ。

4……タックスヘイブンの定義とは？

万人に受け入れられる、タックスヘイブンの定義はない。そのような定義を提供するのが難しい理由は二つある。第一に、世界の大多数の国は、選ばれた産業と部門向けに、学術用語や政策用語では優遇税制と表現される税制上の誘因《インセンティブ》をふんだんに提供している。優遇税制とタックスヘイブンの線引きがはっきりしていないため、その場所が金融市場において疑わしい役割を果たしているかを評価する基準として税

コラム1-4

イギリスは、タックスヘイブンか？

アメリカ税務当局は、アメリカはタックスヘイブンとみなされるかもしれないと認めている。そして、イギリスがタックスヘイブンであるという主張が強まっている。第4章で考察するように、登記はある場所で行なわれるが、居住は別のところであるとみなされるオフショア企業という概念は、イギリスが考え出した。そして、信託の概念を導入し、その利用に関して、今でも使われている一九二五年受託者法においてその利用に関する規制を成文化した。重要なことに、イギリスは信託の秘密保持を重視し、課税対象でなければ登記も求めなければ、公記録に報告することも求めなかった。そうすることで、オ

フショアの秘密保持にとって完璧な手段を生んだ。イギリスはまた、ＩＭＦによってオフショア金融センターとしてみなされてきた▼1。

一九五七年九月、イングランド銀行は、おそらく無意識であろうが、オフショアの規制的概念を生んだ。ロンドンで行なわれても、イギリス以外の住民である二者間で着手された取引はイギリスの金融規制の対象とならないと認めたのだ。関係者全員が、そんなものはでっち上げだとわかっていても、その取引はロンドンではない「他の場所」で行なわれたとみなされた。

最後にイギリスは、他のどんな国よりも多くの世界のタックスヘイブンを文字通り創出してきた。属領である小さな島々が、タックスヘイブンとして発展するよう奨励することが、外務連邦省の長年の周到な政策だった。

イギリスを住所地とする国際銀行は、マネーロンダリング活動にしばしば巻き込まれている。二〇〇一年に公表されたフランス国会でのシティについての喚問は、四〇〇ページにおよぶ調査書類を用いて、ロンドンがいかなるタックスヘイブンにも匹敵する守秘空間であり、外国からの情報交換要請にしばしば応じようとしないことを示した。

住所地規則は、取りも直さずイギリスがタックスヘイブンである証拠だ。二〇〇八年四月に修正され、範囲が減じられはしたが、イギリスの住所地規則は明言している。イギリスに移住しようとも、将来のある時点において本国に帰る意思を表明した者は、その世界的利益に関する地方税を納める義務を有さない。その人間が実際に本国に帰る必要はなく、その意思を表明しさえすればいいということに留意しなければならない。それどころか、その人の子供も、イギリスで生まれたかどうかに関係なく、世界的な利益に関しての納税義務を免除される。この法律は、ロシアの新興財閥、アラブの族長、アメリカの企業乗っ取り者、ヨーロッパの大物から食い物にされ、彼らはロンドンに押し寄せ、いつの日か本国に帰りたいという意思を表明し、イギリスをタックスヘイブンとして利用している。

イギリスは、企業の設立を極めて簡便化している。数時間で企業を作ることも可能だ。イギリスの担当国家機関である会社登記所に、どんな種類であれ身元を証明するものを要求されることもない。企業は、登記係官から「既製品のように」買うことができ、ここでも身元証明は求められない。そのため、偽名や偽情報を使って企業を設立するのは簡単だ。また、イギリス企業で無記名株式を発行することも、難色を示される行為ではあるが可能だ。無記名株式を発行する権利は、二〇〇六年会社法第七七九項まで生き延びたといっても間違いでもなければ、見過ごしでもない。イギリス企業はまた、名義人を取締役、総務部長、株主として使うこともでき、その全員を別の便宜的な所書きに所在として記録できる。

事実上、会社登記所などなくても、その企業が遂行している活動の背後に誰がいるのか一般の人々が何も知らなくても、イギリスで企業を設立・運営できる。

イギリスの事業体のもう一つの形態である有限責任事業組合は、「税制面で透明」だ。このことは、その事業体そのものは、イギリスの法律の下で有限会社として法人化されてはいても課税可能であることを意味する。その代わり、その会社の利益は組合員に割り振られ、その組合員がイギリスの居住者である場合のみ課税される。このような事業体は、イギリスで所得が生じたものとして所得を計上でき、それに関して、イギリスの納税義務を回避できる。

数名の経済学者によって実施された調査が、イギリスをタックスヘイブンと分類せざるをえないと結んだのは何も驚きではない。▼二

二〇〇七年七月、英大蔵大臣のアリステア・ダーリングは、「イギリスが税金逃れの手段《タックス・シェルター》であるという主張は、深刻な問題である……。政府は、誰もが正当な税負担をするよう保証するべく尽力している」▼三と語った。イギリス政府は、イギリス属領の一部がタックスヘイブンであると信じている。失礼ながら、これには同意しかねる。イギリスそのものがタックスヘイブンであると、私たちは信じている。

▼一〔参考文献〕Zoromé 2007
▼二〔参考文献〕Becht, Meyer, and Wagner 2006
▼三〔参考文献〕Neveling 2007b

金を使うのは、常に困難に満ちているだろう。第二に、タックスヘイブン、あるいは何人かが呼んだように「守秘法域」[▼31]が提供する独特な秘密保持条項は、これらの地域が、濫用的租税回避[★]や脱税をはじめ、自ら容認する濫用のすべてを提供し、助長している所産をまざまざと示している。

このように秘密保持に焦点を絞っても、定義上の問題が完全になくなるわけではない。世界の大多数の国は、国家安全保障に関してのみならず——しかも多くの国は、国益あるいは戦略上の権益に関して広い視野に立っている——商業界に関しても、非常に多様な秘密保持条項を提供している。

したがって、タックスヘイブンの定義は、主観的にならざるをえない。私たちは、租税および／または規制の回避を目的に、自国領土の居住者でない人間が着手する取引を簡便化するためにわざと法律を作り、その取引の受益者を曖昧にするため、法的後ろ盾のある秘密保持のベールを提供することでこれを助長する法域をタックスヘイブンと定義する。この定義では、国がタックスヘイブンであるかどうかについての判断に意見の相違が残ることを認める。したがって、図表「1-4」では、合意に基づくタックスヘイブンの識別手法を採用した。つまり、タックスヘイブンとみなしている当局が多ければ多いほど、その国がタックスヘイブンである可能性が高い。

▼31〔参考文献〕Hampton 1996

★濫用的租税回避　納税者の利益のために、税金の抜け穴を悪用する合法性の怪しい複雑な策謀を利用すること。納税者は、このような策を弄する手数料として専門の顧問が要求する金を支払うゆとりはある。

[図表1-4] 世界のタックスヘイブン

順位	場所	国際事務局年次報告書（1977年）	チャールズ・アイリッシュ（1982年）	ハインズ&ライス（1994年）	OECD（2000年）	IMF（2000年）	FSF（2000年）	FATF（2000年／02年）	TJN（2005年）	IMF（2007年）	STHAA（2007年）	Law-TaxNet（2008年）	合計
1	バハマ	1	1	1	1	1	1	1	1	1	1	1	11
2	バミューダ	1	1	1	1	1	1	1	1	1	1	1	11
3	ケイマン諸島	1	1	1	1	1	1	1	1	1	1	1	11
4	ガーンジー島	1	1	1	1	1	1	1	1	1	1	1	11
5	ジャージー島	1	1	1	1	1	1	1	1	1	1	1	11
6	マルタ	1	1	1	1	1	1	1	1	1	1	1	11
7	パナマ	1	1	1	1	1	1	1	1	1	1	1	11
8	バルバドス	1	1	1	1	1	1		1	1	1	1	10
9	英領ヴァージン諸島	1	1	1	1	1	1	1	1		1	1	10
10	キプロス	1		1	1	1	1	1	1	1	1	1	10
11	マン島	1		1	1	1	1	1	1	1	1	1	10
12	リヒテンシュタイン	1	1	1	1	1	1	1	1		1	1	10
13	オランダ領アンティル諸島	1	1	1	1	1	1		1	1	1	1	10
14	バヌアツ	1	1	1	1	1	1		1	1	1	1	10
15	ジブラルタル	1		1	1	1	1	1	1		1	1	9
16	香港	1	1	1		1	1		1	1	1	1	9
17	シンガポール	1	1	1		1	1		1	1	1	1	9
18	セントビンセントおよびグレナディーン諸島	1		1	1	1	1	1	1		1	1	9
19	スイス	1	1	1		1	1		1	1	1	1	9
20	タークス・カイコス諸島	1	1	1	1	1	1		1		1	1	9

順位	場所	国際事務局年次報告書（1977年）	チャールズ・アイリッシュ（1982年）	ハインズ&ライス（1994年）	OECD（2000年）	IMF（2000年）	FSF（2000年）	FATF（2000年／02年）	TJN（2005年）	IMF（2007年）	STHAA（2007年）	Law-TaxNet（2008年）	合計
21	アンティグア・バーブーダ	1		1	1	1	1	1	1		1		8
22	ベリーズ			1	1	1	1	1	1		1	1	8
23	クック諸島			1	1	1	1	1	1		1	1	8
24	グレナダ	1		1	1	1		1	1		1	1	8
25	アイルランド	1	1	1		1	1		1	1		1	8
26	ルクセンブルク	1		1		1	1		1	1	1	1	8
27	モナコ	1		1	1	1	1	1	1			1	8
28	ナウル	1	1		1	1	1	1	1		1		8
29	セントクリストファー・ネイビス			1	1	1	1	1	1		1	1	8
30	アンドラ	1		1	1	1	1		1			1	7
31	アングィラ			1	1	1	1		1		1	1	7
32	バーレーン		1	1	1	1	1		1	1			7
33	コスタリカ	1	1			1	1		1		1	1	7
34	マーシャル諸島			1	1	1	1	1	1			1	7
35	モーリシャス				1	1	1	1	1	1		1	7
36	セントルシア			1	1	1	1	1	1		1		7
37	アルーバ				1	1	1		1		1	1	6
38	ドミニカ			1	1	1		1	1		1		6
39	リベリア	1	1	1	1				1			1	6
40	サモア				1	1	1	1	1		1		6
41	セイシェル	1			1	1	1		1			1	6
42	レバノン			1		1	1	1	1				5
43	ニウエ				1	1	1	1	1				5
44	マカオ			1		1	1		1				4

45	マレーシア（ラブアン島）					1	1		1			1	4
46	モントセラト島			1	1	1			1				4
47	モルジブ			1	1				1				3
48	イギリス		1						1	1			3
49	ブルネイ	1										1	2
50	ドバイ								1			1	2
51	ハンガリー							1	1				2
52	イスラエル							1	1				2
53	ラトビア									1	1		2
54	マデイラ諸島								1			1	2
55	オランダ	1							1				2
56	フィリピン		1					1					2
57	南アフリカ		1						1				2
58	トンガ				1				1				2
59	ウルグアイ								1	1			2
60	米領ヴァージン諸島				1				1				2
61	アメリカ		1						1				2
62	オルダニー島								1				1
63	アンジュアン島											1	1
64	ベルギー								1				1
65	ボツワナ											1	1
66	カンピョーネ・ディターリア								1				1
67	エジプト							1					1
68	フランス		1										1
69	ドイツ								1				1
70	グアテマラ							1					1
71	ホンジュラス		1										1

順位	場所	国際事務局年次報告書（1977年）	チャールズ・アイリッシュ（1982年）	ハインズ&ライス（1994年）	OECD（2000年）	IMF（2000年）	FSF（2000年）	FATF（2000年／02年）	TJN（2005年）	IMF（2007年）	STHAA（2007年）	Law-TaxNet（2008年）	合計
72	アイスランド								1				1
73	インドネシア							1					1
74	イングシェチア								1				1
75	ヨルダン			1									1
76	マリアナ諸島								1				1
77	メリーリャ								1				1
78	ミャンマー							1					1
79	ナイジェリア							1					1
80	パラオ					1							1
81	プエルトリコ		1										1
82	ロシア							1					1
83	サンマリノ				1								1
84	サントメ・プリンシペ共和国								1				1
85	サーク島								1				1
86	ソマリア								1				1
87	スリランカ		1										1
88	台北								1				1
89	トリエステ								1				1
90	北キプロス・トルコ共和国								1				1
91	ウクライナ							1					1
	合計	32	29	40	41	46	42	37	72	22	34	41	436

（出典：Irish 1982; Hines and Rice 1994; 明記した年のOECD, IMF, FSF, FATFのリスト; Hampton and Christensen 205; Stop Tax Haven Abuse Act 2007; Tax Net, http://www.lowtax.net/lowtax/html/jurhom.html.

第2章 世界経済に及ぼしている影響

——その統計的実態

経済協力開発機構（OECD）のオフショア部門責任者、ジェフリー・オーウェンは、二〇〇七年、「五から七兆米ドルが、タックスヘイブンにある」と断言した。他の者たちは、「世界の通貨残高《マネー・ストック》◆の半分はオフショアを経由している」と豪語している。▼1 国際決済銀行（BIS）のデータが示すように、ケイマン諸島に登記された銀行は、一兆五〇〇〇億ドル超の預かり資産を累積し、ルクセンブルクに登記した投資信託は、二兆三〇〇〇億ドル以上の資産を築き、スイスの「プライベート」・バンカー◆が、約四兆米ドルの資産を管理している。▼2 これは、タックスヘイブンに関連する驚異的な数字の一例だ。これらの数字の信

◆通貨残高（マネーストック） 金融機関から経済全体に供給されている通貨の総量。一般企業・個人・地方公共団体・地方公営企業など、金融機関や中央政府を除く経済主体が保有する通貨量の残高。

▼1 〔参考文献〕Cassard 1994

◆プライベート・バンカー 個人またはパートナーシップ（合名会社、組合）などの形態で（法人格を有さない形態で）、銀行を所有・経営し、経営に無限責任を負う個人銀行家。

▼2 〔参考文献〕Sullivan 2007a

頼性はどの程度なのか。そして、これらの数字から何がわかるのか。

タックスヘイブンに関する統計は、紛らわしいことで有名だ。タックスヘイブンの定義が論争になっていることは前述したとおりで、ヘイブンについての統計も必然的に大いに異なる。しかも、タックスヘイブンとオフショア金融センター（ＯＦＣ）は、しばしば相互に混同され、その混同が統計にも繰り返されている。公式の情報収集方法も標準化されておらず、それがさらに混乱を生んでいる。サリヴァンが指摘するように、「ケイマン諸島において、金融管理局は、銀行以外《ノンバンク》の金融機関の活動に関する金額を報告していない。そのため、ケイマン諸島の巨大な投資・ヘッジファンド産業が、正式な監視の目にとまらずにいる」[3]。実際、大半の法域が、ペーパーカンパニーや個人信託を通して管理されている財産についてはほとんど、あるいはまったく情報を生み出していない。さらに複雑なことに、脱税と租税回避の線引きがまったくもって不明瞭で（しかも国によって異なり）、多くの租税回避や脱税が、識別も算出も難しいことで有名な移転価格★操作の形で行なわれている。

数字を誇張してきた、あるいは「うまく扱ってきた」とされるタックスヘイブンもある。「オフショア金融サービス向けの非常に競争の激しい市場では」、サリヴァンの指摘によれば、「膨れ上がった数字によって、法域が卓越しているという認識を高めることができ……オフショア金融サービスが実際よりも重要に見えるようにデータが提示されることがよくある」[4]。入手可能なデータやヘッドライン的な数字は誤解を招く恐れがあり、鑑識眼と精緻な解釈を要する。

本章では、入手可能なデータを精査し、タックスヘイブンが世界経済に及ぼしている影響に関する推定を提示する。しかし、信頼できるデータの収集が非常に難しいことを強調しておく。

1……世界のマネーストックの半分が、タックスヘイブンを経由する

一九九四年の報告書において、ＩＭＦは、対外融資の半分以上がオフショア法域を経由して行なわれていると断言し、熟練した評者たちを驚かせた。[5] この断言により、専門家のあいだにしばらく広まっていた数字に一般の人々が関心を寄せるようになった。[6]

▼3〔参考文献〕Sullivan 2007b
★移転価格　企業内の部門間で国境を越えて財やサービスが売買される場合に企業がつける価格。
▼4〔参考文献〕Sullivan 2007b
▼5〔参考文献〕Cassard 1994
▼6〔参考文献〕Ginsburg 1991

コラム2-1
タックスヘイブン、七つの情報源

詳細かつ正確な情報を入手する客観的難しさが、タックスヘイブン研究を阻んできた。タックスヘイブンが提供する便益の「消費者」、つまり犯罪者はもちろんのこと、企業、金融機関、資産家といった何らかの回避を望む者たちの圧倒的多数は、タックスヘイブンにおける自らの活動に関する情報の提供にきわめて消極的だ。たとえ、厳密に言って、圧倒的多数は法律をまったく犯していなくても、それでも何らかの回避を目的にタックスヘイブンやオフショア金融センター（ＯＦＣ）に事業の一部を置き、

これを通して運営しているので、匿名性を保ち、世間の注目を避けたがる。

タックスヘイブンのサービス提供者である国家や専門家も、顧客を失うことを恐れて、オフショア部門に関する詳しく正確な情報を提供したがらない。また、圧倒的多数のタックスヘイブンは、自国のオフショア部門を深く調査することはもちろんのこと、これを規制する強い動機もなければ、後方支援的能力もない。その結果、タックスヘイブンに関する詳細かつ正確な情報の入手は困難で、同部門は、長いあいだ秘密のままだった。それでも、タックスヘイブン現象の知識は、この数年で大いに増えた。タックスヘイブンに関する主な情報源は、七つある。

(1) 利用者向けのマニュアル

タックスヘイブンに関する最初の記述的情報の多くは、実践者、つまり回避目的でタックスヘイブンを利用している人々向けの各種マニュアルや参考書によって照合され、提供されている。国ごとの調査書は通常、独立した出版社が刊行している。各種書籍、手引書、百科事典は、「ようするに、いくつかのタックスヘイブンの法律や現地での手続き（法人化の方法、それに要する費用など）数項を詳説するだけで、それを特定のターゲットに関連づけているとは限らない[一]」。

最も有名なのが、トリーのシリーズ[二]、グランディのシリーズ[三]、エコノミスト・インテリジェンス・ユニットの報告書[四]、ギンズバーグ[五]、ボーシャン[六]、シャンボスト[七]、およびタックスヘイブン研究のいわゆる先駆者ウォルター・ダイアモンドの論文[八]だ。

(2) 国際機関

いくつかの国際機関――BIS、IMF、FSF、UNCTAD、OECDを含む――が、豊富な統計情報ならびに、世界経済におけるタックスヘイブンとOFCの役割と機能に関する分析と検討を提供している。国際機関はおおむね、統計値については各国の統計局の役人、タックスヘイブンから発せられ、国際機関が利用しているデータの信頼性の問題については独立した一流の学者に頼っている。国際決済銀行（BIS）は、各国の統計局に、情報収集方法に関する詳細なガイドラインを提供し、データ収集原則の世界的標準化を図っている。

これらの機関が提供する、オフショア部門に関する統計情報と分析の質は、ここ数年で目覚ましく向上している。ことに国際通貨基金（ＩＭＦ）とＢＩＳは、グローバル化した金融システムにおける既存の所在地別（つまり、国中心の）統計とデータにまつわる分析的・概念的問題の調査にかなりの資源を投入し、世界的な資金の流れに関する非常に多様で詳細なデータを生成している。

経済学者や会計士は、刷新的な統計手法を用い、こうした金鉱のごとき国際的な総合データ▼九を用いるようになっている。なかでも、デサイほか、ダルマパーラとハインズ▼一〇、ヴァン・ダイクほか▼一一、ハインズ▼一二、ハインズとライス▼一三、マーフィーと同僚▼一四、スレムロッドとウィルソン▼一五、サリヴァン▼一六は特筆に値する。これらの機関、学術研究者、市民社会団体で継続中の議論が、調査の国境を顕在化させている。その結果、グローバル経済におけるオフショア部門の役割と機能のかなり詳しい輪郭を描けるようになってきた。

（３）タックスヘイブン自体

三つ目の情報源は、タックスヘイブンそのものだ。主要ヘイブンの大多数は、利用できる法人のタイプや、領土内の関連税法や金融法に関する情報を含む、オフショア部門の年次報告書を提供している（税制や規制制度の発展についての有益な歴史的考察を提供しているところもある）。大半のタックスヘイブンは、ＯＥＣＤ、ＦＳＦ、ＩＭＦのさまざまなイニシアチブに対する対応についても公表している。領土内で法人化された企業や銀行の数に関して年次報告書を公表しているところもある。こうした年次報告書は、ビジネス誘致のためにもある程度使われる。したがって、領土内に立地するオフショア事業体数を過大に見積もり、競争相手より傑出しているように見せかけていると非難されているところもある。

ケイマン諸島やチャンネル諸島など、成功したタックスヘイブンは、調査に協力すること（あるいは協力しているような素振り）によって利益を得る立場にあると認識するようになった。こうした機関との話し合いの席に着き、そのデータ収集や情報交換の手法を採用すればするほど、主権国家として扱われ、自らの中核的利害を保護することができるのだ。タックスヘイブン当局は、学術研究者と協力しておけば、その研究において少なくとも彼らの側に立った議論を提示してくれるので得だとも認識している。ジャージー島やマン島など、本書の共著者の一人であるリチャード・マーフィーを含むタックス・ジャスティス・ネットワーク◆（ＴＪＮ）のメンバーを招待し、さまざまなイニシアチブへのコンプライアンスを相談したタックスヘイブンもある。その結果、豊富な情報が得られた。

（4）オフショア専門機関・企業

　四つ目の情報源は、新規顧客を引きつけるために自らのオフショア活動についての報告書を出しているオフショアを専門とする銀行、金融機関、法律事務所、会計事務所だ。ＫＰＭＧやアーンスト・アンド・ヤングなどのよく知られた企業の中には、オフショア金融やタックスヘイブンのさまざまな局面に関する研究報告を出しているところもある。この種の研究は、タックスヘイブンをＯＦＣとして正当化する、および／または特定の銀行を信頼できるものとして提示するための同一の国際的イニシアチブの一環として行なわれているのではなかろうか。

　また、ロータックス・ネットやシュミット・リポートなどの熱心なウェブ・ジャーナルは、企業顧客の情報提供に努めている。これらの機関やウェブ・ジャーナルが公表するさまざまな報告書や研究は、偏りがある傾向にあるが、タックスヘイブンの事業部門と「消費者」部門の内部における主な課題と議論について教えてくれる。

（5）各国の国税当局

　貴重な五つ目の情報源は、国税当局、とくに先進国の内国歳入関税局で、現象の重大さについての評価を提供する。フランス議会は、ロンドンを含むヨーロッパの五つの主なタックスヘイブンの調査をウェブサイトで公表してきた[17]。アメリカ議会は、タックスヘイブンに関する最初の包括的調査を提供した有名なゴードン報告書を皮切りに、一連の調査報告書を委託した。アメリカの税務当局は、タックスヘイブン現象の学術研究をいち早く公表した[18]。アメリカおよびアイルランドの国税庁（その他）は、タックスヘイブンが歳入に及ぼす影響に関する学術研究に資金を提供している。ノルウェー政府は、タックス・ジャスティス・ネットワークに大がかりな調査報告書を依頼した。

しかし、国税当局の意見は一つにまとまっていない。米英の財務省は、どちらかというとOFC「賛成の」姿勢を採っている。米英の内国歳入関税サービスならびに英監査局はこれとは対照的に、タックスヘイブンに対して、はるかに批判的だ。いくつかの内国歳入当局――アメリカ、イギリス、アイルランドを含む――は、タックスヘイブンが自国の歳入に及ぼす影響を理解するために、極秘の法人税申告書と個人所得税申告書の綿密なチェックのために学者の協力を要請している。データは、依然として機密ではあるものの、調査結果の一部は国際会議で提示されている。各機関が研究資料の公開によって自らの政治姿勢を向上させようとしているため、こうした内部討論は最終的に豊富な新情報となる。

（6）学術研究成果

六つ目の情報源は、この数年、盛んに行なわれてきた学術的な著述だ。タックスヘイブンは、もはや税の専門家だけの学問分野ではなく、経済学者、地理学者、社会学者、国際関係論の学者、さらに人類学者の研究的関心を引いている。一九八〇年代および九〇年代に行なわれたタックスヘイブンに関する先駆的著述に[19]、一九九〇年代末と二一世紀初頭の政治学者や国際関係論の学者の著述[20]も加えるべきだ。

近年は学術研究がまさに爆発的に増加しており、中でも注目すべきはオーストリアの学者三名、ジェイソン・シャーマン[21]、グレッグ・ローリングズ[22]、アンソニー・ファンフォッセン[23]の貴重な研究である。アメリカのロレイン・エデンとボブ・クドルレ[24]、ブレーメンのフィリップ・ゲンシェル[25]およびトマス・リクセン[26]、カナダのマイケル・ウェッブ[27]およびローランド・パリス[28]、イギリス、エクセター大学のクラウディオ・ラダエッリ[29]の著述も注目に値する。チューリッヒのセバスチャン・グー[30]およびパリ公文書館のクリスチアン・シャヴァニュー[31]のおかげで、タックスヘイブンとしてのスイスの起源について非常に多くを知ることができる。経済学者ジム・スチュワートの優れた詳細な著述▼三二から、ダブリンの金融センターに関するかなりの情報を得ている。

パリ政治学院の研究者グループが、マネーロンダリングと犯罪行為との関係に関する長期研究プロジェクトを実施している。▼三三フォード財団の支援によるレイモンド・ベイカーと同僚ら、▼三四ペン州立大学のサイモン・パクと同僚ら、▼三五リチャード・ブルーム、▼三六ジャック・ブルームと同僚ら▼三七も同様である。会計士の中では、プレム・シッカの著述▼三八が、特筆に値する。地理学者も、タックスヘイブン研究に貢献してきた。研究の一つの流れは、世界経済における小国の特質に関するものだ。▼三九他の研究は、特定国家に焦点を当てている。▼四〇人類学者のビル・マウラー▼四一が、このテーマに関する最も革新的な研究のいくつかを実施した。

（7）国際的NGOなど

最後にもう一つ大切なことは、イギリスのタックス・ジャスティス・ネットワーク、ドイツ、フランス、スイスのATTAC◆などの市民社会団体が、絶えず調査研究を提供しており、タックスヘイブンの特質に関する重要な情報源となっている。反対意見や情報は、「センター・フォー・フリーダム・アンド・プロスペリティー」のウェブサイト（http://www.freedomandprosperity.org/）で得られる。

▼一〔参考文献〕Ramati 1991, 19
▼二〔参考文献〕Tolley 1993
▼三〔参考文献〕Grundy 1987
▼四〔参考文献〕Doggart 2002
▼五〔参考文献〕Ginsburg 1991
▼六〔参考文献〕Beauchamp 1983
▼七〔参考文献〕Chambost 1977
▼八〔参考文献〕Diamond and Diamond 1998
▼九〔参考文献〕Desai et al. 2002, 2004a, 2006
▼一〇〔参考文献〕Dharmapala and Hines 2006
▼一一〔参考文献〕Van Dijk et al. 2006
▼一二〔参考文献〕Hines 1999
▼一三〔参考文献〕Hines and Rice 1994
▼一四〔参考文献〕Murphy and colleagues 2006, 2007, 2008a, 2008b
▼一五〔参考文献〕Slemrod and Wilson 2006
▼一六〔参考文献〕Sullivan 2004a, 2004b, 2007a,

2000b

◆タックス・ジャスティス・ネットワーク（ＴＪＮ） 脱税を監視し、公正な租税措置を世界に広めるために活動する国際的ＮＧＯ。本拠イギリス。ジョン・クリステンセンにより、二〇〇三年に設立された。http://www.taxjustice.net

▼一七〔参考文献〕Peillon and Montebourg 2000, 2001

▼一八〔参考文献〕Belotsky 1987; Irish 1982

▼一九〔参考文献〕Johns 1983; Johns and Le Marchant 1993; Naylor 1987, 2002; Picciotto 1992, 1999; Roberts 1994

▼二〇〔参考文献〕Hampton 1996, 2007; Hampton and Christensen 1999; Chavagneux and Palan 2006; Palan 2002, 2003; Vleck 2008

▼二一〔参考文献〕Sharman 2005, 2006; Sharman and Mistry 2008; Sharman and Rawliling 2006も参照。

▼二二〔参考文献〕Rawlings 2004, 2005; Rawlings and Unger 2005も参照。

▼二三〔参考文献〕Van Fossen 2002, 2003

▼二四〔参考文献〕Eden and Kudrle 2005

▼二五〔参考文献〕Genschel 2002, 2005

▼二六〔参考文献〕Rixen 2008

▼二七〔参考文献〕Webb 2004

▼二八〔参考文献〕Paris 2003

▼二九〔参考文献〕Radaelli 2004

▼三〇〔参考文献〕Guex 1998, 1999

▼三一〔参考文献〕Chavagneux 2001

▼三二〔参考文献〕Stewart 2005

▼三三〔参考文献〕Godefroy and Lacoumes 2004

▼三四〔参考文献〕Baker 2005; Kar and Cartwright-Smith 2008

▼三五〔参考文献〕Boyrie et al. 2001; 2005

▼三六〔参考文献〕Blum 1984

▼三七〔参考文献〕Blum et al. 1998

▼三八〔参考文献〕Sikka 2003

▼三九〔参考文献〕Baldacchino 2006; Tschoegl 1989

▼四〇〔参考文献〕Cobb 1998など。

▼四一〔参考文献〕Maurer 1998

◆ＡＴＴＡＣ 新自由主義的なグローバル経済に反対し、福祉・人権・環境保護などの実現を目指す国際的な社会運動団体。現在四〇か国以上で活動している。同インターナショナル（http://www.attac.org/）、同ジャパン（http://www.jca.apc.org/attac-jp/）。

［図表2-1］オフショア金融センターにおける銀行の資産と負債

（1977〜2007年）

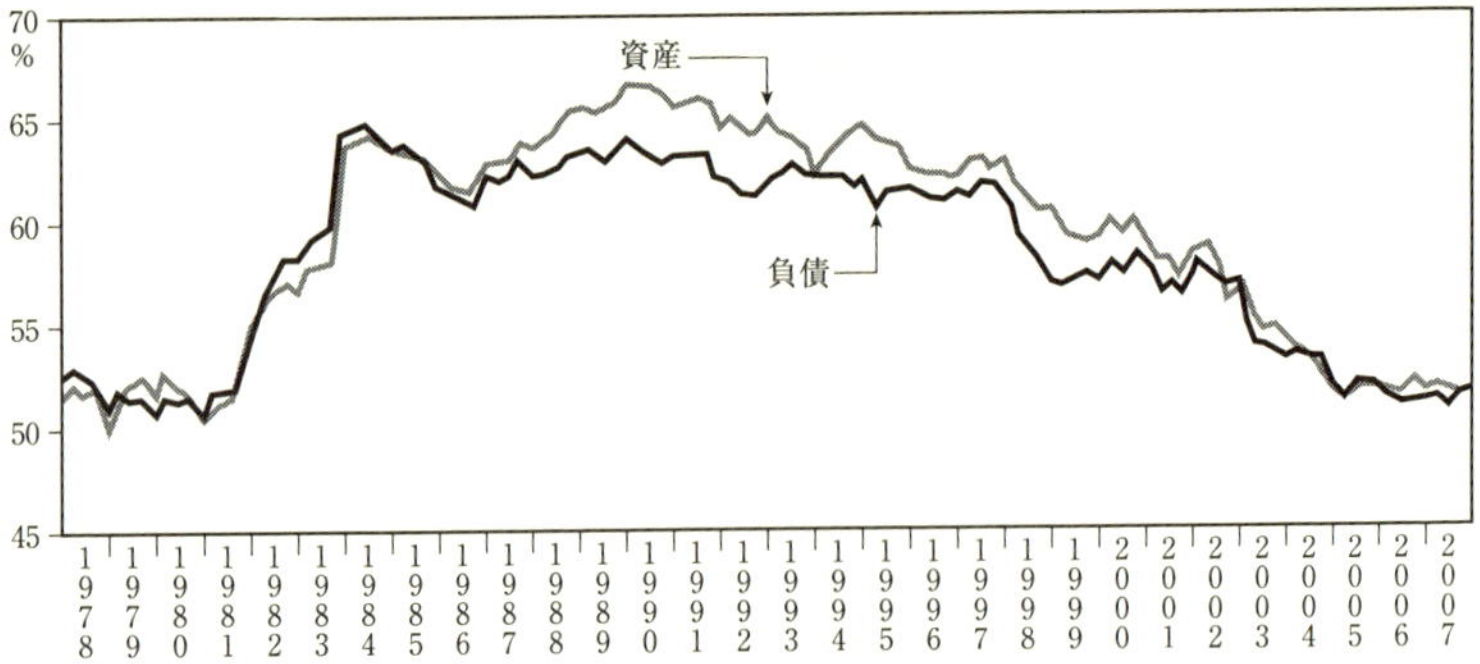

（出典：BIS, 2007）

ＢＩＳは、一九八三年の最終四半期に自らがＯＦＣと呼んだものに関するデータを収集しだした――興味深いことに、そのデータは、ＢＩＳの統計値によればこの同じ領域を経由するマネーの流れの急増と一致している（図表「２-１」参照）。イギリスは一九七九年に、アメリカは一九八〇年に、フランスとドイツもその直後に為替管理を止めた。このような動きが、急増を引き起こしたのかもしれない。とはいえＢＩＳが、ほぼ時を同じくしてデータの収集をはじめた、ただそれだけの理由で上昇が誇張された可能性もある。ＢＩＳが作り出した元データセットは、国際資産（銀行借入金と債務）と負債（預金、株式、および債務）に関する情報より成っていた。それによれば、ＯＦＣにおける銀行の対外資産と負債の比率は、一九八〇年代後半にピークの六八％となったが、その後減少して二〇〇七年には五一％だった。一九九五年以降ＢＩＳがまとめた関連する一組の数字データによれば、平均で、二〇〇七年末までに、オフショア銀行は対外預金総額の四七％あまりと、他のタックスヘイブンにある銀行からの対外貸付金総額の四三％あまりを受領していた。

二〇〇七年の世界の対外貸付の推計は、約二四兆五〇〇〇億ドルなので、オフショア銀行の数字に換算するとおよそ一二兆

[図表2-2] 世界総額に占める割合としてのタックスヘイブンとOFCの国際貸付と借入

(1996〜2007年)

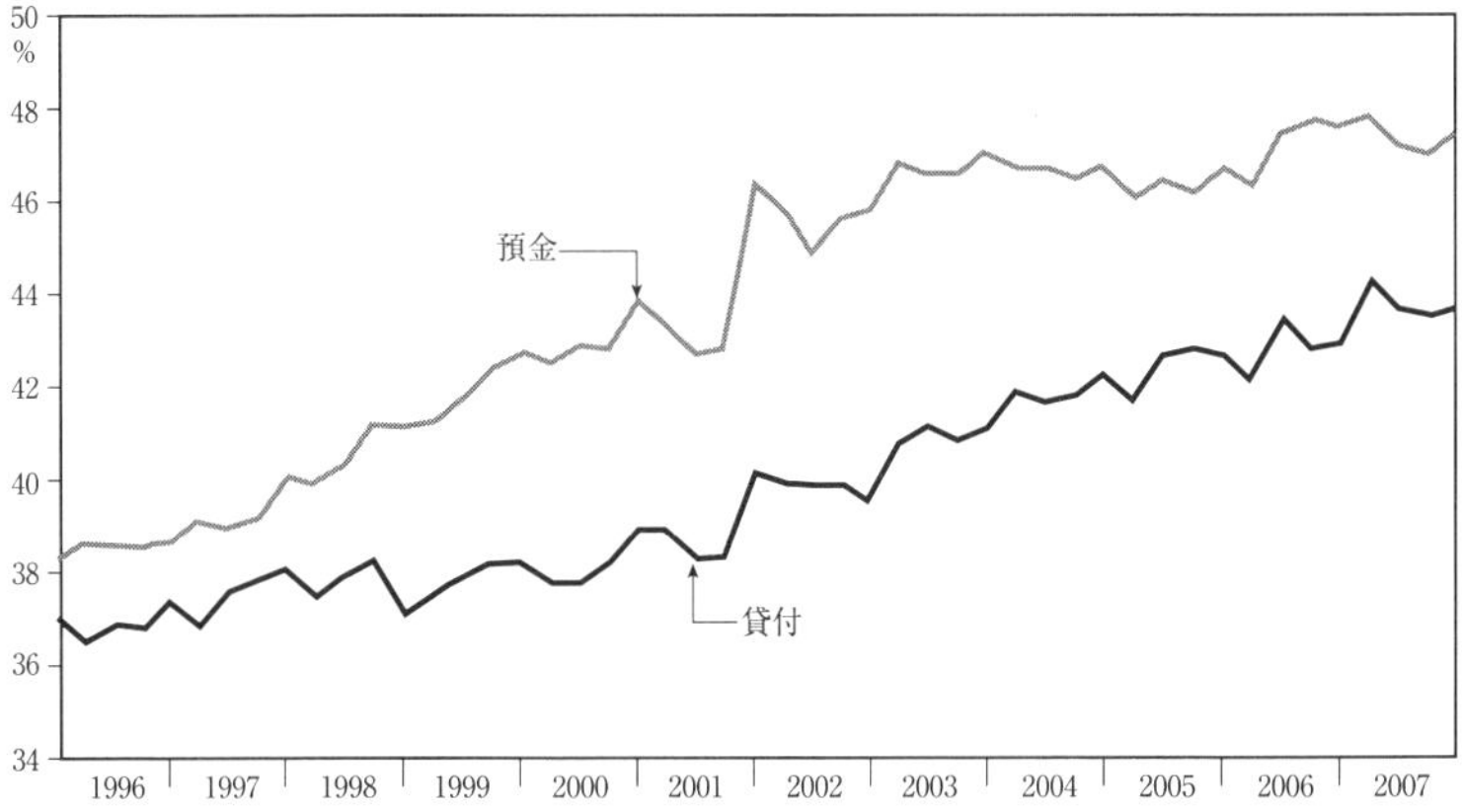

(出典:BIS, 2008)

二〇〇〇億ドルとなる。しかし、BISは、OFCとタックスヘイブンを区別していない。したがって、「世界のマネーストック◆の半分」という度肝を抜かれる数字は、ケイマン諸島やバミューダ諸島だけでなく、ロンドン、アメリカのIBF、東京オフショア市場も意味する。

世界のマネーストックの半分がタックスヘイブンを経由していると言ったら語弊があるが、そのマネーがタックスヘイブンとOFCを経由しているというのは間違っていない。それでも、こうした数字でさえ概算にすぎない。BISのデータは不完全だし、その報告は主要タックスヘイブンに限られている。さらに、貸借対照表に計上されずに管理されている取引(店頭取引OTC)の事例情報とサブプライムローン危機とがともに示す事態が莫大な規模にもなりうるのに、OTCについての報告は何もない。

外国直接投資は三分の一

もう一組の驚くべき統計値は、国際投資に関連する。

◆マネーストック　金融機関から経済全体に供給されている通貨の総量。通貨残高。

入手可能なデータは、著しく一貫して、外国直接投資（FDI）総額の約三〇％が、タックスヘイブンを経由して投資されている、あるいは少なくともこれを通過していると示している。国連貿易開発会議（UNCTAD）のデータによれば（図表「2-5」参照、108頁掲載）、一九九〇年代中盤以降、タックスヘイブン経由のFDIフローが若干伸びた。タックスヘイブンが、なぜ世界のFDIにおいてこのような中心的役割を果たすことができるのだろう。

　外国直接投資の専門的な意味が紛らわしい、ということを最初から認識しておくべきだ。経済学者は、国境を越えた投資を大きく二つのタイプに分けている。証券投資は従来、株式、債券、金融資産などの外国証券の受動的な保有だった。これに対し、外国直接投資は、工場、事務所、流通機構、子会社などを含む外国の土地における「実際の」施設をともなった。しかし、一九七〇年代中盤以降、OECDは、FDIの新たな定義を採用している。「外国人投資家が、法人企業の一〇％以上の普通株式あるいは議決権、あるいは非法人企業のこれに相当するものを保有している法人・非法人企業」としている。[7]一〇％という境界線が任意であることを、OECDは完璧に認識している。それにもかかわらず、FDIという用語は現在、外国企業の一〇％以上の株式を能動的であれ受動的であれ保有していることを意味する。その結果、FDIの数値は、外国の土地における生産、製造、あるいはサービスへの「実物」投資をもはや指し示してはおらず、所有構造を意味している。この重要な特質は、タックスヘイブンにおけるFDIに関連する驚くべき統計値のいくつかを説明するのに大いに役立つ。つまり、多国籍企業が、タックスヘイブンにある子会社を大々的に利用して外国投資を行なっていることがわかる。

　このような統計値は、多国籍企業がOFCに本当に投資しているのか、それともどこか他への投資のためにヘイブンにある子会社をただ利用しているだけなのか（つまり、ディクソン[8]が信じているように、単なる無関税港《アントルポ》のようなセンターとして機能しているのか）という問題を提起する。それにしても、なぜ多国籍企業はタックスヘイブンを経由して投資ルートを変更したがるのだろう。
主に税制上の理由から行なっているものと思われる。ＯＥＣＤは、ＦＤＩ統計値における逸脱を指摘し、それは税制関連としか説明がつかないとしている。一九六八年にアメリカが海外への直接投資に関する強

[図表2-3] アメリカ多国籍企業の対タックスヘイブン投資(投資先トップ12)

(2006年における外国直接投資の流れ。単位：10億米＄)

国　名	投資額
イギリス	$364
カナダ	246
オランダ	215.7
オーストラリア	122.6
バミューダ	108.5
ドイツ	99.2
日本	91.8
スイス	90.1
メキシコ	84.7
アイルランド	83.6
ルクセンブルク	82.6
カリブ海地域のイギリス属領	80.6

＊太字はタックスヘイブンとみなされる国々

(出典：Bureau of Economic Analysis, 2006)

[図表2-4] 中国に対する外国直接投資(ＦＤＩ)源(トップ10)

法　域	2006年(単位：10億米ドル)	2007年(単位：10億米ドル)
香港	$21.31	$27.70
英領ヴァージン諸島	11.68	16.55
韓国	3.99	3.68
日本	4.76	3.58
シンガポール	2.46	3.18
アメリカ	3.00	2.62
ケイマン諸島	2.13	2.57
サモア	1.62	2.17
台湾	2.23	1.77
モーリシャス	1.11	1.33

(出典：Mofcom, 2007)

制的な制限を導入し、アメリカに登記している企業による海外事業のために国内での資金調達に制約を加えると、米統計局は、オランダ領アンティル（ＮＡ）に登記されているアメリカの銀行の関連会社の数が疑わしい増加を見せたのを発見した。これらの関連会社は、ユーロ市場で資金を調達するが、アメリカとオランダとの協定により、ＮＡを経由した借入金の利払いは源泉徴収税の対象とならなかった。また、ＮＡの関連会社に課される税金は、その大半が、アメリカの親会社にとって相殺につながる税額控除を生んだ。外国人に支払われる利子に関する三〇％というアメリカの源泉徴収税が廃止された一九八四年まで、アメリカはＮＡに対して二五一億ドルものＦＤＩ累積赤字を計上していた。さらに、アメリカの親会社は、ＮＡの金融関連会社から四二〇億ドルを「借り入れて」いた。源泉徴収税が廃止された途端、状況が急速に逆転した。一九九三年末時点で、ＮＡ関連会社に対するアメリカ企業の純未払い負債は八七億ドルまで減少し、直接投資赤字もごく少額になっていた。[9] アメリカの源泉徴収税規定の廃止は、その後のＯＦＣとしてのＮＡの重要性の大幅な低下を少なからず説明している（さらに詳しくは、第6章を参照）。

オランダ領アンティル諸島は、まれな事例ではない。多国籍企業が、タックスヘイブンを経由して投資の多くのルートを変更しているかなりの証拠がある。[10] 米経済分析局のデータ――アメリカの諸機関への公開は法律で禁止されており、専門家からは比較的信頼性が高いとみなされている――に基づくアメリカ関連企業に関する詳しい調査が、この見方を裏づけている。分析によれば、アメリカの多国籍企業は「タックスヘイブンを大いに利用してきた。一九九九年には、大規模な外国事業を有するアメリカ企業の五九％が、タックスヘイブン諸国に関連会社を持っていた」。[11]

米連邦議会予算事務局（ＣＢＯ）のある報告書[12]が、逆説を指摘している。二〇〇四年末まで、外国人がアメリカで資産一二兆五〇〇〇億ドルを所有していた。これは、アメリカが海外に所有する資産価額を二兆五〇〇〇億ドル上回る。それにもかかわらず、アメリカ居住者は、外国人がアメリカへの多額の投資から得るよりも多くの利益を外国投資から常に得ており、それがアメリカの経常赤字の規模を押し下げていた。二〇〇七年末時点でも、外国人は依然として、アメリカ人が海外に保有している資産よりもおよそ二兆五〇〇〇億ドル多い資産をアメリカに保有していた。それにもかかわらず、アメリカ居住者は、海外に支払うよりもほぼ九〇〇億ドル多くをまだ稼いでいた。

CBOの同報告書は[13]、政治的に不安定な国々における投資（理論的には、より高い収益を生む）のリスク要因など、こうした収益の違いについて、いくつかの説明を提供している。アメリカでの投資はリスクが低い、というのが前提となっている。興味深いことに、同調査によれば、アメリカ企業の海外子会社は、税制上の理由から海外での利益を誇張することもあり、実際よりも儲かっているように見える場合がある一方、外国企業がアメリカに所有している子会社は、同じ税制上の理由から利益を控えめに計上する場合がある。アイルランドに登記しているアメリカ企業の子会社は、平均してアメリカのFDI全体の三倍の業績を上げており、バミューダに登記しているアメリカ企業の子会社は、平均の二倍の利益を上げている。アイルランドやバミューダの子会社は、なぜ他の国の子会社よりも業績が良いのだろう。CBOは、決定

▼7 〔参考文献〕OECD 1999, 8
▼8 〔参考文献〕Dixon 2001
▼9 〔参考文献〕OECD 1999, 43
▼10 〔参考文献〕Vleck 2008
▼11 〔参考文献〕Desai et al. 2006, 514
▼12 〔参考文献〕CBO 2005
▼13 〔参考文献〕CBO 2005

［図表２-５］**世界の外国直接投資（ＦＤＩ）に占めるタックスヘイブンへの割合**

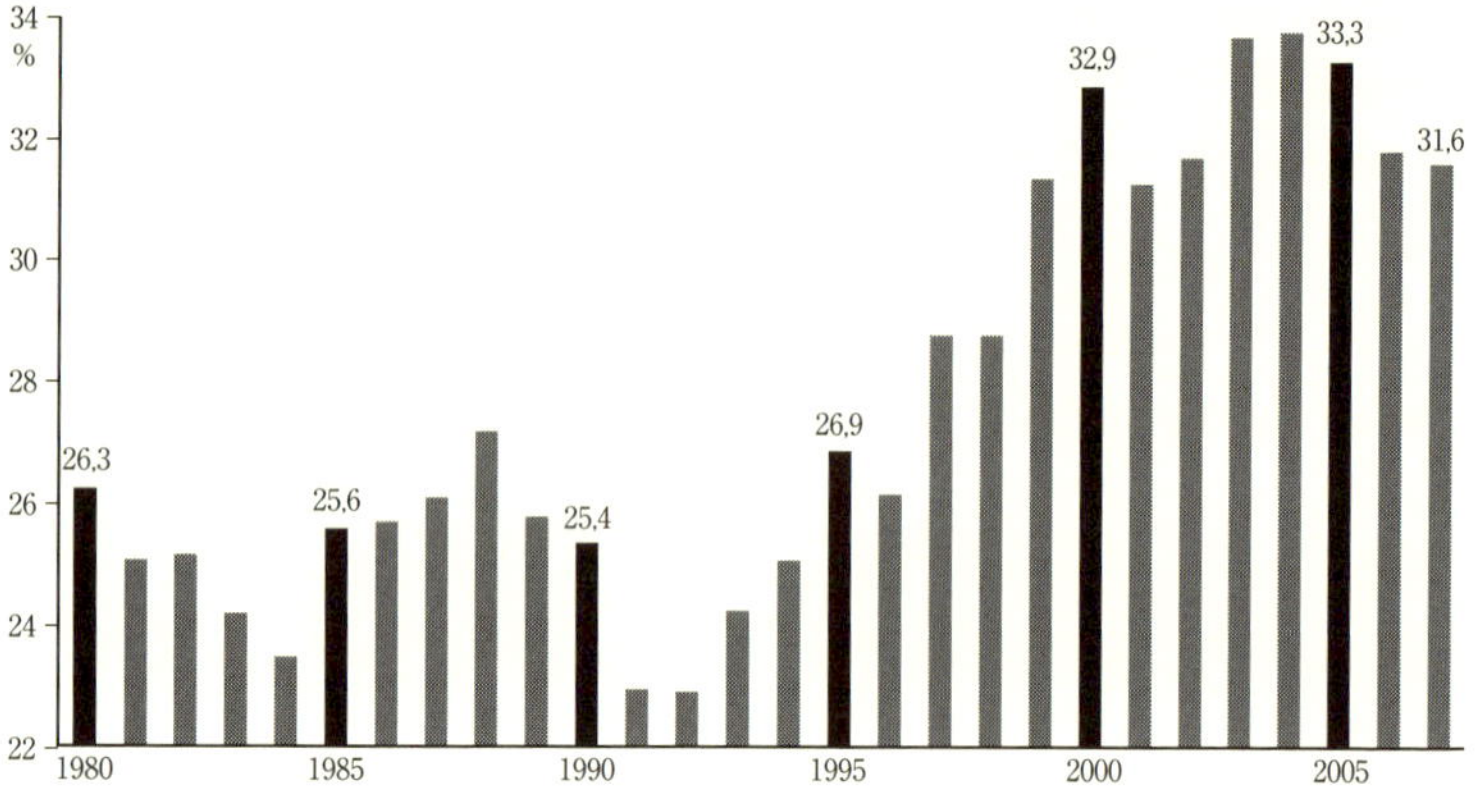

（出典：UNCTAD, 2008）

的なデータを特定していないが、移転価格操作が利益の違いの主因だと信じている。これに対し、デサイらは、移転価格操作よりも本国の課税猶予のほうが、タックスヘイブンでの事業を行なう強力な誘因となっていると指摘する[14]（アメリカについてはそうだが、課税猶予の可能性が少ない他の国々には当てはまらない）。動機、あるいは動機の組み合わせが何であれ（しかも、組み合わせの可能性のほうが高い）、税金が、タックスヘイブンを経由したＦＤＩの驚異的な数字の最もふさわしい説明だろう。

アメリカ議会は、政府説明責任局（ＧＡＯ）に、一九九六年から二〇〇〇年までの外国人が所有するアメリカ企業に関する調査を委託した。ＧＡＯの報告書（二〇〇四年）は、外資系企業――一部は、タックスヘイブンを経由して操業しているアメリカ人所有の企業――が、税金の少ない国に所得を移しているのではないかという想定の下に行動した。その調査の結果、企業の過半数――外資系企業の七一％とアメリカ人が所有する企業の六一％――が、調査対象期間に課税額をまったく報告していないことがわかった。実に、最低二億五〇〇〇万ドルの資産（全企業資産の九三％を占める）を有するアメリカ人支配の企業の六〇％以上が、国税庁に課税額をまったく報告していなかった。想像に難くないが、さらに多くの外資系企業が、アメリカでまったく納税していない。シティズンズ・フォー・タックス・ジャスティスの報告書も、同様の結論に達している。税引前利益一〇二〇億ドルを申告していながら、アメリカ企業のトップ二七五社中八二社が、二〇〇一年から〇三年まで税金を支払わなかった。合算利益四二六億ドルの四六社が、二〇〇三年だけでも、連邦所得税を支払わなかった。それどころか、総額五四億ドルの税金の還付を受けた。

また、二〇〇四年末にブッシュ大統領が発表した一年のタックス・アムネスティ◆は、外国で得た利益をアメリカで再投資した場合の低い税率（三五％ではなく五・二五％）を可能としたことから、大きな成果を生んだ。二〇〇六年初頭までに、八四〇社以上が、三一〇〇億ドルあまり、すなわちアメリカの対外赤字のほぼ四〇％相当を本国へ送っていた。▼15 アムネスティは、アメリカ企業が、タックスヘイブンに大量移転し、それによってアメリカが生む外見上のFDIに寄与しているという確信を強めた。こうした調査やその他の事例証拠から、タックスヘイブンがアメリカ企業の納税回避に役立っていることはわかるが、その程度は明らかでない。

ヨーロッパのFDIの構図もアメリカとほぼ同じで、ヨーロッパの多国籍企業の全FDIの約三〇％がOFC向けである。たとえば、フランスへの対内FDI全体の四七％は、タックスヘイブンに立地する企業が保有し、その三分の一がオランダ（第一保有国）やイギリス（第二）などの中間ヘイブンである。フランスは、EU加盟国の中で珍しい存在ではない。

▼14 〔参考文献〕Desai et al. 2006

◆タックス・アムネスティ　税金恩赦。長期にわたって未払いとなっている税金に対し、一定の期間内に特定の延滞税とあわせて納付すれば、刑事罰には問わないとする税金債権回収方法の一つ。

▼15 〔参考文献〕Browing 2008

しかし、税金だけが、奇異な統計値の理由ではない。カリブ海の小さなイギリス属領のいくつかが、アメリカFDI有数の受け手となっており、英領ヴァージン諸島は今も、対中国FDIが二番目に大きい国である。世界経済における中国の隆盛について話題になっているが、二〇〇六年、バミューダ単独で、中国の五倍のFDIをアメリカから受けた。同様に、イギリス（第一の投資先）、オランダ（第三）、バミューダ（第五）、アイルランド（第六）、スイス（第八）、ルクセンブルク（第一一）に関するデータ（図表「2-3」、105頁掲載）は誤解を招きかねない。イギリスは別として、このいわゆるFDIが、これらの国々に留まっている可能性はとても低い。香港と英領ヴァージン諸島からのFDIが主に、政治的理由ないしは、租税回避をする目的でルート変更をされた中国資本の問題であることは知られている。[16] 言い換えるならば、中国へのFDIの相当部分が、FDIではまったくなく、「還流」と呼ばれる手段で、オフショアの場所を経由して投資されている中国のマネーなのだ。同じパターンが、モーリシャスでも見られるようになり、[17] 同国は、アメリカを約五〇％上回る対インド最大の投資国として浮上した。[18] これはひとえに、インドとモーリシャスの間の租税条約に盛り込まれている便益によるものだと、専門家たちは信じている。

したがって、タックスヘイブンは主に、世界のFDIフローの仲介役、すなわちアントルポ・センターとして利用されている。タックスヘイブンは、FDIの最大受け入れ国であると同時に、最大の供給国でもある。中国商務部が発行した二〇〇七年の最初の五か月に関するデータによれば、同期、世界の一〇か国が、中国の新たなベンチャー事業への投資総額の八六％に寄与した。順に挙げると、香港、英領ヴァージン諸島、日本、韓国、シンガポール、アメリカ、ケイマン諸島、サモア、台湾、モーリシャスである。

▼16 〔参考文献〕Vleck 2008
▼17 〔参考文献〕Srinivasan 2005
▼18 〔参考文献〕Rixen 2008

[図表2-6] タックスヘイブンにおけるオフショア事業体数

法域	IBCs	銀　行	信　託	保険会社	投資信託会社／ヘッジファンド	インターネット・ゲーム会社
アングィラ	7,400（STEP）					
アンティグア・バーブーダ	3,255	17	3	2		23
アルーバ	372 NVs 2,763（アルーバ非課税法人）	2	4キャプティブ			11
バハマ	115,000（うち活動中は 42,000）	139（e）				4カジノ 10ギャンブルサイト
バーレーン	該当なし	54 OBUs				該当なし
バルバドス	4,635	55	7投資信託、1非課税	164 非課税 55、適格非課税		0
ベリーズ（a）	32,800	8	30	1	1 M	
英領ヴァージン諸島	802,850	9	208	402 キャプティブ	2,550 m	
ブルネイ（STEP）	2,500					
ケイマン諸島（b）	62,572	450		740 キャプティブ	8,600	
コモロ（c）	1,200	300				
クック諸島（STEP）	15,000					
コスタリカ		6				250
キプロス	54,000	26（f）				
ドミニカ	12,787	1		20		3
ジブラルタル（STEP）	31,142					
グレナダ	1,580（d）		1			
ガーンジー島	18,800	47		632	851	

	IBCs	銀　行	信　託	保険会社	投資信託会社／ヘッジファンド	インターネット・ゲーム会社
香港	500,000 (i)					
マン島 (g)	35,821（STEP）	53		177 キャプティブ	164	
ジャージー島	33,936（STEP）	48	953	175	1,086	
ラブアン島（STEP）	4,915					
リヒテンシュタイン	75,000 (j)	16				
ルクセンブルク (h)	15,000			95 保険 260 再保険	2,238 世界第二の投資信託会社	
モナコ		60 (m)				
モーリシャス	21,392（STEP）					
オランダ	20,000 (k)					
オランダ領アンティル諸島	14,191	18	84	15		
ニウエ	9,678（STEP）					
パナマ	369,652 （STEP）	34				
サモア	25,383	6	182	3		
セイシェル	34,000		160	3		
シンガポール		82 (n)			12	
セントクリストファー・ネイビス	33,165 IBC 9,840 LLCs 1,201 非課税法人	1	3,684	90	257 非課税財団	
セントルシア	2,851 (l)		66	24		
セントビンセントおよびグレナディーン諸島	8,573	6	154	13	55	

スイス		331				
タークス・カイコス諸島	17,000	4	20	2,500		
バヌアツ	3,603	5		70		

（出典：INCSR 2008. INCSRの数字が入手不可能または不完全な場合、2004年のSTEPの調査とlowtax.net, 2004で補完し、(STEP)と示した）

（a）ベリーズは、1996年にオフショア銀行法を導入した。オフショア銀行は、ベリーズの国民あるいは合法居住者である顧客と取引することはできない。

（b）ケイマン財務報告局（FRA）が活動を開始し、局長、法律顧問、上級会計士、上級アナリスト、下級アナリスト、管理主任各1名の計6名を擁する。

（c）1999年施行の銀行ならびにこれに類似する機関の規制法に基づいて、オフショア銀行に免許を与える。IBCは、2001年に導入された。

（d）グレナダは、領土内のIBC報告数が2006年の6000社から大幅に減少した。

（e）銀行と信託を合計した数字。2003年の301から139へと数字が減少したのは、「管理下の銀行」は島内に物理的存在を有さねばならないという要件を2001年に中央銀行が課したため。

（f）数字は、主として非居住者を対象に事業を行なう銀行に関する数字である。このような銀行の累積資産は1120億ドル。

（g）入手可能な最新データ。2004年9月30日。

（h）住所地とする資産3兆1000億ドル。

（i）香港のIBCは、名義貸しの取締役によって設立され、多くが概ね英領ヴァージン諸島に登記された他のIBCが所有している。香港と英領ヴァージン諸島はともに、マネーの経路変更目的で利用される。

（j）法人と信託に関する数字。認可された信託会社230社と弁護士60名が、これらの事業体すべてに名義貸し、および／またはこれを管理している。

（k）特別金融機関（SFI）の数字。ヴァン・ダイクら（2006年）の推計では、オランダに実体のある商業拠点を置かない「郵便箱会社」が、約2万社ある。

（l）セントルシアは、2006年に49％増加した。

（m）銀行システムは、約1028億ドルを管理している。銀行の顧客の約85％が非居住者。

（n）シンガポールで管理されている資産総額は、2005年から06年に24％増加して5810億ドルとなった。

[図表2-7] 住所地別ヘッジファンドの推計資産(2006年末現在)

(単位:100万米ドル)

住所地	方法Ⅰ	方法Ⅱ	二つの方法の平均
バハマ	$24,172	$24,531	$24,352
バミューダ	107,028	64,321	85,675
英領ヴァージン諸島	129,384	171,733	150,559
ケイマン諸島	470,450	497,977	525,503
合　計	731,035	761,558	746,296

(出典:Sullivan 2007b)

オフショア事業体の総数

大半のタックスヘイブンは、領土内に登記されている事業体の数に関する情報を提供している。図表「2-6」は主として、米国務省国際麻薬・法執行局が作成したマネーロンダリングに関する国際麻薬統制戦略報告書を参考にしている。[19] 同報告書は、主にマネーロンダリングに関係している。タックスヘイブンすべてが、マネーロンダリングの重大な脅威とみなされているわけではないので、同報告書は範囲という点で包括的ではない。私たちは、二〇〇四年にSTEPジャーナルがまとめた、オフショア法域におけるインターナショナル・ビジネス・カンパニーの数でデータを補完した。

英領ヴァージン諸島は、インターナショナル・ビジネス・カンパニー(IBC)の最大の供給国で、二〇〇七年には八〇万社に達し、香港五〇万社、パナマ三七万社、バハマ一一万五〇〇〇社がこれに続いた。どれだけ信頼できるか確かめる方法がないので、これらの数字を鵜呑みにしてはならない。たとえば、英領ヴァージン諸島が、自国領土において操業を停止した会社を把握できていないのを、私たちは充分認識している。[20] これとは対照的に、バハマはこの種のデータをきちんと報告しており、領土に登記されているIBC一一万五〇〇〇社のうち、四万二〇〇〇社しか現在活動していない。この割合が、他の国にも適用できるかどうかは不明だ。

私たちの情報には会計ミスが含まれているに違いないとはいえ、IBCの数が、平均で年間一〇～一五％の割合で増加している傾向がある。たとえば、二〇〇六年現在のケイマン諸島におけるＩＢＣ八万一七八三社には、二〇〇五年からの二七％の増加が含まれた[21]。私たちの推計では、ＩＢＣの現在の世界総数は、二〇〇万社を超えている。

サリヴァン[22]は、二つの推計を基に、オフショア・ヘッジファンドの数の調査を行なった。ヘッジファンド・リサーチ社がまとめた推計は、二〇〇六年末現在のヘッジファンド数を七二四一社と報告した。もう一つの有益な情報源は、リッパー・タス・データ（www.lipperweb.com/products/tass.asp）がまとめたものだ。サリヴァンは、ケイマン諸島、バミューダ諸島、英領ヴァージン諸島、バハマ諸島というカリブの四大諸島に、二〇〇六年現在の世界のヘッジファンドの五二・三％が置かれ、アメリカの三〇・一％がこれに続くと結んだ。これらの法域における資産推計を、図表「２－７」に示す。ヘッジファンド産業の規模は、二〇〇六年現在およそ一兆五〇〇〇億ドルと見られている。

2……どれだけの税金が、脱税／租税回避されているのか？

納税に関し、タックスヘイブンを通してどれだけの金が脱税あるいは租税回避されているのだろう。私

▼19〔参考文献〕INCSR 2008
▼20〔原注〕本書の共著者の一人は、この問題を、英領ヴァージン諸島の行政官らに提示した。それに対し、領土に登記されている企業の中でどれが利用されているのかいないのか、ほとんどわからない、という答えしか返ってこなかった。
▼21〔参考文献〕Ridley 2007
▼22〔参考文献〕Sullivan 2007a

たちにはわからない、というのが現時点で提供できる最も率直かつ正確な答えだ。リヒテンシュタインとUBS絡みの最近のスキャンダルが、長期にわたる多くの人々の疑念を裏づけた。

本書共著者の一人が、二〇〇三年にオフショアに関する研究を執筆したとき、[23]租税回避と脱税の概算推定すら入手できなかった。その後、批判的で熱心な会計士数名が、本書で報告できるような、租税回避と脱税に関する有益ないくつかの概算を行なった。

[図表2-8] 富裕層（HNWI）の総資産 (単位:兆米ドル)

大　陸	資産合計	オフショアにおける推定額
北　米	$16.2	$1.6
ヨーロッパ	10.3	2.6
中東およびアジア	10.2	4.1
南　米	1.3	0.7
合　計	38	9.0

(出典:Murphy 2006)

個人資産家

高度な会計技術によって、国税の租税回避の概算は提供できる。[24]しかし、所得税回避のすべて、あるいは大半が、タックスヘイブンを経由しているとは限らないので、個人の脱税および／または租税回避の最良の推計は、オフショアの場所に保有されている財産の価値の推計を通して達成される。

そうしたデータは、なかなか手に入らない。というのは、政府も国際金融機関も、世界的状況を調査する能力もなければ、その意志もないように思えるからだ。入手可能な最も正確な推計は、本書共著者の一人、リチャード・マーフィーが行なったものと、[25]『タックス・ノーツ』誌の編集者、マーティン・サリヴァンが行なった、ジャージー島、ガーンジー島、マン島、スイス、およびヘッジファンド産業に関する一連の調査[26]だろう。

マーフィーは、公表されている三組のデータを基に、個人がタックスヘイブンに保有している資産の推計を出した。一組目の数値は、国際決済銀行（BIS）のもので、二〇〇四年六月現在、全銀行の預金総額一四兆四〇〇〇億ドルのうち、オフショアの銀行預金総額は二兆七〇〇〇億ドルというもの。つまり、預金総額の約五分の一（「世界のマネーストックの半分」ではない）がオフショアに保有されている。ＢＩＳの数字は、現金のみを対象とし、株式や公社債をはじめとする他の金融資産、さらにオフショアで保有されている不動産、金、ヨットなどの有形資産の価額のみならず、私企業の株式を除外している。これらの資産は概ね、オフショア企業、財団、信託を通して管理されている――信託は、年次決算報告書の提出を求められないのはもちろんのこと、登記すらされていない。したがって、これらの資産の価額はわからず、その判断は難しい。

マーフィーが用いる二組目の情報源は、メリルリンチとキャップジェミニが毎年出している『ワールド・ウェルス・レポート』[27]に含まれていた。一九九八年のレポートは、世界の富裕層（銀行はＨＮＷＩと呼ぶ）の富の三分の一がオフショアに保有されていると推計した。二〇〇二年の同レポートによれば、流動金融資産一兆ドル以上を有する富裕層が保有している資産価額は、二〇〇二／〇三年現在二七兆二〇〇〇億ドルで、うち八兆五〇〇〇億ドル（三一％）が、オフショアに保有されていた。最近の推計値は入手できないものの、マーフィーの指摘によれば、この数値は年間約六〇〇〇億ドルの割合で増加しており、二〇〇八年の数字は約九兆七〇〇〇億ドルとなるだろう。

わずかに異なる推計値が、ボストン・コンサルティング・グループ（ＢＣＧ）の二〇〇三年の『グロー

▼23〔参考文献〕Palan 2003
▼24〔参考文献〕Murphy 2008a
▼25〔参考文献〕Murphy 2006
▼26〔参考文献〕Sullivan 2007a, 2007b
▼27〔参考文献〕Merrill Lynch, Cap Gemini 2002

［図表2-9］非居住者個人が本国法域の資産に関する税を回避できる推定資産

（単位：10億米ドル）

国　名	2006年末	2007年上半期推計
ジャージー島	$491.6	$500
ガーンジー島	293.1	300
マン島	150.5	200（2007年末）
スイス	607.4	
4大ヘッジファンド（ケイマン諸島、英領ヴァージン諸島、バハマ、バミューダ）	262.8	

（出典：Sullivan 2007b）

バル・ウェルス・レポート』で発表された。ＢＣＧは、富裕層の現金預金と上場証券の保有総額を三八兆ドルと見積もった。富裕者の地理的出身地域を、図表「２‐８」（前見開きに掲載）に示す。これらの数字も、不動産、非金融資産、個人所有の会社を除外している。

裏づけとなるデータが、世界的なコンサルティング・グループであるマッキンゼーの調査部門による報告書の中で発表され、それによると、二〇〇三年現在の世界の金融資本総額は一一八兆ドルに上った。マッキンゼーのデータには、ＢＩＳのデータには含まれていない銀行間借入残高も含まれている。したがって、ＢＩＳのデータは、個人、銀行以外の企業、信託が保有している金額の合計を反映しており、個人財産のどれくらいがタックスヘイブンに保有されているか算出する際には正確である。

マッキンゼーによれば、金融資産総額に対する現金の割合は、調査対象期間にわたって三・二から三・八五と幅があった。平均値の三・五をＢＩＳのオフショア保有額に適用すると、オフショアに保有されている金融資産総額は九兆四五〇〇億ドルとなる。これによって、九兆から一〇兆ドルという三つ目の推計値が得られる。

しかし、この推計値には、不動産その他の有形資産、オフショアで保有されている私企業の所有権、特許などの使用料やライセンス料を受け取る権利などの無形資産は含まれない。これらの資産の正確な価を知っている人間はいないが、控えめに見積もれば、オフショアの保有価額がせいぜい二兆ドル増える程度だろう（不動産価額は、実に安いだろうという前提に基づく）。これを基に、マーフィーは、オフショアに保有されている資産総額は、一一兆から一二兆ドルであると結論づけた。

ＢＩＳの数字は、タックスヘイブンにおける個人と企業の貯蓄を区別していないため、この見積もりには、企業の貯蓄がいくらか含まれる可能性がある。それでも、一一兆五〇〇〇億ドルが、投資家にとって年平均七・五％の利益――ごく普通の利益率である――を生むと仮定すれば、資産総収益は年八六〇〇億ドルとなる。平均税率三〇％として見積もると、八六〇〇億ドルから生じる税金の損失はいくらになるだろう。資産家（そしておそらく一部の企業）は、資産をオフショアに保有しているため、年間の税金の損失は約二五五〇億ドルに上る。

マーフィーの数字は、「二〇〇一年の推計によれば、五兆米ドルの金融資産がタックスヘイブンに投資されている」と報告した[28]レヴィン米議会委員会の計算と驚くほど近似している。同委員会は、平均利益率を五％、平均税率を控えめな二五％と想定して計算した結果、居住国において毎年六二五億ドルもの歳入が失われている。アメリカ経済を世界経済の二〇％とすれば、単純計算で、世界全体で三一〇〇億ドルとなる――マーフィーの計算と比較して、誤差の許容範囲に充分入る。

サリヴァン[29]が、個別のタックスヘイブン勘定に関する素晴らしい著述を行なってきた。しかし残念ながら、彼の著述はまだ完成しておらず、最も重要なタックスヘイブンのいくつかに関する断片的な見積もりしか提供していない。

当然ながら、サリヴァンの見積もりは、調査対象となった場所で働いている人々に非難されているが、

▼28 〔参考文献〕Levin 2003
▼29 〔参考文献〕Sullivan 2007b

法域そのものが公表したデータに基づいているというかなりの利点がある。サリヴァンの著述は、理解を深めるうえで重要な貢献となると思われるので、他の地域にも範囲を広げてくれることを期待する。

これらの概算を補完し、それどころか、マーフィーとサリヴァン双方が主張するように、それが控えめに見積もった数字であることを示唆する証拠がまだある。アイルランドは、未申告所得を海外に隠していたアイルランド居住者一万五〇〇〇人から八億四〇〇〇万ユーロ近くを徴収した[30]。イタリアでは、最近のアムネスティにより、資産七五〇億ユーロがオフショアに保有されていることが発覚した。二〇〇七年、イギリスは、何十万件ものオフショア口座の詳細情報を引き渡すよう銀行に強制する判決の後、「オフショア・ディスクロージャー・ファシリティ◆」において五億ポンドを徴収した[31]。

多国籍企業

タックスヘイブンに関する調査には、大きな欠陥がある。法人税の脱税や租税回避の額についての数字や概算はおろか、大ざっぱな推量すらない。本章ですでに述べた統計ならびに、ハインズやその同僚たちのような経済学者による素晴らしい実証的研究[32]が決定的に論証したように、税金は、大部分の企業の子会社や関連会社のポートフォリオにおける主要検討項目であり、タックスヘイブンは、租税回避および／または脱税目的で設立された多くの子会社や関連会社の主人役を務めている。それなのに、ＯＥＣＤも、アメリカも、イギリスの内国歳入庁も、さらにタックス・ジャスティス・ネットワークさえ、法人税の租税回避および／または脱税に関する推計を提供する用意はない。これは、関心がないからではない。単純な事実としては、企業が、タックスヘイブンでの活動を隠した状態の連結勘定を公にできる限り、その企業がタックスヘイブンにおいて行なっている取引あるいは、そこで計上している利益の信頼できる推計を行なうことはほぼ不可能だ。これが大きな弱みであり、タックス・ジャスティス・ネットワークその他の団体が、国ごとの報告を要求して取り組んでいる事柄で、それが実現すれば、タックスヘイブンにおける活動が明らかになるだろう。

法人税をめぐる議論

法人税をめぐる議論は、かなり厄介だ。この三〇年間に法人税は減少したのか、減少したとすれば、その減少はどの程度タックスヘイブンに起因するのか、に関しては見解が分かれている。さらに混乱させられることに、一九八〇年代以降に照合された既存の国家間比較統計値が非常に有益かどうかという議論もある。

経済学者たちは一般に、非加重平均法定税率は、過去三〇年間にOECD諸国で徐々に低下してきているという意見だ。[33] デベローらと同僚[34]は、平均法定税率は、一九八二年から二〇〇一年に四八％から三五％に低下した[35]としている。法人税率の低下は、税基盤の拡大にともなうものであるから、法人税の全体的割合の低下と解釈するべきではない、という者もいる。ボールドウィンとクルーグマン[36]は、EUにおけるG

▼30〔参考文献〕Benoit and Houlder 2008

◆オフショア・ディスクロージャー・ファシリティ　イギリスが二〇〇七年に実施した「第一回タックス・アムネスティ」のこと。「ディスクロージャー」は、情報開示の意。

▼31〔参考文献〕Benoit and Houlder 2008

▼32〔参考文献〕Desai et al. 2004a, 2006; Hines and Rice 1994; Slemrod 1994; Stewart 2005

▼33〔参考文献〕Baldwin and Krugman 2004; Devereux et al. 2002; Garretsen and Peeters 2006

▼34〔参考文献〕Devereux et al. 2002

▼35〔参考文献〕Devereux et al. 2002, 456

▼36〔参考文献〕Baldwin and Krugman 2004

DPに占める法人税収の割合は一九五六年から二〇〇〇年に八%から九%とほぼ横ばいだったが、EU加盟国の中でも貧しい国々の法人税率は、二〇〇〇年までに四〜五%から八〜九%へと徐々に増加したのを見出した。[37]

こうした展開を踏まえ、租税を専門とする経済学者たちは現在、実効平均税率（EATR）として知られる別の基準に傾いている。EATRは、企業展望の観点から実質的な租税環境を刺激することを目指す複雑な計算手法である。さまざまな研究者がさまざまなEATRモデルを採用しているとはいえ、OECD諸国においてEATRが一九八一年の四〇%前後から二〇〇一年の二八%に落ち込んだというのが一致した意見だ。

法人税収の長期的減少を示すいくつかの証拠がある。米連邦議会予算事務局（CBO）の報告によれば、二〇〇〇年から〇三年に連邦政府が徴収した法人所得税総額は、二〇七〇億ドルから一三二〇億ドルに減少した。この数字は、〇四年に一八三八億ドルに増加したものの、それでも連邦政府の歳入のわずか九・六%にすぎず、一九七〇年の一七%のほぼ半分に減少している。アメリカの法人税率も、経済の規模と比較して（つまり、GDPに占める割合が）低下している。CBOの発行する『ヒストリカル・バジェット・データ』によれば、法人所得税は、一九六七年のGDPの四・二%から、二〇〇三年の一・二%に減少し、〇四年には一・六%に微増した。法人税の循環は、景気循環とその結果としての企業利益の水準と密接に関係している。二〇〇七年、英監査局は、同国の大手企業の三〇%が前年度、税金を支払っていないと報告した。

タックスギャップ

法人税収の相対的減少には、多種多様の理由があり、そのこと自体は、租税回避と脱税についてほとんど何も教えてくれない。さらに、税務上の計上利益は、株式市場に対する計上利益と大きく異なる傾向にある。納税額は、企業会計に計上されている額をしばしば下回る。課税当局は、タックスギャップ★と呼ばれる手法を考案し、計上利益と納税額と実際に納められた税額との差異を求めている。タックス・ジャスティス・ネットワークをはじめとする他の団体は、彼らが期待ギャップと呼ぶ、これとは多少異なる、一般に入手可能な情報に基づく手法を考案した。

期待ギャップは、企業が操業している場所の政府が設定した税率と、その企業が納めた実際の税率との差異である。これは、現行の課税水準と計上利益に照らして徴収されそうな税額の判定の目安となる。そのギャップの一部が、脱税と租税回避の結果なのだ。

米国税庁の二〇〇五年プレスリリースは、タックスギャップとは、「納税者が納めるべき額と彼らが適時に実際に納める額との差異である」と定義している。英歳入関税局は、これより若干複雑な定義を採用している。つまり、「タックスギャップとは、われわれが最終的に徴収しそこなった税金の金額、あるいは是正されなかった納税不履行の額を測定するものである」[38]としている。タックスギャップの利用については議論があるが[39]、これが現在利用できる最良の方法なのだ。マーフィーは、イギリスの労働組合会議向けにイギリス企業のトップ五〇社の税金を調査し、彼の著述は、イギリスもアメリカと同様の傾向にあると確認している[40]。マーフィーによれば、これらの企業は、二〇〇〇年から〇六年まで実際に計上したより

▼37〔参考文献〕Baldwin and Krugman 2004, 7
★タックスギャップ　納税者が納めるべき税金と、納税者が適時に実際に納めた税金との差。
▼38〔参考文献〕HMRC 2008
▼39〔参考文献〕Murphy 2006 も参照。
▼40〔参考文献〕Murphy 2008a

も平均五％少ない税額を利益に関して納めた。さらに、イギリスのこれらの企業に対する税率は七年間変わらなかったのに、これらの企業が納めた平均税率は、同じ期間に年率〇・五％の割合で減少した。その結果、議会が合意した実質税率は三〇％だったのに、二〇〇六年のイギリス企業向けの事実上の法人税率は二二・五％だった。この差異は主に、税金対策という手法を用いて納税を繰り延べできることに起因し、その一部は、税率の低い法域からの送金は繰り延べができるというオフショア協定と明らかに関連している。それどころか、二〇〇六年末現在、イギリスのトップ五〇社の損益計算書に計上された繰り延べ税額は、何と前年度にイギリスで支払われた法人税総額を上回ったのだ！　企業は、法人会計報告の中で生じる差異を突き合わせるよう求められているが、その突き合わせについては明らかにされていない。

マーフィーの試算[41]では、イギリスの年間租税回避価額は約二五〇億ポンドである。また、英歳入関税局のデータを利用した未刊行の著述において、脱税によってイギリスの歳入が少なくとも年七二〇億ポンド損なわれていると見積もった。彼は、イギリスにおける年間租税回避総額は約九七〇億ポンド――予定税収の一六・六％すなわちＧＤＰの六％――であるという結論に達している。関連する調査におけるマーフィーの試算によれば、タックスヘイブンを通しての脱税とそれに関連する活動に起因するイギリスの税収損失総額は、年間約一八五億ポンドである。[42]

米国税庁は、アメリカのタックスギャップは年間約三三〇〇億ドル、すなわち連邦歳入の一六％、ＧＤＰの二％であるとしている。アメリカとイギリスの税収損失の比率は、驚くほど近似している。フランスの正式な数字によれば、フランスは国として年間四〇〇～五〇〇億ユーロ、つまりＧＤＰのおよそ三％の税収を失っている。ＥＵは、ＥＵ全体のタックスギャップをＧＤＰの二～二・五％と見積もっている。これらの推計は、準国家ならびに地方の税金を除外しているが、双方ともイギリスの外ではるかに重要であり、これがＧＤＰに占める割合の差異を説明している。タックスギャップは、国内の租税回避および／

または脱税とオフショアのそれとの関係に関する手がかりを何も提供しない。

法人税とタックスヘイブン

この損失のどの程度がタックスヘイブンに起因するのだろう。デサイらは、あらゆる「入手可能なアメリカに関するデータによれば、タックスヘイブンへの利益の再配分は、近年大幅に増加している。一九九〇年には、税金の低い国々が、アメリカ多国籍企業の海外製造利益の二〇・七％を占め、しかもその比率は二〇〇〇年までに四六・八％まで増加した」[▼43]と強く主張している。二〇〇二年に、カナダ、フランス、ドイツ、イタリア、イギリスなどの「税金の高い」国々が、アメリカの海外売上高、工場、設備の四四％、外国人従業員給与の五六％を占めた一方、アメリカ企業の計上海外利益のわずか二一％しか占めなかった。[▼44]企業によるタックスヘイブンの利用の増加が、近年見られるアメリカ政府が徴収した法人税の激減に大きく寄与した。税引前利益をオフショアに移すことのできるアメリカ多国籍企業の場合は、とくに著しく、二〇〇三年、アメリカ企業は課税所得七五〇億ドルをタックスヘイブンに移転し、サリヴァンによれば、それによって米

［図表2-10］アメリカ企業の子会社の実効税率（2004年）

順位	国　名	税引前利益（100万米ドル）	実効税率（%）
1	アイルランド	$26,853	8%
2	バミューダ	25,212	2
3	オランダ	20,802	9
4	イギリス	19,717	31
5	カナダ	19,626	26
6	ルクセンブルク	18,405	1
7	スイス	14,105	4
8	日本	11,526	39
9	メキシコ	7,699	37
10	シンガポール	7,533	11
11	ドイツ	5,371	27
12	ケイマン諸島	2,809	5

（出典：Sullivan 2004, 1190）

国税庁の期待税収が一〇〇億から二〇〇億ドル減少した。同時に、一八か所のタックスヘイブンに立地するアメリカ企業の海外子会社の利益は、一九九九年の八八〇億ドルから二〇〇二年の一四九〇億ドルに急増した。[45]税金の低い国々における税引前利益率は、税金の高い国々よりもはるかに高い。したがって、実際の経済活動を再配置することなく、企業が利益を移転している公算が大である。[46]なお、サリヴァンの数値が、企業のオフショア所有資産を含んでいないことに留意のこと。

もう一つの興味深い調査[47]が、欧州裁判所によって最近下された、ヨーロッパ内での会社設立の自由を認める判決の影響を評価している。一九九九年のセントロス社事件の判決を発端に、他のEU加盟国の法律の下で設立された支社の登記を加盟諸国が拒絶するのを阻止する判決で、その会社が、前者の加盟国においてまったくビジネスを行なったことがなくても適用される。[48]この分析は、一九九七年から二〇〇五年にイギリスで法人化された非公開ならびに公開有限責任会社二一四万社のデータを利用している。この分析によれば、「セントロス社事件の判決は、企業の大きな国際的流れに直接寄与している。二〇〇二年から二〇〇五年に、他のEU加盟諸国の企業が、イギリスに新たな非公開有限責任会社五万五〇〇〇社を設立した。絶対的には、企業の最大の流れは、ドイツ、フランス、オランダ、キプロスからのもので、ドイツだけでも二万六〇〇〇社を超える。新設された外国の有限責任会社は小規模で、わずか一、二名の重役しかいない[49]」。

法人税収減のかなりの部分が、タックスヘイブンの利用に起因すると思われる。しかし、税収の損失に関する信頼できる推計はない。

3……移転価格操作

タックスヘイブンを通しての租税回避および／または脱税や資本逃避の主な媒体が、移転価格操作というありふれた慣行であるという証拠が揃っている。移転価格とは、企業内の部門間で国境を越えて財やサービスが売買される場合に企業がつける価格だ。レイモンド・ベイカーは、全資本逃避の約七〇％が移転価格操作という手段で行なわれていると信じている。[50] アーンスト・アンド・ヤングが二〇〇七年に二四か国の多国籍企業八五〇社を対象に実施した調査によれば、回答企業の七七％が、二〇〇八〜〇九年度の税務戦略の要に移転価格操作を据えていた。結果は、産業によって異なる。たとえば、製薬業界においては税務担当重役の七六％が、移転価格操作をきわめて重要としているのに対し、保険業界ではわずか八％だった。二〇〇五年後半に実施された調査によれば、多国籍企業の六八％（二〇〇〇年には四三％）が、移転価格操作を製品設計段階に組み込んでいると答えた。アメリカ企業は、移転価格操作に、とくに積極的で、その関与は二〇〇〇年の四〇％から〇五年の八〇％に倍増した。二〇〇七年の世論調査も、政府がこの分野における移転価格の濫用を同じように洗い出していることを示した。企業の五二％が、二〇〇三年

▼41〔参考文献〕Murphy 2008a
▼42〔参考文献〕Murphy 2008b
▼43〔参考文献〕Desai et al. 2005, 188
▼44〔参考文献〕Sullivan 2004a
▼45〔参考文献〕Sullivan 2004a
▼46〔参考文献〕Sullivan 2004a
▼47〔参考文献〕Becht et al. 2006
▼48〔参考文献〕Looisjestijn-Clearie 2000
▼49〔参考文献〕Becht et al. 20006, 7
▼50〔参考文献〕Baker 2005

以降、移転価格操作濫用の取り調べを受けたと答え、その事例の二七％が税負担の修正を余儀なくされた。

前述したとおり、国際貿易の六〇％が社内貿易であると見られることから、移転価格操作の濫用の可能性はかなりのものだ。とはいえ、いわゆる「独立企業原則」を利用して行なわれている限り――つまり、関係のない事業体が自由市場で請求する代価相当の代価を、その企業が自社の財やサービスに対して請求している限り――移転価格操作は合法的な慣行だ。[51]

実際問題、きわめて複雑な国際的製品ネットワークの中では、企業が商標、特許、ブランド名、ロゴなど、企業独自のさまざまな無形資産を使用しているので、独立企業原則に基づく価格の設定は難しい。したがって、移転価格操作は濫用されやすい。移転価格操作の濫用は、多国籍企業のそれぞれつながりのある関連会社間の取引価格の操作をともなう。この慣行は蔓延しており、タックスヘイブンの内外を問わず、企業の関連会社ならばどの二社間でも適用できる。秘密保持という隠れ蓑によって、タックスヘイブンを通せば濫用が一段と簡単になる。

移転価格操作の手法には、貿易取引の不正送り状《インボイス》が必ず介在する。その流れは、次のとおりだ。

（1）現金送金元の国からタックスヘイブンへの輸出価額より少ない金額をインボイスに記載する。その後、商品をそのタックスヘイブンから満額で売り、販売によって生じた超過額が、資本逃避価額となる。

（2）現金送金元の国への輸入価額より多い金額をインボイスに記載する。超過額の一部が資本逃避を形成し、輸入企業のオフショア銀行口座に預け入れられることも多い。

（3）先に述べた理由で過大あるいは過少請求された価額の裏づけとなるよう、輸入品の質や等級を不正に報告する。

（4）先に述べた理由で過大あるいは過少請求された価額の裏づけとなるよう、量を不正に報告する。
（5）支払いが行なわれる架空取引をでっちあげる。一つのよく知られた手は、実在したためしのない財あるいはサービスの輸入代金の支払いである。

サイモン・パックとジョン・ズダノウィッチは、アメリカ系多国籍企業の親会社と子会社のあいだで使われる移転価格操作を調査した。[52] その結果確認できた目に余る異常は、親会社に対し一個九七二・九八ドルという天文学的な値がつけられた、チェコ共和国製ウォーターシール・プラスチック、キロ当たり四一二一・八一ドルの値がつけられた中国製手袋、キロ当たり三〇六七・一七ドルのフランス製ドアロックなどだ。その一方で、アメリカ製ミサイルが、一機五二・〇三ドルのお手頃価格でイスラエルに輸出され、ダイヤモンドが一カラット一三・四五ドルでインドに輸出され、三五ミリカメラが一台七・四四ドルでコロンビアに提供され、自動車のシートが一シート一・六六ドルでベルギーに売られた。これらは、移転価格操作濫用の動かぬ証拠だ。こうした結果を集約し、二人の研究者は、移転価格操作によって、一九九八年に三五七億ドルだったアメリカの税収の損失が、二〇〇一年には五三一億ドルに増加したと指摘している。

移転価格操作は、儲かる商売を税金の低い国へ移転させるためばかりではなく、助成金提供元の国に経費を移すためにも利用される。論理的には、鉱山で使われる採掘・掘削装置は、それを使用する国において所有されている。しかし、税金対策においては、何事もそれほど単純ではない。多くの国々が、資本的資産に投資する企業に特別優遇措置を提供しており、装置の所有企業の公開報告におけるその使用に対す

[51]〔参考文献〕OECD 2001
[52]〔参考文献〕Pack and Zdanowics 2002

る課金よりもずっと寛大な減税や免税を与えている。この減税は、資産リース契約と組み合わせて悪用できる。

たとえば、法律上の所有者である賃貸人にリースされた資産の費用に関して減税を提供している国もある。また、資産を借りる側の賃借人に減税を提供している国もある。こうした規定は多々あり、国によって異なる。企業は、こうした規定を悪用して利益を得ようとすることができる。これは、「租税裁定取引」と呼ばれる過程を通して行なわれ、企業は、リース契約の相手に税金を課す国の規定を犠牲にして、もう一方の国の規定を使うことで、税制優遇を最大限活用できるように取引の所在地を選択する。租税裁定取引は、二重取りを生むためにも利用可能で、一つの出費に関して二組の減税を生む。

コラム2-2

タックスヘイブンと犯罪行為

通説では米国マフィアの財務顧問で、映画『ゴッドファーザー PARTⅡ』で、俳優リー・ストラスバーグ扮するハイマン・ロスのモデルとなったとされるマイヤー・ランスキー◆は、一九三〇年代からスイスやバハマと犯罪組織とのつながりを築いた伝説的人物だった。ランスキー一味が、タックスヘイブンを厳密にどのように使ったのか、マネーロンダリングの目的だけに使ったのか▼二、それとも金融犯罪活動全体に使ったのか▼二、については議論が分かれている。しかし、一部のタックスヘイブンにおいて、組織犯罪が頻繁に繰り広げられている点に関しては意見が一致している。

メインゴットは、「巧妙な麻薬密売犯罪の約七五%は、オフショア守秘法域を使っている」▼三と断言する。また彼は、一九七〇年代と八〇年代のカリブ海のヘイブンの驚異的な成長の主因は、ユーロ市場ではなく、麻薬を売って得たマネーであると信じている。[四]「オフショア金融を調査してきた人間なら、誰にでもわかる」と彼は書いている。「その成長は、米国の麻薬取引からの現金の驚異的増加に煽られていたのだ」[五]と。

一九七八年から八三年までの米国税庁の調査で、カリブ海で発生したと確認された刑事事件の四五％が、合法的な所得から生じた闇取引（すなわち、そうでなければ適正な貿易である脱税）に関係していた。残りの五五％においては、不法所得が絡み、一六一件の事件が麻薬密売と関係していた。その内、二九％にケイマン諸島、二八％にパナマ、二二％にバハマ、一一％にオランダ領アンティル諸島が関与していた。このオフショア地域四か所だけで、不法所得の取引絡みの事件の八五％を占めていた。[六]

組織犯罪は、タックスヘイブンにおける隠匿術と個人や企業が利用できる専門サービスを利用する傾向にある。二〇〇五年後半、英金融サービス機構（FSA）会長のカルム・マッカーシーは、組織犯罪グループが、ロンドンの有名金融機関数社に潜入していたことを示す情報があると公表した。摘発を避けるためのロジスティクス[◆]、機構、技術を探るために潜入したのだ。

◆マイヤー・ランスキー　一九〇二〜一九八三年。ロシア系ユダヤ人のギャング。イタリア系マフィアの大ボス、ラッキー・ルチアーノの右腕となり、長年にわたってマフィアの財政顧問として活躍した。ギャングには珍しく数字に強く、経済学の研究書を読み、経済感覚が秀でていた。マネーロンダリングの創始者とも呼ばれる。

▼一〔参考文献〕Maillard 1998

▼二〔参考文献〕Blum 1984; Dupuis-Danon 2004; Naim 2005; Naylor 2002

▼三〔参考文献〕Maingot 2005, 181

▼四〔参考文献〕Naylor 2002 も参照。

▼五〔参考文献〕Maingot 2005, 181

▼六〔参考文献〕Maingot 2005, 180

◆ロジスティクス　企業による、原材料の調達から生産・在庫管理・販売まで、物流を効率的に行なうシステム。

4……マネーロンダリングと資本逃避

マネーロンダリングと資本逃避は、同じものではない。とはいえ、資本逃避は、洗浄されたマネーをともなうことがよくある。資本逃避は、母国の住民あるいは母国で課税される者による、意図的かつ不法な国外への送金である。[53] 資本逃避については、第8章で考察する。国境を越えた資金移動の入手可能な最良の推計は、年におよそ一兆から一兆六〇〇〇億ドルだ。[54]

アメリカの対外援助法の下では、マネーロンダリングの国とは、「金融機関が、麻薬の不正取引からの多額の収益をともなう通貨取引に携わっている」国である。[55] IMFの推計では、世界のマネーロンダリングの規模は世界のGDPの三〜五％で、二兆一七〇〇億〜三兆六一〇〇億ドルが毎年洗浄されていることになる[56]——何とアメリカの連邦予算を上回る数字だ！　世界のGDPの三〜五％という数字は、IMFの前専務理事マイケル・カムデッサスなどが、事あるごとに引き合いに出してきた。しかし、カムデッサスは、自らの主張の後ろ盾となる具体的な調査を引用はしなかった。トム・ネイラーは、マネーロンダリングの発覚した事例と全事例の特定の割合に関する仮定に基づくこうした推計の難しさを強調する。[57] マネー

▼53〔原注〕資本逃避の概念は、非常に複雑だ。たとえば、資本逃避と単なる資本流出とを識別するのはとても難しい（Beja 2005を参照）。
▼54〔参考文献〕Baker 2005
▼55〔参考文献〕INCSR 2008, 3
▼56〔参考文献〕INCSR 2008, 5
▼57〔参考文献〕Naylor 2002

[図表2-11] 最も懸念されるマネーロンダリングの法域

法　域	タックスヘイブンか否か？	法　域	タックスヘイブンか否か？
アフガニスタン	×	イタリア	×
アンティグア	○	日本	×
オーストラリア	×	ジャージー島	○
オーストリア	×	ケニア	×
バハマ	○	ラトビア	○
ベリーズ	○	レバノン	○
ブラジル	×	リヒテンシュタイン	○
ビルマ	×	ルクセンブルク	○
カンボジア	×	マカオ	×
カナダ	×	メキシコ	×
ケイマン諸島	○	オランダ	○
中国	×	ナイジェリア	×
コロンビア	×	パキスタン	×
コスタリカ	○	パナマ	○
キプロス	○	パラグアイ	×
ドミニカ共和国	○	フィリピン	×
フランス	×	ロシア	×
ドイツ	×	シンガポール	○
ギリシャ	×	スペイン	×
グアテマラ	×	スイス	○
ガーンジー島	○	台湾	×
ハイチ	×	タイ	×
香港	○	トルコ	×
インド	×	ウクライナ	×
インドネシア	×	アラブ首長国連邦	×
イラン	×	アメリカ	×
マン島	○	ウルグアイ	○
イスラエル	×	ベネズエラ	×

（出典：INCSR, 2008）

ロンダリングの信頼できる推計を行なうには、犯罪取引全体の資本回転率、その平均利潤率、貯蓄率、資産を知る必要がある――どれも入手不可能だ。実のところ、どれだけのマネーが、タックスヘイブンを通して洗浄されているのか誰にもわからない。

マネーロンダリングがすべて、タックスヘイブンを通して行なわれているとは限らない。それどころか、タックスヘイブンは、米対外援助法が「主要なマネーロンダリング国」として定義している法域のリストに記載されている国々としては少ない[58]（図表「2-11」参照、前頁掲載）。マネーロンダリングを扱っている主な国際機関は、金融活動作業部会（ＦＡＴＦ）で、これについては第9章で取り上げる。非協力的な国と地域の最初のリスト（FATF 2000a）――タックスヘイブンとマネーロンダリングのつながりについての共通の認識を確認するリスト――にＦＡＴＦが挙げた一五の法域のうち、タックスヘイブンとみなされないのは二つだけだった。

二〇〇一年二月、米上院議員カール・レヴィンは、不法なマネーロンダリングへのアメリカ銀行の参加に関する爆弾レポートを議会に提出した。シティ・グループ、ニューヨーク銀行、バンク・オブ・アメリカ、ＪＰモルガン・チェースなど、大部分の大手金融機関が、この報告書に挙げられている。

どの大手銀行も、コルレス銀行◆と国際取引しているため、レヴィンの報告書は、実質的に国際金融産業全体が、マネーロンダリングと深くかかわっていることを示唆している。オフショア銀行が提供する全サービスの中から、同報告書は、資金・証券の国際的移動の電子ネットワークへのアクセスを、マネーロンダリングの最も重要な手段として抽出した。マネーロンダラーは、しばしばタックスヘイブンに、大手銀行の顧客として機能する子会社を設立して自らを守る。そして、その大手銀行そのものは、主要金融センターのコルレス銀行とつながりがある。レヴィンの報告書によれば、アメリカの主要銀行はこうした慣行を認識していながら、儲かるビジネスを危うくしたくないがために、これを止めさせる手段を何ら講じてこなかった。

欧州議会も、こうした慣行に関する独自の調査を開始した。その報告書は、レヴィンの報告書ほど迫力あるものとなりそうにないが、大西洋を挟んだ対岸での慣行に関して同様の結論に達しそうな公算がきわめて大きい。

タックスヘイブンは、彼らを標的としたさまざまなキャンペーンに対応して規制を強化したと主張している（これについては、第9章と第10章で考察する）。その主張によれば、マネーロンダリングは、現在では難しくなっており、確かに、これらの地域での現金取り扱いが行なわれる可能性は一九八〇年代に比べてずっと少なくなってきている。マネーロンダリングの問題を非常に深刻に捉えているタックスヘイブンもある。たとえば、ルクセンブルクはこの数年、ルクセンブルク当局が課し、監査している、厳しい「顧客識別」手続きの実施を徹底させている。シャーマンとミストリは、バルバドスとバヌアツが規制を強化したと報告している。[▼59] イギリスの海外領土の一部を含む他のヘイブンは、これを行なっていない。イギリス政府向け英監査局の報告でも、イギリスの主要属領タックスヘイブンにおけるマネーロンダリング行為について同様の経過を見ている。[▼60] とはいえ、悪徳商人のほうも電子的資金移動の簡便化によってさらに小賢しくなり、これを支えに勢いづいているのかもしれない。国際麻薬統制戦略報告書（ＩＮＣＳＲ）の二〇〇八年報告書は、「オフショア金融センター〔すなわちタックスヘイブン〕、カジノ、インターネットの利用が驚異的な割合で増加していると確信を持って言える」と断言している。[▼61]

▼58 〔参考文献〕INCSR 2008, 58

◆コルレス銀行　外国に送金するにあたり、その通貨の中継地点となる銀行。

▼59 〔参考文献〕Sharman and Mistry 2008

▼60 〔参考文献〕NAO 2007

コラム2・3

太平洋諸島のマネーロンダリング

太平洋諸島のタックスヘイブンは、マネーロンダリングの陰謀と強く結びついている▼二。太平洋の小さな環礁のナウルは、一九九〇年代終盤のロシアン・ゲート事件と呼ばれる史上最大のマネーロンダリング事件に関与し、これにはニューヨーク銀行も関わっていた。米捜査当局は、同銀行がナウルの口座を通して少なくとも八万七〇〇〇回、金額にして総額一五〇億ドルの電子送金を行なったと主張した。送金の一部は資本逃避目的、一部は脱税目的だったようだが、一部は契約殺人、麻薬密売、売春などの犯罪活動によるものらしい。

ロシアの親会社DKBが所有するナウルのサイネックス銀行が、ニューヨーク銀行に三〇億ドル預け入れていたと報じられた。サイネックス銀行は、いかがわしい顧客基盤を持っていた。マネーロンダリングの有罪申し立てをした、ニューヨーク銀行の副頭取ルーシー・エドワーズは、「DKB職員が出没しているのはわかっていた……。マシンガンを持った客たちが彼らを待っていると言われ、怖くて銀行を離れられなかった」と認めた▼三。

ロシア中央銀行のヴィクトール・メルニコフ副総裁は、ロシアの輸出総額七四〇億ドルと比較し、一九九八年に七〇〇億ドルがロシアからナウルに移動したと語った。これは、同年に同国を襲った金融危機に対応するため、一九九八年七月にIMFがロシアに行なった融資額と驚くほど近い数字だ。IMF融資の多くがオフショア口座に消えた可能性があり、その一部はナウルを経由していたことがうかがえる。一九九九年三月、ロシア金融監督庁長官アレクサンドル・ポチノクは、ロシアの銀行の九〇%が、ナウルにオフショア銀行口座を保有しており、ナウルは年に一〇〇億ドルのロシアからの逃避資本を受領しているとしている。

これに負けじとばかり、近隣諸島のパラオとバヌアツも、旧ソ連からの資本逃避に関与した。その結果、一九九九年一二月、ニューヨーク銀行、リパブリック・ニューヨーク銀行、ドイツ銀行と最近買収したその新規子会社バンカーズトラストは、ナウルとの米ドル取引をすべて停止し、オーストラリアを経由しない限り、これらの場所への資金の出入りをきわめて難しくした。しかし、これによっても脱税に終止符は打たれなかったようだ。二〇〇一年一月、JPモルガン・チェースとニューヨーク銀行は、ナウルとの金融取引を拒否した。二〇〇八年、世界的な会計事務所PKFの現地支店に関連する大規模なマネーロンダリング事件が、バヌアツで発覚した。そのため、バヌアツ政府は、タックスヘイブン活動を閉鎖する意向を表明している。だが、それがどういう意味なのか依然として不明だ。

ニューヨーク銀行事件のドイツ版が、二〇〇一年にマスコミで浮上し、一九九九年にロシアの企業が、サモアのユナイテッド・グローバル銀行を利用し、ロシア人たちが同銀行に預けていた七〇億ドイツマルクの一部として一二億ドイツマルクを西ドイツ銀行に送金したと報じられた。二〇〇一年二月、ウクライナの税務警察が、同国の前副首相ユーリヤ・ティモシェンコを告訴した。一九九六〜九七年に統一エネルギー・システム社長を務めていた当時、ラトビア経由で同社から約一〇億ドルを、前首相パブロ・ラザレンコが支配するナウル系ファースト・トレーディング銀行に送金した罪による。一〇億ドルの送金は、ロシアの天然ガス購入に充てられた。税務警察は、天然ガス資金が、ティモシェンコ、ラザレンコ、その他の個人口座に送金されたと告発したが、全員が政治的動機によるとして容疑を否認した。

ナウルのオフショア銀行絡みの（必ずしも旧ソ連に関係しているとは限らない）他の数百万ドル規模の詐欺事件に関する数々の報告が、一九九九年以降、世界中の新聞に掲載されている。

▼一〔原注〕本コラムは、Van Fossen 2003 を大いに参考にしている。

▼二〔参考文献〕Van Fossen 2003, 244 で引用。

ローリングズとウンガーは、開発戦略として犯罪資金を明確な標的としているタックスヘイブンもあると主張する。[62] 一九九五年、セイシェル政府は、経済開発法（EDA）を可決し、これによって外国人投資家に特別の譲歩と奨励措置を提供することのできる委員会が発足した。彼らの指摘によれば、「奨励措置の一つは、セイシェルの外で犯した犯罪によって得たマネーを投資した場合でも、完全な刑事免責と資産没収からの保護が受けられることだ」[63]。この刑事免責を受けるには、一人当たり、最低一〇〇〇万ドルをセイシェルに投資しなければならなかった。EDAは激しく非難され、二〇〇〇年に廃止されたが、その時点で資金はすでにセイシェルに投資されていた。

5……賄賂・横領――金融スキャンダル、独裁者……

近年の金融スキャンダルがすべて、世界の一流金融グループの少なくとも一つのオフショア子会社（パルマラット事件とエンロン事件にはシティ・グループ、エンロン事件にはチェース・マンハッタン、ヴィヴァンディ事件にはソシエテ・ジェネラル）と関わっていたことが気がかりだ。それでも、これは、タックスヘイブンでの活動の氷山の一角にすぎない。

世界銀行が二〇〇四年に行なった推計では、一兆ドル超が、毎年、世界で賄賂として支払われている――しかも、これには公金横領や公有資産の窃盗は含まれていない。大半のデータは、「誤差脱漏」の記入や、国民経済計算におけるGDPの価を見ても推定できない――こうした活動は、国家統計には記録されずにすまされる。

◆世界の一流銀行のオフショア子会社が、横領とマネーロンダリングに深く関与している。オックスファムの推計では、ナイジェリアの独裁者サニ・アバチャが支配していた一九九三年から九八年に、約五〇億ドルが国庫から消えたが、うち二五億ドルを独裁者とその家族だけが着服した。[64] スイス連邦銀行委員会は、二〇〇〇年九月、このナイジェリアの前独裁者が横領したマネーの管理に関与した銀行の名前を公表した。その名簿には、クレディ・スイス、クレディ・アグリコル・インドスエズ、BNP、ベアリング・ブラザーズなど有名な国際銀行もいくつか含まれる。その後、ナイジェリア政権は、マネーの回収を試みてはいるものの、成果はあまり得られていない。二〇〇五年一一月、スイスは、五億五五〇〇万ドルをナイジェリアに送還した。[65] ジャージー島も送還したが、これまでのところイギリスは送還を拒否している。イギリスの規制当局である金融サービス機構（FSA）は、ナイジェリア詐欺事件に関与した二三行に対する独自の調査を開始した。一五行が、マネーロンダリング対策の「重大な弱点」を示し、報告書はその弱点を長々と列挙した。報告書には、銀行名は明記されなかった。しかし、少々賢明さを欠くマスコミが、厄介な銀行の名前を暴露したところ、バークレー、HSBC、スタンダード・チャータード、メリルリンチなど、ロンドンでも選りすぐりの銀行が含まれていた。こうした資金操作に対するいかなる訴訟によっても、情報の開示は行なわれなかった。

　このエピソードに一つ妙な事柄があるとすれば、スイスがいきなり見せた透明化への意気込みだ。なぜスイスは、態度を変えたのだろう。スイスは、あげつらわれるのにうんざりし、自分の国は、汚れた《ダーティー》マ

▼61〔参考文献〕INCSR 2008, 4
▼62〔参考文献〕Rawlings and Unger 2005
▼63〔参考文献〕Rawlings and Unger 2005, 5
◆オックスファム　オックスフォード飢餓救済委員会。発展途上地域を支援するイギリスの民間団体。
▼64〔参考文献〕Hodess 2004, 5
▼65〔参考文献〕World Bank 2006

ネーをめぐる国際的なゲームの弱小プレイヤーにすぎず、実際にはシティの単なる小間使いなのだと示したかったのだろう。スイスに迂回した四〇億ドルのうち、五九％はロンドンからのもので、四二％はその後ロンドンに返されている。

タックスヘイブンが、脱税、租税回避、マネーロンダリング、政治腐敗を促進していることは疑いないが、その額を多少なりとも正確に推計できる人間はいない。そのために、誰一人として、この市場を下支えしている腐敗に取り込むことができずにいる。

6……グローバル経済の不可欠な要素

一部の会計士や経済学者のおかげで、タックスヘイブン現象の数量調査はこの数年で大幅に進歩した。しかし、入手可能なデータは、依然として既存の国家統計や、時には経営統計の巧妙な操作に基づく大ざっぱな見積もりにすぎない。とはいえ、そのような大ざっぱな見積もりでも、タックスヘイブンとは周辺的な問題ではない、という避けられない結論に達せざるをえない。グローバル化された近代経済の中核となる要素として理解されなければならない。

しばしば言われるように、犯罪資金がタックスヘイブンを経由して流れていることを、こうした推計は示している。しかし、それは問題の小さな一部にすぎない。資産家たちが、不透明なやり方で資産を世界中に分散させ、それが、政府の深刻なタックスギャップを生んでいる。さらに、多国籍銀行や企業によるタックスヘイブンの濫用が、現代のグローバル化の不可欠な要素となっている。

第3章 タックスヘイブンのメカニズム

——媒介機関とシステム

タックスヘイブンを取り巻く秘密主義にもかかわらず、グローバル化におけるその役割と機能に関するかなりの情報が得られている。オーソン・ウェルズの言葉を借りるならば、この「光り輝く犯罪の世界」は、どんな手段で日常生活を送っているのだろう。

　個人と企業、この二つの集団がタックスヘイブンを利用する。両者ともに、オフショア法人、オフショア信託といった同様の租税回避の手法を使っているが、その意図は異なる。本章は、回避の原理についての記述から始め、回避目的で利用されるさまざまな手段とその策謀《スキーム》のお膳立てをする専門家について話を進める。

　解説の全般にわたり、租税回避と脱税の線引きが、専門の会計士たちが信じ込ませようとしているほど常に明確であるとは限らない、ということを念頭に置く。国際課税の複雑さを考えると、こうしたお膳立てを利用している個人、あるいは企業でさえ、脱税と租税回避を区別する細い線のどちら側に自分がいるのかほとんどわかっていない。

1……オフショア世界の構造条件——資本の国際化と国家の主権との矛盾

オフショア世界を生じさせた構造条件は、グローバル・ガバナンス◆の根本的構成要素である主権と領土権に遡る。一般的に、主権と領土権は政治概念として扱われているが、経済を理解するうえでも重要だ。

進化経済学者◆のジョン・R・コモンズは、主権と領土権と市場のつながりを説明する重要な考え方を導入した[▼1]。コモンズの主張によれば、経済取引は、二つの領域の中で同時発生する——財、サービス、金融商品の交換が行なわれる「物理的」領域と、財産の所有権の交換が行なわれる法的領域だ。従来の経済学は、前者の領域を分離して研究する傾向にあったが、弁護士や会計士は後者に焦点を当てている。経済学者は二つの領域を組み合わせなければならない、そうコモンズは主張した。彼の主張は、かなりのメリットがあるものと確信する。

それぞれの交換は財産所有権の移転であり、二人以上の当事者間の明白な、あるいは暗黙の契約上の合意を必要とする。したがって、経済生活の法的領域がスムーズに機能するのは、そのような契約が行なわれるための、一般に許される「ゲームのルール」を定義する能力が公認の政治機関にある場合である。その機関が、当事者の性質、権利、義務ならびに契約の規定を定義する。また、こうした契約を行使し、署名捺印された契約が履行されること、あるいは履行されなかった場合には、損害を受けた当事者が賠償を求められるよう保証する立場になければならない。政治学者が「統治機構」と呼ぶ機関が、市場経済の機能そのものを保証するうえで不可欠だ。

原則として、さまざまなタイプの機関が、市場での関係を規制することができる。しかし、現代世界においては、主要ではあっても、決して唯一ではない統治の源として国家が出現した。国家当局は、領土面で制限されている。つまり、主権を有する場所であるそれぞれの領土は、少なくとも理論的には主権国家が統治する。国家は、その領土の契約法など、定められた領土内での法律を定める。国家は、提供する各種サービスの「料金を請求」し、税金が一般にその主要な収入源となっている。

このシナリオどおりになるには、世界が国民国家◆にきちんと分割されていると仮定した場合だ。もちろん、現実はそうではない。異なる国々に立地する契約の当事者間で経済生活が発生する割合が増すにつれ、世界市場が機能するには、法的領域を世界的に拡張する必要がある。ますます多くの国家——実に、経済先進国の大半——が国境を越えた貿易や投資の発展を支持するにつれ、そうした国々は、経済取引を管理する規則や法律の国際化にも乗り出した。世界経済がグローバル化しているか否かについての論争が、国境を越えた取引に関して締結され、しかも標準化されている大多数の契約にとって有利に働いている。それどころか、こうした契約の締結方法が、タックスヘイブンを生んだのだ。それは、なぜだろう。

世界の政府の圧倒的多数が開かれた市場経済の利点を受け入れるようになるにつれ、ジレンマに直面した。契約関係の法的領域を世界規模に拡張する効率的で、おそらく理論的な方法が、契約に関する広く認められる国際規定や法律をもたらし、それがグローバル・ガバナンスという等位構造を生んだのだろう。強制権・司法権をはじめとする一定の主権を有する国際機関の形をとることもできただろうし、世界中の

◆グローバル・ガバナンス　世界政府のない現状において、主権国家、NGOなどのさまざまなアクターが協力し合って開発や環境などのグローバルな問題を解決していくこと。
◆進化経済学　生物学の進化論を経済の解釈に応用したもの。
▼1　〔参考文献〕Commons［1924］1959
◆国民国家　共通の文化、歴史および言語を共有する国民、または単一の民族により構成される独立国家。

契約法を調和させ、国境を越えた市場取引を維持するための法的、政治的、強制的機構を提供することもできたはずだ。だが、この仮想の組織では、国家主権の一部を超国家的機関に移行する――事実上、世界国家を構築する――ことを余儀なくされた。国際連盟とそれに続く国際連合は、まさにこの目的のために創設されたが、圧倒的多数の国家は、主権をこうした組織に移す用意がなかった。

その結果として、異なる統治法が発達した。考え方は単純だ。個人・企業体の別なく法人格と、サービスならびに金融商品を含むすべての交換品目は、それらが立地する固有の領土の規則に拘束される。法人格あるいは品目が別の領土に移った場合、それらは、（主として）その第二の領土の規則に拘束される。この単純ながら巧妙な解決策のおかげで、世界市場が断片的政治制度の中で機能することができるのだ。

しかし、経済取引は、時空間的領域と法的領域において同時発生する。時空間的世界における商品あるいは法人格の所在は問題にならないが、法的領域におけるその所在は問題になる。ようするに、すべての経済取引は、法的領域において統治国の印による「標識化」が行なわれる。そのため、法人格と取引の標識化の新たなシステムが、一九世紀初頭以降に進化した。個人は、市民権、国民ＩＤカード、パスポート、国家安全保障番号など、何らかの身分証明書を所持しなければならない。企業、銀行、その他の金融機関は、主権国家に法人化の許可を要請し、認可を受けなければならない。車両、航空機、船舶などの移動できる品目は、国家機関が発行する免許を取得し、どこへ行こうともこれを呈示しなければならない。理論上は、サービス・金融商品を含む、交換されるすべての品目も、主権本籍を持たねばならない。商品には、どこそこの国「製」という標識がつけられる。実に、法的に有効な契約はすべて――たとえ、多くの場合、論争の解決のために自国の法律が選択されたことを主権国家が知らないとしても――その行為を統制する主権場所を明記しなければならない。

領土国家による法人格、財、サービスの標識化により、標識が付与された個人、財、サービスは、その領土の税法規に従うことになる。個人、財、サービスが一段と流動的になるにつれ、どの領土がどの税金部分についての権限を有するかという問題が重大になる。[2] 単純に言えば、国際経済活動は納税請求の重複を生むため、税が経済活動の国際化の障害となる。

この重複の問題には、明白な解決策がある。国際活動から生じた所得あるいは収益は、その所得を稼いだ場所、つまり源泉地国、あるいは受益者が普段本拠を置く場所、つまり居住地国のどちらかにおいて課税できる。これから見ていくように、それぞれの解決策に問題が付随する。というのも、どちらも租税回避と脱税の機会を提供するからだ。当然ながら、タックスヘイブンの専門家のあいだで、この二つの解決策についてかなり論じられている。しかし、タックスヘイブン戦略は、そのどちらにも依存していない。

主権国家と納税者の「接続要素」

個人は場所を転々と移動できるし、資本も流動的なので、それぞれの「課税（可能）事象」の場所は法的領域に正式に設定されねばならない。税金対策の専門用語では、

> 納税義務が生じるためには、一方の課税法域と他方の納税者あるいは課税事象とのあいだに「接続要素」と呼ばれる何かがなければならない。[3]

国家は、納税者に対する接続要素を定める規則を強く主張する国権を有し、一つの国家が他の国家に対しそのような規則を命令することはできないと広く認められている。しかし、問題は、課税法域と納税者

▼2〔参考文献〕Rixen 2008
▼3〔参考文献〕Schmidt Report 1999

あるいは課税事象のあいだの接続要素を定めるその原理そのものが、取引の物理的場所と法的場所との乖離を生む可能性を開くことにある。その結果、ある国で取引が物理的に発生しても、別の国で法的に登記される、あるいは標識化が行なわれる可能性がある。

一九世紀および二〇世紀の主権国家の急増は、こうしたつながりを構築するための規則の急増を引き起こし、その結果、規制制度ならびに課税制度における不測のひずみや抜け穴を生じさせた。このようなひずみや抜け穴は、世界的な収益に課される税金の減額を目的とする、婉曲的に「国際税務」と呼ばれるものの機会となる。好んで用いられる一つの手法は、利益を税金の少ない国に、経費を税金の高い国に移転する狙いで、法域、納税者、課税事象を結びつける規則を選ぶやり方だ。この「租税裁定」は、精密科学◆ではなく、異なる国々の規則や規制の解釈の問題であることが多い。したがって、タックス・コンプライアンスと脱税の狭間のどっちつかずの領域で行為する人間にとって、どちらとも言いがたいさらなる不確実性を付加できるという大きなメリットがある。博識な弁護士なら、税法の意味について一つの国家の中で不確実性を活用できるだけでなく、二つ以上の国の法律の相互作用が提供する不確実性も活用できる。こうして国際税務が、世界有数の高給取りの専門家らが運営するきわめて実入りの良い商売として浮上した。

もっと厄介なことに、実際の事象が現実にどこで起きようと、納税者や課税事象をそこから自分の領土に誘致することを狙っている、あるいはそのように見受けられるような課税事象との関係を築くための規則を作る国家もある。課税事象が実際にそこで起きたかのように表現する、あるいは登記することのできる合法的な条件を取り入れると同時に、それがどこか他の場所で起きているかのようにみなす国家さえある（その創意工夫の妙は、「どこか他の場所」が明記されることはなく、これから見ていくように、〝どこでもない場所〟のことがよくある）。そのような場合、納税者は、税務上の緩衝地帯にいるという奇妙な、それでいてきわめて有利な立場に置かれ、税金をまったく支払わないことになる。この方法で、納税者が規制を回避する場合もある。国々は、適格非課税法人をはじめ、以下に示すような数々の一連の免税を考えだし、納税者がこうした法の砂漠に住むことを許可している。各主権国家は、法定住所に関する規則を自由に定める資格があるので、これは適法なのだ。

ここで、タックスヘイブンについての私たちの定義を精緻なものにできる。タックスヘイブンは、非常に単純な概念に帰着する。つまり、個人や企業が自らの出生国との「接続要素」を減じる、あるいは完全に切断することのできる合法的な手段を創出する国家ということだ。国家は、個人や企業が、自らの接続要素を切断する動機、租税回避という動機を有していると知ったうえでこれを行なう。接続要素が切断されているという主張に国家当局が異議を申し立てる場合もあるし（しかも、頻繁にそれが行なわれている）、タックスヘイブンとのつながりを主張されていようとも、本国ベース、居住地国ベースのいずれかに基づく税を要求する場合もある。これに対処するため、タックスヘイブン側は、納税者が接続要素を切断したことすら本国の当局にわからないようにする不透明さと秘密保持を保証する手段を考えだした。当然ながら、多くの国家が、このような行為を寄生虫のように有害な行為とみなしている。[4]

2……税金対策の最も単純な手法——税金の低い法域への移転

納税者とその本国との接続要素を除去する最も単純な方法は、税金の低い国への引っ越しだ。モナコ、サンマリノ、スイス、イギリス、バハマ、ドバイなどのタックスヘイブンの中には、資産家のために実際

◆精密科学　数学・物理学・化学など、量的規定の論証体系に組織できる科学の総称。

▼4 〔参考文献〕Palan and Abbott 1996; Slemrod and Wilson 2006

の住居あるいは架空の住居を提供しているところもある。

税金対策としての移転先として最も人気のあるスポットの一つは、二つの明らかな利点を有するモナコだ。モナコは、コートダジュールに位置する〇・七六平方マイルの美しい公国で、トリノやニースの空港からも遠くない。さらに、モナコには人的課税がない。こうした利点が、ボリス・ベッカーやジェンソン・バトンをはじめとするきわめて高報酬の有名スポーツ選手など著名人や、イギリスの大通りに多くの店舗を有するフィリップ・グリーン卿夫人などの企業家を多数引きつけてきた。

スイスは、モナコより少々複雑な条件を提供している。連邦税、州税、市町村税を徴収するので、この点ではタックスヘイブンのようには見受けられない。スイスの州は、とても実利的で、裕福な外国人に対し、全体的な税負担を減じるのを助けるような特別の条件を提供している（スイス国民に対しては行なっていない）。たとえば、F1ドライバーのミハエル・シューマッハは、一九九六年にニヨンに近いヴュフラン・ル・シャトーにある豪邸ドメーヌ・ド・ラ・シェナイに引っ越した。シューマッハは、いくつかの非常に特別な税制優遇措置を受け、無所得の外国人として分類された。スイスでは、所得ではなく、賃借料などの経費に基づいて納税することが認められている。ルイス・ハミルトンは、スイスに居を定めた最近のF1ドライバーで、ほかにはデヴィッド・ボウイ、フィル・コリンズ、ティナ・ターナー、イザベル・アジャーニなどのミュージシャンや映画スターがいる。

イギリスも、非定住者に同様の便宜をはかっているため、世界の富豪を引きつけてきた。ドバイは、タックスヘイブンと無税地帯を組み合わせた野心的計画（UAE経済特区《フリーゾーン》）に乗り出した。世界初のいわゆる七つ星ホテル、ヤシの木の形をした人口島群、デビッド・ベッカムなどの著名人とのつながりの構築など、現代の販売手法を駆使し、ドバイは富豪の行楽地として自らを売り込んでいる。また、人的課税を一切課さないということも抜かりなく宣伝している。

タックスヘイブンへの移転は、個人としては思い切った行動だ。納税を回避し、規制を逃れるもっと手の込んだ方法が他にある。

パーマネント・ツアリスト（PT）

税金対策としての居住に関する相反する規則が、租税回避における新たな用語を生んだ。PT、すなわち「パーマネント・ツアリスト」（永遠の旅行者）とは、どこにも住居を定めず、多数の専門家がその要求に応えている流浪の民のごとき富豪だ。ビル・マウラーは、次のように説明している。

ひとことで言えば、PTは、すべての政府が自分を観光者――「通りすがりの」人間――とみなすようなやり方で、ひたすら「書類手続き」をする。政府役人に、「一時停止した」だけの人間と思われることで、PTは、課税、兵役、訴訟、あるいは無邪気ではあっても禁止されている気晴らしや快楽への参加に対する迫害の対象とならない、という利点がある。[5]

パーマネント・ツアリスト相手のビジネスは、一大ビジネスだ。何千という出版物、ウェブサイト、専門家組織が世界のPTのニーズに応えている。しかしPTの数に関する信頼できる推計はない。第2章で指摘した脱税と租税回避に関する現行の推計が、PT現象を部分的に考慮しているにすぎない。PTは、レーダーをかいくぐって動き回っている。

▼5〔参考文献〕Maurer 1998, 505

個人は、どのように資本をタックスヘイブンに移すのか?

誰もがPTになれるわけではない。資産家が好んで用いる一つの代替手段は、移動可能な資本を次の節で考察する企業、財団、信託などのオフショア租税回避のためのさまざまな媒介機関の一つに移す方法だ。利子や配当など資本から生じる所得は、通常は居住地に申告されない。このような回避は違法ともなりうるので、納税者が本拠を置いている国の税務当局に情報を提供する義務を負っていないかどうか、タックスヘイブンは慎重に吟味されている。

秘密を保持するため、オフショア金融産業は、個人がオフショア・デビット・カードあるいはクレジット・カードを使って自分のマネーを利用できるよう便宜を図っている。カードは、「オンショア」で（通常は、その人が住んでいる場所で）使われるが、納税者が租税を回避するために資金を保有しているオフショア領土にある銀行口座から決済を行なう。デビット・カードあるいはクレジット・カードは、実際にそれを使用する人の名義である必要はない。それどころか、匿名カードの入手は比較的簡単だ。

当然ながら、オフショア・クレジット・カードならびにデビット・カードは、税務当局の関心を集めた。イギリスの大手名門銀行のバークレーズ銀行は、二〇〇六年にイギリス居住者向けに運営していた多くのオフショア・クレジット・カードの詳細情報を開示するよう命令された（標本調査によれば、イギリスの住所と国際口座にリンクしたカードを持つバークレーズの顧客のわずか一九％しか、イギリスで確定申告をしていなかった。言い換えるならば、バークレーズのオフショア・クレジット・カード保有者の八一％は、イギリスにおける課税投資収益がまったくないと主張した。▼6 英歳入関税局は、この取り調べを通して、少なくとも二八億五〇〇〇万米ドルを回収できるものと期待した）。

3……タックスヘイブンの媒介機関

タックスヘイブンへの移転は、個人にとっては思い切った行動だが、企業ならば、タックスヘイブンに子会社を新設するという単純な手段で移転することができる。彼らの存在は、容易に隠匿できる。第一に、すでに述べた秘密保持によって、第二に、企業が呈示を認められているある種の財務諸表によって。ところが、その諸表は連結ベースで作成される。「連結」決算は、その企業の異なる部門間のすべての取引が、諸表から除外されることを意味する。このような構成会社が何百、いや何千あるかしれないのに、この会計公準があるせいで公の目から隠匿できている。

連結決算には、ほかの利点もある。証券取引所や株主に呈示された諸表からは、多国籍企業が一社だけあるように見えるかもしれないが、実際には、納税という段になると、多国籍企業のようなものは存在しない。企業は、子会社間の経済的つながりを合法的に維持できるが、納税の段になると、それぞれの子会社は独立した事業体とみなされる。そのため、多国籍企業は経済的概念であって、法的概念ではない[7]。親会社は、グループ内の他の事業体すべて、あるいは大部分を通常所有し、すべてを支配している。会社株式の所有が、会社法の下でその権利を与えているからだ。それなのに、税務面では各企業は合法的に区別でき、完全に別個扱いされる。

この事業形態が、税務当局にとっての問題と、企業にとっての機会、この双方を生んでいる。多くの企業が国際的に取引しているので、個人同様、利益を得た場所あるいは、企業ないしは子会社の所在地で課

▼6 〔参考文献〕Gutcher 2006
▼7 〔参考文献〕Robé 1997

税することができる。源泉地国の原理に従えば、国家は、自国の領土において利益を生んでいるすべての企業に対し、それが国内の会社であれ、外国企業であれ、所得税を課すことができる。たとえば、アメリカは、日本企業のトヨタに対し、アメリカ内で生じた全利益に関して課税することになる。居住地国の原理に従えば、利益がどこで生じていようとも、登記している法域によって企業は課税される。だから、アメリカは、利益が生じた場所に関係なく、トヨタUSに対しその利益に関して課税する（しかし、トヨタ・ジャパンには課税しない）ことになる。

どちらのシステムにも問題はあるが、源泉地国の原理を使用した場合、特定の領土に割り当て可能な多国籍企業の利益の割合（トヨタの世界的利益のどれだけを、アメリカでの事業に割り当てられるか）を決定するのが難しいため、法人税については、居住地国の原理の利用が最も一般的となっている。この原理に基づき、企業とその子会社は、他の場所で支払われた税を考慮し、登記場所で課税されている。

企業は、売上ではなく利益に対して課税され、多国籍企業は、移転の必要のない合法的に別個の企業より成る。低い税金と秘密保持を利用するためにタックスヘイブンに移転する必要はない。利益と課税事象をタックスヘイブンの居住者である子会社に移すだけで良いのだ。連結決算がそうした移転を隠匿してくれ、それどころかその企業が単なる国の空間の上に浮かんでいるような印象を与える。

タックスヘイブンは、税金の高い国から低い国へと企業が資本を移動し、利益を移転させるのに役立つありとあらゆる不透明な事業形態を発達させてきた。奇妙なことに、資産家たちも、タックスヘイブンにおける企業のようになり、租税を回避することができる。以下に、税金の低い国々への「移転」に好んで使われる方法を考察する。

インターナショナル・ビジネス・コーポレーション（IBC）

移転の基本的手法には、子会社、関連会社、あるいは企業をタックスヘイブンに作る必要がある。タックスヘイブンは、こうした事業体の必要性に応えるため、インターナショナル・ビジネス・コーポレーション（ＩＢＣ）という申し分ない媒体機関を創設した。

ＩＢＣは、きわめて融通の利く有限責任会社で、オンショア企業の子会社か独立系企業のいずれかとしてタックスヘイブンに設立される。その主要目的は、事業の儲かる部分を税金の低い法域に移転させることにある。ＩＢＣは、オフショアで事業を行ない、株式、社債、その他の証券を発行して資金を調達できる。また、財産権の適法保有のためや、金融市場で取引を行ない、投資資金を管理する機関として、あるいは複雑な金融構造の一部としても利用される。

有限責任会社とは、法律によって責任が制限されている会社である。オンショアの設定において、有限責任会社は通常、その会社が何を行なうかを明記する会社の基本定款（あるいは他の法体制においてこれに相当するもの）と、その会社が事業をどのように管理するかを明記する通常定款によって規制される。会社は、取締役あるいは取締役会によって運営され、その法務は、会社の総務部長が管理する。大部分の国は、株主や投機家を濫用から保護することを意図する規制を導入してきた。そのような保護策には、（一）会社の公共登記簿をつけ、存在するすべての企業を列挙すること、（二）会社の連絡先として事業の登記場所を有すること、（三）会社の発行済み株式資本の詳細と、その資本を所有し提供する者の名前と住所を公表すること、（四）会社の取締役ならびに総務部長に関する完全な情報を記録に載せること、そして（五）年次報告書を一般閲覧向けに提出することが求められる。ところが、タックスヘイブンは、こうした保護策をほとんどまったく提供していない。典型的なＩＢＣには、以下のような特色がある。

《所有者の隠匿》

タックスヘイブンの数だけ、ＩＢＣ設立のための規則や規定がある。しかし、原則は変わらない。つまり、所有者が身元を隠したいと望めば、ヘイブンはこれをきわめて効果的に行なう。その会社の取引相手を保護するために公記録に通常記載される情報は、タックスヘイブンでは秘密にすることができるか、あるいは所有者の本当の身元を隠匿するために被指定人の名前を使うことができる。多くの場合、ＩＢＣには取締役が一人しかいない（すなわち、実質的に一人しかいない会社も可能で、有限責任規則を活用したい者の誘因となるかもしれない）。他の場合には、招致国の住民が被指定取締役を務めることもできる。さらなる手段としては、実際の所有者が記録されないように無記名株券を使ったり（この行為は、あまり見られなくなっている）、記名株券を使ったりもできるが、株主の公記録はつけられていない。

《提出不要》

ＩＢＣは通常、公記録に財務諸表を提出する必要がない。いくつかの場所では、帳簿や記録をつける必要さえない。また、基本定款や通常定款を公記録に載せることもめったにない。役員を指名しなければならなくても、現地の被指定人でかまわない。この慣行は、現地の専門家にとって実入りの良い収入源を提供し、タックスヘイブンの秘密の財源として機能する。登記された事務所が必要でも、「真鍮の飾り板」にただ住所を刻むだけで、事業体の実際の所在地と何ら関係ないこともよくある。しかし、多くのタックスヘイブンは、現地役員を置いておくことを求めない。自国民による租税回避を防止するため、現地人が所有するＩＢＣを禁止しているタックスヘイブンもある。

大部分のタックスヘイブンにおいて、企業は、いかなる規制機関に対しても、（納税義務がないので）税金を管理する機関に対してさえも決算書を提出する必要がない。このような状況の下、現地機関は、有限責任会社の活動をほとんど監視していない。評価するための情報を何も持たないことを保証しているからだ。したがって、ＩＢＣに関する信頼できる情報を見つけるのはきわめて難しい。

《債権者からの保護》

大部分のタックスヘイブンにおいて、株主は企業の複数の株券を入手できる。自分の株式の引受価額、とはいえ、一米ドル、一ユーロ、一ポンドを超えることは珍しいが、これを満額支払ってさえいれば、その会社の負債の責任をさらに負うことはない。企業が破産し、債権者に支払いができなくなった場合でも、これは変わらない。

《安い法人設立費用》

ＩＢＣ設立の費用は微々たるもので、通常は一〇〇から五〇〇ドルのあいだだ。ＩＢＣは、タックスヘイブンにわずかばかりの年間「ライセンス料」を支払いはするが、一般にすべての税金を免除される。多くのタックスヘイブンは、「既製品のような」企業の創設を許可さえしている。数々の会社が税務の専門家によって事前に設立され、彼らがその会社への勧告を行なったり、ＩＢＣをほしがっている顧客にそれを売ったりするのだ。このやり方なら、一夜にしてＩＢＣの設立が可能だ。ＩＢＣには、規制を受けずに取引を行なう無限の力がある。

こうした状況を考えると、ＩＢＣが絶大な人気を誇るようになったのも当然だ。タックスヘイブンには二〇〇万超のＩＢＣがあるとされており、その数は年に一〇～一五％の割合で増加している。図表「2-6」（111頁掲載）が、ＩＢＣに関する入手可能な最新の広範な調査結果を提供している。

非課税法人

いくつかのタックスヘイブンが認めている特殊な手法は、非課税法人だ。税務当局は、当然ながら、多くのＩＢＣが単なる抜け殻事業であると認識しており、今ではＩＢＣによる実質的な活動の証拠を求めている。その証拠がない場合、そのＩＢＣを自国領土で操業しているものとして扱い、外国子会社（ＣＦＣ）合算税制◆を利用し、相応の税を課している。

ケイマン諸島など、明敏なタックスヘイブンは、どのＩＢＣにも島内での何らかの存在を維持すること――ケイマンの意図的に規制された金融環境の重要な要素――を求めてこれに対応した。それでも、ケイマンをはじめとするタックスヘイブンは、自らが同意した規則を含む、こうした規則を回避するスキームも考え出した。現地の非居住者が所有するタックスヘイブンの企業が、現地の経済的存在を有するように見えると同時に非課税でいられるようにするメカニズムが必要とされた。同時に、タックスヘイブンは、現地で操業し、現地人が所有する企業に課税する必要もあった。この二つの要件をどうすれば満たすことができるのか。

ジャージー島が、この難問の一つの解決策を提供している。表面的には、ジャージー島も、従来の法人設立の方法を採用していて、ペーパーカンパニーを認めていないように見える。ジャージー島の税法第一二三（一）項は、「島で管理・支配されている」場合、その企業はジャージー島の居住者とみなす、と明記している。しかし、同法の第一二三（Ａ）（九）項は、「非課税法人の取締役職は、島内で行使される職ではないとみなされる」と明記している。この条項のおかげで、企業をジャージー島で管理・支配できるが、ジャージー当局からは、どこか他の場所で管理・支配されていると「みなされ」、したがってジャージーへの納税義務はない。それにもかかわらず、その会社はジャージー島での実質的「存在」を示しているため、他の場所での納税義務はない。ジャージー島に所在しないとしたら、その会社はどこに所在するのか。ジャージー島は、この明白な追加質問をしないことを選んでいる。ジャージー当局は、「どこでもない」というのがその答えであると認識しており、企業がどこか他の場所にあると「みなす」というでっち上げが、企業にとっての税の優遇を生んでいる。この構造に限って言えば、EUの規制による圧力から、ジャージー島では消えつつあるが、他の場所では依然としてこの慣行は一般的だ。

法定住所変更

過去一〇年の一つの新しい発案——オフショア規制の増加に対応する法定住所変更——により、濫用の範囲が広がった。法定住所変更の法的根拠は、デラウェア州法（第4章で考察する）——タックスヘイブン当局が必ず触れる点——に依拠している。企業が登記されている法的地域を、企業登記の権限を有する一つの領土から別の領土へ移転することが条件となる。たとえば、ジブラルタルに登記されている企業が、マン島に住所地を移転したとしよう。当初の法人設立日と企業実体はそのままで、住所地変更による影響を受けないが、それらが登記される制定法、その規制を管理する法律、管理責任を負う取締官、登記事務所（必ず、登記地域でなければならない）はすべて変更となる。

大部分のタックスヘイブンは、現在、この方法を認めている。脱税者にとっての利点は明白だ。調査の気配を少しでも感じたら、自分の会社の住所地を別の場所に移す申請をすることができる。そうすれば、調査がはじまっても会社はその場所に法的に存在しておらず、どこか他の場所に存在することになる。そうなると、調査実施機関は、別の場所で（マネーと労力をかけて）調査をはじめなければならない。住所地変更が繰り返される可能性があり、常習的濫用者からの有効な情報交換を確保しようとする見込みが完

◆外国子会社（CFC）合算税制　タックスヘイブン対策税制と呼ばれることもある。

コラム3-1

IBCを利用した租税回避の方法

IBC（インターナショナル・ビジネス・コーポレーション）は、利益を税金の高い国からタックスヘイブンに移すためのさまざまな方法で利用できる。以下に、よく知られる方法をいくつか示す。

(1) 中間持ち株会社

人気のある手法の一つは、IBCをタックスヘイブンに「中間持ち株会社」として設立する方法だ。この持ち株会社を親会社が所有し、持ち株会社が今度は事業子会社を所有する。通常、所有する子会社から配当所得を集める以外、中間地点ではほとんど、あるいはまったく何も起こらない。集めた配当所得は、一般に貸し付けに回されるが、その結果生じた現金を、ロンドン、ニューヨーク、どこであろうとも、親会社に配当として支払うことはしない。

(2) インバージョン

一歩先まで踏み込んで、親会社をタックスヘイブンに設置する企業もある。この慣行は、「インバージョン」★と呼ばれる。国内の企業が、子会社を――おそらく郵便箱程度を――タックスヘイブンに設立し、その後、その子会社を親会社に変更することによって、企業所有を逆にする。この戦略は、二一世紀に入ってからの二、三年、アメリカできわめて人気があり、通常のインバージョン先はバミューダ諸島だった（その結果、第2章で指摘した異常な外国直接投資の数値を招いた）。コーポレート・インバージョンの最も広く引用される理由は、CFC規則（第9章で考察する）の回避だった。アメリカにおける愛国心が、この動きを食い止めるために使われた▼1。このプロセスは、二〇〇八年イギリスで再浮上し、イギリスの証券取引所に上場している企業が、アイルランドにおける納税居住者である新しい親会社をジャージー島に登記した。

(3) IBC子会社

IBC子会社は、他の目的にも利用される。ほぼどこからでも売られているように記録される製品もあり、その主張が虚偽であると証明するのは難しい。オンラインで売られるソフトウェアなどの製品の場合が、とくに著しい。このような場合、企業は、タックスヘイブンの子会社を通して品目を販売し、その結果、税をほとんど、あるいはまったく納めない。

(4) 移転価格操作

多国籍企業の所有するIBCの大半は、移転価格操作のために利用される。人気のある手法の一つに、知的財産の所有権をオフショア子会社に置くやり方だ。「知的財産」は、特許(特許使用料が支払われる)と著作権(ライセンス料が支払われる)より成る。いかなる企業も、特許や著作権の帰属場所を自由に決めることができるし、その場所は創造場所である必要はない。税率の低い国にそれを移転しても、追徴税は通常ほとんど、あるいはまったく課されない。ロゴマークなどについても、同じことが言える。税率がずっと高い国にある関連グループ企業にかなりの金額を請求し、その支払いをタックスヘイブンの子会社に対して行なわせ、税金をほとんど、あるいはまったく支払わないのだ。これが現在、多くの先進国の税収の大きな脅威となっている。

その一例が、ヴァージン社で、英領ヴァージン諸島から、すべてのヴァージン系事業にヴァージン・ロゴの使用ライセンスを出していると広く報じられている。利益は、税率ゼロの英領ヴァージン諸島において発生しているものと推定される。

マイクロソフト社は、アメリカ以外での自社製品の販売の大半の著作権を、税率の低いアイルランドに保有している。その結果、同社は、アイルランド最大の企業のように見える。とはいえ、その所得の大部分は、アイルランドでの同社の活動とほとんど、あるいはまったく関係ない(図表「5-2」参照、227頁掲載)。これは、アイルランドにとっては確かに有益だ。二〇〇一年から〇四年、マイクロソフト社は、アイルランドの税務当局に現地の税率一二・五%――マイクロソフト社がアメリカで支払っている税率三五%と比べると非常に低い――に基づき、一〇億ドル相当を支払った。

(5) グループ融資

グループ融資も、オフショアで行なわれうる。すべての事業活動は、物理的存在を構築し、その事業の日々の活動に資金を供給するための融資を必要とする。この資金は、株式資本と借入資本の二つの方法で供給できる。株式資本は、利益から支払われる配当金を得られる。借入資本は、利益のあるなしにかかわらず、利息を支払う。借入資本は、銀行やベンチャー・キャピタル・グループなど、外部から供給される場合もあれば、内部金融会社から供給される場合もある。内部金融会社および/またはIBCは、オランダやアイルランドなど、こうした「事業」を誘致するための租税構造を意図的に生んできたオフショアの場所にしばしば設立される。

(6) 利子の支払い

利子の支払いは、多くの国で、支払う企業の利益から控除されるため、税の請求を減少させる。利子は、税務上、配当よりずっと優遇される。多国籍企業はよく税率の低い地域で利子を受け取るが、その利子の減税を税率の高い地域で確保するよう手配し、それによって永久的節税を生んでいる。これを配当で達成するのは難しく、配当支払いの前に源泉徴収がある場合はなおさらだ。こうした扱いの違いの結果は予測可能で、企業は借入資本のほうを好む。

(7) 濫用

濫用は、往々にして手が込んでいる。たとえば、相対的に税率の高い領土や効率の良い資本市場で、第三者の資金を借り入れる。税金控除に関して借入資金の利用に対する規制のない場所だ。イギリスが、それに当たる。その後、とても低い利幅でダブリンなどの金融センターに資金を貸し付ける。そこから、資金は外国子会社に貸し付けられ、経費は高騰する。その子会社が、リスクの高い地域に立地する場合はなおさらだ。実際には、これは移転価格操作のもう一つの形態なのだが、今度は、金融商品がもっぱらこの目的のために創り出された。

(8) オフショア事業

多くの多国籍企業のオフショア事業は、見え透いた言いわけだ。企業が、そこで働き、そこに暮らす人を職員として採用するのが道理だろう。ところが、アメリカでは、給与税その他の税金は、海外で働いているアメリカ系職員が支払う。問題となっている職員をタックスヘイブンの企業を通して雇用したと申告することで、このような税を回避できる。アメリカは、二〇〇八年にこの手段の阻止に乗り出したが、他の場所では依然として普通に行なわれている。

(9) 個人によるIBC設立

ＩＢＣは、個人でも設立できる。プロのスポーツ選手、発明家、企業のトップ経営陣など、非常に高所得の人々が、タックスヘイブンにＩＢＣを作り、そこに給料を払い込ませる。そして、自分が作った会社の従業員となるが、所得を本国へ送金し、オンショアに持ち込むときには、その会社から些少の報酬しか受け取らない。

(10) 個人所得の税務操作

個人は、ＩＢＣを他の目的にも利用する。ＩＢＣやオフショア信託により、納税者は、異なる形態を有するものとして所得を再分類でき、その結果、異なる税の対象とする、あるいは完全に無税とすることができる。たとえば、所得をキャピタルゲインとして再分類することができる。というのも、キャピタルゲイン税のほうが、所得税よりも通常は低率だからだ。もう一つの方法として、労働によって生じた所得が、投資収益として再分類される。賃金の支払いではなく、その同一人物である所有者への配当金の支払いとして扱うのだ。この手を使って、社会保障費を回避あるいは忌避できる。

★インバージョン　税の優遇措置を確保する目的で、一つの法域に本部を置く親会社が、そのオフショア法域内の場所を確保するために、自らが所有するオフショア子会社に登記を切り替える行為。アメリカでよく行なわれる。

▼一　〔参考文献〕Olson 2002

全になくなる。世界中のタックスヘイブンは、脱税を助長するこうした可能性を、意図的に生んでいる。住所地変更の論理的理由は他にない。

有限責任事業組合（LLP）

LLPは、秘密主義を促進し、タックスヘイブンに登記した企業を支払い要求から保護するため、この一〇年間に発達したもう一つの有限責任事業体だ。LLPは、資産の帰属に関する混乱をさらに重ねている。それにもかかわらず、四大会計事務所――デロイト・トウシュ・トーマツ、プライスウォーターハウスクーパース、アーンスト・アンド・ヤング、KPMG――は、精力的なロビー活動を展開し、ジャージー島にこうした事業体を創設するための立法を促進し、イギリスが同様の機会を提供しないならば、国を離れると脅しさえしてきた。▼8 こうした事業体、あるいはそれに類似するものが、現在タックスヘイブンでは広く利用できる。

LLPは「税務面で透明である」とみなされているので、大手企業の税金対策において特別な役割を担っている。LLPは、法律上はタックスヘイブンに存在するが、ヘイブンに納税対象となる所在地を持たない。その代わりに、こうした事業体の組合員が、LLPの取引をしたかのように課税される。これによって、資産の法的帰属を、その資産から生じる所得の場所と切り離すことが可能になる。税金は、国家間で分割される――当然ながら、手の込んだ税金対策スキームの可能性が生じる。印紙税回避と法人税欠損の双方に関する二〇〇八年財政法に盛り込まれている法律をはじめ、イギリスにおける最近の租税回避対策法の多くは、こうした濫用への対抗を目的とする。

保護セル会社（PCC）

さらに複雑な企業形態が保護セル会社（ＰＣＣ）で、一九九七年にガーンジー島が初めて提供した。しかし、今ではガーンジー島だけがこのような企業を提供しているのではない。マルタ、オランダ領アンティル諸島、カリブ海のヘイブンの多く、マン島もこの取り決めを認めているし、スイスのいくつかの州も認めている。

ＰＣＣは、それぞれが同一の法人組織の一部であるということを除き、別個の企業がまとまった一つのグループのように活動する。会社全体向けの管理サービスを提供する「親レベル」があり、セルと呼ばれるいくつかの分離された部分がある。各セルは、法的に独立しており、他のセルとも「親レベル」とも分離している。各セルに独自の名称と資産があり、各セルの負債責任と活動は、他のセルから分離限定されている。透明性の欠如から、その会社が他の会社の保護セルであること、あるいは名称の違う、別々の会社の間に関係があることさえ、判断するのが難しいことが多い。

保護セル会社は一般に、分類の異なるリスクに保険をかけるときや、タイプの異なる資金を統合する集団投資スキーム向けに利用される。このやり方だと、一企業内での資産の移動（セル間での資産の移転にともなう取引手数料が少なくてすむ（そして、一つのセルが倒産したり、告訴されたりしても、事業体全体へのリスクを制限できる）。[9] 一見したところ合法的に見えるこのような形でのＰＣＣの利用も、保険部門内部では非常に憂慮されている。このような事業体と保険契約を結ぶ者の誰一人として、その会社のリスクをカバーするために使用する資産が何であるのかを知らないからだ。

もっと気がかりなのは、ＰＣＣが、債権者や詮索好きな人々の目に対する頑強な障壁を築くのに役立っていることだ。この取り決めの利点は、「利点」が適した言葉だとすれば、一つのセルが破綻した場合、

▼8 〔参考文献〕Select Committee on Trade and Industry 1998
▼9 〔参考文献〕Sharman 2006

債権者が頼れるのはそのセルそのものの資産のみで、他のセルの資産には頼れないことだ。ところが、債権者がPCCに投資していたと気づいたとしても後の祭りかもしれない。PCCは当初、再保険活動向けに生み出されたのだが、こうした事業体の唯一の現実的利用目的は、他の国々の法律の下で生じる義務を逃れるため。その危険は明白だ。放浪癖のある無責任な企業がはびこる世界では、資本逃避が企業逃避となってしまう。

信託、財団、アンスタルト

租税回避と脱税の人気のある手法としては他に、オフショア信託（トラスト）とオフショア財団（ファウンデーション）がある。信託の起源は、十字軍の時代まで遡ることができる。イギリスの騎士が、聖地エルサレムへの長い遠征に出るときに、信託契約と呼ばれるようになる取り決めの下で、他者に自分の財産の管理を託した。このような契約は、アングロ・サクソン（イギリス）法に今も特有である。

信託（トラスト）

オフショア信託（トラスト）◆においては、個人あるいは事業体（受託者）が特定財産（信託財産）に対する法的所有権を有するが、「受益」権あるいは「平衡法上の」権限を有する一ないしは複数の個人あるいは組織（受益者）の利益のために法的支配を行使する受託者の義務を負う。別の言い方をすれば、「ある人（委託者として知られる）が自己の財産を受託者に譲渡し、それを受託者が他者（受益者として知られる）の利益のために管理する場合に、信託が生じる[10]」。

信託は、二人の私人のあいだで交わされる契約上の合意で、資産の法的所有者とその受益者のあいだに障壁を生む。この媒介によって、財産あるいは金融資産の法的所有者を第三者の利益になるよう別の人間に移転することが可能になる。信託は、大部分の法域においていかなる形態の登記も必要とされないし、登記が求められる場所でさえ（イギリスがそうだが、税務目的に限られている）公記録には記載されないので、秘密が保たれる。信託の管理を規制する信託証書も、公記録に記載される事項ではない――それどころか、有効な信託を口頭で創出することさえ依然として可能だ。

信託は、一九二〇年代からチャンネル諸島やスイスでオフショア利用されてきた（とはいえ、スイスは民法国であり、厳密にはこの便益を認識していない）。しかし、一九六〇年代以降さらに広まった。オフショア世界では、今日、当たり前の媒介となっており、ジャージー島、ケイマン諸島、英領ヴァージン諸島など、信託の提供を専門とする法域もある。しかし、信託法を持たないタックスヘイブンはほとんどない。

合法性がさらに曖昧なことに、信託の取り決めでは通常、信託から生じる所得のいかなる利権よりも完全に先んじて信託を生む者がいなければならない。実際には、オフショア金融産業は、この要件を意図的に無視し、信託のように見える偽の取り決めを作りだすことで、個人が納税義務を逃れる手助けをしている。この偽の取り決めでは、個人が利権に先んじているように見えるが、実は、タックスヘイブンの居住者である「名義」受託者が信託を運営している。しかし、資産をオフショア信託にいったん移転してしまえば、その所有者を突き止めるのは通常とても難しいので、こうした取り決めさえ不要なのだ。登記手続きの欠如が、これをさらに厄介にしている。また、信託証書に委託者名が記載されない、あるいは名義人を使って委託者と財産の関係を隠匿することもよくある。

◆信託（トラスト）　トラストの歴史は一一世紀の十字軍遠征時代に遡ると言われ、土地の保有者がその場所を長期間不在にするために、他者に託して管理してもらうためにこの仕組みが考案されたとされている。

▼10　〔参考文献〕Schmidt Report 1999

受託者は、信託財産から受け取った所得に関して税を納める義務がある。ただし、信託契約の合意の下で、その所得を別の人間に支払わなければならない場合はこの範疇ではない。オフショア信託は「裁量的」であり、少なくとも概念上は受託者が自己裁量でほとんど誰にでも所得を配分できるので、課税対象となるのはほぼ常に受託者だ。オフショア信託の場合、受託者は通常、専門家（会計士、信託会社役員、さらに信託会社そのもの）で、信託による所得を非課税で稼ぎ、蓄積できるようにしている。また、信託はオフショアに立地するので、その信託があるタックスヘイブンに住んでいない受益者にとっての所得の支払いを税務当局に申告する必要がない――しかも、受益者がそこに住まねばならない理由は何もない。所得は、受益者のオフショア銀行口座に支払われ、その受益者の本拠地である法域がどこなのか人に知れることはない。こうした流れが、脱税を比較的単純にしている。

この数年で、ケイマン諸島（スター信託）、英領ヴァージン諸島（ヴィスタ信託）、ジャージー島（権限の留保つき信託）などの地域における法制定により、脱税はさらに簡単になった。こうした信託の取り決めはどれも、どうやら信頼と不動産実務学会（STEP、ロンドンを本拠とする専門家団体）のメンバーが鼓舞したようだが、信託の概念をかなり歪めている。▼11 このすべての事例において、信託の委託者は、信託が生じたのちも、投資判断を指図する権限、受益者への支払い（委託者が信託の受益者である場合もある）、さらには信託を解消する権限など、信託の取り決めにかなりの権限を留保する。このような取り決めは、信託とはほとんど呼び難く、むしろ資産の帰属を隠匿するものだ。これらは、脱税を望む者にとって、かなりの利益を提供している。

税務上の理由だけから信託が設立されるのではない、と指摘しておくことが重要だ。個人が、配偶者から資産を隠したがる場合もあるし、家族やビジネスパートナーも信託を利用したがるかもしれない。相続法回避のために、信託が利用される場合もある。産業の大きすぎる部分を支配することなどに対する規制を回避するために、信託を利用する者もいるだろう。しかし、税金が共通の動機であることに変わりはない。すべての場合において、ことに副次的な手紙で受託者に与えられる指示を考慮すると、信託は見え透いた言い訳あるいはごまかしの可能性が高い。ある推計によれば、二〇〇四年現在、一〇〇〇のオフショア信託があり、資産総額三〜八兆ドルを有する約三五万口座を管理していた[12]。STEP誌の調査によれば、この市場に最も関与しているオフショア領土の三一で、信託は主にウェルス・マネジメント◆（回答者の三五％）と減税（同二五％）の手段として使われている。

財団（ファウンデーション）

オフショア財団（ファウンデーション）は、資産隠匿のもう一つの方法だ。財団は、有限責任会社に近い別個の法的実体を有すると認識される信託の一形態である。財団の成功は、秘密保護と、管理する弁護士ならびに委託者と自らを分離する法的存在、さらには非課税の立場、この三つの組み合わせから生じる。財団には、所有者もいなければ株主もいない。資産管理を目的に設立され、その資産から生じる利益が特定の目標となる。主要タックスヘイブンの中で、オランダ領アンティル諸島、オーストリア、デンマーク、パナマ、オランダ、リヒテンシュタイン、スイスが、私立財団の創設を認めている。またしても、多くのタックスヘイブンが、財団からの最小限の情報開示しか要求していない。極端な例としては、パナマでは、財団創設に許可はまったく必要ない。

◆インターナショナル・ビジネス・コーポレーション（IBC）　日本では「オフショア法人（企業または会社）」「オフショア・カンパニー」と呼ばれることも多い。

▼11〔参考文献〕Gray 2005

▼12〔参考文献〕STEP 2004

◆ウェルス・マネジメント　富裕層顧客の資産運用・管理・保全。

アンスタルト

資産隠匿のもう一つのよく知られた方法に、リヒテンシュタイン独自のアンスタルトがある。アンスタルトは、信託と財団を複雑に組み合わせたものだ。一九二〇年代に考案され、相続税を回避する方法としてとくに資産家が利用する特権的手段となっている。個人的利用、あるいは一族の利用を目的に、通常リヒテンシュタインの非居住者によって設立される限り、アンスタルトの活動に関する正式な記録はほとんどない。財団創設者の名前は記録されない。財団には規約あるいは証書がなければならないが、脱税のために利用される財団の多くは、いかなる形態の登記もまったく必要としない。その実態を知っているのは、サービスを提供する弁護士や銀行のみで、しかも極秘義務を法的に負っている。登記が必要な場合（たとえば、財団が慈善財団のとき）でも、名前はおろか、財団に関するいかなる情報も一般の人々は入手できない。

リヒテンシュタインで取引を行なわない財団とアンスタルトは、会計記録をつけたくなければつける必要がない。それどころか、いかなる当局にも、会計書類を提出する必要がない。財団の資本的資産価額の〇・五～一％に相当する税金が毎年支払われるが、記録がないのだから、その納税もおそらく取り締まることはできない。それにもかかわらず、リヒテンシュタインの歳入の三〇％はこの筋から得ている。アンスタルトと有数の厳しい銀行秘密保持は、リヒテンシュタインが透明さをまったく提供しないことを意味する。数は不明だが、アンスタルトは大成功を収めた。ペイヨンとモンテブールは一万三〇〇〇と見積もったが、[13]二〇〇八年のメディア報道によれば、その数はずっと大きい八万とされ――リヒテンシュタインの金融サービス市場の規模を前提とすれば――その可能性のほうが高いように思われる。リヒテンシュタインの成功をうらやましく思ってか、ジャージー島が二〇〇八年に独自の財団法を提案した。

4……オフショア銀行免許とその他の金融機関

銀行

かつてタックスヘイブンは安価な銀行免許を提供し、領土内の銀行数の多さを誇っていた。オフショア銀行免許は、ＩＢＣに相当する銀行業務だが、ＩＢＣは、金融機関としての役割も果たせるほど充分多彩だ。オフショア金融センター（ＯＦＣ）の銀行の魅力は、明らかだ。資本税がなく、配当や利子の源泉徴収税がなく、移転税がなく、法人税がなく、キャピタルゲイン税がなく、為替管理がなく、規制・監督が軽く、厳しい報告要件が少なく、厳しい取引制限が少ない。当然ながら、世界最高クラスおよび中堅クラスの銀行すべてと、世界の小規模銀行の大多数が、タックスヘイブンに少なくとも一つは子会社を保有しており、しかもその大部分がこうした子会社を多く保有しているのだ。

その結果、銀行が異常なほど急増した。バハマは、領土内で四二〇〇行に免許を与えたという。[13]人口五万一〇〇〇人のケイマン諸島は、二〇〇七年に四二七行、つまり居住者一二〇人当たり一行を誇った。[14]

タックスヘイブンは、三タイプの金融機関に利用されている。第一に、タックスヘイブンの銀行の大半は、抜け殻だ。法域内に、物理的存在がまったくないか、あっても最低限だ。これらの機関は、犯罪金融活動に圧倒的に関与しており、[15]金融活動作業部会（ＦＡＴＦ）や金融安定フォーラム（ＦＳＦ）に非協力的な国に登記している機関はとくにこれが著しい。これらの機関の全金融活動の四〇％が犯罪絡み、あるいは控えめに言っても違法性があると見ている専門家もいる。[16]このタイプの銀行の閉鎖を目指す真剣な取

▼13〔参考文献〕Peillon and Montebourg 2000
▼14〔参考文献〕Ridley 2007
▼15〔参考文献〕BIS 2003a
▼16〔参考文献〕Dupuis-Danon 2004

り組みがなされてきたが、これまでのところ部分的成功しか収めていない。
バーゼル銀行監督委員会は、大規模なオンショア銀行の子会社として機能する、二つ目のタイプのオフショア銀行を確認している。これらの子会社の多くは、有名小売銀行が所有・管理し、その名前を共有している場合もある（バークレーズ・ジャージーなど）。それでも、法的には別個の事業体だ。銀行は、合法・違法双方の活動のために、タックスヘイブンの子会社を利用する。合法的に、あるいは準合法的にオフショア子会社は、税あるいは規制逃れのために利用される。[17] イギリスの二〇〇七年タックス・アムネスティは、イギリスの大手小売銀行の顧客のみを対象としていたが、これによってこうした子会社が脱税目的で非常に広範に利用されていることが判明した。多国籍企業も、同じ目的でオフショア銀行を設立し、自らの活動資金を調達している。

[図表3-1]キャプティブ保険会社の増加（1989〜2007年）

年	キャプティブ保険会社の数
1989	2,535
1992	2,896
1995	3,199
1997	3,361
1998	3,418
2005	4,772
2006	4,951
2007	5,119

（出典：米損保情報調査研究所、Business InsuranceおよびConning Researchのデータに基づく）

最後に、適切に規制された法域に立地する純粋なオフショア銀行がある。ある推計によれば、一九九八年後半までに、そうした銀行が六〇の領土に約四〇〇〇行あり、そのほぼ半数がラテンアメリカやカリブ海地域に立地していた。これらの銀行は、資産にして約五兆ドルを管理していた。もちろん、オフショアならびに企業報告の秘密主義的特性から、どの銀行がどの範疇に属するかを見分けるのは非常に難しい。

保険会社

タックスヘイブンは、いわゆるキャプティブ保険会社の急増の場となってきた。キャプティブ保険会社は、リスク管理と税の最小化を目的に、ＯＦＣに多国籍企業が創設する子会社だ。実質的に、オンショア保険会社すべてが、親会社が保証責任を負った特定リスクに再保険をかけ、全体としての準備金ならびに必要資本を減ずるために、ＯＦＣに子会社を設立する。オンショアの再保険会社は、壊滅的なリスクに対する再保険をかけるために、ＯＦＣに子会社を設立する。このような状況におけるＯＦＣの魅力としては、所得あるいは源泉徴収税制と資本税制が有利であること、ならびに保険数理的な準備金制度と資本基準が低い、あるいは強制力が弱いことが挙げられる。

こうした保険業者は、一九二〇年代と三〇年代に、ＢＰやＩＣＩのような石油メジャーの扇動によってヨーロッパで初めて出現した。従来の保険会社よりも、自社事業のリスク検討に長けていたことから、彼らの事業は金銭的に成功した。この三〇年で、キャプティブ保険会社の数は驚異的に増えた。その数は、推計で世界に五〇〇〇強とされ、保険料にして約二〇〇億ドルに影響を及ぼし、資産にして総額五〇〇億ドル超を管理している。[18]

最初にキャプティブを専門としたオフショア・センターは、バミューダだった。一九八〇年代のアメリカにおける健康リスク、とくにアスベスト関連のうなぎのぼりの訴訟費用が、バミューダがすぐに飛びつける機会を提供した。産業界が保険料の急騰を認識するにつれ、アメリカの大手保険業者マーシュ・アンド・マクレナンは、バミューダでキャプティブ保険会社を展開しはじめた。[19] 以来バミューダは刷新を続け、二〇〇〇年代中盤以降は、世界有数の再保険地となっている（ミュンヘン再保険とスイス再保険が主要提供

17 〔参考文献〕BIS 2003b
18 〔参考文献〕www.captive.com
19 〔参考文献〕Evans 2002

者)。ガーンジー島とケイマン諸島もこの活動に加わり、ルクセンブルク、ダブリン、ジブラルタルも再保険市場で活発だ。ゲームに遅れて加わった英領ヴァージン諸島は、小規模キャプティブを専門とする傾向にある。マン島、バミューダ、ケイマン諸島がアメリカ系多国籍企業を引きつける傾向にある一方、ヨーロッパ系企業はガーンジー島を選択している。

マン島を含むイギリス諸島は、保険市場のもう一つの区分を開発してきた。生命保険契約を通しての麻薬資金の洗浄だ。多くの保険会社が、ロンダリング回路に関与してきた。他のタックスヘイブンは、租税回避を唯一の目的に保険会社を設立するようになった。アメリカの法律では、受取保険料が三五万ドルに満たない保険会社を免税にしており、この目的に利用されている。従業員一人に支払う金にさえ窮するような、ほとんど所得のない小さな保険会社を作ることができ、将来の危機に対処するためきわめて高い準備金を取っておく——しかも、その準備金は課税されない場所に置かれる。非常に多くの場合、このような会社には、一人ないしは二人しか「顧客」がいない。

どの場合も、税金面での二重の優遇確保が、再保険の魅力だ。オフショアでの保険料は、その場所での受領に関して課税されないが、税率の高い国においては税控除の対象になる。これが、これらの事業に対する効果的な形態の租税補助金を提供している。

投資ファンドとデリバティブ取引

タックスヘイブンは、かなりの数の新たな金融機関を誘致しており、税金の優遇措置を利用する、あるいはオンショアの規制下では実施が難しい危険な投資を行なうために金融機関がヘイブンに群がっている。こうした投資媒体機関の中でも有名なのがヘッジファンドで、これについては第7章で考察する。オフショア・ヘッジファンド業界の数については論争——長年懸案となっている規制と監視の問題を提起する

[図表3-2] キャプティブ保険会社の主要置籍地(2007年)

順位	置籍地	キャプティブ保険会社の数	
		2006年	2007年
1	バミューダ	989	958
2	ケイマン諸島	740	765
3	米ヴァーモント州	563	567
4	英領ヴァージン諸島	400 (a)	409 (a)
5	ガーンジー島	381	368
6	バルバドス	235	256
7	ルクセンブルク	208	210
8	タークス・カイコス諸島	169 (b)	173 (a)
9	ハワイ	160	163
10	米サウスカロライナ州	146	158
11	マン島	161	155
12	ダブリン	154 (c)	131
13	米ネバダ州	95	115
14	米アリゾナ州	83 (c)	108
15	米ユタ州	30	92
16	米ワシントンDC	70	77
17	シンガポール	60	62
18	スイス	48	48
19	米ニューヨーク	39	44
20	ラブアン島	26 (a)	31
	トップ20合計	4,757	4,890
	世界合計	4,951	5,119

(出典:Business Insurance, March 3, 2008)

(a)Business Insurance推計。
(b)信用生命保険会社を除く。
(c)再記述。

論争――が続いている。ロンドン国際金融サービス協会（IFSL）は、二〇〇三年現在、オフショアがファンド数の四〇％、管理資産の四九％を占めたと見ている。二〇〇六年一月までに、ヘッジファンドの五五％がオフショアに登記されていた。最も人気のあるオフショア地域はケイマン諸島（オフショア・ファンド数にして六三％）、これに続くのが英領ヴァージン諸島（一三％）とバミューダ（一一％）だった。アメリカが最も人気のあるオンショア地域で（大部分のファンドがデラウェア州に登記）、オンショア・ファンドの四八％を占め、七％のアイルランドがこれに続いた。[20] ファンドの絶対値も現在までに約一兆五〇〇〇億ドルまで増加し、二〇〇六年までに、オフショア・ヘッジファンド資産が、二〇〇三年現在のヘッジファンドの総資産を上回ったことを意味する。

予想どおり、オフショアは、ヘッジファンド管理が実際に生じる場ではない。二〇〇六年、世界のヘッジファンド資産の約三六％がニューヨークで管理されており、二〇〇二年の四五％を下回った。ロンドンが、世界で二番目に大きいヘッジファンド管理センターだ――とはいえ、イギリスの法制度は、ヘッジファンドと呼ばれる機関を正式には認識していない。[21] 世界のヘッジファンド業界に占めるその割合は、二〇〇二年から〇六年に二倍以上の二一％まで増加した。[22] タックスヘイブン活動は、他の場所で行なわれている取引の「記帳作業」にすぎないのだろう。

最近のオフショアの流行は、プライベート・エクイティ・ファンドだ。◆『オブザーバー』紙の推計では、イギリスの主要プライベート・エクイティ所得者の八〇％がイギリス外に住所地を置いている。彼らとつながりのあるプライベート・エクイティ・ファンドは、彼らがイギリスのキャピタルゲイン税を支払わなくていいように、すべてオフショアに立地している。[23] ジャージー系の弁護士たちが、プライベート・エクイティ顧客基盤をウェブで宣伝している。たとえば、CVCキャピタル・パートナーズ、アルファ・グループ、アクサ・プライベート・エクイティ、テラ・フィルマ、カーライル・グループ、インベストインダストリアル、メルカピタルがこれに含まれる。イギリス自動車協会の所有者であるペルミラなどの大手プライベート・エクイティ・グループは、オフショアを拠点としている。二〇〇八年五月二九日にロンドン証券取引所スペシャリスト・ファンド市場に上場された最初の会社は、ガーンジー島を拠点とするダヴィンチ・CIS・プライベート・セクター・グロース・ファンド社だった。スペシャリスト・ファンド市場は、きわめて専門的な分野での投資を行なう事業者向け統制市場として二〇〇七年一一月、ロンドン証券取引所に創設された。この市場の規制の緩さは、ヘッジファンドとプライベート・エクイティ・ファンドの誘致を目的としているが、所在地の選択によって節税もできるという暗黙の理解があった。

オフショア目的のためのオンショア規制の模倣という手法

すでに述べた手段の他にも、タックスヘイブンとそれを利用する専門家たちは、別のごまかしを秘かに用意してきた。非常に多様かつ巧妙な手段で、オフショア目的のためにオンショア規制を模倣している。その数や種類の多さから、詳細な解説はできない。イギリスのマスコミが報じた、租税回避のためにジャージー島の株式市場を利用している一つのスキームから、こうした手法についてある程度の見識が得られる。

▼20〔参考文献〕IFSL 2007
▼21〔参考文献〕Clark 2008
▼22〔参考文献〕IFSL 2007
◆プライベート・エクイティ・ファンド　基金を集め、それにより企業を買収し、収益力を向上させ、その後その企業を転売し、売却益を基金出資者に配当すること。
▼23〔参考文献〕Sunderland and Mathiason 2007

ロンドン最大の会計事務所が、慈善寄付に関する大蔵省の特権を利用するための小賢しい策を考え出した。問題の会社ヴァンティスは、ジャージー証券取引所に四つの会社を上場した。四社の株価は、上場直後に不可解な値上がりを見せた――些少ではなく、驚異的な値上がりだった。値上がり後、上場前に株式応募していた投資家たちが、イギリス系慈善団体に保有株式を寄付し、その寄付に関する減税を請求し、多額の税金還付が生じた。その後、株価はまたしても不可解な下落を見せた。株式の転売ができなかったため、問題の諸慈善団体は、寄付された株式の価額を経費として帳簿から消さざるをえなかった。英『サンデー・タイムズ』誌は、四〇〇〇人近くがこのスキームを利用したと指摘している。詐欺の嫌疑により、英歳入当局は、株価が税務目的のために操作されたかどうか、現在取り調べを行なっている。

5……オフショア世界の中心にいる専門家たち

かなりの証拠から、オフショア中間地帯を創造し、規制している複雑な規則が自然発生的に出現したのではないとわかる。むしろ、顧客にその利用を促している専門家たち自身が考案したのだ。手法の複雑さと豊富な種類、すでに述べた手法の多くが、完全に非合法ではないにしても、法律の極限

コラム3-2

特別目的体（SPV）――多種多様な組み合わせで、顧客ニーズに対応する秘訣

OFCでの利用が最も急成長しているものの一つ　が、特別目的体（SPV）あるいは特別目的事業体

（SPE）である。

この機構が広く認識されるようになったのは、エンロン社が、約三〇〇〇に上るこの金融媒体を利用しており、そのうちの八〇〇が異なるタックスヘイブンにあることが発覚したときだった。パルマラット、ワールドコムなどの有名企業の破綻は、SPVを不正経理の道具として使っていた。

SPVは、リスクの高い資産を分離するために使われる資産保有媒体だ。大企業の子会社あるいは関連会社で、通常、大規模プロジェクトに融資する場合のようなリスク管理のために設立される。倒産コストの削減のために主に使われている、あるいはそう主張されているが▼1、会計基準の弱さ、曖昧さから、他の目的にも利用されうる。

金融機関は、拘束力の弱い規制を活用するためにSPVを使う。とくに銀行は、タックスヘイブンの低税率環境においてティア1資本◆を調達するために使う。非銀行系金融機関は、もっと甘い規則を活用し、それによって必要資本の削減を図るためにSPVを設立する。

最近までほとんど知られていなかったことは、慈善信託（第7章を参照）が所有する複雑な金融商品を発行するというSPVの当たり前となっている活動だ。この機構により、SPVを促進している事業体は、結果として生じた会社を所有も支配もしていないと主張でき、それによって貸借対照表から切り離すことができる。

目的は明白だ。この構造を生み出している企業は、自社の財務状態の実情を隠したいのだ。慈善信託は、建前上は専門の受託者が支配しているが、実際には機構全体を管理・支配しているのは、SPVが債券を発行している事業元なのだ。

この種の構造が、二〇〇七年のノーザンロックの破産という、過去一世紀で英国最大の銀行破綻の一因となった。

▼1〔参考文献〕Gordon and Souleles 2005

◆ティア1資本　普通株式や帳簿上の準備金といった、基本となる自己資本項目を指す。「中核的自己資本」ともいう。

すれすれにあるという事実を考えてほしい。その道のプロでなければ、考え出せないことだ。怪しげな税金逃れの手法の販売は、もはや限られた資源しか持たないいかがわしい会社の領分ではない。有能な専門家が担い、大規模会計事務所、法律事務所、投資顧問会社、銀行の巨額の資金と高い評判を利用するビッグビジネスとなっている。

誰もがよく知る多国籍企業が、税務を扱う専門の部門を創設してきた。こうした部門は、利益センターや価値創造部門とみなされ、職員は企業の節税を生む自らの能力に基づいて報酬をもらっている。[24]『フォーチュン』誌が大企業の税務担当取締役一〇〇〇名を対象に実施した二〇〇〇年の調査において、四六％が、会社にとっての実効税率の低下を達成する能力に基づいて報酬を得ていると回答し、一六％が、税務関連の合法性の探究が、自分の主要目標であると回答した。こういう人たちが、タックスヘイブンの中心にいる専門家なのだ。

会計士・弁護士――タックスヘイブンにおけるサービス産業

会計士たちは、税金対策は二つの範疇に分かれるとよく口にする。一つが脱税で、これは違法だ。二つ目が租税回避で、これは合法だ。彼らによれば、二つの範疇の区別は明瞭明快で、脱税ではなく租税回避をしている限り、彼らのやっていることは合法的だ。判例は法域ごとに異なるが、世界の多くの国々（そして重要なタックスヘイブンの大部分）は、イギリス法に基づいて税務上の決定を下している。

この考え方の法的根拠の一つは、英貴族院における一九二九年のクライド卿の「この国の何人も、自分の店に内国歳入庁がこれでもかとくちばしを突っ込めるような形で、自分の事業あるいは財産との法的関係を整える道徳上その他の義務は微塵も負っていない」という発言だ。すべての人が同意しているわけではない。テンプルマン卿も貴族院で発言したが、これは一九九三年のこと。「前任者たち同様、私も（今回のケースにおいて」考案・実施された類の租税回避計画は、内国歳入庁を欺く試みも同然であると思う」と。

大半の会計士は、テンプルマンの見解を認めていない。一般的意見はアーンスト・アンド・ヤング・サウス・アフリカの税理士デイヴィッド・クレッグの意見かもしれず、彼が会社を代表して語ったところによれば、「道徳性は概して主観的なものなので、税法の適用において出る幕はないというのが私の考えだ。出る幕があるのは、増税目的の中で、明白かつ公平な形で税法を作るときだ」▼25。この姿勢から、会計士などの税務仲介人が、節税のためなら、他人が妥当と思うような倫理的制約を無視してどんな抜け穴でも利用する説明がつく。彼らは、そうするよう保険会社に迫られているのだ。失敗すれば、顧客の納税義務を最小化できなかったとして法的に訴えられる可能性があるからだ。

こうした考え方すべてが示唆するよりも、実際の状況は複雑だと思う。どの国の法律も、言葉で作られているし、言葉は常に解釈が自由だ。租税回避（タックス・コンプライアンスと区別するために「濫用的租税回避」と呼ばれることもある）は、この解釈の不確実性を悪用しようとしている。二〇〇五年三月のイギリス予算制定後、国際的会計事務所ムーア・ステファンズの広報担当の言葉が、『ガーディアン』紙に引用された。「どんな法律が施行されていようと、会計士や弁護士は、それをすり抜ける方法を見つける。規則は規則だが、規則は破られるためにある」と。その後、会社側は声明を出し、彼の言葉は間違って引用されたのであり、彼は法を破ることを決して容認してはいないと示唆した。しかし、この広報担当は、タックスヘイブンの中に成長した「サービス」産業の道徳観を表現していた。

米英の税務当局をはじめとする税務当局の一部は、これに対応して、税金対策スキームの規制を求めて

▼24 〔参考文献〕Slemrod 2004, 11
▼25 〔参考文献〕Clegg 2006

きた。しかし、イギリスが目の当たりにしたように、法によって義務付けられていようとも、協力を拒否する税務顧問もいる。[26]

「ビッグ・フォー」国際会計事務所

疑いようもなく、租税回避あるいは脱税ゲームの最も重要なプレイヤーは、ＫＰＭＧ、アーンスト・アンド・ヤング、プライスウォーターハウスクーパース、デロイト・トウシュ・トーマツの四大《ビッグ・フォー》国際会計

コラム3・3

カール・レヴィン上院議員を委員長とする議会小委員会

レヴィン小委員会は、一人の顧客に売られる特注の税務戦略に対立するものとしての、複数顧客に売られる包括的な不正な税金逃れ《タックス・シェルター》の手段に調査の焦点を絞ってきた。そして、アメリカ経済界の数々の尊敬されている企業が、顧客のアメリカでの税負担を削減あるいは削除することを主要目的とする包括的節税商品の開発、販売、実施に深く関与していると指摘した。

米上院への初期の報告書において、同小委員会は、国際的会計事務所ＫＰＭＧが販売した巧妙なスキーム四件だけでも、米財務省に少なくとも七二億ドルの損失を負わせた可能性があると指摘していた。[一]

カール・レヴィン上院議員は、この活動について、「大半が非常に複雑で、ＭＥＧＯタイプ、つまり『まったくうんざりさせられる』タイプのスキームだ。こうした策謀を練り上げた連中は、調査や一般の人々の憤りをかわすためにこの複雑さを当てにしているのだ」と語った。[二]

レヴィンは、タックス・シェルターとは、税法が意図しない大きな税制優遇を提供する以外、経済的

実質を何ら持たない複雑な取引であるということも明らかにした。そして、大手会計事務所の一つ、KPMGの取引方法について語っている。▼三 彼は、四段階の動きを記述している。

《ステップ1》刷新、イノベーション

KPMGは、一九九七年にタックス・イノベーション・センターを設立した。同センターの役割は、租税を回避できる新たな金融商品の開発だった。

《ステップ2》妥当性確認

開発されると、新商品はKPMGの内部統制部門に委ねられ、合法性についての意見を求められた。

《ステップ3》販売

販売支援として、税務顧問が「意見書」を提供した——弁護士が署名した法律文書で、五万から七万五〇〇〇ドルで売られ、当該商品が税法を犯していないと記載されていた。それがあれば、納税者は「真摯に」税務当局と交渉ができ、万一その取り決めが厳密な調査の対象となっても刑罰を軽減できた。

《ステップ4》実施

顧客が引っ掛かるや、組織は活動を開始し、手筈を整えるが、その場所はオフショアのこともある。

この種のサービスは、大手国際会計事務所ならどこでも提供していた。

レヴィン上院議員に、上院議員のノーム・コールマン、バラク・オバマが加わり、タックスヘイブン濫用防止法案を提出した。▼四 成立すれば、この法律はアメリカのタックスヘイブン対策の抜本的転換の前兆となるだろう。

▼一〔参考文献〕U. S. Senate 2003
▼二〔参考文献〕Levin 2003
▼三〔参考文献〕Levin 2003
▼四〔参考文献〕Levin 2007

事務所だ。

ビッグ・フォーは、世界経済における強力な行為主体であり、その活動の場であるオフショア金融センターの成功の鍵であることが多い。ジョン・クリステンセンとマーク・ハンプトンがジャージー島の事例を引いて示したように、[27]いくつかのタックスヘイブンは、事実上、こうした個人の利害に「捕えられ」てしまい、文字どおり彼らの利害に合わせた法を作っている。ビッグ・ファイブ当時の――ビッグ・フォーにアーサー・アンダーセンを加えた五社――同業者の破綻は、オフショア活動遂行において彼らが負っているリスクを物語っている。

アメリカ系企業による戦後世界経済の支配が、シティとウォール街の卓越性と相まって、アングロ・サクソン系コンサルタント会社をかじ取りに据えた。英米のコモンロー◆と、「許容可能な商慣行」定義の仕事を専門家に任せたいという規制当局の意向が、こうした企業による曖昧な行動規範の促進を後押しし、彼らにやりたい放題やらせてきた。同じコンサルタントが、租税回避に関する顧問でもあり、会計監査でもある場合、利害の衝突が必ず生じる。[28]何度も目の当たりにしてきたし、最近のサブプライムローン危機が多くの事例の最新の事例にすぎないことからもわかるように、ビッグ・フォーは、商慣行が健全であると立証することでグローバル資本主義の安寧を保証するよりも、何としてでも個人の富を保護することに興味があるようだ。

ビッグ・フォーは、世界有数の大企業の顧問および監査として活動している。各社とも、約一四〇か国で操業している。本書共著者の一人に、タックスヘイブンにおける自社の活動について突っ込まれると、KPMGの国際税務担当のトップであるロフリン・ヒッキー（二〇〇五年一二月、『タックス・ビジネス』誌に課税政策の世界で最も影響力のある人物として選ばれた）は、「私は、KPMGがそういった領土にいることを誇りに思っている。KPMGの役割は、規制・課税両制度の効率的な作用に貢献することだ。率直に言って、われわれのような信念を持った企業が領土にいなければ、われわれはその領土を支援しない」と断言した。興味深いことに、開発にとっての利益という考え方は、アメリカの税務当局とは異なり、二〇〇五年八月、KPMGは同当局と友好的な取り決めをし、調査の結果、同社が脱税製品を数百名に販売し、税金約一四億ドルの支払い回避を幇助したことが発覚したのち、罰金四億五六〇〇万ドルを支払った。幇助の見返りとして、KPMGは、総額一億二四〇〇万ドル、平均九%近くの手数料を受け取っていた。米国税庁の最高総務責任者コノ・ナモラトは、「KPMGは、プロ意識を犠牲にして利益を選んだ」という見解を述べた。実に、KPMGの収入は二〇〇五年に一六・七%増加して一五六億九〇〇〇万ドルに達し、マイク・レイク会長の言葉を借りれば「例外的な年」だった。[29]

議論の余地がないのは、税金がこうした企業の商業戦略の基本ツールだということだ。[30] 一九九〇年代後半、デロイト・トウシュ・トーマツは、見込み客に単刀直入な取引を申し出た。顧客のために節税した金額の三〇%を会社が留保するというものだ。デロイト・トウシュ・トーマツは、アメリカの税務当局の前では顧客の戦略を擁護するが、法廷では擁護しないと誓った。[31] 二〇〇五年、欧州裁判所は、イギリスの消

▼26 〔参考文献〕Neveling 2007a
▼27 〔参考文献〕Christensen and Hampton 1999
◆コモンロー　イギリスで一二世紀後半からの約一世紀間に成立した王国共通法を主たる基礎としている法体系。判例法で、とくに非成文的慣習法。
▼28 〔参考文献〕Strange 1988〔スーザン・ストレンジ『国際政治経済学入門――国家と市場』西川潤、佐藤元彦訳、東洋経済新報社、一九九四年〕
▼29 〔参考文献〕KPMG 2005
▼30 〔参考文献〕Strange 1998〔スーザン・ストレンジ『国際政治経済学入門――国家と市場』前出〕
▼31 〔参考文献〕Novack and Saunders 1998

費税あるいは付加価値税の回避を目的とするKPMGが促進するスキームに関して意見を述べた。同スキームの販促資料において、KPMGは、イギリスの税務当局が同スキームを「許容できない租税回避」とみなすであろうと認識していると認めていた。それにもかかわらず、まだ顧客になっていない人々に節税商品としてこれを販売促進した。裁判所の意見は、KPMGのタックス・シェルターは付加価値税回避の不適切な試みであると結んだ――これは、どうやら販売時点では同社にとって問題とはならなかったらしい。

6……さらに複雑化するシステムと法

長年にわたり、タックスヘイブンは、非居住者による租税回避と脱税を容易にするという唯一の目的のため、多種多様な組織や法律文書を開発してきた。その法律文書の多くが、所有者にとっての秘密保持という（常に正当であるとは限らないとしても）事実上、難攻不落の障壁を提供している。一九九〇年代後半に本格化した租税回避と脱税との闘いが、これまでのところ、さらに不明瞭で複雑かつ手の込んだ租税回避の法律文書を誘発してきた。新たな法律文書の種類の豊富さとその急速な開発を見れば、タックスヘイブンが、租税回避の道具を創出するために、自国領土内にかこっている外国人社会による巧みな支援を得て、自らの主権を行使して法律を作成していることがわかる。租税回避の媒介の複雑さが、今度は、ビッグ・フォー国際会計事務所率いる多数の専門機関にとっては大きな恩恵となり、彼らなくしてこれはすべて実現不能となっているのだ。

こうした専門家は、巨大なオフショア世界の中核である。オフショアの範囲と影響を評価するのは難しいが、二〇〇八～〇九年の経済危機が広まるにつれ、その派生的問題が明らかになった。

第Ⅱ部

タックスヘイブンの起源と発展

事業をするには、税金を払ってはならない。
税金を払わないためには、
モナコに生まれなければならない。

ジョー・ダッサン、ピエール・ドゥラノエ、クロード・ルメール
風刺歌謡集『モナコに生まれて』1975 年

第4章　タックスヘイブンの起源

タックスヘイブンの歴史は、神話と伝説に満ちている。海賊や泥棒の潜伏場所が、怪しげな取引、マフィア、諜報部員との結びつきを通して、何層もの新たな神秘と魅力をその名に加えてきた。タックスヘイブンの起源については多くの相反する説明があり、そのほとんどが確固たる証拠による裏づけがない。起源についての有名な神話の中には、即座に却下できるものもある。

最初の神話は、スイスの銀行家が、ユダヤ人の資産をナチスから保護するために秘密銀行口座を考案したというものだ。現実には、秘密口座は、他国の訴訟からスイスの銀行家を保護するために考案された。[1]二つ目の有名な神話は、自由主義経済学者ならびにＩＭＦやＯＥＣＤ[2]が提起するもので、一九六〇年代の税負担の増加に対応するためにタックスヘイブンが出現したとしている。これは、断じて真実ではない。スイスは一九二〇年代からタックスヘイブンとして知られていたし、リヒテンシュタインは一九二六年にアンスタルトを導入し、ルクセンブルクは一九二九年に持ち株会社規則を設け、バミューダは一九三五年頃からタックスヘイブンとして知られていた。タックスヘイブン自体がでっち上げた三つ目の有名な神話

▼1　〔参考文献〕Cassard 1994
▼2　〔参考文献〕OECD 1998

は、自分たちは、移動可能な資本に搾取される無実の脇役にすぎないというものだ。この主張は、外国資本を誘致しようとするタックスヘイブンの努力を都合のいいように見過ごしている。

回避、隠匿、脱税の起源は、はるか昔まで遡ることができる。[3] 古代ギリシャやローマの市民は、金融資産を当局から隠匿するのに熟達していた。これに引けを取らず、中世の金貸しは、宗教的に禁止されているにもかかわらず貸付金に関して受領した利子を隠匿するためのたくさんの手法を考案した。オランダ、イギリス、フランスの商人は、保管している商品が売れるまで、それに課される税金の納付を延期する「保税倉庫預け」の慣行を利用した。隠匿は長い歴史があるかもしれないが、タックスヘイブンは、それよりも最近の展開だ。一八六九年、モナコ大公シャルル三世は、公国の有名なカジノの設立を許可した。カジノから生じる利益によって、大公はモナコにおけるあらゆる形態の所得税を廃止することができ――おそらく無意識のうちに――初の純粋な現代のタックスヘイブンを創造した。

タックスヘイブンの発達は、大きく三段階に分けられる。第一段階は、およそ一九世紀終盤から一九二〇年代までで、タックスヘイブンお馴染みの機構の大半が出現した。第一次世界大戦の終結から一九七〇年代初頭に至る第二段階では、スイスをはじめとする少数の国家が、国際開発戦略の一環としてタックスヘイブン制度の開発を始めた。一九七〇年代初頭から九〇年代終盤までの第三段階では、タックスヘイブンの数が激増し、そこを経由する金融資産の範囲・計画・数も増加した。それは、タックスヘイブンの「黄金期」だった。

1……アメリカにおける〝法人設立ゲーム〟――一九世紀末

「この法人として総称されるものは、いったいどこから来たのだろう。その答えを知る者は、おそらく一人もいない」と、アドルフ・バールは書いている。[4] 現代の法人の始まりは、一五五三年にイギリスで設立された二つの合資会社――ロシア会社とギニア会社――だとする歴史学者もいる。エリザベス一世が東インド会社を創設した一六〇一年まで、現代の法人の誕生を遡る者もいる。どちらが正しいにせよ、南海泡沫事件《サウス・シー・バブル》と呼ばれる、一八世紀初頭の投機と詐欺的な販促の波によって、法人の概念は深刻な打撃を受けた。議会で可決された一七二〇年泡沫禁止法は、「勅許ないしは議会制定法によって法人化された会社のみが譲渡可能株式の発行を認められると規定した」[5]。アメリカも、法人についてイギリスの姿勢を踏襲した。一八三〇年代まで、アメリカでは立法府により可決された特別法によってしか法人格は授与されなかった。[6]

法人は、勅許ないしは議会制定法を必要とするきわめて稀なものだった。アメリカ先導の下、一九世紀に会社法はゆっくりと、遠慮がちに発達した。最初の一般会社法の功績は、一八二三年のニューヨーク州に与えられるが、[7] 同法は製造会社にしか適用されなかった。一八三〇年代になって、反対はあったものの、一般会社法がアメリカの多くの州で採択された。イギリスは、一八四四年に会社登記法ならびに会社条項統合法を可決し、翌一八四五年にはスコットランドに対しても同様の法律を可決した。一八四四年と六二年に可決されたその他の法律が、イギリスにおけるさらに寛容な状況を生み、企業の成長とその最大規模に対する厳しい制限を除去した。[8]

▼3 〔参考文献〕Doggart 2002
▼4 〔参考文献〕Berle 1950, 189
▼5 〔参考文献〕Pearson 2006, xvii
▼6 〔参考文献〕Epstein 1969, 23
▼7 〔参考文献〕Lindholm 1944

サンタクララ郡対サザン・パシフィック鉄道事件の一八八六年の重要な判決において、米最高裁は、法人は「人」である、したがってアメリカ憲法修正第一四条の範囲の下に置かれるべきであると宣言し、州の規制を逃れようとした法人の努力に対する憲法の保護を提供した。個人に与えられていた権利と義務が、その後法人にも拡張された。一九世紀最後の二五年に、イギリスの裁判所も「法人格」という概念を認識しだした[9]。

法人の発展におけるもう一つ重要な年は一八七五年、アメリカ、ニュージャージー州が現代的会社法の原型を可決した年だ[10]。イギリスは、新しい形態の法人を採用するのに時間がかかった。一九世紀末までに事実上の私企業はイギリスにも存在したが、一九〇七年会社法まで「非公開」と「公開」の法的区別はなされなかった[11]。

法人化とともに企業税制も出現し、アメリカのマサチューセッツ州がこの分野の草分けだった。企業の個人所有者たちはすでに税金を支払っており、「二重課税」の問題が生じるので、企業税制は厄介だった。一八一三年という早い時期に、最高裁は、不動産と個人財産に関してのみ法人に課税することができると裁定していた[12]とはいえ、一八一二年から銀行は納税していた。

個人とは別個に、事業体として法人に課税するという原則は、一八九四年歳入法によってアメリカにおいて構築された。この法律は後に違憲裁定が下されたが、法人税を課す憲法上許容できる方法が一九〇九年に制定された当時、この原則が普及していた。しかし、連邦税は今からすると依然として非常に低かった。一九〇九年に、法人税率は課税となる事象五〇〇〇ドル超に対して一%だったものが、一九一八年には事象二〇〇〇ドル超に対して一二%に上昇した。所得三万二〇〇〇ドルを超える高額納税者の税率が三八%だったのに、法人税率は一九四〇年までほぼ同レベルだった。今日、アメリカにおける最高税率は三九%だ。イギリスでは、法人税は所得税の変種だったが、一九六五年に分離された。フランスでは、売上に比例して企業が支払う営業税〝patente〟がフランス革命の産物として創設された。

ニュージャージー州とデラウェア州――会社法緩和による企業誘致

初期の形態のいくつかにおいて、タックスヘイブンは、税制よりも規制に対する対応策として出現した。それどころか、第1章で考察したタックスヘイブンの三本の柱のうち、法人設立の簡単さと緩い規制が、国家の競争戦略として最初に出現したのだ。法人設立ゲームの起源は――今日ではベルギーの調整センター、「アイリッシュ・ドック」諸企業とさらに広くはさまざまなタックスヘイブンに広がった何百万ものインターナショナル・ビジネス・コーポレーション（IBC）が関与する――一九世紀末のアメリカに遡ることができる。このゲームは、アメリカの州と州のあいだではじまったが、法人税引き下げとは限らず――いずれにしても税率は非常に低かった――他州よりも企業にとって寛大な環境を提供することが狙いだった。

ニュージャージー州は、一八七五年に現代的会社法の原型を可決した。ニュージャージー州の斬新な姿勢は、近隣の裕福な州の関心を集めた。一八八〇年代まで、ニューヨーク州とマサチューセッツ州は、アメリカにおける企業本社の集中度が最高だった。他州より寛大な会社法を定めれば、ニューヨークの会社の一部をおびき寄せられるかもしれないと最初に思いついたのは、ニューヨークの顧問弁護士ジェイムズ・ディルだった。彼は、ニュージャージー州のイースト・オレンジに家を持っていた。州の金融資源増

▼8 〔参考文献〕Payne 1967
▼9 〔参考文献〕Couzin 2002, 12
▼10 〔参考文献〕Berle 1950
▼11 〔参考文献〕Gourvish 1987
▼12 〔参考文献〕Lindholm 1944, 55

加を図る最善策について州知事アベットに相談され、ディルは、会社法の緩和を示唆した。[13] ディルはその後、ニュージャージー州の一八八九年会社法の草案を依頼された。一八九六年、同州はもう一つの法律である一般改正法を可決し、会社の規模とマーケットシェアを無制限とし、会社定款に関する期間制限を撤廃し、株主の権限を削減し、あらゆる種類の合併・買収・取得を認めた。

一八九九年、ニュージャージー州はさらに別の法律を可決し、法人による他社株式の所有を認めた――それにより、ニューヨークに拠点を置くスタンダード・オイル・トラストを誘致し、スタンダード・オイル・カンパニー・オブ・ニュージャージー（ＳＯＣＮＪ）という持ち株会社として合法的に再生させた。この法律は、会社内の会社、つまり経済関係でつながったグループ会社という考え方を導入した――そして、それにともなって移転価格操作の可能性が生じた。同様の考え方をもっと早い時期、一八九三年のオランダにおける革新である持ち株会社まで辿ることができる。オランダは、アジアに進出したオランダ企業を援助するため、地元企業の外国子会社が得た全所得の税金を免除した。オランダの持ち株会社は、徐々に非常に儲かる租税回避スキームへと発展していった。その直後、アメリカ企業からの脅威に応える形で、グループ会社の原理がイギリスで発達した。ＵＳタバコ社がイギリス市場に進出しだすと、Ｃ・ウィルズが中心となって一九〇一年にインペリアル・タバコ・カンパニー・オブ・グレート・ブリテンを創設してこれに対抗した。

ニュージャージー州の措置は、いくらかの成功を収めた。間もなく、財政難に苦しんでいたアメリカのもう一つの州、デラウェア州がニュージャージー州の例を真似る決定をした。またしても、ニューヨークの弁護士集団が、さらに斬新な法律の起草の舞台裏できわめて重要な役割を演じた。一八九八年のデラウェア州法は、企業が自社の統治規則を定めることを認めたもので、後に世界中のタックスヘイブンが倣うようになる基準となった。ニュージャージー州の法律は、当時、「底辺への競争★」と見られたものの火付け役となり、アメリカ中の州が競って会社法を骨抜きにし、企業に優しいものに変えていった。一九〇二年までに、小さなデラウェア州に一四〇七社が登記しており、一九一九年には四七七六社となった。ニュージャージー州とデラウェア州の行動は、新たな「法人設立ゲーム」を刺激し、ヴァーモント州やネバダ州のような他の小さな州が税額控除や斬新な会社法を提供して繁栄している州と競争するようになった。今日、フォーチュン五〇〇に入っているアメリカ企業の約六〇%が、デラウェア州で法人化されている。ニュージャージー州は、依然としてアメリカの「信託の本拠地」の座を保っている。[14]

こうした展開に呼応して、アメリカの企業が子会社や関連会社のシステムを開始し、それによってグループ会社にどのように課税するかという問題が生じた。アメリカは、いくつかの税制を経験した。企業は、税金対策として損益計算書を連結しなければならない（一九一七〜二一年）。鉄道会社ならびに一部の少数企業を除き、損益計算書の連結を禁じる（一九二四〜四一年）。選択が与えられるが、高いほうの税率で納税しなければならない（一九三二〜三三年、一九四二〜六三年）。罰金なしで選択が許される（一九二二〜三一年、一九六四年〜現在）。

法人設立ゲームのヨーロッパ上陸――スイスのツーク州

アメリカの諸州は、タックスヘイブンの最初の柱を刷新し、受けが良い規制環境を提供することで非居住者企業を誘致した。一九二〇年代以降、スイスの一部の州も――チューリッヒ近くの、財政の逼迫した

▼13 〔参考文献〕Lindholm 1944, 56

★**底辺への競争**　投資を誘致し、継続させるため国家間の競争によって生じる、資本に関する税率と規制上の要件の減少傾向［その結果、労働条件、社会福祉が最低水準に向かうことになる］。

▼14 〔参考文献〕Lindhom 1944, 56

ツーク州を皮切りに——この例に倣った。

スイスが真っ先にアメリカの真似をしたのには、立派な理由があった。スイスは、自治州より成る連邦だ。現代のスイスが一八四八年に設立された当時、直接税は州の管理下に置かれたが、間接税は連邦の管理下にあった。各州が、独自の直接税制を開発し、異なる評価方法と異なる規則を用いた。その結果は、「やりたい放題の脱税と隠匿だった」[15]。

ツーク州は、とくに寛大との評判を博した。とはいえ、その理由は今となっては霧に包まれている。ツーク当局が刷新を行なったのか、それとも行なうよう圧力をかけられたのか完全には明らかになっていない。一九二〇年代の初め、ツークの二大事業会社が、州当局にかなりの税金の払い戻しを要求し、払い戻してくれなければ州を出ていくと脅した。要求は満たされた、と当時の州財務部長は説明した。「応じなければ、州にとって実質五〇〇〇万フランの税収の損失を確実に招いただろうが、理解を示せば……損失は、一五〇万ですんだからだ」[16]そうだ。

グーは、スイスにおける税金の特別優遇は諸州間の競争と多大に関係しており、外の世界とはあまり関係がなかったと強調する。そして、ツーク州と隣接する裕福なチューリッヒ州との関係を例に引いている。チューリッヒの弁護士や実業家からの助言に従うことの多いツーク州当局は、一九一八年直後と三〇年代の両時期に、もっぱらチューリッヒと戦うために税法の原型を作った。税法の改正を検討していたツーク州政府は、チューリッヒ出身の税務専門家と契約を結んだ。その専門家は、他州と競争するために低税率を提案したが、「その利点が、一目瞭然にならないよう注意しなければならない」と警告した。[17]

一九四四年、ツーク州は再び法人利潤税を二五％から一七・八％に引き下げた——一見したところ大きな引き下げではなかったが、それでもこの措置によってツーク州はスイスで最も税率の低い州になった。俗にいう悪魔は細部に宿っていたのだ。はるかに重大だったのは、ツークを正真正銘のタックスヘイブンとして確立させたさまざまな抜け穴と規則だった。たとえば、売上の八〇%がスイス以外の顧客から生じている「ビジネス管理センター」には一七・八%よりずっと低い特恵所得税率が適用された。他にも同様の規則が、考えうるあらゆるタイプの企業、信託、あるいは金融機関に適用された。二〇世紀初めに財政が逼迫し、人口わずか一〇万人だったツーク州が、現在ではシェルや世界最大の総合化学メーカーBASFばかりかアメリカ税務当局に追われる有名な逃亡者マーク・リッチの本拠地となっている。

2……イギリスの裁判所が最初のタックスヘイブンを創設——一九二九年

アメリカの諸州が、会社法の緩和による企業誘致の手法を思いついたのだとすれば、企業が納税することなくイギリスに法人を設立することを認める「架空」居住の手法は、イギリスの裁判所によって編みだされたものだと言わざるをえない——少なくとも一人の専門家が、タックスヘイブン現象全体の根幹と信じている。[18] このような機構を創設する結果となった一連の法の刷新は、厳密に言えば、イギリスをタックスヘイブンとして確立することを意図してはいなかった。むしろ、イギリスの裁判所が、自国の税制に照らして「居住」という概念を明確化しようとする一連の裁判を通して徐々に進化した。裁判所は、昔も今も、タックスヘイブン・ゲームにおける重要な行為者なのだ。

イギリスの税金は、イギリス国内を源泉とする所得に適用されたので、[19] 納税義務は、イギリスの居住者

▼15 〔参考文献〕Guex 1998, 105 における引用。
▼16 〔参考文献〕Guex 1998, 70 における引用を著者らが翻訳。
▼17 〔参考文献〕Guex 1998, 113
▼18 〔参考文献〕Picciotto 1992

とみなされる人の特性という関連問題に依存した。イギリスの裁判所は、自然人に関する法律を踏まえて考えを発展させ、それを企業にも徐々に適用するようになった――その過程で事実上、企業を法人と定義した。イギリス企業への課税方法についての問題が、大英帝国内外で操業する企業との関連で浮上した。徴税を任されていた内国歳入庁は、この問題の明確化を求めていくつかの事件を裁判所に持ち込んだ。一つの大きな裁定は一八七六年に遡り、裁判官たちは、カルカッタ・ジュート・ミルズとチェゼーナ・サル

コラム4・1

所得税の大まかな歴史

税と国家と戦争は、長い共通の歴史を有する。イギリスが一六九六年に導入し、一八五一年にようやく廃止した悪名高い「窓税」への対応策によって鮮明に示された租税回避と脱税のためのスキームもそうだ。窓税とは、一軒の建物の一〇を超える窓数に課される変動税だった。

確立したパターンに従えば、最初の所得税は、ナポレオン率いるフランスとの戦費調達のため一七九九年にイギリスで導入された。当時の一時的な解決策とみなされた一七九九年法は、イギリスの納税者の六〇ポンドを超える全所得に対して税率一〇％を適用したが、最高二〇〇ポンドの所得までは減税が設けられていた。しかし、アディントン政権時代の一八〇三年法が、最初の永久的な所得税制を創設した――とはいえ、同法は、「所得税」という用語は意図的に避けた。

アメリカでは、独立戦争の戦費調達のため、一八一二年に最初の所得税制が導入されたが、一七年に議会によって廃止される結果となった。一八六二年、南北戦争への資金調達のため所得税が再度導入されたが、憲法に違反するとして数年後に裁判所によって廃止された。したがって、憲法修正第一六条によ

って、所得税がアメリカの税制に永久的に据えられたのはようやく一九一三年のことだった。同様に、個人所得税と消費税が一九一七年にカナダで導入されたが、この場合も第一次世界大戦関連の臨時支出による一時的措置だった——だが、廃止されることはなかった。

フランスでは、一七九二年から一九一四年に実施されていた四種類の税金が「四つの旧税」と呼ばれていた。これらは申告収入ではなく、富と納税能力の推定（母屋のドアや窓の数、平均地代に基づく不動産税など）に基づいていた。▼1 最初の所得税は、戦費調達による圧力のおかげで、一九一四年七月一五日にフランス議会によって可決された。

所得税率は、少なくとも第一次世界大戦までは比較的低く保たれていた。イギリスでは、一九一四年の標準所得税率は六%だったし、フランスでは最富裕層に課された最高税率が二%だった。それが、一九一七〜一八年には二〇%に跳ね上がり、イギリスでの標準税率は一九一八年までに三〇%まで上昇した。

他の税区分も同じ時期に導入され、理由もほぼ一致していた。たとえば、相続税はとても古い税だ。古代エジプト人がこの税を初めて設定し、のちにこの概念をギリシャ人とローマ人が採用した。

一七九六年、イギリスが総額二〇ポンドを超える遺産について遺産相続税を導入したが、妻、子供、親、孫は除外された——このときも、フランスとの戦争が背景にあった。

一七九七年、アメリカ議会も先例に倣い、海軍創設の資金調達のために遺産相続税を課した。遺産相続税は、南北戦争の戦費調達のための歳入増大を目的に一八六二年に相続税に形を変えた。

これらの税金は、二〇世紀にいくつかの修正を経たが、最初のタックスヘイブンは、相続税の回避を専門としていた。

キャピタルゲイン税は、一九一三年にアメリカで導入され、イギリスでは法人税導入の一環として一九六五年に導入された。

▼1〔参考文献〕Piketty 2001, 234

ファー・マインズという、どちらもイギリスに登記しているが、生産活動はそれぞれインドとイタリアで行なっている二社の事件を突きつけられた。二つの事件で、裁判官らは、自分たちの考える居住の概念を適用した。

　課税に関するイギリスの法律の大原則は、実際にわが国に所在する人あるいは物に関してのみ税を課すべきである、というものである。[20]

裁判官らは、二つの会社の管理・監督は、実際にはイギリスから行なわれておらず、したがって二社は税制上イギリス居住者ではなく、イギリスで課税されるべきではないと主張した。登記場所（あるいは大陸法では「本拠」とされる）は、居住を証明するうえで必要とはみなされず、むしろ有効な管理が必要証拠とみなされた。

この原則が、一九〇一年、「歴史にしみ込む、影響力の大きい裁定」において再確認された。[21] 名高いダイヤモンド多国籍企業のデビアスが、一八八八年、ケープ植民地に登記し、同植民地のキンバリーに本社を置いた。そして、南アフリカでダイヤモンドを採掘し、そこでその業務の管理を行なった。とはいえ、同社はロンドンに事務所を維持し、セシル・J・ローズが運営していた。では、デビアス社は税制上イギリス居住者か否か。裁判官らは、同社の戦略の実際の管理はロンドンから実行されており、したがってデビアス社はイギリスにおいて課税されるべきであると述べた。この裁定は、イギリス大蔵省にとっては有益だった。当時ロンドンは、世界最大の国際金融センターで、多くの企業がロンドンから世界中の活動に資金を供給していたからだ。

一九〇四年、イギリス企業のエジプシャン・デルタ・ランド・アンド・インベストメント社が、エジプトでの土地の購入と賃貸を目的に設立され、その取締役会をカイロに移した。税制上の同社の居住地の問題が、一九二九年に提訴された。今回は、同社はイギリスの納税義務を負わないという裁定が下された。これは、影響力の大きい事件だった。「エジプシャン・デルタ・ランドの裁定は」、ソル・ピッチョートの記述によれば、「ある意味でイギリスをタックスヘイブンとする抜け穴を生んだ。外国人がイギリスに会社を作っても、海外から管理されているという理由でイギリスの法律の下ではイギリス居住者と認められないが、海外で法人化されたので源泉国での税金の一部を逃れられる」[22]。この裁定は大英帝国全体に適用できたので、バミューダ、バハマ、そして後にケイマン諸島や香港もすぐにこれに飛びついた。この裁定は、外国企業はイギリスに登記することができるが、海外でその活動を組織すれば、イギリスの納税義務を負わないことも意味した。

エジプシャン・デルタの判例は、非常に多くのタックスヘイブンが実施している架空の居住者慣行の根幹となっている——オフショア世界にその「架空の」旨みを添えている。

▼19 〔参考文献〕Couzin 2002, 1-2

▼20 〔原注〕Calcutta Jute Mills, Limited v. Nicholson (Surveyor of Taxes) and Cesena Sulphur Company, Limited v. Nicholson (Surveyor of Taxes), (1876) ITC 83, 88 (HL) at p. 101〔Couzin 2002, 6 における引用〕

▼21 〔参考文献〕Couzin 2002, 38

▼22 〔原注〕この可能性は、イギリスで法人化された企業は税制上イギリスの居住者であると規定する一九八八年財政法によって終わりを告げた。しかし、管理基準は、依然として租税条約と関係していた。とはいえ、この変化により、イギリスも他のヨーロッパ諸国と協調することができた(Picciotto 1992, 8)。

3……ヨーロッパのタックスヘイブンの隆盛――一九二〇～三〇年代

スイスの国際金融センター

スイスの銀行家は、実用主義の評判を長いあいだ、不動のものとしてきた。フランスの思想家ヴォルテールは、「スイスの銀行家が窓から飛び出すのを見たら、すぐにその後を追いかけたまえ。きっと金《カネ》が手に入る！」と皮肉ったという。スイスの匿名口座は一九世紀末からあり、スイスの銀行家のみならずフランスやドイツの銀行の支店は、スイス諸州が維持していたかなり緩い金融制度の利点をよく認識していた。フェーレンバッハの主張によれば、銀行の守秘性の原則が一九一二年まではスイスの基準だった。[23] ヨーロッパが重大な変化を遂げるにつれ、スイスは、フランス、ドイツ、イタリア、オーストリアのかなりの資本を引き寄せ、ヨーロッパの「資本ヘイブン」となった。

それでも、国際的タックスヘイブンとしてのスイスの初期の発展は、完全には明らかになっていない。一九二〇年代にスイスに、富裕なイタリア人が資産を保護するために主に使ったオフショア信託が出現したという説がある。ツーク州は、同じ時期に、アメリカのデラウェア州を基に法人設立ヘイブンとして発展した。それどころか、スイスが銀行秘密保護法を導入し、ツーク州が結果としてタックスヘイブンとしての地位を築くこととなる税法を導入したのは、それぞれ一九三四年と四四年になってからのことだった。

ローマン・ケンツラーによれば、近隣のジュネーブ、バーゼル、チューリッヒへの資本逃避の第一波を引き起こしたのは、一八七〇年代の戦争中のヨーロッパにおける増税だった。フランスの大手銀行二行、パリ・オランダ銀行が一八七二年に、クレディ・リヨネが七九年に、それぞれジュネーブに支店を開いた。

小さな独立銀行数行がバーゼル（後のスイス）銀行を設立し、一八六二年に設立されたバーゼル・ヘンデルス銀行とともに、バーゼルをスイス最大の金融センターにのし上げた。スイスに移された資本の大半は、海外に再投資されることになっていたため、スイスの銀行家は、大英帝国が当時支配していた国際金融市場を熟知せざるをえなかった。そして、ロンドン、ベルリン、ミラノ、パリに支店を開き、海外の投資家からのマネーの受領・管理・増殖に関する専門意見を広めた。

さまざまな州が、その状況を利用した。すでに見てきたように、ツーク州は、アメリカの諸州に倣い、一九二〇年代初頭に安価で寛大な法人設立の便宜を提供した。バーゼル市は、国際資本のほうに興味を持ち、架空の持ち株会社と信託の設立を許可した。この戦略が功を奏し、レオポルド・ピレッリなどの実業家が定住した。

スイスは意図的にタックスヘイブンとして機能するつもりは決してなかった、とフェーレンバッハは信じている。[24] むしろスイスの銀行家、さらには州当局や裁判所のほうが実利的、明敏かつ慎重に法律の細かな点を見逃し、スイスをリチャード・ゴードンが「資本のヘイブン」と呼ぶものへと効果的に作り上げる非公式の取り決めを可能にしたのだと。フェーレンバッハは、一九三四年銀行法の背後にあった意図を曲解しているので、この考え方はある程度しか真実ではない。それでも、スイスの実利主義が重要な役割を演じたことに間違いはない。

リヒテンシュタイン経由のちょっとした迂回路……

リヒテンシュタインは、ドイツの秘密諜報部員が元行員から国際脱税者のリストを購入した二〇〇八年

▼23 〔参考文献〕Fehrenbach 1966
▼24 〔参考文献〕Fehrenbach 1966

初頭に物議を醸したが、この小さな領土は、タックスヘイブンの構築において、際立ったとは言わないまでも長期的な役割を果たしてきた。リヒテンシュタインは、最も厳しい秘密保護法のいくつかを施行してきた、うさんくさい特質を有する。リヒテンシュタインの会社法の経緯の背後にある正確な動機は、いまだに論争となっている。

スイスとオーストリアに挟まれた小さな公国リヒテンシュタインは、第一次世界大戦まではオーストリアと密接な関係にあり、終戦後の経済的大惨事をともに経験した。すべての取引が停止し、オーストリア通貨は実質的に価値がなくなった。事態の改善をはかるため、リヒテンシュタインは、オーストリアとの関税同盟を一九一九年に破棄し、スイスと連携した。そして、二四年にスイスフランを自国通貨として採用すると同時に、独自の民法を制定した。一九二六年会社法は、「オーストリアへの災い多い依存を断ち切った後の経済復興を目指す国家戦略の一環だった」とグロスは信じている。[25] リヒテンシュタインが自国の将来についての考えを具体化する際に関与したのは、一九二〇年代初頭に自分の資金をリヒテンシュタインに預けたため、その財産を何としても守りたかったベルリン出身のドイツ人弁護士、ハインリッヒ・クンツェだったと言う者もいる。

実際には、リヒテンシュタインはスイスとオーストリアの慣行を単に統合して体系化し、アンスタルトという新たな企業形態を生んだ。新しい会社法は、リヒテンシュタインの企業の株主の国籍に関して何ら要件も規制も課さなかった。さらに、企業は、リヒテンシュタインの税務当局と資本税・所得税について合意に漕ぎ着け、この合意は三〇年間有効だった。この合意の下、企業は、合意継続期間全般にわたり資本の〇・一%、最低四〇〇フランの税を毎年払えばよかった。[26]

アンスタルトは、さまざまな規則を独特に組み合わせたものだ。オーストリアとドイツで、何世紀にもわたって私法としてではなく公法として発展した。公共の目的、通常は慈善、医学、教育目的のために恒久的に尽くす機関だ。[27] したがって、従来のアンスタルトは、高齢者、保護施設、病院、大学のための機構である。[28] 営利企業に関する、一九一九年七月一九日のオーストリアの法律は、この概念を拡張し、「営利アンスタルト」の設立を認めた。[29] リヒテンシュタインの一九二六年会社法は、単にオーストリアの営利アンスタルト条項第五三四条から五五一条を使用し、それをアングロ・サクソンの信託の概念（民法を採用している諸国には知られていなかった）と組み合わせただけだった。イギリスの一九二五年信託法は、信託の秘密保持を正式に記し、課税可能でない限り登記も、公記録の保持も義務づけておらず、それによってオフショアの秘密保持にとって願ってもない手段を生んだ。信託規定をリヒテンシュタインが採択したことで、無実のアンスタルトが最も濫用的な形態の信託の一つに変貌した。

リヒテンシュタインのアンスタルトは、法人格を有する事業体で、厳密には法人でも個人信託でもない。「アンスタルトの鍵となる革新」が、ヨーロッパの法曹界や税務当局にとっての問題を引き起こしてきた。[30] アンスタルトとは、「一人の自然人のために法人のすべての利点を取得する目的で」考案された「逆法人」なのだ。ようするに、自分自身の名前では公然と行なえない事業を実施する際に、所有者の素性を隠匿するという明らかな目的のために法人格を与えられた一人法人である。[31] グロスには、納税対象となる財産と

▼25〔参考文献〕Glos 1984, 929
▼26〔参考文献〕Marias 1957, 412
▼27〔参考文献〕Glos 1984, 930
▼28〔原注〕この概念は、財団あるいは基金と最もよく特徴づけられる"Stiftung"（スティッフトゥング）の概念と密接につながっている。
▼29〔参考文献〕Glos 1984, 931
▼30〔参考文献〕Glos 1984, 953
▼31〔参考文献〕Glos 1984, 954

所得の隠匿以外にアンスタルトの使い道が思い浮かばない。

今日、リヒテンシュタインは、スイスの銀行業の影の側面と捉えられよう。ラマティが指摘するように、「リヒテンシュタインの事業体が正式に保有している多額のマネーは、リヒテンシュタインに直接移されているのではまったくない。リヒテンシュタインの事業体がリヒテンシュタインの外、主としてスイスの銀行に持っている口座に膨大なマネーが保有されている」[32]。スイスの弁護士は、リヒテンシュタインに事業体を設立することができ、実際には、スイスの法律——その多くが国際的圧力に応じて導入された——をかいくぐるために、スイスの銀行や金融機関が利用している。

民法の国として、スイスは、信託という機構を認めていない。アンスタルトという革新的手法を持つリヒテンシュタインに、スイスは後れを取ったのだろうか。一概には言えない。スイスの裁判所では、信託という法的組織は認められていなかったが、スイスの銀行は、すでに外国の信託名で口座を開設するほど実利的だった。信託に関する問題が最終的に法廷に持ち込まれると、スイスの法曹界も同じように実利的な面を発揮し、手続き上の目的のため、民法の取り決めの中でも認められるような最も近い形態にすんなりと信託を転換した。ならば、スイスの銀行業の実利的慣行をそのまま採用することもできたのに、なぜリヒテンシュタインはアングロ・サクソンの信託という概念を導入したのか。私たちの考えでは、リヒテンシュタインは、自国をスイスの競争相手とみなしていたので、アンスタルトという機構を宣伝する必要性を感じていたのだ——そして、巧みにそれをやってのけた。

二〇世紀初頭、スイスはまだ立法権のあるタックスヘイブンではなかったが、実利主義の評判をすでに構築していた。外国の信託や財団が当初スイスの銀行を利用したのは、税務上の理由よりも、不安定な母国の政治制裁を恐れたからだと推測できるかもしれない。多くの貴族や「資産家」が、ヨーロッパを席捲した革命勢力から自分の資産を守ろうとしていた——そして、スイスの銀行家や州に、自分たちを保護する手助けをしてくれる完璧なパートナーを見出したのだ。

ケンツラーの指摘（二〇〇七年）によれば、チューリッヒ‐ツーク‐リヒテンシュタインの三角地帯が、第一次世界大戦後初の本当のタックスヘイブンとして出現した。戦前にもスイスには、オフショア持ち株会社や信託があったが、持ち株会社の数は一九二〇年以降に激増した。チューリッヒ州は、こうした持ち株会社への税金の特別優遇の提供には熱心ではなかったが、市の金融エリートたちは、チューリッヒの駅前大通りバーンホフシュトラッセから来た弁護士や銀行家の助言で法律を修正してくれる、もっと御しやすく、もっと貧しい地方のグラールス州やツーク州を利用した。その同じ弁護士や銀行家が、リヒテンシュタインにも助言した。こうした便宜を通して、チューリッヒは、スイスの株式会社や郵便箱会社◆の中心地となり、一九二〇年代末までにはバーゼルを凌駕した。これは、新しい銀行法とともに一九三四年にはっきりと出現した戦略のはじまりでしかなかった。

そして、ルクセンブルクも……

ルクセンブルクは、タックスヘイブンのレッテルを強硬に否定している。しかし、その抗議は、シェルターオフショア・コムの専門家委員会に好影響を与えられず、同委員会は二〇〇七年にルクセンブルクを（マン島と並ぶ）その年のベスト・タックスヘイブンとみなした。同委員会は、「国際ビジネスとオフショア金融全体の場としての全体的訴求力の向上のために積極的に取り組んできた同法域とその政府の方々にとって、とてつもない朗報である」と指摘した。実に、一九九〇年に海商登録を導入してから、ルクセンブルクは、重要なタックスヘイブンとしてのみならず、便宜置籍船ゲームの重要な立役者としても浮かび

▼32 〔参考文献〕Ramati 1991, 27

◆郵便箱会社　スイスで事業活動をまったく行なっていない会社で、職員も事務所も置いていない。

上がってきた。

それどころか、ルクセンブルクは、最古のタックスヘイブンの一つでもある。同国の銀行秘密保護法は、スイスと釣り合うように一九八一年に強化された。一九二九年持ち株会社法を通して、非居住者に対する特別租税措置をいち早く設けた。とはいえ、一九七〇年代までは主要タックスヘイブンとしては浮上しなかった。一九七〇年現在、同国の付加価値総額における銀行ならびに保険会社の割合はおよそ五%だったが、七五年に一三%のピークに達し、八〇年には一〇%に減少した。[33]今日、ルクセンブルクは、一人当たりのGDPについて世界最富裕国となっているが、その成功はほぼ完全に、金融部門の盛況に起因する。

ルクセンブルクは、他国に先駆けて一九二九年に持ち株会社の概念を導入した。一九二九年七月三一日に施行した法律の下で、持ち株会社は、所得税、財産税（あるいは富裕税）、株式譲渡税、源泉徴収税を免除された。また、ルクセンブルクは、標準となる一九二九年持ち株会社法のいくつかの派生事項も設け、さらに有利な税制を提供した。[34]EUの圧力により、一九二九年持ち株会社法はすでに廃止されている。だが、ルクセンブルク・オフショアを専門とするある会社が見込み客に説明しているように、すべてが廃止されているわけではない。「ルクセンブルクは、近い将来、個人投資向けの新たな媒介を導入することにより、世界有数の税金対策法域であり続けることを示している。新会社であるSPF、家族資産管理会社は、個人投資家の皆さまに、金融資産への間接投資と所得の非課税蓄積を可能にします。SPFは、ルクセンブルクでは所得と富への税金が免除されます」とのこと。

4……スイスの一九三四年銀行法

銀行の秘密保護が、スイスでは民法によって保障されているという点で、スイスの銀行家は近隣諸国と比べて大きな強みがあった。一九三四年銀行法は、第四七条★において、銀行の秘密保護を刑法の保護下に置くことでこの原則を強化した。この条項は異例のもので、詳細に引用するに値する。

何人であれ、銀行の代理人・役員・従業員、会計士あるいは会計士の助手、銀行委員会の委員、同委員会事務局の事務局員あるいは従業員として、業務上の秘密に関する完全な守秘義務に違反した者、あるいはこの義務に違反するよう他者に教唆あるいは教唆しようと試みた者は、二万フラン以下の罰金あるいは禁固六か月以下、あるいはその双方の刑に処する。過失によりこの行為をした場合は、罰金一万フラン以下の刑とする。[35]

これでも不足ならば、スイスの刑法第二七三条が、スイスの銀行口座保有者にさらなる保護を提供している。

何人であれ、外国政府、外国企業、外国機関、あるいはその代理人に知らせるため、業務上の秘密を探査した者、および外国政府、機関、民間企業、あるいはその代理にかかる業務上の秘密を知らせた者は、禁固刑に処する。[36]

▼33〔参考文献〕Hübsch 2004
▼34〔参考文献〕Warner 2004, 556
★第四七条　銀行の秘密保護を刑法の保護下に置いた、一九三四年スイス銀行法の条項。
▼35〔参考文献〕Fehrenbach 1966, 64 における引用。
▼36〔参考文献〕Fehrenbach 1966, 64 における引用。

スイスの法律は、「業務上の秘密に関する完全な守秘」、すなわちスイスの銀行に保有されているすべての口座に関する完全な守秘を要求している――ここで言う「完全な」とは、スイスを含むすべての政府からの保護を意味する。銀行をはじめとする機関への取り調べあるいは調査を、法律が刑事犯罪と明示しているのだ。当然ながら、投獄される危険を冒してまで調査する覚悟のある学者やジャーナリストは、これまでのところほとんどいない。この法律は、いったん国境を越えたら、資本は刑法によって保障され、スイスの国家権力に支えられた犯すことのできない法の聖域に入ったことになる、と法律が請け合ったのだ。

スイス当局は、なぜこれ程までに銀行の守秘義務を強化する必要を感じたのだろう。アメリカの法律とイギリスの架空居住者とともに、スイスの銀行守秘義務が、オフショア世界の三番目の柱を形成し、他の法域もこれに倣っている。これらの法律の歴史を研究してきた学者たちの成果について、少し掘り下げて考える必要がある。

スイスの銀行家は、ナチスドイツに迫害されたユダヤ人やその他の少数民族の資産を保護するために一九三四年法が作られたという神話を好む。歴史家のセバスチャン・グー[37]とピーター・ハグ[38]は、前述の法律はナチスとはほとんど無関係で、銀行監督についてのスイス国内での論争と多大に関係していた、と説得力ある説明をしてきた。めったに指摘されないが、これらの論争の立役者はフランスだった。一九三四年法の背景は、ヒトラーが前年に権力の座に就いたことではなく、スイスの金融センターに大打撃を負わせた金融危機だった。一九三一年の下半期に、スイスは史上最悪の銀行危機に陥った。いわゆる大銀行八行中三行が破綻し、一行は連邦国家からの莫大な援助で何とか存続し、残りの四行は大々的な再編が行なわれた。スイス連邦は、一九三三年一月、金融機関の規制と監督の強化を目的とする新たな銀行法の施行を決定した。

同様の新法に直面していた世界の同業者と同じように、スイスの銀行家たちは、新たな規制と監督によって、役人が前例のないほど簡単に個人口座を把握できるようになるのではないかと恐れた。国内外双方の課税目的に情報が使われるのではないかと、とくに懸念した。金融システムの一般的取り締まりについて合意するのと引き換えに、銀行家たちは、個人口座・取引情報の入手規制を維持し、連邦政府の役人には情報を提供しないこと、銀行秘密保護法を強化することを要求した。一九三四年銀行法第四七条は、実は、一九三三年二月に起草された最初の法案だったのだ。

同法の施行においてフランスの政治家が果たした役割は、ほとんど知られていない。一九三二年六月、エドアール・エリオの中道左派がフランスで政権の座に就いた。エリオ政権は、財政赤字の大幅縮小に努力し、スイス経由の脱税をフランス金融にぽっかり開いた穴と指摘した。

本書共著者の一人が実施したフランス国民議会公文書の調査[39]とセバスチャン・グーの歴史的解析[40]から、その後の出来事を再現できる。一九三二年一〇月二六日午後四時一〇分、バルトゥレ警視が、高級なシャンゼリゼ地区の瀟洒なアパートにあるバーゼル商業銀行のパリ支店に突然踏み込んだ。そのアパートで、バルトゥレ警視は、驚いたことに一人のフランス上院議員、現金二四万五〇〇〇スイスフラン、そして何とフランス国民二〇〇〇名の名前を記載したノート一〇冊を発見した。このノートから、対外投資にかかる二〇％の所得税を払わないようにするために、フランス国民がこの銀行を使っていることが判明した。記載されていた名前についての噂が、猛烈な勢いで広まった。しかし、内務大臣のカミーユ・ショータン

▼37 〔参考文献〕Guex 1999
▼38 〔参考文献〕Hug 2000
▼39 〔参考文献〕Chavagneux 2001
▼40 〔参考文献〕Guex 1998

は名前を明かそうとせず、財務大臣のルイ・ジェルマン＝マルタンは名簿など持っていないと主張する。

そうした雰囲気の中、社会党代議士のファビアン・アルベルタンが、国民議会で発言を求めた。完璧な技法で、このパリ控訴院の元弁護士は、これらのノートに記載されていた最も有名な詐欺師たちの名を一人ずつ明らかにする。上院議員三名、将軍一二名、複数の司法官、聖職者二名、大手新聞社の取締役や、自動車メーカーのプジョー兄弟や家具メーカーのレヴィタンのオーナーなどの大物経営者らも含まれていた。

こうした社会的地位にあるフランス国民が、約二〇億フラン（現在の約一二億ユーロに相当する）をバーゼル商業銀行に預けていた。これによるフランスの税収損失は、年間四〇億フランに上ると推定された。間もなく、スイスの大手銀行三行に対して訴訟が起こされ、資産が凍結された。一九三二年一一月一六日、フランス当局はバーゼル商業銀行の取締役二名を召喚し、バーゼル本店の口座の取り調べを要請した。取締役はこの要請を拒否したために、直ちに二か月投獄される。一一月二一日、フランスはスイスに相互援助条約の締結を正式に求めるが、スイス政府はこれを即座に拒否する。

しかし、もう取り返しがつかなかった。多くの外国人顧客が、スイスの口座からマネーを引き出していた。こうなると、スイスの新聞各紙が、この巨額の引き出しが悩めるスイスの銀行産業に及ぼす影響を心配しだした。バーゼル商業銀行は、多額のマネーを払い戻ししなければならず、ジュネーブ割引銀行は猛攻を乗り越えられなかった。スイスの銀行界は、またスキャンダルが発覚すれば一巻の終わりになりかねないと認識した。こういう状況があったからこそ、銀行秘密保護法の強化を求める声が上がったのだ。何年も経ってから、アメリカによる同様の猛攻が引き金となって、ケイマン諸島の金融法が同じように強化された。

ピーター・ハグによれば、一九六六年、スイスの銀行家が、アメリカ議会で直面した厳しい尋問に対応するためにユダヤ人資産の保護についての伝説を考え出した。[41] スイスの銀行の秘密主義を擁護する者たちが、それ以来この神話を受け継いできた。もちろん、スイスの銀行家が、このまったく同じ銀行秘密保護法を盾にホロコーストを生き延びたユダヤ人への返金に抵抗するのを正当化しているのは皮肉なことだ。六〇年以上の月日とアメリカがつぎ込んだ総力により、一九八八年になってようやく記録保管所を開き、スイスの金庫にあるユダヤ人の資産価額を調査する許可が下りた――スイスの銀行業の伝説的秘密主義に切り込む小さな譲歩だった。

四七条は、大成功だった。スイスの銀行の外国人預金高は、その後三年で二八％増加した。[42] 数か国は、新法を侵略行為に他ならないとみなした。アメリカは、スイス当局に強い圧力をかけたが、効果はなかった。フランコ時代のスペインでは、このような口座の利用はスペインの刑法の下で禁止されていた。[43] ベイルート、バハマ、リヒテンシュタイン、ウルグアイ、パナマ、キュラソーなどの法域が、スイスの法律に倣いはじめるにつれ、問題が悪化した。時間とともに、ヨーロッパのいくつかの国は、スイスの法律に「改良」を加えた。スイスでは、依然として、少なくとも行員二名が顧客の素性を知らなければならないが、ルクセンブルクでは、現在、役員一名だけが顧客を知っていればよい。オーストリアは、他でもないあの「底辺への競争」を当然の結果へと導いた――オーストリアでは、口座は完全に匿名化された（オーストリアは、EUからの強烈な圧力により、論議を呼んでいた銀行法をそれ以来廃止している）。多くの法域が、インターネットを通じての銀行口座の開設を認め、匿名性の慣行を維持している。

41〔参考文献〕Hug 2000
42〔参考文献〕Hug 2000
43〔参考文献〕Fehrenbach 1966

5……近代経済の発展とともに誕生したタックスヘイブン

タックスヘイブンの初期の歴史は、近代の会社組織、近代の税制、タックスヘイブンの隆盛など、一九世紀末の近代経済の発展と驚くほど密接につながっている。皮肉にも、当たり前と言えなくもないが、近代の疑似タックスヘイブンの初期の例は、ニュージャージーとデラウェアというアメリカの小さな州で出現し、これにヴァーモント州、ロードアイランド州、次いでネバダ州が続いた。一九世紀末までに、アメリカは世界有数の先進経済国になっていたのだから、これは驚くことではない。

資本主義発展の最終段階がヨーロッパ沿岸に到達すると、タックスヘイブン現象も到達した。アメリカの連邦統治モデルに最も類似するヨーロッパの国スイスが、オフショア世界における最も初期の主要プレイヤーとして出現した。チューリッヒ‐ツーク‐リヒテンシュタインの三角地帯が、最初の純粋なタックスヘイブンとして一九二〇年代に形作られ、資金の大部分を非居住者から集めた。

その間、イギリスの裁判所は、近代の多国籍企業の隆盛に照らしてイギリスの税法規と居住法の近代化を任された。そして、おそらく意図せずして、非課税の会社居住という概念を生み、インターナショナル・ビジネス・コーポレーション・モデルへの道を拓き、それが現在、オフショア世界の中心となっている。

タックスヘイブンの出現は、現代の視点から見れば、増税に対する嘆かわしくも避けられない反応だったのではないか。しかし、タックスヘイブンの歴史は、政府も個人も、タックスヘイブン戦略における金銭上の利益の可能性を完全には理解していなかったことを示している。それどころか、どの国家、どの法域も、戦略を完全に策定したわけではない。それぞれが、その時々の状況に対応したように思われ、非居住者の資本を誘致することを唯一の目的とする税法や取締法の大々的修正に基づく、完全に統合された戦略が出現したのはずっと後、おそらく一九五〇年代以降になってからだろう。

第5章
大英帝国による タックスヘイブンの発展

スイスは原型的なタックスヘイブンだったが、大英帝国のほうが上手で、タックスヘイブン発展にとって肥沃な土壌を提供していた。現在でも、イギリスは、一四の海外領土に対する権限を保持しており、その一一には永住者がいる。そのうち七つ、バミューダ、ケイマン諸島、英領ヴァージン諸島、ジブラルタル、タークス・カイコス諸島、アングィラ、モントセラト島がタックスヘイブンだ。イギリスはまた、ジャージー島、ガーンジー島、マン島という王室属領の主権も保持しており、三属領ともに世界有数のタックスヘイブンとなっている。さらに、イギリスの旧植民地の香港はイギリスの法律を使っており、主要金融センターに発展している。

タックスヘイブンの発展に、大英帝国がこれほど大きな役割を果たしてきた理由がいくつか確認できる。第一に、大英帝国は史上最大の帝国で、ソビエト帝国の二倍近い大きさだった。イギリスは、第一次・第二次産業革命の発祥地だった。第二次世界大戦まで、世界経済のかなりの部分が、大英帝国内部で処理されていた。第二に、第8章で示すように、すべてのヘイブンの発展において鍵となる要因は、社会の社会経済構造である。タックスヘイブンは常に、商業・金融エリート優位の国々において発展する――大英帝国やその多くの前哨基地がそうだった。第三に、イギリスのコモンローは、タックスヘイブンを発展させるために使われる抜け穴の創出に非常に有効だった。第四に、手に負えない帝国を保持するための手っ取り早くて簡単な「節約」方法を探していた斜陽国家イギリスは、小さな植民地の前哨基地のためにタックスヘイブンの地位をこれ幸いと受け入れた。そうすることで、現地のエリートたちは喜び、ロンドンからの支払いを削減できたからだ。最後に、オフショア・センターとしての大英帝国の存亡にとって、ユーロ市場とシティが不可欠だった。

これらの要因が相まって、酔いの回りが早いカクテルとなった。やがて、それがシティ、イギリス属国の法域、いくつかの旧植民地、スイス、ルクセンブルクを中心とする独特の政治経済を生んだ。

1……大英帝国中心の世界の下で

大英帝国中心の政治経済の始まりを正確に示すのは難しい。一九二九年エジプシャン・デルタ対トッド氏の裁判（前章で考察）でクライマックスに達したイギリスの居住者法の進展が、きわめて重要となった。エジプシャン・デルタ事件以降、どんな植民地の前哨基地も、原則的にタックスヘイブンとして機能できるようになった。それにしても、この可能性を認識していた会社や役員がどれだけいただろう。そして、このような動向は、外国事業の誘致のために意図的に使われたのだろうか。

イギリスの入植者が住み着く場所にはどこでも、コモンローが彼らについて回った。しかし、「議会がウェストミンスターで採択したその後の制定法は、その条項あるいは自然な推論によって明白に適用可能でない限り、新しい植民地には適用されない」[1]。その結果、大英帝国全般へのイギリスの法律の導入が

▼1 〔参考文献〕Dill and Minty 1932, 216

遅々として進まず、租税回避に好都合な抜け穴を生んだ。一九三〇年代までにイギリスの法律書には、考察すべき多くの事件が収められた。スーダンのある商人は、制定法導入の遅れを利用して、商業活動の一部の税の支払いを回避したようだ。バミューダは、「投機家が、土地会社を組織して土地を買うのを阻止するために」イギリスの会社法の導入を拒否し[2]、皮肉にも、いつの間にか結果として租税回避のために利用されていた。租税回避スキームがはびこっていたが、これらの植民地前哨基地は、私たちが今日タックスヘイブンと呼ぶものではなかった。少なくともそうなることを意図してはいなかった。

世界初の非課税会社を創出したバミューダ

バミューダの保護貿易主義的な傾向が、無意識のうちにこのイギリスの植民地を、カリブ海の草分け的

コラム5-1

パーティントン対法務長官、一八六九年――重要なのは言葉のみ

コモンローははなはだしく複雑で、法律、法規、解釈の組み合わせに基づく。一九七〇年から二〇〇八年までに、イギリスの税法だけでも、議会立法で一二九七ページから四五八〇ページに、委任立法で一七一ページから一四四四ページに増加した――複合年間増加率は一九七〇年以降六%、八八年以降八%超、九二年以降一二%超となっている。これらの数字は、フランスの税法四五〇ページ（および付属書四〇〇ページ）、ドイツの課税立法四五〇ページとまったく対照的だ[1]。規則が長く、複雑であればあるほど、生まれる租税回避と脱税の機会も増える。思い返せば、課税に対するイギリスの姿勢の真髄

を物語る重要な展開は、「課税立法を言葉の問題として扱う裁判所の習慣」だった。[二] 課税立法の解釈方法に関する初期の発言の一つは、一八六九年のパーティントン対法務長官におけるケアンズ卿の発言だった。

すべての財政法の原理を私は次のように理解する。納税を課されようとする者がその財政法の文言の射程範囲に入るのであれば、批判的観点から、その履行がいかに困難だとしてもその者は課税されなければならない。他方、税を回収しようとする訴追当事者が、訴訟対象を当該財政法の文言の射程に収められないのであれば、その事件がいかに当該財政法の精神の射程範囲に入っていようとも当該訴訟対象はその義務を免れる。[三]

以来、イギリスの裁判所を導いてきた原理は、法律の意味あるいは目的ではなく言葉の重視だ。この原理は、一九八〇年に貴族院で再び表明された。

訴訟対象は、明確な言葉に基づいてのみ課税されるべきであって、法令の「真義」あるいは正当な権利に基づいて課税されるべきではない。課税に関するいかなる議会立法も、この原理に従って扱うものとする。[四]

EU加盟後、イギリスの裁判所は姿勢を変え、ますます「目的」概念寄りになってきており、裁判所は議会の手法を解釈しようとしている――タックスヘイブンの将来にとって重要な意味を持つかもしれない展開だ。

▼一〔原注〕Avery Jones 1988, 255-56

▼二〔原注〕Avery Jones 1996, 70

▼三〔原注〕Avery Jones 1996, 70における引用。

▼四〔原注〕Avery Jones 1996, 70において引用されたLord Wilberforce in Ramsey v. IRC 54 TC101 at 184E

タックスヘイブンの一つとするのに貢献した。一九三二年、バミューダの司法長官T・M・ディルは、バミューダがイギリスの会社法の領土への導入を拒否してきたのは先見の明があったと、依然として思っていたが、明らかに彼は諸島の実態を把握していなかった。一九三六年、バミューダの弁護士レジナルド・コンヤーズと事務弁護士ヘンリー・タッカーは、保護貿易主義的法律をすり抜ける方法を見出し、アメリカのライフセーバーズ・キャンディのメーカーが、アメリカ国外での利益をアメリカ国税庁（IRS）から隠すことができるようにし、多くの者たちが世界初の非課税会社と信じているものを創出した。その会社は、エルボンと呼ばれ、一族の名前を逆に並べたものだった。「しかし、島のゴールドラッシュの火付け役になったのは二番目の非課税会社、インターナショナル・マッチ・リアライゼーション社だった」とロジャー・クロンビーは書いている。[3]

一九四七年一〇月、シェルが最初の国際企業オフィスをバミューダに開設したときになってようやく、バミューダ・オフショアの近代史が幕を開けた。一九五八年、バミューダは、非課税パートナーシップ法を施行したが、これは非居住者が同植民地で設立されたパートナーシップをベースに活動することを認めたものだった。イギリスの劇作家ノエル・カワードやギリシャの数多くの船主たちをはじめとする世界の大富豪が、バミューダに資産管理をしてもらうようになった。仕事の大半は、法律会社のコンヤーズ・ディル・アンド・ペアマンが扱った。一九五〇年代中頃までに、アメリカン・インターナショナルは、バミューダに三〇〇名近い従業員を雇うようになったが、その大半が生命保険の仕事関係の従業員だった。一九五四年、アップルビー・スパーリング・アンド・ケンプという法律事務所が、バミューダ初の投資信託会社を二社設けた。

一九五六年、ロンドンの日刊紙『タイムズ』に掲載された、現地の海事法に関する手紙が、たちまちもう一つの成功を生んだ。一年のうちに、世界の全船舶の半分が、バミューダに「置籍」した。次に生まれたのがキャプティブ保険ビジネスだった。クロンビーによれば[4]、以前は財産保険を扱っていたアメリカ、オハイオ州出身のフレデリック・マイレット・ライスが、このビジネスを考案した。「ライスが保険契約を結んでいた製鋼所は、炭鉱も所有していた。その石炭から、当時は、所有者が鉄鋼生産に使うだけの目的でコークスが作られていた。その炭鉱が『キャプティブ』と呼ばれており、ライスの甥によれば、それが保険ビジネスにおける『キャプティブ』の起源となっている」[5]。一九六二年の末、ライスはバミューダに初のキャプティブ保険会社を設立した。ライスのビジネスは、その後彼がバミューダに設立したキャプティブ管理とコンサルティングの会社、インターナショナル・リスク・マネジメント・グループへと発展した。バミューダは、すぐに世界のベンチャー・キャピタル◆の中心となった。

やがて、バミューダは、投資ファンド二〇〇〇社、二〇〇八年現在の資産総額二一〇〇億ドル超の本拠地となった。バミューダに登記されているキャプティブ保険会社の数は、三〇〇〇社を上回る。バヌアツ共和国とアメリカのヴァーモント州が追い上げてはいるものの、バミューダは依然としてキャプティブ保険の主要センターである。

バミューダは、今も、数少ない「純粋な」タックスヘイブンの一つだ。所得税、収益税、キャピタルゲイン税もないし、配当にかかる源泉徴収税や相続税もない。

▼2〔参考文献〕Dill and Minty 1932, 217
▼3〔参考文献〕Crombie 2008
▼4〔参考文献〕Crombie 2008
▼5〔参考文献〕Crombie 2008
◆**ベンチャー・キャピタル**　ベンチャービジネス（新興企業や中小企業）に投資する会社またはその資本。

バハマ

バハマ〔英国より独立したのは、一九七三年〕も、一九三〇年代にタックスヘイブンとしてのし上がってきた。一九三七年にモーゲンソーがアメリカ大統領に提出した報告書によれば、[6]一九三五年から三七年までにアメリカ人がバハマに個人持ち株会社六四社ならびに数々の保険会社を設立した。バハマは当時、（パナマとニューファンドランドとともに）[7]アメリカ人にとっての主要タックスヘイブンとみなされた。

　バハマにおける初期のパターンも、初期の開発者に関して見てきたパターンと類似している――現地の対外指向の商人や金融エリートが、外国資本にとって魅力的な立法制度を構築したのだ。バハマでは、一九六七年に初の黒人首相が選出されるまで、ナッソーのベイ・ストリートとシャーロット・ストリートのクラブに定期的に集まっていた白人の商人と事務弁護士より成る、ストリート・ボーイズと呼ばれる集団が、島の発展を――合法的にも違法にも――支配していた。

　一九六〇年代初めまで、バハマは変化に取り残された感があったが、シカゴ・マフィアの銀行家とされるマイヤー・ランスキーが、地元のエリートたちとともに、バハマをキューバに代わるカリブ海のギャンブルの中心地にしようと企てた。[8]彼らは、港湾管理当局を利用し、グランド・バハマ・ディベロップメント・コーポレーション（DEVCO）と呼ばれる会社を作り、ランスキーの仲間を引き入れた。これに続き、スイス流の銀行秘密保護法が一九六五年に施行された。

　一九七〇年代初頭までに、バハマは、最大級の「純粋な」タックスヘイブンになった。金融部門が、観光部門に次ぐ第二位となった――当時バハマは、カリブ海を訪れる全観光客の四〇%を引きつけていた。バンク・オブ・ノバ・スコシャ・トラスト・カンパニー（バハマ）の常務取締役、カナダの前司法大臣、司法長官、財務大臣を務めたドナルド・フレミングが表現したように、「税の楽園」だった。彼は請け合った。この国は、所得税、法人税、キャピタルゲイン税、源泉徴収税、遺産税、相続税をまったく課さない、と。バハマは、ユーロ市場の出現によって莫大な利益を得た。一九七〇年代初頭までに、ロンドンに次ぐ世界第二のユーロダラー市場に対応するようになった。それ以降、ケイマン諸島によって徐々に陰りを見せている。

マフィアとバハマとのつながりに、アメリカ大統領組織犯罪諮問委員会と上院常設調査委員会が着目した。両委員会ともに、アメリカ犯罪者によるバハマのオフショア銀行ならびに企業の広範な利用を報告した[9]。一九六五年、アメリカ国税庁諜報部は、「貿易風作戦《オペレーション・トレードウインド》」を立ち上げ、バハマにおけるアメリカ人の犯罪活動を捜査した。この作戦は七〇年代まで続き、その主な成果は、バハマとケイマン諸島に支店のある小さな銀行、キャッスル銀行への潜入だった。その結果として、バハマ「ブランド」に傷がつき、他のカリブ海のヘイブンが、その支配的地位を奪った。

チャンネル諸島とジブラルタル

近代の非課税会社を考え出したのはジャージー島であって、バミューダではない、とする専門家もいる[10]。ジブラルタルに立地するいくつかのオフショア会社も、そのいかがわしい地位を奪い合っている。ジブラルタルの主張は、直ちに退けることができる。ジブラルタルは、一九六〇年代にタックスヘイブンとして

6 〔参考文献〕Morgenthau 2006 を参照。
7 〔参考文献〕Morgenthau 2006
8 〔参考文献〕Naylor 1987, 2002
9 〔参考文献〕U. S. Senate 1983; President's Commission 1984
10 〔参考文献〕Crombie 2008

の地位の構築に乗り出したとはいえ、発展したのは、スペインがこの植民地との国境を開放した八〇年代中盤に入ってからのことだった。

ジャージー島も、まったく話が別だ。ジャージー島初の所得税法が施行されたのは、一九二八年。ジャージー島の会社は、島で管理・運営されている場合に、その利益に関して課税の対象となった。したがって、原則として、企業は島に登記できるが、そこで運営されていなければ納税を回避できた。少数の企業が、一九二〇年代後半にこの抜け道をすでに利用していたようだ。だが、一九二九年のエジプシャン・デルタ事件が示すように、この慣行は大英帝国では珍しくなかった。

チャンネル諸島◆は、一九二〇年代からタックスヘイブンとして知られていた。アッサフ・リホフスキの記述によれば、イギリス政府は、「回避の問題に取り組むよう同諸島に圧力をかけ、この件に関する法律を制定するよう促した」[11]。だが、島民は「非常に頑なで、自分たちだけが大英帝国のタックスヘイブンではないと主張した。そして、自分たちは不当に差別されており、イギリス政府の介入は、彼らの憲法で規定されている権利と免責をはなはだしく害するものであると言い添えた」[12]。チャンネル諸島政府が同じ主張を現在でも使っていることからして、一〇〇年経っても大して変わっていないようだ。

ジャージー島の非課税会社法の起源は、しばしば一九四〇年のドイツによる占領まで遡るとされる。占領軍が、法人税法を施行した。その条項の一つは、島に登記されているが、大英帝国内の別の場所で運営されている会社については五〇ポンドの一律課税で、会社が帝国外で運営されている会社の場合は所得税相当の税率というものだった。一九四〇年の税法に、一九五六年の新法が取って代わり、英連邦内で運営されている会社は五〇ポンドの税、連邦外で運営されている場合は一〇〇ポンドとなった。一九七〇年に、運営場所に関する差別化がなくなり、二〇〇ポンドの一律課税が敷かれた。したがって、皮肉にも、ナチスの法人税対象会社が現在のジャージー島の非課税会社の先駆けで、おそらく世界の非課税会社の起源となったのだろう。

法人税の取り決めを享受するためには、運営は島外で行なわれなければならない――つまり、すべての取締役会は、ジャージー島の外で開かれなければならない。これが、浮かれ騒ぎのサークこと、サーク・ラークと呼ばれる独特の慣行を生み、取締役たちがきわめて小さいサーク島で会合を開いたという。一九八八年に、財政法によって非課税会社が導入され、法人税法は廃止された。これによって、非居住者が所有する企業は、ジャージー島で利益が生じない限り、所得税の納税義務を負うことなくジャージー島で取締役会を開けるようになった。これで、サーク・ラーク会合の必要性はなくなった。

バミューダやバハマ、その他の多くの法域同様、ジャージー島とガーンジー島のオフショアが本格的に発展したのは、ようやく一九六〇年代に入ってからだった。ハンプトンとクリステンセンによれば[13]、これは、金融センターになることを目指した計画的な国家主導の戦略ではなく、小さな経済がまず「発見され」、次いで国際的な金融資本にますます利用されるようになった一例だった。

2……疑似的なタックスヘイブンとしての「アントルポ」

イギリス中心のタックスヘイブンの発展における三つ目のきわめて重要な段階に目を向ける前に、タックスヘイブンと時々呼ばれる三つ目の国家グループに触れておこう。これらの完全に異なる法域には、べ

◆チャンネル諸島　ジャージー島・ガーンジー島などが属する、イギリスの王室属領。

▼11〔参考文献〕Likhovski 2007, 206

▼12〔参考文献〕Likhovski 2007, 206

▼13〔参考文献〕Hampton and Christensesn 1999

イルート、ウルグアイ、パナマ、ならびにキューバとタンジールが含まれる――とはいえ、一九四〇年代と五〇年代に金融センターとして知られ、タックスヘイブンとみなされていた最後の二つについてはほとんど情報がない。この二つは、一九六〇年代にほぼ存在を停止した「旧」オフショアを意味する。これらに、オランダ領アンティル諸島も加えるべきだ。オランダ当局は、第二次世界大戦中に、彼らの当時の主張によれば、ドイツによる本国占領中の国民の金融資産を守るために、この諸島をタックスヘイブンとして発展させた。

ベイルート、一九四三年

商人や投資家の利害関係者に支配されていたレバノン山脈地域は、一九世紀末から中東とヨーロッパの「アントルポ」、つまり無関税港のような中継地として機能していた。一九四三年に独立を獲得してから、エリートたちが「国際市場における競争力を養うための機関を設立し、中継貿易、金融、オフショア事業における成功の機会を提供した」[14]。寛容な環境が外国の――主にアラブの――資本をレバノンの銀行に引き寄せた。ベイルートのオフショアは、一九六六年の内戦勃発とともに事実上終わりを告げた。レバノンは、この数年、オフショア・センターとしての地位を取り戻そうとしてきた。

ウルグアイ、一九四八年

ウルグアイは、一九世紀にイギリスの利害関係者によって南米大陸南部地域向けの主要アントルポ・センターとして開発された。商人や金融の利害関係が優勢だったので、オフショア・センターの開発が当然の次なるステップと思われた。ウルグアイのオフショア会社（ＳＡＦＩＳ）が、一九四八年六月二四日、法令第一一・〇七三に従って設立された。ＳＡＦＩＳの主な目的は、ウルグアイ以外に所在する投資対象向けの投資の仲介機関としての機能だった。SAFISは、その資本準備金について毎年〇・三%の税金を支払う。

同法令によれば、SAFISは、ウルグアイ国外で主に活動しなければならず、所得総額の五〇%超の利益を外国であげなければならない。無記名株と会社取締役が認められており、株主に対する匿名性を提供し、外部監査の必要がない。

パナマ

船舶登記センター(便宜置籍船)としてのパナマの発展は、一九二〇年代初期に遡る。しかし、大規模なオフショア金融部門と三五万社を誇るパナマ・オフショアの発展は、七〇年代に起こった。パナマは、すでに述べた三本柱、つまり非課税会社、銀行秘密保護法、競争力のある会社法に基づくお馴染みのタックスヘイブン・モデルを採用した。一九七〇年に、銀行法を緩和する一連の決定を下し、スイス流の銀行の秘密保護を採用し、通貨管理を廃止し、非課税会社を設けた。▼15

3……ユーロ市場の出現

大きな混乱が、ユーロダラー★市場、別名ユーロ市場あるいは「オフショア金融市場」の起源と特質を取

▼14 〔参考文献〕Gates 1998, 3

▼15 〔参考文献〕Warf 2002

★ユーロダラー　アメリカ領土以外で預け入れ・貸付が行なわれる米ドル。その取引が行なわれる市場を「ユーロ市場」と呼ぶ。発行国の領土以外で取引されるどんな通貨にもユーロ市場が存在する。

り巻いている。歴史家のデービッド・キナストン[16]は、一九六〇年代初めのイギリスの新聞社のニュース編集室でよく耳にしたジョークを思い出す。新米カメラマンに、イングランド銀行でユーロダラーの写真を撮ってくるように指示するというものだ。このジョークのオチは、当然ながら、ユーロダラーとは物理的に存在せず、ユーロダラー市場も物理的な場所でないことにある。

ユーロ市場とは、一九五〇年代に米ドルの取引を開始したホールセール金融市場、あるいは銀行間取引市場にすぎないとする著名な経済学者もいる。[17]やがて、ユーロ市場は、イギリスポンド、日本円、スイスフラン、ドイツマルク、ユーロなどの非居住者の「強い」通貨を扱うすべての市場を意味するようになった。

異なる理論によれば、ユーロ市場とは、一九五七年末にロンドンに出現した非常に特殊な市場である。[18]

スエズ紛争以降のポンドに対する高まる投機に直面したイギリス政府は、非居住者間の貿易信用におけるポンドの利用を制限した。国際融資、とくにイギリス連邦の国々やラテンアメリカのいわゆるイギリス非公式帝国への融資の専門機関として一世紀以上前から発展してきた商業銀行は、基幹事業が突如消滅するのを目の当たりにした。彼らは、国際取引で米ドルを使ってこれに対処し、こうした取引はイギリスの国際収支に直接影響しないと主張したものと思われる。この時点で、ユーロ市場を生じさせた明確な手順が不確かになった。だが、こうした取引に介入しないというイングランド銀行の決定が、非居住者間での外国通貨建て特定タイプの金融取引は、イギリス国内では行なわれていないと同行がみなすことを意味すると解釈されたようだ。この取引はロンドンで行なわれたので、他のいかなる規制当局もこれを規制できなかったので、どこでも発生しなかった――というよりも、ユーロ市場あるいはオフショア金融市場と呼

▼16〔参考文献〕Kynaston 2001
▼17〔参考文献〕McClam 1974; Oppenheimer 1985; Schenk 1998
▼18〔参考文献〕Burn 1999, 2005

[図表5-1] ユーロ市場の活況(1963〜80年)

(単位:10億米ドル、銀行間取引による二重計算を除く)

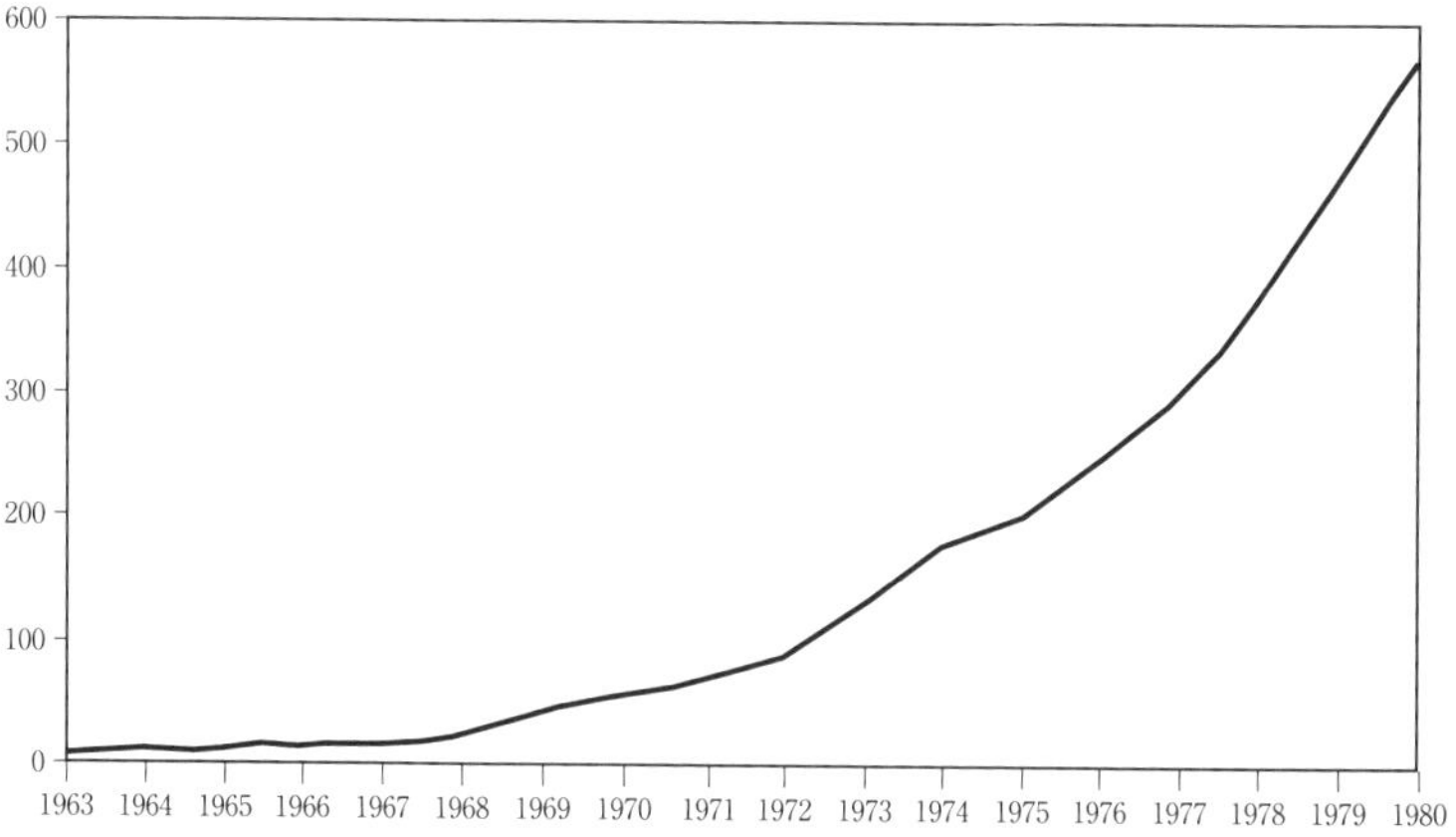

(出典:BIS, 2008)

[図表5-2] 金融市場自由化以降のジャージー島における銀行預金の増加

(単位:10億米ドル)

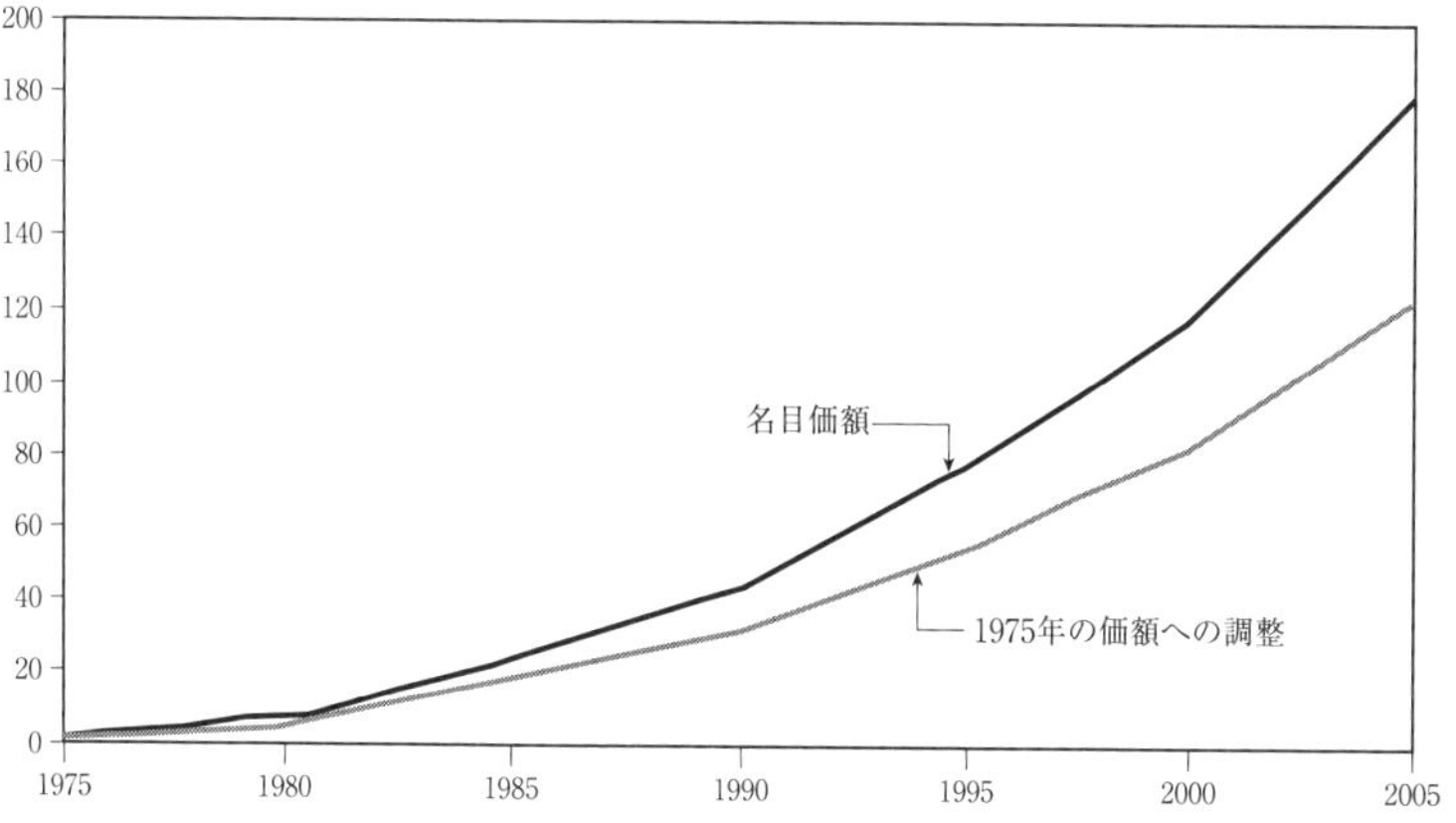

(出典:ジョン・クリステンセンによるジャージー島財務データの分析。Tax Justice Network, 2008)

ばれる新しい、規制のない空間で発生した。[19]

このような事態の変化が、どうして政治的に可能となりえたのか。どうすれば国際金融機関が、資本市場の厳重監視を旨とするブレトン・ウッズ体制の極みにあった中央銀行の警戒を欺き、国の金融管理当局による規制を受けないオフショア市場を創出できたのか。イングランド銀行の後ろ盾なくして、このような市場が繁栄できたとは想定しにくい。ゲーリー・バーンが、イングランド銀行は、この新しい無規制の市場に介入し、反対しようと思えばできたはずだと説得力のある論証をしている。ところが、反対もしなければ、私たちの知る限り、この新市場を支持する声明を発表することもしなかった。しかし、イタリアの歴史学者、ジャンニ・トニオロによれば、[20] それどころかイングランド銀行は、他の中央銀行が国際決済銀行で表明した不安を一貫して鎮めようとしていた。この観点からすると、ユーロ市場あるいはオフショア金融市場は、特定取引をどこか別の場所で行なわれているものとみなすイングランド銀行が受け入れることのできる慣習ゆえに出現した。[21] これが、一部の専門家がユーロ市場を帳簿上の仕組みと表現する所以なのだ。銀行や金融機関の帳簿には存在するが、実際にはオフショアではない。[22] このようなイングランド銀行の姿勢に鑑み、一部の評者は、イギリスという国がユーロ市場を作ったのだと主張する。[23]

当然ながら、多くの銀行は当初、この新しい市場の重要性を信じていなかった。一九六〇年代初めにアメリカの銀行に見出されるまで、この市場は小規模で、ほとんど知られていなかった。ところが、イングランド銀行の特定の規制を克服するだけでなく、ブレトン・ウッズ体制が課す厳しい資本金規制を克服するうえで有効であることが明らかになった。また、一九六三年のアメリカ、ケネディ政権による利子平衡税◆の導入が、重要な後押しとなった。ユーロ市場が繁栄するにつれ、準備金制度を――あるいは、その市場に対する他のいかなる規制も――回避するためにも利用できることが判明した。規制の欠如はアメリカの銀行にとってとくに重要で、アメリカの厳しい銀行・金融規制を回避するため、ロンドンに支店網を急速に発展させた。

ユーロ市場発展に拍車をかけたアメリカの金融規制

アメリカの金融規制は、二つの傾向の産物である。一つは、一八世紀末に遡る、財力の集中に反対する姿勢だ。もう一つは、一九三〇年代に導入された、いわゆる銀行制度のニューディール金融規制だ。この

▼19 〔参考文献〕Burn 2005

▼20 〔参考文献〕Toniolo 2005

▼21 〔参考文献〕Altman 1969; Burn 2005; Higonnet 1985; Kane 1983; Robbie 1975/6

▼22 〔参考文献〕Hanzawa 1991.〔原注〕同じことが、これから見ていくようにアメリカと日本の同等の市場、インターナショナル・バンキング・ファシリティ（ＩＢＦ）と東京オフショア市場（ＪＯＭ）にも当てはまる。ニューヨーク連邦準備銀行の報告書の説明によれば、「『インターナショナル・バンキング・ファシリティ』、『インターナショナル・バンキング・ブランチ』、『ヤンキーダラー市場』など、別々の場所にある特別な事務所の意味を伝える用語を使っているにもかかわらず、ＩＢＦの活動は、諸機関が既存の営業所から行なうことができる。しかし、ＩＢＦの取引は、別々の帳簿、すなわち機関の台帳に記載しなければならない」（FRBNY 2007）。国際決済銀行の定義によれば、ＩＢＦは「居住者との通常銀行業務において適用される規則や規制の多くに制限されずに、国境を越えた事業を行なうアメリカ国内の銀行部門である。同様の機関は日本にも存在する。ＩＢＦとこれに類似する機関は、それらが立地している国の居住者とみなされる」（BIS 2000, 67）。

▼23 〔参考文献〕Helleiner 1994

◆**利子平衡税**　国際収支の改善を目的としてアメリカで一九六〇年代初めから行なわれた資本流出規制策の一つで、対外投資の生む利子所得に対して課税するもの。

二つが相まって、きわめて拘束的な規制環境を生んだ。顕著な例が州際銀行業務の禁止（一九二七年マクファデン法）で、アメリカのマネーセンターバンク◆が、本拠地である州以外にある他の銀行を買収することも、支店を開設することさえもできないことを意味した。たとえば、ニューヨークの銀行は、一九四五年以降急成長しているカリフォルニアの市場に参入できず、指をくわえて見ているしかなかった。こうした規制のもう一つの例は、商業銀行業務と投資銀行業務の分離を定めた一九三三年グラス・スティーガル法だ。アメリカの銀行規制はまた、借り手一人につき、銀行資本の約一〇％の貸し付けしか認めていなかった。さらに、一九三〇年代に導入されたレギュレーションQは、銀行定期預金の金利の上限を設けていた。[24] これによって、定期預金に関する銀行の利率がとても低く保たれたが、銀行は定期預金に関してほとんど利子を支払う必要がなかったため、銀行からはほとんど反発を受けず、実質的には高利貸し規制法と呼べるものを生んだ。

一九五〇年代末にロンドンで、ユーロ市場が離陸しようとしていたまさにそのとき、世界最大規模の銀行を含むアメリカの銀行は、アメリカの既存の規制に緊張感を募らせはじめていた。規制により、「それぞれ最大級の銀行でも、アメリカの銀行資産の約三％しか所有できない」状態が確保されていた。[25] 銀行は、急成長を遂げている大手の法人顧客への対応に窮していた。資金調達の縮小に苦慮していたのだ。その一方、一人の顧客に対し、資本の一〇％以下しか貸し出しができなかった。また、多国籍企業に対して、外国銀行が支払うことのできる預金利益率を提供できなかった。法人顧客は、ユーロ市場を見出すや、アメリカの銀行を迂回して、高い利率を稼ぐようになった。その間に、顧客たちは、この同じユーロ市場に頼って、自らの事業への資金を調達した。[26]

一九六三年、ケネディ政権は、意図していたこととは正反対の結果を生むこととなる税金を提案した。アメリカの投資家にとっての外国証券への投資の魅力を削ごうと、外国証券への投資から得た利子の一五％の税金を課す利子平衡税を導入したのだ。この税によって、アメリカからの資本の流出を阻止できるものと思われていた。ところが、アメリカ企業は、利子平衡税の支払いを回避するためにアメリカへの資本の送金を拒否し、その過程で、ユーロ市場の発展に拍車をかけた。アメリカの銀行もすぐに、ロンドンの無規制の環境によって、彼らも（すなわちそのロンドン支店も）他の多くのニューディール規制を避けられると知った。彼らには、金融のあらゆる分野で競争できるだけの大規模な多角的銀行をロンドンに設立する能力があった。ドイツや日本の銀行もこれに倣った。

大英帝国崩壊後も存続したイギリス主導のオフショア世界

シティにおけるユーロ市場の発展は、ロンドンと、他の大英帝国の残りとを結び合わせる統合的なオフショア経済の背景にある主要な牽引力となった。大英帝国は、一九六〇年代までにほぼ消滅したとされているが、これは間違いである。正式な大英帝国は崩壊してしまったかもしれないが、イギリス主導のオフショア世界は健在だ。

ユーロ市場と、イギリスのサテライト・タックスヘイブンなくして、世界第一の金融センターとしての

◆マネーセンターバンク　世界の主要な銀行で総合金融サービスを行なっている巨大銀行。

▼24〔原注〕レギュレーションQは、加盟銀行による要求払預金の利子の支払いを禁止していた。電子版連邦規則集（e-CFR）を参照。ニューディール政策の下で作られた全国復興庁が、「共倒れ的な」競争を排除するために業界における価格を決定しようとしたが、レギュレーションQも、銀行部門で同じことを目指した。

▼25〔参考文献〕Sylla 2002, 54

▼26〔参考文献〕Burn 2005; Sylla 2002

◆サテライト　本体から離れて存在するもの。

シティの輝かしい成功を理解することは不可能だ。形式は抜きにして、シティ、ジャージー島、ケイマン諸島、英領ヴァージン諸島、バミューダ、その他のイギリス領土を、世界最大のタックスヘイブンならびにマネーロンダリング向け導管として機能する一つの統合的なグローバル金融センターとして扱うべきだ。では、シティ中心のこの群島はどのように発展したのだろう。

銀行家は、彼らが好むように法律や規制を作ってくれるこれらの法域の魅力を発見した。そして、この過程が、ついにはタックスヘイブンの数の爆発につながり、それぞれが国際金融制度における独自の隙間《ニッチ》を開拓した。

4……シティのサテライトとして発展を遂げた島々

英米の銀行が進出していった島々

マーク・ハンプトンは、「ジャージー・オフショア金融センター（ＯＦＣ）の役人の談話では、ジャージー島政府――ザ・ステイツ・オブ・ジャージー――は、見事な先見の明と統率力を示し、一九六〇年代初頭からＯＦＣを積極的に創設したことになっている」と指摘する。[27] しかし、彼の調査によれば、「この新生オフショア・センターは、特定の富裕な顧客に対応するために島で商売をはじめた国際金融資本であるマーチャント・バンクが取り仕切っていた」。[28] イギリスの銀行は、一九六〇年代初頭にジャージー島、ガーンジー島、マン島で活動を開始した。しかし、ジョーンズとル・マルシャンは、「一九七二年まで、主にオフショアのイギリスや国外居住のイギリスのビジネスを基盤に穏やかな成長が見られた」[29]と指摘する。それどころか、タックスヘイブンとしての国際戦略を最初に策定したのはマン島で、一九七〇年に、富裕なイギリス人投資家を引き寄せようと近隣諸国と競争をはじめた。

一九六四年までに、アメリカの三大銀行――シティバンク、チェース・マンハッタン、バンク・オブ・アメリカ――が、現場に到着した。[30] ロンドンを拠点とした場合の高いインフラ・コストに直面していた北米の小規模な銀行が、「カリブ海のOFCが、もっと安く、同じように魅力的な規制環境――為替管理・準備金制度・金利の上限がない――を提供してくれるばかりか、ニューヨークと同じ時間帯に属することを認識した」[31] こともわかる。バハマとケイマン諸島への初期の漏出は、シラの考えでは――ロンドン・ユーロ市場同様――節税が動機ではなく、これらの場所に支店を設立するコストが安かったからだ。[32] 一九八〇年現在、「バハマの簿記係の平均年収は、たったの六〇〇〇ドル、ケイマン諸島のオフショア銀行（「B」種）免許の年間免許料は、わずか六〇九八ドルだった。これらの島で一支店を運営する総コストは、ユーロカレンシー事業の主要センターよりもずっと少ない[33]」。

金融制度の隙間の開拓

銀行その他の金融機関が、タックスヘイブンとユーロ市場のきわめて有益な相乗効果のいくつかの真価を認めるには時間がかからなかった。ジャージー島やバミューダのようなタックスヘイブンで、銀行は、

▼27〔参考文献〕Hampton 2007, 4
▼28〔参考文献〕Hampton 2007, 4
▼29〔参考文献〕Johns and Le Marchant 1993, 54
▼30〔参考文献〕Toniolo 2005, 454
▼31〔参考文献〕Hudson 1998, 541
▼32〔参考文献〕Sylla 2002
▼33〔参考文献〕Bhattacharya 1980, 37

厳しい金融規制を回避できるばかりか、「税効率の高い」事業の運営方法を見つけられた。これらのいわゆるオフショア金融センターは、少なくとも書類上は、数々の関連する理由から発展してきた。

第一に、これらは、主に「記帳センター」として機能する。金融取引は、ロンドン、ニューヨーク、フランクフルトなどの主要金融センターで開始され、結ばれるが、ケイマン諸島で「記帳」され、したがってその取引から生じる利益の大半もそこで「記帳」できる。[34] 数字を見れば一目瞭然だ。ロンドン自治体は、シティが約一〇〇万人を雇用していると主張するが、英監査局の推定では、世界で四番目に大きい金融センターのケイマン諸島は現在五四〇〇人を雇用している。

第二に、カリブの島々は、一九六〇年代、七〇年代、金融制度が依然として非常に規制されていたアメリカに近いという利点があった。しかも、カリブの島々は、ニューヨークと同じ時間帯だ。これらのセンターは、北米の銀行界が、ユーロ市場での取引向けの導管とすべく開発した。カリブ海の三つの金融センター――ケイマン諸島、バハマ、およびパナマ――は、ユーロ市場の急速な拡大からとくに恩恵を受けた。一九七〇年代終盤までに、この地域は、ユーロカレンシー運用総額の五分の一を占めた。[35] 八〇年代までに、カリブ海のアメリカ系銀行の支店は、アメリカ系銀行のアメリカ地域の全支店の資産の三分の一を占めた。[36]

第三に、アメリカ系銀行がロンドンで事業をはじめるや、当初、ロンドンにおけるオフショア金融市場の構築へと導いた解釈が、イギリスを本拠とするイギリス系銀行や企業を不利な立場に置き続けた。規制や監督からの自由は、非居住者間の取引にしか適用されなかった。一連のイギリスの法律が、おそらくははからずも、すぐにイギリスの企業や銀行が、チャンネル諸島の子会社を利用して自らの不利な立場を回避することを可能とし、彼らは非居住者としての立場を利用できた。

驚嘆すべき成功を遂げたケイマン諸島

一九六六年、ケイマン諸島は、銀行および信託会社規制法、信託法、為替管理規制法など一連の法を施行したほか、一九六〇年会社法も強化した。七六年には、秘密関係（保護）法（イギリスのコモンローの成文化）が施行され、金融専門家が保持している機密情報の開示が阻止された——これは、オフショア銀行から情報を入手しようとするアメリカ当局の強引な行動への対抗措置だった。為替管理規制は、七〇年代後半に撤廃された。拡大するキャプティブ保険産業を増強し、これを規制するために、七九年に保険法が施行された（当初は、バハマの政治的安定に対する根も葉もない不安によるものだった）。

ケイマン諸島は、驚嘆すべき成功物語だ。国際決済銀行の統計によれば、二〇〇八年、ケイマンは世界で四番目に大きい金融センターだった。二〇〇六年末までに、ケイマンに登記されていたオフショア法人の数は八万一七八三社で、二〇〇五年の二七％増だった。ケイマンは、ヘッジファンドとストラクチャード・ファイナンス◆取引向け、世界ナンバーワンの住所地となっている。キャプティブ保険会社向けでは、バミューダに次ぐ第二位。機関ファンドは、すでに一兆四〇〇〇億ドル前後で、さらに増え続けている。[37]

この驚異的な成長は、バハマの政治的混乱に一部起因していた。この部門は、「バハマの政治不安とユーロダラー市場の発展に大いに支えられて定着した」[38]。それにしても、ケイマンは本当に、さまざまな

▼34〔参考文献〕Goodfriend 1988, 50
▼35〔参考文献〕Bhattacharya 1980, 37
▼36〔参考文献〕Bhattacharya 1980, 37
◆ストラクチャード・ファイナンス　資産のキャッシュ・フロー、処分額を元利返済に充当する証券。たとえばアセット・バック証券（ＡＢＳ）。
▼37〔参考文献〕Ridley 2007
▼38〔参考文献〕Ridley 2007

統計が示すように世界で四番目、五番目、六番目に大きい金融センターなのか。本当に世界信用分配の中心地なのか。そうとも限らない。ケイマンのオフショア部門は、短期貿易金融、とくに商品輸出向けの融資に集中している。長期の国際協調融資◆が、カリブ海地域から直接行なわれることはほとんどない。たとえば、一九八〇年、カリブ海地域で大規模な国際協調融資を実施したのはアメリカの銀行、ファースト・ナショナル・バンク・オブ・シカゴ一行だけだった。

一九七二年「イギリス通貨建て債務返済の繰り延べ法」とチャンネル諸島

二つの法律が、チャンネル諸島のオフショア経済の発展にとって非常に重要なものとなった。第一に、あまり知られていない一九七二年のイギリス通貨建て債務返済繰り延べ法が、とくに重要だった。チャンネル諸島は、憲法上はイギリスの一部ではないが、特別規則である一九四七年イギリス為替管理法の対象となった。この法律は、「現地には、会社の設立と運営に関して過度の制約のない、法律と手続きの柔軟な背景が存在したが、実際には、為替管理制度がこれに関わる手続きの審査監督を通してイングランド銀行にかなりの決定力を与える」[39]という事実上の状況を生んだ。これらの特別条項を通して、チャンネル諸島は、イギリス本土から規制・管理されていた。

一九四七年法の影響の一つは、チャンネル諸島の銀行とその支店によるユーロ市場の利用が非常に困難なことだった。イングランド銀行が非居住者と明確に指定しない限り、為替管理上、企業は居住者とみなされた――言い換えるならば、彼らは巣立ちつつあるユーロ市場への接近から締め出されていた。企業が「非居住者」の地位を手に入れるには、イングランド銀行に申請し、推定株式構成その他の財務に関する詳細情報を提供しなければならなかった。ジョーンズとル・マルシャン[40]によれば、許可が与えられる場合でも、以下をはじめとする多くの条件をともなった。

・株式資本は、スイスフラン以外の外国通貨建てとし、非居住者が利益を受ける形で保有されなければならない。
・当該企業は、イングランド銀行の条件に従わなければならない。
・当該企業が必要とする株式資本と財源は、非居住者の供給源から調達しなければならない。

一つ目と三つ目の条件は、すでに考察したように、ユーロ市場における事業の標準条件である。しかし、二つ目の条件は、シティで事業を行なっている企業と異なり、イングランド銀行が、ユーロ市場で事業を行なうチャンネル諸島の企業を規制できるようにするものだった。

一九七二年、イギリス通貨建て債務返済繰り延べ法が、チャンネル諸島をこれらの規制から解放した。「諸島は、文字通り一筆でたちまち前例のない特権的地位を与えられた」[41]。これに応え、マーチャント・バンクが、ユーロ市場事業向け記帳センターとしてジャージー島とガーンジー島の開発に乗り出した。一九七二年から七五年を、ジョーンズとル・マルシャンは、同諸島のオフショア・センターにとっての「離陸」期と見ている。

一九七九年、イギリスにおける為替規制が停止され、イギリス諸島のオフショア金融センターに対する

◆協調融資　大型の資金調達ニーズに対して複数の金融機関が協調して協調融資団を組成し、一つの融資契約書に基づき同一条件で融資を行なうこと。「シンジケートローン」とも呼ばれる。
▼39〔参考文献〕Johns and Le Marchant 1993, 58
▼40〔参考文献〕Johns and Le Marchant 1993
▼41〔参考文献〕Johns and Le Marchant 1993, 55

イングランド銀行の支配に終わりを告げた。イギリスならびに諸島の居住者は、これ以降、世界中どこでも投資ができるようになった。

島々による隙間市場の開発競争

イギリス支配下のタックスヘイブンは、競争しあっている。それぞれが、競争相手の法律を模倣し、隙間市場を開発している。競争の地理的領域は二つある。一つは、チャンネル諸島とダブリンの国際金融センターで、もう一つは、カリブ海地域だ。コッブによれば、「各センターの競争優位は、そのセンターだけに特有の明確な規制・法制度の構築を通して創出された」[42]。彼が指摘するように、企業再編は、企業の本部が機能的な分業を課すため、オフショア金融センター（OFC）間の競争ではなく協力をもたらす。それでもなお、各島は、異なる戦略を推進する。ジャージー島は主にオフショア・プライベートバンキング・センター、ガーンジー島は有力なキャプティブ保険センター、マン島は最も速い成長を見せている生命保険部門、ダブリン（国際金融サービス・センター：IFSC）は大規模な資金運用センターだ。バミューダは、キャプティブ保険と再保険の世界的リーダーだし、ケイマン諸島は主要銀行センター、英領ヴァージン諸島はインターナショナル・ビジネス・コーポレーション設立の世界的リーダーである。また、ジブラルタルは、銀行、保険、資金運用、信託、投資顧問など、広範なサービスを提供している。

5……ニューヨークのインターナショナル・バンキング・ファシリティと日本

アメリカ財務省は長年、ユーロ市場と闘っていた。だが、一九八一年までに闘いを諦め、アメリカ国内にユーロ市場取引向けの、もっと制限的な基地を設立し、ロンドンの繁栄を撃退することにした。その結果、インターナショナル・バンキング・ファシリティ（ＩＢＦ）が生まれた。ＩＢＦによって、アメリカにある預金金融機関は、連邦準備制度の準備金制度と、所得に課される一部の州税や地方税の双方を免除される預金・貸付サービスを外国人居住者や機関に提供できるようになった。

ＩＢＦは、モフェットとストーンヒルによれば、「ユーロ市場をアメリカの銀行制度に『取り込もう』とするアメリカ政府取締官たちの試みの表われだ。ＩＢＦの目的は、アメリカ系銀行のオフショアにある実体のない支店、シェルブランチの規模と成長を最小化する一方、アメリカ系銀行とそのオフショア顧客に、低コストの資金を提供することだった」[43]。日本政府は、一九八六年に同様の場、東京オフショア市場（ＪＯＭ）を創設して対応した。ＩＢＦとＪＯＭは、一九六八年に設立されたシンガポール・アジア通貨市場（ＡＣＵ）を手本にしていた。バンコクは、一九九三年にバンコク・インターナショナル・バンキング・ファシリティ（ＢＩＢＦ）を設立して後に続いた。

マレーシアでは、ラブアン島に、ある程度類似した取り決めがあるし、実にバーレーンもそうだ。一部の推定によれば、アメリカの国際銀行業務の約三分の一がＩＢＦで行なわれているし、日本の取引の半分近くはＪＯＭで行なわれている。日米のＩＢＦは、所得税の一部が免除されているが、タックスヘイブンではなく、どちらかといえば「規制へイブン」で、自国の金融システムにおいてユーロ市場を主に模倣している。無税ではなく、比較的甘い規制によって、オンショアの同業者と区別される。

42 〔参考文献〕Cobb 1998, 19
43 〔参考文献〕Moffett and Stonehill 1989, 89

6……タックスヘイブンの黄金時代——一九六〇年代〜九〇年代

一九六〇年代終盤までに、戦後の「輝かしい時代」は終わった。原油・原材料価格の高騰、加速するインフレと経済の伸び悩みが、企業利益の落ち込みを特徴とする危機を引き起こした。便宜置籍船、輸出加工区、そしてとりわけタックスヘイブンの爆発的増加が、ほぼ同じ時期にはじまったのは偶然ではない[44]。欧米の多国籍企業が利益増大の道を模索しており、タックスヘイブンは喜んでそれに貢献した。

一九六〇年代と七〇年代にタックスヘイブンが急増したのには、ロジスティクス面での理由もあり、その一つが通信・輸送の驚異的進歩だった。ジェット機の導入が、非常に重要だった。ニューヨークから八〇〇マイル離れた大西洋に位置するバハマは、一九三〇年には、地球の反対側にあるも同然だっただろう。五九年にボーイング707が導入され、カリブ海の島々へ、マイアミはもちろんのこと、ニューヨークの金融市場からも空路二時間以内で行けるようになった。カリブ海のヘイブンは、アメリカ東海岸と同じ時間帯にあるというメリットもあった。アメリカ人観光客が、陽光降り注ぐ島々に押し寄せるにつれ、彼らはマネーを持ち込み、無税を利用した。同様に、戦後の終わりなき成長に支えられて快適な生活を享受していた有名なベルギー人歯科医が、近隣のルクセンブルクを定期的に訪れ、収入の一部を預金するようになった。そこで彼は、同類のフランス人やドイツ人も彼とまったく同じことをし、スイス流の秘密保護法を利用しているのを知った。ルクセンブルクは燃料税も低く、その歯科医の旅の合理化に貢献した。火曜日は、なぜかしら、ルクセンブルクでは今も〝ベルギー（人）の日〟として知られている。

低価格の通信の発展が、タックスヘイブンの広範な利用を可能にした。ゼロックス社が一九六六年に初のファクス機、テレプリンターを発明したほか、初のインターネット・システムであるアーパネットが一九六九年に構築され、七一年にはマイクロプロセッサが続いた。

非植民地化も一役買った。大英帝国、フランス帝国、オランダ帝国の崩壊は、世界の地理経済学地図に莫大な影響を及ぼした。簡単に言えば、多くの国家ができたということだ。それぞれが主権国家で、自決権を主張し、一九七〇年代の激化する経済情勢を乗り越える方法を探していた。その結果として、非植民地化の波の一つひとつが、タックスヘイブン・ゲームへの新たな参加者をもたらした。カリブ海のヘイブンが六〇年代に、太平洋の環礁が八〇年代に、過渡期にある経済国（旧共産主義国）が九〇年代に発展した。世界経済の拡張にともない、アジアや中東の成長地域近くの小国が、ヘイブン戦略を採用するようになり、シンガポール、香港、ブルネイが六〇年代に、バーレーンとドバイが七〇年代に採用した。新たなタックスヘイブンが、今もアフリカで創出され続けており、アフリカ大陸がようやく成長の兆しを見せ始めるにつれ、芽生えたばかりのヘイブンとはいえガーナも最近になって加わった。

独立は、決定的要素ではなかった。ケイマン諸島、英領ヴァージン諸島、チャンネル諸島、ジブラルタルなどのイギリスの前哨地は、競争がますます激化する市場でイギリスというブランドが大いに有利だと認識していた。その認識は正しく、九〇年代まで、これらの地域は世界トップクラスのタックスヘイブンだった。

それでも、これらの重要な構造的条件にもかかわらず、一九六〇年代、七〇年代のタックスヘイブンの発展にとっての最大の直接的原因は、さらなる歴史の大転換——最大のオフショア金融市場であるユーロ市場を生んだ、イングランド銀行とイギリスの商業銀行のあいだの管理上の相互理解——だったのかもしれない。

▼44 〔参考文献〕Palan 2003

シンガポールと香港

シンガポールと香港は、タックスヘイブンの完璧な形態に従っていない。両地域の優遇税制は典型的な形態ではなく、架空会社のセンターとして有名なのではない。しかし、二つの法域は、ユーロ市場とアジアの金融市場との仲介として機能するオフショア金融センター（ＯＦＣ）として進化した。シンガポールは、一九六八年に、事実上、世界初のインターナショナル・バンキング・ファシリティ（そうは呼ばれていなかった）であるアジア通貨市場（ＡＣＵ）を創設した。

一九六〇年代中頃のインドシナ戦争の拡大は、同地域の外為支出を増加させたが、信用引き締めが一九六七年と六八年に行なわれ、ユーロダラー市場の金利上昇に貢献した。その結果、アジア太平洋地域のドル残高が、多くの銀行にとっての魅力となった。シンガポールは、国際銀行の支店がシンガポールに移転するインセンティブを設けて対応した。バンク・オブ・アメリカの支店は、他行に先駆けてＡＣＵに非居住者向け取引を扱う特別国際部門を設立した。他のユーロ市場事業と同じように、ＡＣＵは非居住者との全取引を記録する別個の勘定を創設した。ＡＣＵは為替管理の対象外だが、銀行は、取引に関する詳細な月次報告書を為替管理当局に提出しなければならない。[45]

タックスヘイブンとしてのシンガポールの発展の第二段階は、一九九八年にはじまった。[46]アジア金融危機をきっかけに、政府が、シンガポールをアジアの金融資本拠点とする決定を下した。二〇〇一年、副首相、財務大臣、シンガポール金融管理庁長官をすべて兼務していた（そして二〇〇四年からは首相を務める）リー・シェンロンは、国際銀行らと会合を開き、シンガポールの法律をどのように調整すれば優位を獲得できるかを協議した。こうした協議の後、リー・シェンロンは、スイスの法律よりもはるかに堅固な厳しい法律をはじめ、秘密保持条項を改正するための銀行法の修正案を提出した。こうして、シンガポールの銀行秘密保護法違反の罰則が強化された。つまり、最高一二万五〇〇〇ドルの罰金ないしは禁固三年、あるいはその双方となった。スイスにおける銀行秘密が、今や見透かされるようになっていることに鑑み、こうした事実を利用しようと、スイスの銀行が現在、顧客ビジネスの大半をシンガポールに移行しつつある。

シンガポールがタックスヘイブンとみなされる理由が、他に二つある。第一に、イギリスのコモンローを採用している国として、シンガポールは今でも、非居住者が有限責任会社を設立し、他の場所からこれを運営することを認めている。イギリスもアイルランドもこれを認めていないので、シンガポールは、この分野での指導者にのし上がった。シンガポールを源泉とする所得に対する概念上の税率が二二％であるにもかかわらず、外国企業の所得には、まったく税金が課されていない。サリヴァン[47]は、シンガポールにおけるアメリカ系企業の子会社の実効税率を一一％としているが、これは中間タックスヘイブンの中では一番高い税率だ。第二に、助成金や延べ払いの複雑な取り決めから、シンガポールは、低税率の国とみなされる。

シンガポールは現在、世界で最も成長著しいプライベート・バンキング部門として浮上しつつある。世界最大のプライベート・バンキング・センターになろうとするうえでシンガポールが現在直面している主な問題は、自らが表現するように「有能な人材の不足」だ――金融センターが一三万人を雇用していようとも、専門スタッフが不足している。シンガポールにおける資産の増加は目を見張るほどで、一九九八年の一五〇〇億ドルから二〇〇七年末の一兆一七三〇億ドルになった。熟練した人材の明らかな不足に対応するため、政府は、スイスの銀行ＵＢＳが設立した、シンガポール経営大学の資産運用学部に資金援助を

▼45〔参考文献〕Hodjera 1978
▼46〔参考文献〕Chee Soon Juan 2008
▼47〔参考文献〕Sullivan 2004a, 2004b

してきた。プライベート・バンキングを専門とする学部だ。[48] それどころか、UBSとクレディ・スイスはともに、この都市国家で広範な訓練計画を企画してきた。

一方、香港の植民地政府は、金融部門に対して寛容な姿勢を取ったが、一九七〇年代までは金融自由化を積極的には推進しなかった。[49] 実際、植民地政府は、一九六〇年代に銀行新設の停止期間を設け、香港が同地でのアメリカ系銀行の設立を認めなかったからこそ、シンガポールでユーロ市場が発展したのだ。さらに、香港政府は、外国通貨建て預金の利子源泉課税の廃止を拒否した。[50] その結果、減税その他のインセンティブを提供してアメリカ系銀行に喜んで対応したシンガポールが、驚くべき成長を遂げた。

香港での銀行新設の停止期間は、一九七八年に解除された。一九八二年二月には、外国通貨建て預金の利子源泉課税が廃止された。さらに八九年には、利子にかかるあらゆる形態の税が廃止された。一九九五年および九六年までに、政府の積極的な取り組みにより、香港はアジア太平洋地域で二番目に大きい国際金融センター、世界で六番目ないしは七番目に大きいセンターとなった。シンガポール同様、香港もシティと密接な関係を保ち、その勢力圏にしっかり留まっている。

オランダ

一九七〇年代末には、中間国からのタックスヘイブン・ゲームへの新規参入が見られた。オランダは、租税回避を望む多国籍企業の資本移動向け導管国としての評判を得るようになった。[51] 七〇年代中頃、オランダ政府は、「税効率の高い」場所を求めている多国籍企業にとって魅力的な国となることを企図して税法の整備に着手した。その結果、フォルクスワーゲン、イケア、グッチ、ピレッリ、プラダ、富士通シーメンス、ミッタル・スチールなどの会社が本社を置くヘイブンとして浮上した。

オランダはまた、ペーパーカンパニーの創設も許可した。ダイクらの報告[52]によれば、二〇〇五年までに、オランダに登記された金融持ち株会社は四万二〇七二社、うち五八三〇社は信託会社が経営していた。多くは抜け殻事業も同然だ。最大の管理会社は、「アムステルダム・ローキン55」の住所にあるフォーティス・インタートラスト社（オランダ）で、そこに二三八七社が登記している。「アムステルダム・ロカテッリカーデ1」にあるTMFマネジメント社は、一六三三社を帳簿に記載している。これらのペーパーカンパニーの四三％が、オランダ領アンティル諸島、スイス、キプロス、英領ヴァージン諸島、ケイマン諸島などのタックスヘイブン法域に親会社を持っている。含意は明らかだ。つまり、これらは、オランダの有利な税制とその二重課税協定の広範なネットワークを利用するために作られた導管なのだ。目的は、親会社への最終的な所得送金に課される税金を制限することで、ヨーロッパへの出所不明の外国直接投資を助長することにある。

「ダッチ・サンドイッチ」

タックスヘイブン・ストーリーの裏話の中でも有数の奇妙な出来事は、オランダ領アンティル諸島の導管会社の盛衰に違いない。現在では、オランダの企業がヨーロッパへの投資向け導管として使用されているが、「ダッチ・サンドイッチ」として知られるこの取り決めは、かつてアメリカ、カナダをはじめとす

▼48 〔参考文献〕Burton 2008b
▼49 〔参考文献〕Jao 2003, 11
▼50 〔参考文献〕Jao 2003, 12
▼51 〔参考文献〕Van Dijk et al. 2006
▼52 〔参考文献〕Van Dijk et al. 2006

る外国資本が、投資をアメリカに向けるために使っていた。一九六〇年代、七〇年代におけるオランダ領アンティル諸島の金融トンネル会社の供給国としての浮上の奇妙な点は、明らかに企業が源泉徴収税を回避し、対外借款がしやすくなるように、アメリカがこの取り決めを奨励していたことだ。[53]この驚くべき状況は、ケネディ政権の一九六三年利子平衡税法の結果として生じた。この法律は、成熟しつつあるユーロ市場への米ドルの流入を阻止しようとする誤った努力だった。アメリカ企業がユーロ市場で利用可能な低い利率で借り入れを行なえれば有利だと、間もなくアメリカ政府が判断したこともあり、この法律は表明されていた意図とは正反対の結果を招いた。[54]米国税庁は、最終的には廃止せざるをえなくなるこの利子平衡税法を廃止せずに、オランダ領アンティル諸島の会社を利用し、アメリカの源泉徴収税を回避することを認めた。

オランダ領アンティル諸島のトンネル会社は、アメリカ財務省が、アンティルとの租税条約を終結すると発表した一九八七年六月まで、その役割を果たしていた。アメリカ財務省は知らなかったが、当時発行されていたユーロ債三二〇億ドルの三〇％を、アメリカの企業と銀行がオランダ領アンティルのトンネル会社を通して保有していた。莫大な政治的圧力の中で、財務省は終了通告を変更せざるをえず、租税免除は一九九五年まで廃止されなかった。[55]

アイルランド金融サービス・センター（ＩＦＳＣ）、ダブリン

一九五九年に設立されたシャノン輸出加工区の成功に続き、アイルランドは、一九八七年、ダブリンに

▼53〔参考文献〕Papke 2000
▼54〔参考文献〕Papke 2000
▼55〔参考文献〕Papke 2000

コラム5・2

アイルランドにおけるマイクロソフト

テクノロジー会社と製薬会社は、アイルランドに子会社を持つ企業のリストの上位を占める。とくにアメリカ企業は、世界各地にある自社の知的所有権の収集センターとして、IFSC子会社を設立している。一部の事例では、アイルランドに小規模事業を置き、低い法人税率を利用している。

たとえば、マイクロソフト社は、ダブリンにラウンド・アイルランド・ワンという会社を設立した。アイルランドに物理的存在を維持するに足るおそらく一〇〇〇人ほどを雇うこの子会社を、マイクロソフト社は、アメリカ国外での自社全製品の販売許可を与えるために利用した。その結果、ライセンス収入は、これらの製品のエンドユーザーの多くが所在する国々において課されるはるかに高い税率ではなく、アイルランドが課す低い実効税率で課税された。

この一風変わった名前の子会社のおかげで、マイクロソフトの二〇〇五年グローバル実効税率は前年の三三％から二六％に急落した。この急落の半分近くは、「低率で課税された外国所得」によるものであると、マイクロソフト社は、二〇〇五年度に関する八月の提出書類において米証券取引委員会に示した。

『ウォールストリート・ジャーナル』誌が、二〇〇五年にこの取り決めについて報じた際、マイクロソフト社は、アイルランドのこの子会社を無限責任会社として再登記した。つまり、もはや勘定を公記録に載せる必要がなくなり、したがってその活動に関する将来の精査を回避したことを意味する。▼一

▼一〔原注〕本コラムは、本書共著者の一人であるリチャード・マーフィーが寄稿したSimpson 2005に基づく。

アイルランド金融サービス・センター（ＩＦＳＣ）を設立した。特定金融活動向け税制支援、低い法人税率（二〇〇八年現在一二・五％）、源泉徴収税なしにより、ＩＦＳＣは、アイルランド人経済学者ジム・スチュワート[56]によれば、国際資金や多国籍企業内部の資金の流れを管理する、彼がグローバル・トレジャリー・オペレーションと呼ぶものにおいて今も繁栄している。

スチュワートによれば、二〇〇三年一二月現在のアイルランドにおける外国投資残高は総額一兆四一〇億ユーロに上り、アイルランドの同年のＧＤＰの約八倍だった。この総額のうち七四九〇億ユーロ（七二％）は、ＩＦＳＣ内部での活動関連だった。二〇〇〇年には、四〇〇社を超える大手企業がＩＦＳＣを利用していたが、その五〇％が単独トップのアメリカ企業だった。その時点で、アイルランドは、アメリカが出資する企業の計上海外税引前利益が単独トップの場所（二六八億ドル、次いでバミューダの二五二億ドル）として浮上した。二〇〇二年、アイルランドに立地するアメリカ系企業は、アイルランド財務省に七億ユーロを納税したが、これはすべてアイルランド経済における活性の低い雇用に充てられ、ＩＦＳＣは一九九七年現在わずか四五〇〇名しか直接雇用していなかった[57]。一方、アメリカ系企業のカナダ、フランス、ドイツ、イタリア、イギリスの子会社は、親会社の海外売上高の四四％、海外設備の四四％、海外従業員給与の五六％を占めた――それでも、その海外利益のわずか二一％しか占めなかった。数社が、アイルランド経済への利益移転を示唆したのも驚くにあたらない。

ＩＦＳＣの二つ目の変わった点は、アイルランドへの外国直接投資の最大の源泉がオランダ（一〇七億ユーロ）で、二番目がアメリカ（七八億ユーロ）であることだ。スチュワートは、これは税の軽減を目的として金融が動くような導管をそれぞれ提供する、異なるタックスヘイブンに立地する子会社の複雑なクモの巣を経由して外国直接投資が行なわれた結果であると説明している。彼の調査によれば、オランダに親会社のある企業五一三社のうち一〇二社の最終的親会社はイギリスにある。その中には、マークス・アンド・スペンサーやBOCなどの有名企業も含まれる。また、九三社は、デル、IBM、ヒューレット・パッカードなどのアメリカ企業が最終的に所有していたし、少数はフランス（一四社）、ドイツ（九社）、日本（九社）の所有だった。証拠は明らかだ。企業編成が税に左右され、低税率の導管が投資資本の流れを著しく変え、外国直接投資に関するデータが歪められ、多くの国々における計上利益と税に重大な影響を及ぼすだろう。

太平洋の環礁

オーストラリアの研究者三名——グレッグ・ローリングズ、ジェイソン・シャーマン、アンソニー・フアンフォッセン——の研究から、現在では太平洋のタックスヘイブンの起源と発展についてずいぶん明らかになっている。

太平洋のヘイブンの発展は、大英帝国モデルとして私たちが記述したものに少しひねりを利かせている。オーストラリア、ニュージーランド両政府は、タックスヘイブンの発展に介入しようとし、管理されたオフショア環境という独特なモデルを創出した。

太平洋初のタックスヘイブンは、一九六六年、自治権のあるオーストラリアの海外領土ノーフォーク島に作られた。オーストラリア連邦政府は、ノーフォーク・ヘイブンの発展を一貫して妨げようとしたものの、国際的にはまずまず成功したが、オーストラリア国民にとってはそうではなかった。[58]

ジェイソン・シャーマンが指摘したように、いったん、

▼56 〔参考文献〕Stewart 2005
▼57 〔参考文献〕ECOFIN 1999, 61
▼58 〔参考文献〕Van Fossen 2002

ノーフォーク島が一九六六年に先鞭をつけると、バヌアツ（一九七〇～七一年）、ナウル（一九七二年）、クック諸島（一九八一年）、トンガ（一九八四年）、サモア（一九八八年）、マーシャル諸島（一九九〇年）、ナウル（一九九四年）も、どんどんお決まりのコースを歩み、この分野の現在の指導者たちの法律を模倣し、ごくわずかの利ザヤしか生まないことが多々ある激しい競争に参入した。▼59

これらのヘイブンはすべて、非課税会社や非居住者の会社向けのゼロ課税あるいはゼロに近い課税、スイス流の銀行秘密保護法、信託会社法、オフショア保険法、海運・航空機リース向け便宜置籍など、成功しているヘイブンを手本にしたお馴染みの法律を導入し、二一世紀初頭以降は、インターネット商取引やオンライン・カジノの促進を目的とする好都合な法律を定めている。

イギリスとオーストラリアの属領の場合、オフショア部門は、島の維持費削減という意図的な政策において開発された。イギリス政府の国際開発省（DFID）は、明らかに大局を認識しておらず、カリブ海ならびに太平洋地域にオフショア部門「拡充」に関する勧告を行なったという記録を誇りにしている。バヌアツ・タックスヘイブンの起源に関するグレッグ・ローリングズの調査▼60が、このことを如実に示している。▼61

一九六七年、ニューヘブリディーズ諸島（後にバヌアツと改名）にイギリスの法律事務所がはじめて事務所を開設した。エジプシャン・デルタの原理を利用し、他の会社もすぐにこれに続いた。ニューヘブリディーズ諸島の財務長官、ミッチェル氏がバミューダとケイマン諸島を訪問し、オフショア部門について学んだ。「広範な談話や討議の結果、イギリス政府は、民間部門が首都ビラを国際投資センターとして利用しようと決意している以上、事態を収拾し、急増する補助金を抑えるため何としても必要な歳入を確保するための法律を施行する以外に道はないという政策決定を下した」[62]。一九七〇年と七一年に、イギリス政府は、銀行・銀行業規制法、会社規制法、信託会社規制法を導入した。七六年までに、バヌアツは盛況なオフショア・センターとなっていた[63]。

シャーマンとミストリーは、バヌアツ経済へのオフショア金融センターの貢献を評価することがいかに難しいかを指摘する。現地の業界代表は、オフショア部門はGDPの約一二%に寄与していると主張する。一方、国際通貨基金（IMF）は、GDPの三%、政府歳入の一〜一・五%という数字を示す。太平洋諸島フォーラム事務局が出資するもっと徹底した費用対効果分析の推定によれば、二〇〇四年中頃現在、オフショア部門はGDPの九・七%、政府歳入の五・一%を占めた[64]。この割合は将来低下する公算が大きい。二〇〇八年、オーストラリア政府は、バヌアツにおける脱税防止のための積極的なキャンペーンを展開し、諸島の勅許会計士の会社のシニア・パートナーの逮捕につながった。これを受けてバヌアツは、金融サービス部門の改革に合意したが、これまでのところその進捗は明らかでない。

一方、明らかだと思われるのは、植民地独立後の行政コスト削減のためにタックスヘイブンの活動を利用しようというイギリスの政策が裏目に出たということだ。年に何千億ドルものマネーが、太平洋のヘイブンを経由して流れており、そのかなりの部分が洗浄された資金であると信じられているが[65]、これらの法

59〔参考文献〕Sharman 2007
60〔参考文献〕Rawlings 2004
61〔参考文献〕さらに詳しくは、Sharman and Mistry 2008, chs. 10-12 を参照。
62〔参考文献〕Rawlings 2004, 9
63〔参考文献〕Sharman and Mistry 2008
64〔参考文献〕Sharman and Mistry 2008, 133

域の直接収入を合わせても、その額は比較的少ない。太平洋のヘイブンは、依然として、世界でも最も貧しい国に属する。

中東とアフリカ

一九七五年一〇月、バーレーンは、オフショア・バンキング・ユニット（OBU）を許可する政策を開始した。[66] OBUは、シンガポールのアジア通貨市場（ACU）との競争を目的とし、両センターはパークが「資金供給センター」と「収集センター」――ユーロ市場の会社との商売の道を拓く、あるいは資金を供給するための地域施設――と記述したものとして発展した。ゲラキスとロンセスバーリェスの報告によれば、バーレーンに対する当初の反応は非常に積極的だった。四か月のうちに、三二の申請が認可され、一九七九年までにバーレーン当局は、一時的飽和状態に達したと判断した。[67] バーレーンは、地域の重要な金融センターとして浮上した。OECDは、バーレーンをタックスヘイブンとみなしている。とはいえ、国側は、OECDと協力する意思を表明している。

バーレーンは現在、ドバイのせいで徐々に影が薄くなっている。石油資源に恵まれた首長国ドバイは、税金をまったく徴収せず、アメリカをはじめとする国々と刑事共助条約も、それどころかいかなる情報交換協定も結んでいない。ドバイが、OECDのタックスヘイブン防止キャンペーンに屈する可能性はなく、EUの貯蓄課税指令に自主的加盟国として参加するのも拒否している。その結果、そしてそこでの投資を後押ししているかなりの額の資本ゆえに、ドバイは、長期間持続できるタックスヘイブンと見られており、シンガポールとともに成長が続きそうな数少ないヘイブンの一つとなっている。

インド洋

一九八〇年代と九〇年代は、世界の他の地域においてタックスヘイブンが急増した時期だった。モーリシャスは、一九九一年にタックスヘイブンとしての地位を築いた。[68] その活動の照準は常に一つ、インドだった。タックスヘイブンとしてのその創設より前から結ばれているインドとの二重課税協定の条項の下、モーリシャスの企業がインドで得たキャピタルゲインは、インド亜大陸では無税である。その影響は、重大だった。インドへの外国直接投資の大半は、すでに見てきたとおり、モーリシャス経由で行なわれている。その結果の一つとして、インドの株式市場のかなりの部分がモーリシャス系企業を通して所有されている。しかし、問題となっている企業を統制している本来の場所がここだと思っている評者はほとんどいない。代替策として資金協力を行なう――インドにとってのコストが、ずっと少なくなる可能性がある――ことで、インドは、モーリシャスとの二重課税協定の問題を解決すべきか否かに関し、インドの報道機関の内部で真剣な討議がなされてきた。こうした政策提案が、今後他の国々でも繰り返される可能性がある。

ソ連崩壊後のオフショア

ロシアも、ウクライナ同様、一九八〇年代後半に優遇税制を設けようとした。一九九〇年代中頃から、カルムイク、イングーシ、アルタイ、ブリヤート、エヴェンキ、モルドバ、チュヴァシを含むロシア連邦のいくつかの地域と、ウグリチ、クルスク、スモレンスクの都市がすべて、「特別な」連邦規定を有する

▼65〔参考文献〕Van Fossen 2002, 2003
▼66〔参考文献〕Gerakis & Roncesvalles 1983
▼67〔参考文献〕Gerakis & Roncesvalles 1983, 271
▼68〔参考文献〕Sharman and Mistry 2008, 41

領土として税の優遇を取得している。▼69

ハイドゥクの報告によれば、たとえばカルムイクという地域は、当初一九%から二%への地方税の減税を提供していたが、後に所得税のその部分を米ドル建て六八〇〇ドルに固定した。同地域はまた、ペーパーカンパニーの一種の創設も認めた。多くの会社が、「管理ビル」にあった。たとえば、エリスタのレーニン通り249番地には、ルコイル、アパタイト・トレーディング（ユコス系列の大手企業の一つ）、シブネフトの支店を含む一四五社もの企業があった。専門の「秘書代行会社」が導入されて地域・現地当局に対応し、秘密保持に寄与した。これらの国内オフショア領土は、ハイドゥクによれば、海外のタックスヘイブンに送られる資本向け積み替え地点として利用された。控えめな見積もりによれば、一九九〇年代中盤から、毎年少なくとも二〇億ドルが、これらの「自由経済区」経由で海外に送金されている。

7……全世界に広がったタックスヘイブンの三つのグループ

イギリスならびに大英帝国は、オフショア経済の第二の拠点として台頭し、瞬く間に首位にのし上がった。一九五〇年代末のユーロ市場の出現により、シティ中心の経済が出現し、イギリス属領のサテライト・システムと密接なつながりを持つようになった。この大英帝国経済は、現在ではオフショア金融センター（OFC）として知られる総合体において租税回避と脱税を規制回避と組み合わせた。このロンドン中心のオフショア経済の強力な魅力が、日米両国を、当初はシンガポールで発案されたモデルを採用した独自の、限られた形でのOFCの開発へと駆り立てた。

タックスヘイブンは、今や全世界に広がり、すべての主要金融・商業センターに対応している。近代のタックスヘイブンは、依然として主に三つのグループに分かれる。第一の、そして依然としてダントツ最大のグループは、イギリスを基盤とする、あるいは大英帝国を基盤とするタックスヘイブンだ。シティ中心の、ユーロ市場に支えられたこのグループは、王室属領、海外領土、太平洋の環礁、シンガポール、香港より成る。二つ目のグループは、ヨーロッパのヘイブンより成り、本社センター、金融関連会社、プライベートバンキングを専門とする。三つ目のグループは、パナマ、ウルグアイ、ドバイなどの競争国か、過渡期にある経済国やアフリカの新興ヘイブンのどちらかのまったく異質のグループより成る。

▼69〔参考文献〕Haiduk 2007

第Ⅲ部

国際政治における
タックスヘイブン

税金とは、
文明化された社会では、
当然、払うべき料金であるが、
文明を値引きしたがる市民が多くすぎる

ヘンリー・モーゲンソウ（アメリカ合衆国財務長官）、1937 年

第6章　先進国世界とタックスヘイブン

タックスヘイブンの起源はアメリカにあったかもしれないが、この一〇〇年で開発的国家戦略へと進化した。タックスヘイブンは今や、金融・経済のグローバリゼーションに不可欠な要素であるが、その影響は一様ではなかった。私たちは、本章で考察する先進国世界に及ぼした影響と、次章のテーマである発展途上国への影響を区別する。

1……国家間の税競争とタックスヘイブン

タックスヘイブンは、主として非居住者の企業や個人に低税率あるいはゼロ税率を提供する。長年にわたるこの戦略の一つの明白な影響は、国家間の税競争の激化だった。

国際的な税競争の激化への影響

一九七〇年代以降、世界経済の構造の変化が、税の競争を変容させてきた。資本勘定の自由化が、技術的変化と金融刷新と相まって、移動可能な国際資本の量を激増させた。ますます多くの国家のみならず地方組織や市町村までもが、自分たちの領域に企業を誘致するための戦略を策定して対応してきた。そうした取り組みには、的を絞った産業政策、安い研究開発資金の提供、インフラ支援、さまざまな種類の賄賂や国庫補助金が含まれた。[1]

その結果、政府はいつしか、資本や事業に対する税率低減を強く迫られる状況に置かれていた。スーザン・ストレンジが新たなる動向を捉え、「国家は現在、異なる競争ゲームにますます参入するようになっている。より多くの富とより大きな経済的安定を得る確実な手段として世界のマーケットシェアを獲得しようと争っている」と記述した。[2] 一九九〇年代初め以降、法人税の法定税率は世界のほぼ全域で低下してきた。たとえば、欧州連合（EU）全体で、平均名目法人税率は一九九五年から二〇〇七年までに平均一〇ポイント減少し、三五％から二五％になった。

税の競争は、国家間のみならず国家内部、とくにアメリカ合衆国[3]やスイス[4]などの連合政治形態においても発生している。欧米諸国における、州や市町村間の税競争の蔓延を示す証拠もある。[5] スワンクの主張[6]によれば、彼の調査標本である他の一六か国で税率が引き下げられたために、アメリカにおいて名目税率が低下した。同じように、フェルトとリュリエ[7]は、ツーク州主導の州間競争がスイスにおける法人税率・個人税率低下の主因だったと主張する。

タックスヘイブンが、先進国の個人・法人税率の引き下げにどの程度寄与したかを数値で示すのは難しい。タックスヘイブンが象徴的な役割を担っているのは確かで、税制、国家、主権、強くぶつかり合う自由の概念のつながりに関する意見を具体化しているので、タックスヘイブン論争は、もっと広範な倫理・政治論争なのだ。国際的な税競争におおむね賛成している者たちは、タックスヘイブンは好ましい競争力をつけると見る傾向にある。これは、ヘリテージ財団やセンター・フォー・フリーダム・アンド・プロスペリティーなどのアメリカ系右派のシンクタンクに非常に共通して見られる姿勢だ。国際的な税競争に批判的な者たちは、タックスヘイブンを世界経済にとって有害な寄生虫と見る傾向にある。これは、経済協力開発機構（ＯＥＣＤ）やその主要支持国であるフランスやドイツなどの国々、タックス・ジャスティス・ネットワークなどの開発関連のＮＧＯの姿勢だ。以下に考察するとおり、この対照的な姿勢が現在、タックスヘイブンと闘う多国間の取り組みに関する論争の中心にある。

「国家の拡張傾向への制限と有益な競争の確保」——税競争を肯定する主張

国際的な税競争について肯定的な立場は、二つの幹となる考え方に由来する。つまり、タックスヘイブンは無害であるとする主流の経済理論の解釈が、新古典派から派生した政治学に付随する規範的判断と組み合わさって、税競争は効率を高めると主張している。

「陰気な科学」◆を教え込まれた主流の経済学者が、概してタックスヘイブンを支持するようになるのは、おそらく当然だろう。国際的な税競争は、官僚政治に必然の拡張主義的傾向を制限する、というのが彼らの仮説だ。典型的な流儀で、ホンとスマート▼8は、彼らの大いに引用されている論文のタイトルを「タック

▼1〔参考文献〕Palan 1998

▼2〔参考文献〕Strange 1988, 564〔スーザン・ストレンジ『国際政治経済学入門——国家と市場』前出〕

▼3〔参考文献〕Bestley and Case 1995; Case 1993; LeRoy 2006

▼4〔参考文献〕Feld and Reulier 2005

▼5〔参考文献〕Brueckner and Saavedra 2001; Heyndels and Vuchelen 1998

▼6〔参考文献〕Swank 2006

▼7〔参考文献〕Feld and Reulier 2005

◆陰気な科学　トーマス・カーライルが経済学のことをこう呼んだ。

スヘイブン絶賛」（In Praise of Tax Havens）としたし、ローズとシュピーゲル[9]は――明らかにパランとアボット[10]ならびにスレムロッドとウィルソン[11]への対応として――タックスヘイブンは寄生的というよりも共生的だと主張する。この肯定姿勢は、私たちに言わせればまさに、第2章で報告した外国直接投資（FDI）の驚異的な統計値はでっち上げであり、タックスヘイブンはキャピタルフローにとっての導管にすぎないと仮定している。

異なる見解もある。ホンとスマート[12]は、企業は融資、保険、無形財産などの財務活動をタックスヘイブンに移行するのだから、「実際の」投資をオフショアに移行する可能性は少ないと主張する。矛盾したことに、彼らは、「税金対策は、課税所得の弾力性が増した場合でさえ、実際の投資の場所が税率の差にあまり呼応しないようにする傾向がある」と結んでいる[13]。したがって、課税収入への影響は評者たちが推測してきたほど激しくないと。同じように、デサイ、フォーリー、ハインズ[14]も、導管としてのタックスヘイブンの利用は、タックスヘイブンではない場所での企業活動の高成長を生むと主張する。第9章で考察するように、同様の考え方が、タックスヘイブンに関する一九七〇年代の論争においてすでに現われていた。この理論は、タックスヘイブンは実際の投資よりも架空の投資を誘致するので、所得税など、実際の投資に付随する課税収入は多くの者が信じているほどヘイブンの影響は受けない、というお馴染みの議論に帰着する。

カナダ企業による導管法域の利用に関するヘジャジの分析[15]は、導管法域が大きな利点を示していると主張している。好んで利用される導管法域はバルバドス――OECDがその透明性と協力的姿勢を認めている国――だが、ヘジャジは、カナダ企業は、評判のあまり芳しくない他のヘイブンを利用する場合があると指摘する。彼は、「バルバドスなどの導管を経由して流れる対外FDIは、高税率の法域を経由して流れるFDIに比べ、多量のカナダの貿易（輸出）、ひいては多量の資本形成と雇用を創出する[16]」と結んでいる。ヘジャジならびに同類の経済学者たちは、自分たちが実際に発見したことが経験的証拠であって、導管が仕事を創出するという証拠ではないということを理解していない。

ローズとシュピーゲルの分析は、[17]オフショア金融センター（ＯＦＣ）の効果に集中しており、ＯＦＣが金融の安定に及ぼす影響について考察する次のセクションに関係する。お馴染みの新古典派モデルを使い、彼らは「成功しているオフショア金融センターは、脱税とマネーロンダリングを容易にするため、源泉地国における悪い行為を助長する」[18]と認めている。それでも、彼らは続ける。「好ましくない活動をしやすくするために創造されたオフショア金融センターであっても、意図せぬ肯定的結果を生みうる。とくに、ＯＦＣの存在は、現地の銀行部門の競争力を高める」[19]と。ようするに彼らは、競争は効率と刷新を生むというおなじみの議論を唱えているのだ。そして、競争の激しい金融市場は、そもそもそれ自体が好ましいも

▼8〔参考文献〕Hong and Smart 2007
▼9〔参考文献〕Rose and Spiegel 2005
▼10〔参考文献〕Palan and Abbott 1996
▼11〔参考文献〕Slemrod and Wilson 2006
▼12〔参考文献〕Hong and Smart 2007
▼13〔参考文献〕Hong and Smart 2007, 3
▼14〔参考文献〕Desai, Foley, and Hines 2004a, 2005
▼15〔参考文献〕Hejazi 2007
▼16〔参考文献〕Hejazi 2007, 29
▼17〔参考文献〕Rose and Spiegel 2007
▼18〔参考文献〕Rose and Spiegel 2007, 1332
▼19〔参考文献〕Rose and Spiegel 2007, 22-23

のだとみなしている――二〇〇七～〇八年のサブプライムローン危機から学んだように、思い込みもいいところだ。ローズとシュピーゲルは、タックスヘイブンにあるオフショア金融センターの効率が増したことを示す経験的証拠を一つも提供していない。

国際的な税競争を肯定して現在まとめられているもっと凝り固まった主張は、これらの議論に基づくものではなく、その代わりに新古典派経済を政治の領域に拡張した政治学の理論に基づいている。これもまた、明確に反民主主義的なので問題だ。市場規律が民主政治に優先するべきだなどという、私たちがすでに指摘してきた理論において黙示された考えと変わらないことを主張している。

「経済主体」としての個人や企業の行為を表現するために、新古典派経済学が使われている。近代経済学者や政治学者は、異なる種類の市場を前提に、新古典派モデルを他の生活圏に拡張してきた。新古典派の論拠を公共政策に当てはめた、大きな影響を及ぼす結果になった論文において、チャールズ・ティボー[20]は、個人の場所の選択は市場における消費者行動と似ていなくもないと主張した。ティボーは、一九五〇年代のロサンゼルス都市圏における地方自治体間で徐々に激化している競争について記述していた。そして、さまざまな自治体のあいだで富裕な住民を求めて競争が激化しているという証拠を目にした。アメリカの労働者は移動性が高いことから、彼の主張によれば、個人は、さまざまな町村が提供する税制を含む幅広い政策を調査し、一番良い条件を提供する場所を選んだ。税と公共サービスのバランスが正しく取れている地方自治体が、より富裕な居住者を引きつける傾向があり、その結果、急成長することができた。そうでない自治体は、衰退と、低賃金労働者や失業者の増加を目の当たりにすることになった。ティボーは、地方自治体間の競争が、ロサンゼルス盆地における市営サービス提供の効率改善を生んだと示唆した。

ティボーの理論は、国際的な税競争を支持する形で今日の政治家、とくにジョージ・W・ブッシュ政権がしばしば引き合いに出している。煎じ詰めると、国際的な税競争のせいで、それがなければ怠惰であったはずの政府が、税と公共サービスのバランスについて腰を据えて真剣に考え、消費者のニーズに応えようとせざるをえなくなる。こう考えれば、タックスヘイブンは、政府に自らの「効率」を上げるよう強要すると言える。

「世界経済の有害な寄生虫」——税競争を批判する主張

反対意見は、国際的な税競争は、新古典派の市場競争モデルに表面的にしか似ていないと主張する。新古典派の考えに従えば、新古典派の手法を税競争に適用すると、企業のミクロ経済理論と国家の政治経済理論の融合につながる——反対派に言わせると、その考えは間違っている。タックスヘイブンは、効率あるいは最適性よりも所得分配に影響するからだ。国際税競争は、ゼロにゼロを足すゲームだ。税収を得る領土もあれば、税収を失う領土もある。しかしまた、一方での財政負担の減少は、他方での財政負担の増加を意味する。それゆえ、新古典派の競争についての言辞は、社会における特定集団や部門の偏狭な利害を促進する。タックスヘイブンが世界経済に及ぼす影響を理解するための分析ツールでは断じてない。

タックスヘイブンそのものを考えてみよう。タックスヘイブンが税率低減の先駆けとなり、これに寄与してきたという考えは誤解を招く恐れがある。スイスやルクセンブルクに住んでいる普通の人々の税率は、他の国の中流クラスの人々に課されている税金と比べて、とくに低いわけではない。ジャージー島など、居住者が他のタックスヘイブンのサービスを利用できないようにする厳しい法律を布《し》くタックスヘイブンもある。ジャージー島の回避防止条項は、同島が近隣のガーンジー島からの濫用とみなしている事態に取り組むために考えられたもので、このタイプのモデルに当たる。▼21

▼20 〔参考文献〕Tiebout 1956

もし、タックスヘイブンが、全員にとっての税率低減を意図していたのなら、失敗だったと言わざるをえない。過去三〇年に全税率は上昇し、アメリカとイギリスさえ例外ではなかった。この一〇年で税金の対GDP比は、OECD諸国の過半数を大いに上回る国々で、平均一・三%上昇した。[22] タックスヘイブンは、ほんの一部の人口である富裕層と多国籍企業しか利用していない。国際的な税競争は節税にまったく寄与しておらず、配分の変化に寄与しているだけだ。明らかに、税負担が減少せず、富裕な個人と企業がタックスヘイブンを利用して税の支払いを減らしているのであれば、他の誰かが費用を負担せざるをえない。タックスヘイブン・ゲームで大損をするのは、中流階級のサラリーマンなのだ。

OECD諸国における名目・実質法人税の減少は、所得税率のみならず、消費税（付加価値税など）や社会保険負担といった、中流階級や低所得者層に過度の影響を及ぼす他の形態の税においても明暗を有する。[23] 所得に対する消費支出の割合は、必然的に、コミュニティーにおける最貧層のほうが高い。たとえば、社会保険負担は労働によって得られる所得に適用されるので、富裕者にはごくわずかしか影響しない。さらに、社会保険制度には所得上限があり、それを超えた場合はそれ以上負担しなくてもよくなっている。[24]

加えて、唱道者たちの主張にもかかわらず、税競争は政府の効率化に有効な圧力はほとんど加えていない。政府は、利潤を最大にしたい者ではなく、企業が価格水準を上げるときにするようなやり方で税の水準を引き上げるため互いに共謀はしない。税競争によって生まれると言われている「刷新」は、より少ないコストでの公共サービスの提供において認識できるほどの改善に至っていない。政治の観点から見ると、民主政府は、税率についての鋭い認識を持った有権者に対する説明責任がある。税率低減を目指した国家間の上っ面だけの競争は、それがなければ実行可能な代替税制を選択できる有権者の能力を弱めようとする試みにほかならない。

2……「底辺への競争」へと導くのか？

関連した論争は、タックスヘイブンが、世界的な「底辺への競争」に寄与しているのかどうかに関するものだ。端的に言って、底辺への競争という命題は、国際的な経済競争と資本移動の圧力の下での規制・税制度の段階的な弱体化を予見している。

タックスヘイブンが生み出す税制・規制制度への圧力と、金融・経済のグローバル化をはじめとする他の圧力とを分離できるかどうかという問題をまず検討することが重要だ。底辺への競争というものがあるのだとすれば、それは他の要素、あるいは要素の組み合わせによって引き起こされるもので、その要素の分離はきわめて難しい。諸々の原因を分離しようとする系統だった実証的・理論的分析は、知る限りまだ行なわれていない。それにもかかわらず、底辺への競争は、一見したところ説得力がありそうだが、実はそうではないとする意見もある。

ＯＥＣＤ諸国のあいだでは法定税率が低下してきたが、興味深いことに、法人税収の対ＧＤＰ比は低下

▼21〔原注〕一九六一年所得税（ジャージー島）の法修正を参照。http://www.gov.je/NR/rdonlyres/B7ED7163-EA89-44B6-A376-8C6FB90621D3/0/Income Tax Law1961_RevisedEdition?1February208.doc（二〇〇八年五月五日検索）
▼22〔参考文献〕OECD 2007, 43
▼23〔参考文献〕Norregaard and Kahn 2007
▼24〔原注〕たとえばイギリスでは、税制年度二〇〇八および〇九年の被雇用者の所得上限が四万四〇ポンドとされ、それを超えると負担率は一一％から一％に減少した。イギリスの所得者の多くて一二％しか、この金額を超える所得を有さない。

していない。この異常に対する一つの説明によれば、法定税率の低下は「寛大な税額控除・免除の縮小を通しての税基盤の拡大に付随して起きた」[25]。政府は、国際税競争を積極的に繰り広げているというイメージを打ち出しておきながら、その一方で同時に税収を確保することに長けている。これは何も不思議なことではない。政府は、自国での政治的安定を維持するとともに、インフラと保健・教育制度を国際的に競争させる必要がある。底辺への競争は、現実的選択では断じてない。しかし、ごく最近の調査によれば、企業からの税収の維持は、いわゆる「民営化」――以前の非法人部門所得の法人部門による奪取――の結果だ[26]。含意は明白だ。実質法人税は減少しているのだ。それにもかかわらず、以前よりも増えた課税対象利益に低率で課税しているので、法人税収は持ちこたえている。

しかし、アイルランド、オランダ、ベルギーなどの中間タックスヘイブンに刺激された、底辺への競争に関連する重要な競争ゲームがある。その最も明らかな兆候は、二〇〇八年春、イギリスで現われた。イギリスに所在し、ロンドン証券取引所（ＬＳＥ）に上場している企業が、ジャージー島に会社を再登記したが、会社をアイルランドの納税住民とする一方、本社事務所をイギリスにそのまま置いてＬＳＥ上場を続けたのだ。大々的に報道されたこの動きを、企業ロビー組織は、イギリスにおける耐え難いほど高い税率が動機となっていると表現した。しかし、こうした動きを見せた最初の二社――シャイア社とユナイテッド・ビジネス・メディア社――は、イギリス国外でその利益の大部分を挙げており（シャイア社は九〇％以上）、どちらもイギリスで大した額の納税を行なっていない。シャイアは、二〇〇〇～〇四年にたったの一〇〇万ポンドしか払わなかったし、ユナイテッド・ビジネス・メディアが二〇〇六年に世界全体に対して払った税金は五〇〇〇万ポンドだった。ここで争点となっているように思われるのは、ＬＳＥに上場している企業の海外利益への課税が従来甘かったイギリスのタックスヘイブンとしての役割だ。実業界の強い要請によって提案されたイギリス税法規を修正せざるをえなかったことが、損失を被る者を、とくにイギリスを単独のタックスヘイブンとして使っている者たちの中に生んだ。この場合、ジャージー島とアイルランドがこの状況を自らの利益のために利用したが、行なわれる取引の経済的実質に目立った変化はない。

それどころか、自国経済の再規制を迫られる中で、タックスヘイブンは底辺への競争論争をしている。再規制を実施すれば、マネーが規制の少ない領土に流れるというのだ。だが、「オフショア金融サービスに関する有益な見識」の提供に尽くすウェブサイト investmentinternational.com によれば、「ガーンジー島が税の平等か情報交換に妥協せざるをえなくなっても、島から逃げ出す潜在的脱税者はいないだろう」[27]。

この理屈は利己的であり、少なくとも部分的に曖昧だ。実際には、ケイマン諸島、ジャージー島、バミューダなどの主要ヘイブンにおける税と規制は軽く、税が多少増加しても影響を受ける可能性は少ない。さらに、タックスヘイブンが隙間《ニッチ》戦略を開発し、市場のさまざまな部門を誘致するためのそれぞれに適した法律を提供しているという証拠が揃っている。たとえばガーンジー島は、それぞれ別個の負債を有するが、一つの共通する企業体に属することで、管理費を削減できる保護セル会社――再保険準備金プールを創出する手っ取り早い方法――を他に先駆けて提供した領土だ。ガーンジー島は、一九九七年にこうした事業体を導入することで先発者利益を確保したかもしれないが、デラウェア州、バミューダ、英領ヴァージン諸島、ケイマン諸島、アングィラ、アイルランド、ジャージー島、マン島、マルタ、セイシェル、ジブラルタルがすかさず続いた。競争が税基盤よりもむしろ所産を悪化させるのは明らかだ。保護セル会社

▼25〔参考文献〕Norregaard and Khan 2007, 8
▼26〔参考文献〕Clausinng and Clausing 2007; Piotrowska and Vanborren 2008; Sorensen 2006
▼27〔原注〕“Channel Islands Banking” http://www.investmentinternational.com/_channel_islands?banking.asp（二〇〇八年七月五日検索）

導入から一一年を経て、ガーンジー島は、他の領域で普通に行なわれている保護と制限の緩和を反映した法改正を行なっている。KPMGマン島の重役が指摘するように、「オフショア環境は近年変化している。立法制度が関与すれば、新たな解決策をひねり出す。その一例が、保護セル会社だ。これまではファンド向けに使われてきたが、今では、キャピタルゲイン税対策に使われている」[28]。規制目的に創出されたモデルが、現在では税金対策に使われており、この二つの問題が互いに影響しあっていることの裏づけとなっている。

競争とニッチ戦略を、底辺への競争と混同すべきではない。タックスヘイブンの「消費者」——企業と富裕な個人——は、投資場所を選ぶ際に税・規制の違いに敏感だが、それもある程度までのこと。ロジスティクス、習慣、そして最も重要な政治的安定と評判も、少なくとも同じ役割を果たす。確かに、企業は税金対策に積極的に、しばしば攻撃的に取り組み、「税効率の高い」形で資金が流れるように再調整する[29]。だが、企業や富豪が、最低の税や規制を提供する国だけを照準にしているという証拠は少ない。

シャーマンとローリングズの報告[30]によれば、極端に規制が少なく、税率が低いヘイブンに属する太平洋の環礁が、最も成功していないタックスヘイブンでもある。マネーロンダリングの流れを引き寄せることには成功してきたが、大規模な金融・産業機関向けの記帳センターとして機能することは稀なのである。信用のある多国籍企業、銀行、ヘッジファンドは、評判の悪いヘイブンと関係して注目を集めることをしたがらない。堅実だとの評判があり、少なくとも規制環境が整っているように見えるタックスヘイブンにはプレミアムがつく。タックスヘイブンは、良い音響システムに似ている。値段が高いほど、原音からの歪みが少ない、つまり原音を忠実に再生する傾向にある。タックスヘイブンは、秘密保護と匿名性を提供するという意味では、できるだけ歪みを少なくするための競争をしている。存在しないように見せるビジネスにおいて競い合っているのだ。

抜け目のないタックスヘイブンは、慎重にゲームを画策し、規制と税を最小限度に抑えているが、グローバル化において実際に役割を果たしているヘイブンは、ゼロ規制ゲームなどできない。したがって私たちは、大規模な金融・資本の流れから超過利潤《レント》を得るための競争は、底辺への競争が中心ではないと言いたい。無規制・無税というよりも、最小化への競争なのだ。

3……国際金融システム安定への影響

タックスヘイブン現象で最も話題にされない局面の一つが、金融の安定という問題であり、これは二〇〇七年から〇八年の金融システムの溶解によって変化する可能性がある。タックスヘイブンと現行の金融不安とのつながりに関する分析は、まだ始まったばかりなので、一九九〇年代終盤の東アジア金融危機以降に行なわれた調査を主に利用する。

ブレトンウッズ体制を終わらせた一九七〇年代初めの通貨危機から九〇年代終わりの東アジア金融危機まで、金融不安と危機の説明の大半は、影響下にある経済国における通貨価値、財政赤字、対外不均衡、銀行部門の健全性に重点を置いていた。これは、先進国・発展途上国の双方に言えた。その結果、金融不安における制度的要素――とりわけタックスヘイブン――の役割については、ほとんど分析がなされなかった。金融不安が世界中のさまざまな経済国を巻き込み、組織的危険を生んだ一九九〇年代終盤になってようやく、金融システムがいかに不透明で濁っているか、入り組んだ金融構造と複雑な投資慣行の利用に

▼28〔参考文献〕Huber 2008
▼29〔参考文献〕Desai et al. 2002; Gruber and Mutti 1991; Sorensen 2006; Sullivan 2004b
▼30〔参考文献〕Sharman and Rawlings 2006

よって、どのようなタイプのリスクが隠蔽され、伝播されているかといった不穏な問題を分析者たちが提起しだした[31]。

一九九〇年代になってようやく、——東アジア金融危機、ロシア金融危機、ヘッジファンド、ロングターム・キャピタル・マネジメント（LTCM）破綻の恐れとともに——数名の専門家が、金融危機におけるタックスヘイブンの役割と機能に関する懸念を提起しだした。LTCMは、オフショア・センターに登記されていた。イタリアの中央銀行でさえ、同社が提供する高利回りに惑わされ、そのきわめて秘密主義のファンドに投資していた。同様に、債務不履行に直面し、資産が凍結されるのではないかと恐れていたロシアの中央銀行も、準備金一五〇〇億ドルをジャージー島で法人化されたファンドに隠していた。この二つの事例において、オフショアの場所が関係していたが、間接的にだけだった。

東アジア危機において、アルーバ、バハマ、香港、シンガポールなどのセンターの銀行貸出に関するデータの質が、慎重な考慮を要する深刻な問題として指摘された[32]。東アジアの経済諸国への巨額の資本流入を非難する専門家もいた。その大半が、OFC経由の銀行および民間部門借入の形を取り、さらに巨額の流出にすぐさま形を変え、両動向を拡大させ、金融の変動を招いているという[33]。一方、オンショア・ファンドとは異なる方法で取引を行なっているとされる、オフショア・ヘッジファンドなどの新たな金融機関の活動を、はっきりと非難した者もいる[34]。

東アジア危機とLTCM破綻を受けて、国際金融構造の強化を目指し、一九九九年四月、国際決済銀行に、金融安定化フォーラム（FSF）という名の小さな事務局が設立された。FSFが最初に行なった活動の一つは、オフショア金融センターに関する特別作業部会の創設だった。同作業部会は、タックスヘイブンが世界経済の金融の安定に及ぼす影響という難問に取り組んだ。

誰もが想像するとおり、タックスヘイブンあるいはOFCの金融システムへの貢献については意見が分かれる。経済学者が属することの多い少数派は、タックスヘイブンあるいはＯＦＣは金融システムを強化すると主張する。ローズとシュピーゲルの唱える、ＯＦＣは性能と効率の改善をオンショア・センターに迫り、この二人の著者が最適性と信じるものを生むという理論についてはすでに述べた。フェーレンバッハ[35]は、もっと独創的な説を呈示し、秘密主義のスイスの銀行システムへの資本流入によって安定が増すとした。彼の主張によれば、脱税者、資金洗浄者、ゆすり屋、収賄者、そしてもっと一般的には人の関心を集めたくない人たちは長期貯蓄者となる傾向があり、比較的低い投資利益率しか求めない。だから、スイスの銀行システムは、投資について長期的視野に立つことができる。別の理論によれば、シンガポールのような記帳センターならびに地域センターは、主要金融センターと発展途上国のあいだの資金の流れを促進するので、開発において重要な役割を担っている[36]。すでに指摘したように、マネーの流れが発展途上国から先進国へと、主に逆向きになる傾向にあることが調査によって明らかになっている[37]。

しかし、もっと広く受け入れられている意見は、タックスヘイブンあるいはＯＦＣは、国際金融システムの健全性と強さをほとんど増加させないというものだ。この観点に立つ者たちのあいだでも意見の相違が見られる。タックスヘイブンは、金融システムにおける既存の緊張や問題を悪化させると信じる者もい

31 〔参考文献〕Nesvetailova 2007
32 〔参考文献〕CRS Report 1998
33 〔参考文献〕Radelet and Sachs 1998
34 〔参考文献〕Kim and Wei 2001
35 〔参考文献〕Fehrenbach 1966
36 〔参考文献〕Park 1982
37 〔参考文献〕Baker 2005

る[38]。タックスヘイブンは、金融システムの不安定性を明らかに高めると主張する者もいる[39]。しかし、この意見の相違は、確かな経験的証拠よりもむしろリスク評価に関係している。

（この問題の管理を引き受けたがっているＩＭＦとの闘争において）追い詰められたＦＳＦは、政治的に賢明な決断を下し、少なくとも「現在までのところ、〔ＯＦＣは〕金融の組織的問題を引き起こす主要な原因因子ではなかったように思われる」と主張した[40]。ＦＳＦが含みのある言い回しで、タックスヘイブンは金融不安を引き起こす要因であったと言わんとしていると取れないだろうか。ＦＳＦは、タックスヘイブンあるいはＯＦＣが、監督と組織的リスクという二つの抜本的な問題を提起すると暗に伝えている。第一に、そうでなくても不透明な金融システムにもう一枚不透明な層を加える。しかし、このもう一枚の層に関連するリスクの程度を評価するのは難しい。第二に、規制あるいは発覚の回避をとくに目的とする金融機関を引き寄せる。ＦＳＦの言葉を借りれば、「適正な調査の欠如によって多くのＯＦＣに金融機関を設立できることが、不適切な構造、ないしは不適切な所有を助長し、それが効果的な監督の妨げとなりうる[41]」。それにしても、これは具体的に何を意味するのだろう。

ＳＰＶの利用と濫用

東アジアの金融危機のみならず、エンロン、ワールドコム、パルマラット、そしてある程度はノーザン・ロックといったドットコムバブル◆に関連するスキャンダルと二〇〇七〜〇八年の危機は、現在の会計慣行の不透明さと、詐欺的あるいは不透明な目的のためのタックスヘイブン関連会社の利用の少なくとも一因とされる。不透明さは、エンロンのある重役が冗談で言ったとされるように、「部屋の中の最も利口な人間」の利益になるという論理だ。小口投資家は、部屋の中で最も間抜けではないにしても、複雑で急速に変化している情報を扱う態勢が最も整っていない人間だ。だが、これらの危機は、もっと重大な次元を露呈した。スキャンダルや詐欺は投資家を欺くだけでなく、多くの労働者から年金や職を奪い、リスクによって生じるリスクプレミアムを享受することなく、最終的にリスクを負担する経済全体に影響を及ぼす。

問題の大半を引き起こしたと思われるオフショア事業体は、特別目的体あるいは特別目的事業体（SPVあるいはSPE）である。SPVとSPEは、深刻な健全性の問題を引き起こす。タックスヘイブンは、オフショアSPVの設立を著しく簡便化したが、非常に高度な金融商品に関する適正評価を実施する資源も専門意見も持たない。たとえば、ケイマン諸島の銀行業界は、GDPの五〇〇倍を超える資産を保有している。ジャージー島は、GDPの八〇倍を超える資産を保有している。こんな小さな法域が、こんな莫大なマネーを監督・規制するのに充分な資源を割り当てられるかどうか、尋ねるまでもないように思われる。証拠に裏づけられた特定の要求がなされた場合、ケイマン諸島はアメリカ政府とうまく協力する傾向にあるが、独自の調査を開始することはめったにない。[42]

エンロン社

エンロン社の破綻以降、SPVが大きく報道された。エンロン事件を調査していたアメリカの議会委員

▼38 〔参考文献〕FSF 2000b など。
▼39 〔参考文献〕Summers 2000 など。
▼40 〔参考文献〕FSF 2000, 4
▼41 〔参考文献〕FSF 2000, 2
◆ドットコムバブル　インターネット関連企業のバブル。
▼42 〔参考文献〕GAO 2008

会は、エンロンの詐欺は、ＳＰＶ三〇〇〇社を通して組織され、「うち八〇〇社は、タークス・カイコス諸島の約一二〇社や、ケイマン諸島の同一私書箱を使用している約六〇〇社を含む有名な法域に登記されていた」[43]。オフショア地域は、エンロンの破綻に多大に関与した。ウィリアム・パワーズ・ジュニア率いる同委員会の報告によれば、エンロンは、負債の借り換えを行ない、重役たちにマネーを不法に支払うために複雑な金融取り決め、パートナーシップ、ＳＰＶを創出した。同報告書は、「〔エンロンの〕最も重要な取引の多くは、明らかに財務諸表上都合の良い結果を達成するためのもので、真正な経済目標の達成、あるいはリスクの移転を目的とはしていなかった」と述べている[44]。

新聞の見出しにもかかわらず、パワーズの報告も議会聴聞会も、オフショア構造のほうがオンショア構造よりも明白に有害だとは立証しなかった。どうやらエンロンのオフショアＳＰＶは、負債の一部を確かに隠蔽してはいたものの、主に租税回避目的のために設立され、オンショアＳＰＶが、主に負債隠蔽に利用されたようだ。双方とも、詐欺に貢献したように見受けられる[45]。

同様に、サブプライムローン危機が深刻化した時期に銀行が利用し、それ以降「影の銀行業界」の烙印を押されている不透明な導管――ＳＰＶの別名――が、規制・監督回避のさまざまな手法を利用して、オフショアと同じくらい頻繁にオンショアでも活動した。

ノーザン・ロックとグラニット

サブプライムローン危機に起因する、オフショアＳＰＶ絡みのもう一つの興味深い事件が、ノーザン・ロックの破綻によって明るみに出た。ノーザン・ロックはかつてイギリスの住宅金融組合だったが、一九七七年に公開有限責任会社に変更となった。住宅金融組合は、預金者からマネーを集めることで、従来のやり方で貸し付ける資金を調達する。反対に銀行は、金融市場からこれより幾分簡単にもっと多額のマネーを調達するという選択肢がある。株式会社化にともなってノーザン・ロックは銀行となり、積極的な拡大を始めた。同社の二〇〇六年度監査済み財務諸表によれば、リテール預金者から調達した資金はわずか二二%で、少なくとも四六%を社債で調達した。

その社債は、ノーザン・ロックそのものが発行したのではなく、「影の会社」として知られるようになった会社が発行した。それが、グラニット・マスター・イシュアー公開有限責任会社とその関連会社で、ノーザン・ロックが設立した慈善信託が所有していた。ノーザン・ロックの破綻後、この慈善信託が慈善基金に対して一銭も支払ったことがなく、恩恵を受けているとされていた慈善基金はグラニットの存在すら認識していなかったことが発覚した。ノーザン・ロックの金融構造の一部としてのグラニットの唯一の目的は、ノーザン・ロックが法的にグラニットから独立しており、グラニットが自社の発行社債に単独責任を負っているかに見えるよう保証することだった。

これは、当然ながら偽装で、しかもグラニットの受託者たちの少なくとも一部がジャージー島のセント・ヘリアを拠点にしているという事実に支えられていた。ジャーナリストたちが、グラニットの人間を特定しようとしたが、ジャージー島で同社の従業員は見つからなかった。それどころか、グラニットの財務諸表の調査により、五〇〇億ポンド近い債務があるにもかかわらず、従業員は一人もいないことが明らかになった。その構造全体をノーザン・ロックが管理しており、したがって（しかも異常にも）その事業体によって「貸借対照表上」に記載されているように扱われ、連結勘定に含まれた。

この状況が生んだノーザン・ロックにとっての窮状は、明らかだった。グラニットは、社債発行を通し

▼43〔参考文献〕U. S. Senate 2002, 23
▼44〔参考文献〕Powers et al. 2002, 4
▼45〔参考文献〕GAO 2008, 38

て金融市場で何口もの抵当権を証券化するために利用された。二〇〇七年八月、金融市場がその債権に対する欲を失ったとき、ノーザン・ロックのビジネスモデルは失敗した。借入金の借り換えがもはやできなくなり、その結果、グラニットが名目上は独立した会社であっても、社債保有者に対するグラニットの債務支払いを援助しなければならなくなった。

ノーザン・ロックがオンショアなのかオフショアなのかについて、混乱が生じた。実際問題、その所在は双方の要素を含んでいた。ノーザン・ロックが国営化されたとき、イギリス下院は、これによってグラニットも国営化されるのか否かに関して深夜まで議論を重ねた。問題は解決されなかった。国営企業によって完全に管理されているが、名目上は慈善信託によって所有されている会社が、国家の管理下に置かれるべきなのかどうか、誰にもわからなかったように思われる。それでも、政府は、グラニットの社債保有者に対して債務支払いを保証せざるをえなかった。

イギリスの銀行の大多数が、こうした慈善基金を利用していたようだ。問題を抱えていた同じくイギリスの銀行、HBOSは、ジャージー島に登記された、負債一九〇億ポンドを抱えたデット・ファイナンス◆・ファンドを持っていた。HBOSは、ジャージー島登記の、傘下のデット・ファイナンス・ファンドであるグランピアンを自社勘定に引き取るようイギリス政府から迫られた[46]。アメリカの企業・銀行筋は、そのような慣行はアメリカでは聞いたことがないと主張したが、政府説明責任局（GAO）によるケイマン諸島調査は、慈善信託として偽装しているアメリカの所有者らについてとくに言及した[47]。アメリカ財務省のデータによれば、二〇〇六年末現在、アメリカの投資家は、ケイマン諸島発行の資産担保証券の形で約一一九〇億ドルを保有していたが、これは世界最高額だった[48]。このタイプのストラクチャード・ファイナンス・ビークル◆が、二〇〇七〜〇八年の危機の中心にあった。こうした会社は、アメリカをはじめとする数か国ではオンショアで組織できるし、イギリスをはじめとする他の国々ではオフショアで組織できる。

これだけ多くの特別目的体（SPV）が、なぜタックスヘイブンに設立されたのかはまったく不明だ――オフショアに出ていく理由はさまざまだ[49]。また、オフショアに設立されたストラクチャード・ファイナンス市場の割合も不明だ。残念ながら、この問題に関する満足な調査はまだない。GAOによるケイマン諸島の調査[50]が、現在入手できる最良の調査だろう――とはいえ、同調査はデータ収集と、もっと重要なことにそのデータの検証に非常に苦労したと報告している。たとえばGAOは、ケイマンの一つの住所、メープルズ・アンド・カドラー法律事務所が所有しているアグランド・ハウスに登記している一万八八五七社のうち五％は、アメリカ企業が完全所有しており、四〇～五〇％はアメリカが請求書送付先になっていたとはっきり報じている[51]。アメリカとのこうしたつながりが、正確に何を意味するのかについては、GAOの研究者らにはわからなかった。報告書は続ける。「ストラクチャード・ファイナンス事業体は、概して企業の貸借対照表に記載されず、その所有は、組織あるいは事業体を運営している人物以外の、慈善信託などの第三者を通して行なわれる、あるいは証券化に関わる取引における多数の証券所有者あるいは投資家にまたがる場合がある」[52]。GAO報告書は、アメリカの事業体が、ケイマンのトンネル会社を利用する

◆**デット・ファイナンス**　公社債など、債券発行による資金調達。
▼46〔参考文献〕Hoskins 2007
▼47〔参考文献〕GAO 2008, 19
▼48〔参考文献〕GAO 2008, 13
◆**ストラクチャード・ファイナンス・ビークル**　資産を証券化するなどの「仕組み（structure）」を利用し、市場リスク、信用リスクなどをコントロールする金融技術を利用する会社。
▼49〔参考文献〕GAO 2008
▼50〔参考文献〕GAO 2008
▼51〔参考文献〕GAO 2008, 7

理由は、債権者や投資家に対する明確な保護を提供する同島の破産法と、そして当然ながら税の優遇措置など多々あると信じている。[53] 私たちとしては、規制の甘さ、コスト、そして時には税が、一役買ったに違いないと推測できるのみだ。

SPVあるいはトンネル会社の広範な利用が、所有権や負債に関する深刻な混乱を生んでいる。グラニットやグランピアンなどのSPVは、偽装目的の慈善信託の利用を通して親が「不明になる」ことの多いSPVの利用によって生じうる問題を提起する。この構造は、イギリスの銀行では当たり前で、サブプライムローンの証券化に関して広く利用された。それどころか、ノーザン・ロックは、イギリスの多くの銀行に比べたら比較的クリーンな事例だったが、それでも同社の破綻は、こうした状況をどう処理すべきかを取締官側がほぼ全員わかっていないことを露呈した。ノーザン・ロックがイギリス政府によって国営化された後でさえ、曖昧なままだ。GAO報告は、タックスヘイブンがあるせいで、所有権の不透明性がシステム全般に特有なものとなっていることを確認している。アメリカの資産担保証券（ABS）市場の二六％を外国企業が占めているのはわかっている――しかし、それ以上のことはあまりわからない。[54]

SPV、ストラクチャード・インベストメント・ビークル★（SIV）、保護セル会社など複雑な事業体の利用が、金融市場の問題に多大に寄与してきたように見受けられる。銀行その他の金融機関の勘定は信頼できない。オフショアにいくつもの事業体を簡単に、そして合法的に持つことができ、あらゆる種類の債券類を保有しているからだ。こうした事業体と「母体」機関とのつながりは、銀行が破綻してからようやく遡及的に発見されるし、いずれにせよ何年もかかる。多くの場合、機関そのものでさえ、どのオフショア事業体が自社の傘下なのか知らず、二つの異なる銀行グループが自社の傘下だと主張するSPVの例が確かに存在する。良い時代には、金融の行為者らは驚くほどお互いを信頼し合っていたのに、悪い時代になると、最終的に生じた数字を信用すべきかどうかわからず、自分以外の者に負債を「白状する」よう求める。そうなると、政府は、大部分がオフショア登記されている未知の金額の負債を補填するために一律に保証せざるをえなくなり、凍結した市場を取り除こうとする。オフショア金融センターにおける金融活動に関する信じがたい報告にもかかわらず、「純粋な」タックスヘイブンは一つとして、援助資金をびた一文提供したことがない——結局のところ、彼らはゲームの真剣な行為者ではなく、手数料と引き換えの導管にすぎなかったのだ。事実上、主要国政府は、不祥事を起こした金融行為者ばかりかタックスヘイブンにも助成金を払う羽目になった。

ヘッジファンド

ヘッジファンド、とくにオフショア・ヘッジファンドが、金融不安のもう一つの伝播装置ではないかと疑われる。マレーシア首相マハティール・モハマドが、「世界経済の追いはぎ」と表現したことで有名だ。ヘッジファンドは、一九九二年にイギリスで起きた「暗黒の水曜日《ブラック・ウェンズデー》」から、ヘッジファンドがフィリピンのペソ、タイのバーツ、インドネシアのルピアを含むさまざまな通貨への攻撃を始めたとされる九九年まで、数々の投機的通貨攻撃に関わってきた。九八年のロングターム・キャピタル・マネジメント（LTCM）の破綻以降、アメリカ議会は、少なくとも六回、同業界に関する個別の公聴会を開いた。サブプライムローン危機に関わっていたヘッジファンドもあった。ケイマン諸島に登記されているヘッジファンド二

▼52〔参考文献〕GAO 2008, 19
▼53〔参考文献〕GAO 2008, 8
▼54〔参考文献〕Beltran et al. 2008
★ストラクチャード・インベストメント・ビークル（SIV） 短期借入と長期リターンとの差から利益を得るためにストラクチャード・インベストメントを利用するSPV。

社は、ベア・スターンズの破綻に深く関与していた。

　ヘッジファンドの正式な定義はない。この用語は、「多様な投資戦略を採用する幅広い機関投資家を表現するために」用いられている。[55] ヘッジファンドの最も論議の的となっている局面は、それらが概して、登記されていない、あるいは投資を行なうのにレバレッジ◆を用いるオフショアの投資信託組合を通して登記されている点だ。大半の場合、規制機関の監督と税の双方を最小化するような構造を意図的に構築している。それにもかかわらず、依然として一部の規制の対象とはなっている。人口の多い国ではとくにそうだ。それが、アメリカのヘッジファンド業界の三分の一が、タックスヘイブンに居住または子会社を持っていると思われる一因だ。ケイマン当局は、世界の登記済みヘッジファンドの八五％がタックスヘイブンにあるとしている。どちらの数字が正しいにせよ、タックスヘイブンは、秘密保持、取引実績の非開示、低税率という同業界にとって抗いがたい三つの大きな魅力を提供している。

　ヘッジファンド発祥時期としてよく挙げられるのは、アルフレッド・ジョーンズが株式ファンドを開設した一九四九年だが、ヘッジファンド業界が著しい成長を見せたのは一九六〇年代以降のこと。ヘッジファンドの共通点は、市場でアノマリー◆を利用して金儲けをすることだ。リスク商売あるいはサヤ取り手法を利用し、独自の一連の「秘密」戦略、理論、目標を維持する。ヘッジファンドの管理職の多くが、市場の平均投資収益を打ち破るのに役立つ複雑で高度なメカニズムを発見したと主張する。こうした秘密保護の雰囲気の中で、彼らがバミューダ諸島、スイス、ケイマン諸島などのタックスヘイブンを好むのも当然だ。しかし、多くのヘッジファンドは、名目上はこれらの場所に所在してはいるものの、ロンドンやニューヨークで管理されている。

　多くのヘッジファンドが、オフショアにしっかり足を突っ込んでおきたがるもう一つの理由がある。LTCMの破綻以降、アメリカ議会の公聴会は、ヘッジファンド業界を規制しようとする国があっても、業界をオフショアに押し出すだけだという結論を出した。またしても明らかに、オフショアが、必要な規制の大きな抑止力として働いた[56]。LTCMの大破産の法外なコストにもかかわらず、アメリカ財務省によるLTCM調査が、オフショア・ファンドについてのお馴染みの懸念を提起してもなお、緩やかな規制原則が幅を利かせている[57]。

ヘッジファンド業界のもう一つの問題は、その純然たる大きさだ。規模と緩やかな規制、「綱渡り的」運用への黙示のインセンティブが相まって、金融不安に追い打ちをかける。業界は相当の関心を集め、この部門なら高い投資利益を提供できると信じる機関投資家から主にマネーが流れ込んできた。ヘッジファンドの大半が利用するきわめて高いレバレッジが、市場に大打撃を与える複合的資源を生んだ。

制度的安定の観点からは、ヘッジファンドへの「投資」が主に信義の問題であるというのが問題だ。このことが、銀行や年金基金、その他の金融機関がこれらの事業体に資金を委ねる妨げとはなってこなかったように思われる。関連する金額の推定は異なる。二兆ドル弱が、ヘッジファンドに委ねられているとみなす者が多い[58]。規制がほとんど、あるいはまったくない不透明な金融市場におけるこの資源の純然たる大

▼55 〔参考文献〕Becker and Doherty-Minicozzi 2000, 3

◆レバレッジ　テコ（lever）の作用の意から転じて、投資において信用取引や金融派生商品などを用いることにより、手持ちの資金よりも多い金額を動かすこと。自己資本と比較して損も利益も巨額になる。

◆アノマリー　相場において、はっきりとした理論的な根拠を持つわけではないが、よく当たるかもしれないとされる経験則のことをいう。

▼56 〔参考文献〕Becker and Doherty-Minicozzi 2000

▼57 〔参考文献〕Becker and Doherty-Minicozzi 2000, 28

▼58 〔参考文献〕IFSL 2007a

きさを、多くの者が懸念している。

オフショア・ヘッジファンドに関してはほとんど研究が行なわれておらず、その数少ない研究も主に業績に関するものだ。オフショア・ファンドは、税金であまり損をせず、規制・監督の対象にもなりにくいので活発に商売ができ、そのため変動しやすいと主張するアナリストもいる。キムとウェイ[59]がこの申し立ての調査を行なってきたが、オフショア・ファンドは基本的に国内ファンドと変わらないことがわかった。キムとウェイは、間違った前提、すなわちヘッジファンド業界の一部はオフショアにあり、一部はオンショアにあるという前提に立って調査していたのかもしれない。ケイマン諸島に関するGAOの調査のほうが、もっと正確な実態を示していると私たちには思われる。ヘッジファンドは通常、資産を保有して運用する「マスターファンド」事業体を設立し、これを通して規模の経済《スケールメリット》を達成する。アメリカの投資家が、ケイマン諸島のオフショア・ファンドに投資する場合、アメリカ、通常はデラウェアなどの州に設立された「フィーダー」ファンドと呼ばれる子ファンドを通して行なうのを好む[60]。その結果、異なる法域にある別々のヘッジファンドのように見受けられるファンドが、実は関連ファンドだったりする。イギリスの金融サービス機構（FSA）の役人の、イギリスに登記されているヘッジファンドはないという趣旨の言葉が引用された[61]。それでも、ロンドンは、ヘッジファンド業界の主要拠点とみなされている！　どう見ても、これらのイギリスのヘッジファンドはすべて、オフショアに登記されている。オフショアの標準的な記帳センターとしての役割が、ヘッジファンド業界で維持されている。

オフショアの投資手段のほうがオンショアの手段よりも金融の安定にとって大きな脅威であることを示す経験的証拠は、現時点ではない。むしろ問題は、金融の天才が頭に描くどんなタイプの事業体でも、オンショアがダメなら数時間のうちにオフショアに設立できることなのだ。ケイマン諸島がダメなら、ジャージー島、ジャージー島もダメならどこか他の場所にという具合だ。厳密に言って、イギリスにヘッジファンド業界がないとしても、アイルランドでは、ヘッジファンドの登記に二時間しかかからないのを政府が誇っている。四〇〇ページの申請書を午後三時に提出できれば、翌朝九時には承認される。アイルランドの役人が午後五時に帰宅すると仮定すれば、新しいヘッジファンドの登記を認めるのにかっきり二時間しかかかっていない

実のところ、取締官らは、オフショア・ヘッジファンド業界のことがほとんどわかっていない。ヘッジファンドが危機を助長するうえで果たした役割がかなり取り沙汰されてはいるが、それを裏づける確かな研究がない。これまでのところ、アメリカの連邦政府は、業界の信用と「市場規律」に頼る道を選択している。他の機関（アメリカの証券取引委員会、イギリスの金融サービス機構、ドイツの連邦金融監督庁、ヨーロッパの中央銀行）は、制度的リスクを懸念し、大手ヘッジファンドの破綻が、そのファンドに貸し付けを行なった複数の大手銀行の破綻を引き起こしかねないと恐れ、規制強化を求めている。

不可視化される負債

現行のグローバルな金融システムにおける最大の懸念は、おそらく負債、とくにアンヘッジド・デットの膨張だ。「アンヘッジド・デット」とは、無担保で、あるいは——よくあるように——高度な金融商品を通してぼやかされた、お粗末な形態の担保でマネーが貸し付けられた場合に生じる信用リスクである。今日の金融システムの複雑さが、この問題をわかりにくくしている。

一九九〇年代末以降に発生した金融危機にはどれも、一つの基本的特質がある。つまり、（日本のバブル

▼59〔参考文献〕Kim and Wei 2001
▼60〔参考文献〕GAO 2008, 21
▼61〔参考文献〕Clark 2008

や、サブプライムローン危機の事例に見られるように）負債の山が、株やローンといった「資産」を担保として保証されてきた。その資産は、当然ながら、市場が支払ってもいいと信じる価値しかない。信用がなくなれば、これらの資産の価値もなくなる。さらに悪いことに、二〇〇七～〇八年のサブプライム・メルトダウンによって明らかなように、複雑な手法、証券化、リスクヘッジが相まって、このアンヘッジド・デットにかなりの不透明さを生じた。一般に認められている会計原則と国際会計基準、そしてヨーロッパにおいては国際財務報告基準の下における、企業の貸借対照表の市場価格の査定によって、問題がさらに悪化する。こうした査定は、市場の上昇期にはかなりの増益があるような印象を与えたが、負のフィードバック・ループ◆を形成し、原資産への市場の信頼がなくなったために、損失の膨張を助長した。これは、きわめて高い水準のレバレッジを支え続けると仮定されていた株価の上昇に基づいて設立された未公開株式部門内部で大きくなっている問題だ。

金融安定化フォーラム（ＦＳＦ）がすでにこの問題に着目し、不透明であるがゆえに、ラテンアメリカ（一九九四～九五年）、東アジア（一九九七～九八年）、アングロ・サクソン系経済国（二〇〇七～〇八年）などに危機の波が押し寄せるまで、オフショア関連会社におけるアンヘッジド・デットの蓄積に誰も気づかなかったと指摘している。タイでは、一九九〇年代初めから中頃まで、アンヘッジドが大半を占める、国内での外国通貨建て融資（「アウトイン融資」）の資金調達のためのバンコク・インターナショナル・バンキング・ファシリティ（ＢＩＢＦ）の利用が増大し、銀行業界の外国為替リスクとマチュリティリスク◆に対する脆弱性が増した。タックスヘイブンの利用によって、危険な信用取引の比率の増加がさらに不明になり、システムが一段と不透明になった。銀行以外の金融機関（ヘッジファンドなど）は、タックスヘイブンとの関わりを開示する義務がないというのがもう一つの問題だ。

さらに、ＦＳＦは、監視・規制を免れるオフショア金融センター（ＯＦＣ）絡みの店頭取引活動の増加を挙げている。「ケイマン諸島などのセンターにおける資産と負債の増加が、OFCを基盤とする機関の簿外の活動〔これについては充分なデータがない〕とともに、悪影響の危険を増している」[62]。国際決済銀行のデータによれば、デリバティブ市場全体の八〇％超が店頭取引されており、巨額の資本がほぼすべての監視・監督を逃れている。

したがって、批評家らは、タックスヘイブンが提供する不透明性によって、きわめて大きなリスク――明らかになるまで金融管理当局も金融機関も充分に認識も理解もしていないリスク――が、発覚せずに大きくなっていると主張する。主要な問題は、自社の投資家や関わりについての情報公開を義務づけられていない、ヘッジファンドをはじめとする、非常に高レバレッジの機関◆の知られざる規模だ。

4……先進国へのタックスヘイブンの影響

タックスヘイブンが先進工業国に及ぼす全体的影響に関する調査は、比較的最近になってはじまった。一九九〇年代まで、タックスヘイブンは、租税回避と脱税というどちらかというと小さな問題として扱われていた。八〇年代初期以降の国際決済銀行のデータと、九四年に実施されたIMFの重要な研究[63]が相ま

◆フィードバック・ループ　出口と入口がつながっていて循環し、結果が増幅されていく状態のこと。
◆マチュリティリスク　短期的・長期的な融資による資金調達手段におけるリスク測定要因の一つ。短期借入の場合、マチュリティ（満期）を迎える可能性は長期に比べ比較的高い。これにより短期での融資手法はリスクが低いと定義され、それにかかるコスト（利息）は長期に比べ低くなる。
▼62　〔参考文献〕JFSC, para 36
◆高レバレッジ機関　低い自己資産比率で巨額な資金を動かす金融機関。

って、世界経済に対するその影響の重大さに対する認識を高めた。議論はまだ、始まったばかりだ。タックスヘイブン関連の二つの主な政策課題は、課税と金融規制だ。とはいえ、タックスヘイブンが先進工業国に及ぼす影響の全体像は掴みにくい。残念ながら、議論はきわめて観念的になりがちだ。市場支持派の観念論者は、タックスヘイブンを好む傾向にあり、「レントシーキング」◆の役所や国家の拡張傾向に対する有益な釣り合い錘《おもり》であると同時に、オンショア金融センターに有益な競争を提供していると見ている。左翼の活動家や社会民主主義者は、タックスヘイブンを、抑圧媒体、世界全体に広がり、金持ちと権力者が自らのために運営する巨大な不法の「闇経済」における鍵となる要素と見ている。この闇経済は、主流のオンショア経済に頼って、豊かな世界経済を支えるために必要な法的・政治的・ロジスティクス面のインフラを提供し、それによってこのような複雑な経済に資金を供給する費用は、中・低所得のサラリーマン階級の肩に重くのしかかっている。

このような議論があるにもかかわらず、タックスヘイブンは、グローバル化している一つの有名な事象、貧富の差の拡大の重要な要因となっている。

▼63〔参考文献〕Cassard 1994

◆レントシーキング　企業が政府官庁に働きかけて法制度や政策を変更させ、利益を得ようとする活動。自らに都合がよくなるように規制を設定、または解除させることで、超過利潤（レント）を得ようという活動のこと。

第7章 途上国の開発とタックスヘイブン

タックスヘイブンは、先進工業国経済の形成に重大な役割を果たしてきた。そして、発展途上国に暮らす人々の生活を形作るうえで、さらに大きな役割を果たす可能性がある。

大部分の発展途上国には、高度な税制がない。こうした国々は概して、税率の低い大規模な非公式経済を特徴とし、極端ないくつかの事例においてはまったく課税されていない経済もある。調査によれば、有効な税制が開発の重要な要素である。機能的な税制は、開発に必要な歳入を確実に高めるばかりではない。長期的開発に必要な制度面での能力を構築し、官民の行為主体間の合意と政治に関する話し合いを助長する。[1] 有効な税制の構築のために克服しなければならない障害は多く、中でもタックスヘイブンが最も高いハードルとみなされなければならない。

南アフリカのトレバー・マニュエル財務相が、「オフショア・タックスヘイブン、移転価格操作、所得の多重の流れ、複雑な供給網」がどれほど発展途上国の重荷になってきたかについて説明している。[2] しか

▼1 〔参考文献〕Bräutigam, Fjeldstad, and Moore 2008

▼2 〔参考文献〕OECD 2008a

し、脱税と租税回避は現在の懸念というよりはむしろ将来の懸念だ。個人・法人税率は発展途上国でははるかに低く、せいぜい部分的に実施されているに留まる。最大の問題は、高度な租税回避スキーム、さらには脱税の利用ではなく、むしろ発展途上国から先進国への資本逃避なのだ。

1……開発の障害としてのタックスヘイブン——資本逃避、マネーロンダリング、そして政治腐敗

国際的な資本逃避の第一人者であるレイモンド・ベイカーは、合法的な資本の流れと違法な資本逃避を区別している。充分な裏付けがあり、適切な報告が行なわれ、適切な税が支払われた富の流れは、日常商取引の合法的部分に当たる。たとえば、一九九七〜九八年のアジア危機のあいだにアジアから流出した資金は概して、このモデルに当てはまる。[3] 違法な逃避は、まったく別問題だ。

違法な資本逃避とは、単に「マネーの発生、移転、利用が法を犯す場合、その違法に取得し、違法に移転し、違法に利用される」マネーの国境を越えた動きである。[4] 不法な資本逃避は、故意の誤報によっても生じる。とはいえ、合法的な資金移転のために利用される経路と類似した経路を通しても、不法な資本逃避はしばしば発生する。これが、タックスヘイブンが提供する秘密保護と不透明さと相まって、規制当局による資本逃避回路の特定を非常に難しくしている。世界的にどれだけの資本逃避が行なわれているかに関しては、せいぜいきわめて大

［図表7-1］世界のダーティ・マネーの国境を越えた流れ

（単位：10億米ドル／年間）

	低い推計値	高い推計値
犯罪	$331	$549
政治的腐敗	30	50
商業（下記の合計）	700	1,000
ミスプライス (a)	200	250
移転価格操作の意図的濫用	300	500
偽取引	200	250
合計	1,061	1,599

(a)〔訳注〕ミスプライス：適正価格から乖離した状態

（出典：Baker 2005）

ざっぱな推計しかない。

多額の不法なマネーが、発展途上国から明らかに流出している。国境を越えた不法なマネーの流れに関する最新の推計は、年間一兆から一兆六〇〇〇億ドルだ。ベイカーは、このマネーの半分が、発展途上国と移行経済国から先進国の主要バンキング・センターに流入していると見ている。デヴとカートライト＝スミスが実施した関連調査▼5では、発展途上国からの不法な資金流出の数字を二〇〇六年まで若干高く置き、八〇〇〇億ドルから一兆ドルとしている。二人の調査は、二〇〇二年から〇六年まで、発展途上国からの不法な資金流出が年平均一八・八%の割合で増加したと結ばれている。

この数字が正しいとすれば、発展途上国からの国際銀行送金総額の約五%に相当する。さらに悪いことに、（スイス企業が不法なマネーをアメリカに送金し、アメリカ企業がスイスにマネーを送金するなど）多面的傾向のある先進国間の不法なマネーの流れとは異なり、このマネーの流れは一方的、すなわち発展途上国から先進国、貧者から富者への傾向がある。ベイカーによれば、発展途上世界からの不法な資金移転総額の約八〇〜九〇%は、永久的な対外移転だ。発展途上国へどんな形で還ってくるにせよ、外国直接投資として分類される公算が大きい。大多数の場合、発展途上国に実際に還ってくるマネーは、「還流」——後ほど説明するプロセス——の形を取る。

気がかりなのは、不法な資本逃避が、発展途上国への現行の海外援助——ＯＥＣＤの公式数字によれば、すべての出所から年間約一〇〇〇億ドル——をかなり上回っていることだ。したがって、海外援助は、不法な資本逃避のよくても二〇%しか埋めていない。それどころか、不法なマネーの流れ絡みの総額は、従

▼3 〔参考文献〕Baker 2005; Beja 2006 も参照。
▼4 〔参考文献〕Baker 2005, 23
▼5 〔参考文献〕Dev and Cartwright-Smith 2008

来の依存理論と識別される移転をはじめとする他のどんなものよりもずっと深刻な悪影響を開発に対して及ぼす。

ベイカーは二〇〇五年に、国境を越えた不法なマネーの移転を三つの形態に分けている。

1、詐欺的な移転価格操作の利用。ベイカーの推定では、世界の不法な資金移転総額の六〇〜六五％がこの形態を取っている。年間移転総額は六〇〇〇億ドルから一兆ドルに上り、その半分が発展途上国からの流出だ。

2、麻薬取引、恐喝、偽造、禁制品、テロ資金など、犯罪活動による収益の移転。犯罪収益の移転は、ベイカーによれば、不法なマネー全体の約三〇〜三五％、すなわち年間三〇〇〇〜五五〇〇億ドルに相当する。

3、政府役人による贈収賄ならびに窃盗による収益。政府役人による贈収賄ならびに窃盗の国境を越えた収益の移転は、三つのカテゴリー中最小で、世界全体の約三％にすぎない。

タックスヘイブンの場合によくあることだが、移転総額の観点からは最も重要でない要素――政治腐敗――が、メディアの関心を最も集めてきた。これに対し、最も重要な要素である移転価格操作は、最小の関心しか集めてこなかった。

世界的な、あるいは発展途上国からの不法な資金移転のどの程度がタックスヘイブンを経由しているのかを言うのは難しいが、かなり高い割合である可能性が大きい。ＯＥＣＤの二〇〇二年の推定によれば、多国籍企業のグループ内売上（つまり、国境を越えてはいても、所有者の同じ企業間での取引）は世界貿易の六〇％以上を占め、すでに考察したとおり、世界の外国直接投資の約三分の一がタックスヘイブンを経由している。この二つの数字が無関係であるとは思えない。いや、多国籍企業の非常に多くのタックスヘイブン子会社の存在が、両統計に寄与しているのだから、関係がないはずはない。タックスヘイブンが提供する秘密保護が、移転価格操作の意図的濫用の強力な誘因となり、意図的に価格を操作された資金の大部分とは言わないまでも多くが、こうした法域を経由して流れているものと確信する。当然ながら、ベイカーならびに、資本逃避とマネーロンダリングの専門家らは、タックスヘイブンを世界の闇経済の中心的要素あるいは基礎基盤と見ている。

移転価格操作

多国籍企業傘下の関連会社間で売買を行なう際に価格を設定する過程を、「移転価格操作」と呼ぶ。原則として、移転価格操作は完全に合法的だ。しかし、当事者国によっては、この移転価格の故意の濫用が違法となる場合もある。

第2章での移転価格操作に関する議論を思い出してみよう。第二次世界大戦以降、社内取引は独立企業の原則に基づいて行なわれてきた。その目的は、利益が生じた国に対してその得た利益を公正に配分することにあった。

必ずしも見た目ほど簡単ではないと強調しなければならないが、企業は、この結果を望むかどうか判断することができる。国境を越えて取引される一部の製品の「第三者」価格を決定するのが非常に難しいこともある。たとえば、一般市場で決して売られることのない完成部品のパーツの価格がそうだ。そのような製品の独立企業間価格について、見積もらなければならない。そのような見積もりが誠実に行なわれる場合もあるが、よくあるように、利益の再配分を隠蔽する目的で行なわれる場合もある。また企業が、自社の方針に対する説明要求が起きそうな場所においてのみ、独立企業間価格設定を行なうこともある。こうした問題を税務当局が現在、日常的に調べているような主要経済国がこれに当たる。発展途上国においてそうした要求がなされるのは稀だし、このようなスキームを誠実に実施しようというインセンティブはさらに稀だ。二〇〇四年一二月、ビッグ・フォー国際会計事務所の一つであるデロイトは、アフリカで、移転価格操作に関する説明要求が成功したのを見たことはないと報告した。[6] 大部分のアフリカ諸国には、自国領土で操業している多国籍企業に対してそのような説明要求をするだけの法律も、専門意見も、商業面での自信もない。

企業が法域間で利益を再配分しようとする場合、いくつかの方法が利用される。

1、現金の送金元の国からタックスヘイブンへの輸出価額より少ない金額をインボイスに記載する。商品が輸出された後にそれを満額で販売し、販売によって生じた超過額が資本逃避価額となる。通説によれば、これが一九九〇年代にロシアの資本逃避によって利用された主な方法だ。石油、ガス、鉱物などロシアの財には意図的に低い価格を設定する一方、輸入品には意図的に高い価格を設定した。ティコミロフは、この方法で一九九〇年から九五年にロシアから約二五〇億ドルの資本が逃避したと算出している。[7] 予想どおり、タックスヘイブンのトンネル会社が多大に関与していたが、国内あるいはオンショア企業もそうだった。ティコミロフは、この資本逃避の圧倒的多数は、ロシアの東部地域の諸企業とアメリカ西海岸の諸企業とのあいだの取引によって発生したと見ている。[8]

2、現金の送金元の国への輸入価額より多い金額をインボイスに記載する。超過分が資本逃避となる。

3、先に述べた理由で過大あるいは過少請求された価額の裏付けとなるよう、輸入品の質や等級を不正に報告する。

4、先に述べた理由で過大あるいは過少請求された価額の裏付けとなるよう、量を不正に報告する。

5、支払いが行なわれる架空取引をでっちあげる。この策略には、実在したためしのない商品あるいはサービスの輸入代金の支払いが含まれる。

資源採掘産業――開発の障害

発展途上国で最も問題のある部門の一つが、資源採掘産業だ。タックスヘイブン子会社の利用と発展途上国における低コストを保証する専門部門として出現し、賄賂その他の取り決めを利用して貿易を助長している。[9] 大手企業絡みの事件から、これらの企業がさまざまな方法を組み合わせて税金をほとんど、あるいはしばしばまったく払っていないことが明るみに出た。

まず、多国籍企業は、鉱業権あるいは石油利権の条件の下で特別課税方式の交渉を行なうことで、自社に有利な立場を求める場合がある。企業は通常、プロジェクト期間の最初の数年間、税を支払わないでいられるよう免税期間の交渉を行なう。免税期間一〇年が通例となっている。[10]

また、企業は、初期会計年度の営業損失が生じるよう、投資に対する特別課税控除――たとえば、資本コストを一〇〇％帳簿から抹消するなど――の交渉を行ない、その結果、かなりの期間、税を支払わない。[11] しばしば補助金、引当金、助成金を確保し、配当金支払いからの源泉徴収税など、国内税法の免除交渉を

▼6 〔参考文献〕TJN 2005
▼7 〔参考文献〕Tikhomirov 1997
▼8 〔参考文献〕Tikhomirov 1997
▼9 〔参考文献〕Shaxson 2007
▼10 〔参考文献〕Global Witness 2006
▼11 〔参考文献〕Christian Aid 2008, 11

行なうことで、無税で利益を得られるようにする。[12] 多くの場合、特別税制のおかげで、多国籍企業の現地事業における利益に対して請求された費用に関してほとんど尋ねられることはないので、課税利益を削減できる。

同時に、多国籍企業は、市場価格を下回る価格での鉱石あるいは石油の輸出を認めるなど、特別移転価格操作取り決めに合意する。一般市場における原材料価格がいくらであろうと、しばしば価格は、生産コスト・プラス・一定利幅を基に固定される。税法が、移転価格操作取り決めについて何ら言及していないこともある。

多国籍企業はまた、現地事業に投資される資本の大部分を貸し付けの形で行なう許可を取り付け、「過

コラム7-1

チリにおける銅採掘

二〇〇二年、エクソン社は、アンデス地方で操業している中規模銅山ディスプタダ・デ・ラス・コンデスを、ロンドンを本拠とし、ロンドン証券取引所に上場しているアングロ・アメリカン社に一八億ドルで売却すると発表した。エクソンは、一九七〇年代中頃に同鉱山を七〇〇〇万ドルで買収し、二三年にわたり表向きは赤字運営していた。同社は、同鉱山に関する税を一切払わなかったが、約五億ドルの負債を累積し、売買契約の一部としてこれを税額控除としてアングロ・アメリカンが引き継いだ。エクソンはまた、アングロ・アメリカンとの売買契約には外国で署名することになっているとも発表したが、これは明らかにチリ国政府に支払うキャピタルゲイン税約三億ドルの支払いを回避するためだった。

常に損失を生んでいた鉱山に、どうしてこれ程高値がついたのかと、解説者らが尋ねた。逆に言えば、マヌエル・リエスコが尋ねたように、なぜエクソンは、売却価格に見合うだけの利益を上げていたに違いないと推測される企業について、会計上の損失を申告することで、チリの税金をこんなに長く回避できたのだろう。エクソン社社長自身も、株主に対する演説の中でこの事業の利益の実態について認め、ディスプタダからの実質利益は売上の二〇~二一％前後に上ったと推定した。

エクソンは、私たちがすでに述べた手法のいくつかを利用して成功した。資金をチリから送金するために利用した主な手法は、オフショア・タックスヘイブンにあるエクソンの金融関連会社からの借入金の利子支払いを通してだった。バミューダを本拠とするエクソンの金融支店エクソン・ファイナンシャルズから借りている負債のせいで表向きは破産寸前になるほど、エクソン・ディスプタダは多額の債務超過をしていた。巨額の利子支払いが、ディスプタダからエクソン・ファイナンシャルズに対して行なわれてきたため、その結果生じたバミューダでの所得にはほとんど、あるいはまったく税金がかからなかっただろう。

一社が、自己資本比率一六・九％という耐久不可能な債務に達するという、このような慣行は、チリの民間鉱業会社では当たり前のことだった。リエスコの主張によれば、BHPビリトンのエスコンディーダを唯一の例外として、すべての民間鉱山会社が、納税額削減のためにこの機構を利用してきた。

チリの法律の下で特別免除が与えられているため、外国企業は税が軽かった。それにもかかわらず、多くの企業が低税率では満足せず、資金移転を簡便化するために移転価格操作を意図的に濫用した。鉱山会社は概ね、金、モリブデンをはじめとする、輸出する銅精鉱に含まれる高価な貴金属を計上せず、それによって価額を過少評価した。その結果、チリは、さらに歳入の損失を被った。▼一

▼一 〔原注〕本コラムは、Riesco et al. 2005 を大いに利用している。

少資本」の状態が生じるようにし、利子支払いの形でホスト国から利益を引き出せるようにする。[13] 事前交渉で、国内での利益を最低限に保てるよう課される利子率に制限を設けず、鉱山などの使用料や免許料にも制限を設けないよう確保する場合もある。

こうした取り決めの問題は、ホスト国で与えられる特権が、多国籍企業が本部を置いている主要金融センターとの間で交わされた二重課税協定の利点をなくしてしまうことにある。協定が適用されるためには、取り決めの当事者であるどちらの国においても何ら特権が与えられずに、現地の税法が適用されて然るべきものだ。その結果、企業は事業体を創設し、ホスト国から流出する利益がまあまあ条件の良い二重課税協定を結んでいる低税率の国（EUの正式加盟国キプロスが、好ましい国として浮上している）を経由し、その後オランダのような法域における「参加合意書」と呼ばれるものを経由して流れるようにする。[14] 利益は親会社、それどころか参加合意書に従っている国（通常は、オランダ、スイス、アイルランドなどの特化した中規模タックスヘイブン）のグループ金融事業に流れ込むので、低税率あるいは無税のメリットは確保される。グループ金融事業は、事実上、グループ内銀行のことだ。彼らは、低税率の利益が高税率の国に到達することなく、そういう国々に――通常、法外に高い利率で――貸し付けられるよう保証する。

これは始まりでしかない。グループ内からのサービスと資本設備の供給は、不法な移転のさらなる機会を提供する。利益が低税率の国々に流入するよう、請求価格を操作できる。これには、ホスト国の事業の課税所得を削減し、鉱石あるいは石油生産のコストを吊り上げ、おそらくそれによって使用料を削減するという二重の利点がある。資本設備は概ね、多国籍企業内部の別の会社からホスト国事業に販売またはリースされるが、その会社はタックスヘイブンや低税率の地域、あるいは二か所で経費を申告すること――「二重取り」として知られる過程――によりリース設備のコストについての二重非課税を許可している国に登記されている可能性が大きい。この過程が可能なのは、リースした資本設備の申告を賃借人に許可している国もあれば、賃貸人に許可している国もあるからだ。このように規則の異なる国家間でのリース契約により、双方の国における税金控除を生じさせることができる。
管理サービスや出向社員は、人件費に関して現地で支払う税を削減するためオフショアから供給されるので、ホスト国の利益が減少し、そうしたサービスをホスト国に高値で売りつけることが可能となり、その結果生まれた利益は低税率の国に移転される。また、そうした職員について課される給与税もタックスヘイブンから支払うことで削減されうる。[15]
さらに、多国籍企業が所有し、その所有権がオフショア・タックスヘイブンに置かれている特許、版権、経営ノウハウについての使用料が請求される。こうした知識の価値は証明が難しいだろうから、移転価格操作規則の下で説明を求めることはとくに難しい。本書執筆中の今、この活動に対するタックスヘイブン子会社の利用が、イギリス法人税の管理における重大な危機を引き起こしている。[16]
最後に、事業資金を提供するために必要な現金は、そうした所得の受領に関する税率の低いオランダ、アイルランド、スイスなどにあるグループ金融会社によって提供される。この方策が、タックスヘイブンの外国直接投資の統計値の大きさを支えているが、発展途上国にとっては深刻なコストとなっている。[17]

▼12〔参考文献〕Global Witness 2006
▼13〔参考文献〕Riesco et al. 2005
▼14〔参考文献〕Van Dijk, Weyzig, and Murphy 2006
▼15〔参考文献〕Stockman 2008
▼16〔参考文献〕Hinks 2008
▼17〔参考文献〕Van Dijk, Weyzig, and Murphy 2006

犯罪行為、闇通貨取引、密輸

資本逃避に好んで利用される一つの手法は、銀行あるいはノンバンクの金融機関が不法にマネーを国外に送金する電信送金だ。他の方法としては、現金や、ダイヤモンド、宝石、金、銀などの移動可能な高額資産の密輸がある。典型的な事例において、「一九九三年から九七年に、ギニアは、一カラット当たり平均九六ドルでの対ベルギーのダイヤモンド公式輸出量二六〇万カラットを報告した。ところがベルギーは、ダイヤモンド・ハイ・カウンシルを通して、一カラット当たり平均一六七ドルでのギニアからの輸入量四八〇万カラットを報告した[18]」。豪華クルーザーが定期的に売られ、国から国へと資本を移動させるために海洋を横断している――アパルトヘイト時代に南アフリカからの資本逃避を支援するために使われた方法であると広く信じられている。美術品、骨董品、珍しいコインなど、他の高額商品も、貧しい国々から富を持ち出す手段として役立っている。

麻薬、そしてそれほどではないにせよ武器が、犯罪資金の移転の主要な源であり、タックスヘイブンが明らかにこうしたビジネスにおいて大きな役割を果たしている。

政治腐敗ビジネス

資本逃避は、政治腐敗、窃盗、横領としばしば関係している。腐敗指導者の上位は、ナイジェリアのサニ・アバチャ、ザイールのモブツ・セセ・セコ、フィリピンのフェルディナンド・マルコス、ウクライナのパヴロ・ラザレンコだ。もちろん、政治腐敗に連座しているのは国家の首脳ばかりではない。汚職は、政府のあらゆるレベルでの資本逃避につながっている。多くの場合、マネーと引き換えに政府の契約や免許を手配する仲介人が関与しており、そのマネーは常に外国の銀行口座に支払われる。

伝統的にスイスが、好んで使われる横領金の移転先だったが、スイス側は――ある正当な理由があるものと私たちは信じているが――ロンドンがこの形態の資本逃避の移転先としてスイスに取って代わったと主張している。残念ながら、発展途上国国民のスイスでの預入金のレベルに関する信頼できる統計はない。だが、これだけは明らかだ。世界の富豪が所有する富の少なくとも一六％は、ともにきわめて高い割合の資本逃避が行なわれているアフリカとラテンアメリカに由来し、さらに二二・五％は、やはりこうした慣行が当たり前となっているアジア太平洋地域が出所となっている。世界の富豪の三八％超がこれらの地域にいる――世界経済へのその全体的貢献度とは不釣り合いだ――ことからすると、これらの出所から先進国の銀行に預け入れられているマネーは、あまりに多い。[19]

「腐敗認識指数（CPI）」の矛盾

政治腐敗という問題に取り組むうえでの一つの大きな問題は、それがあまりにも狭く定義されてきたことだが、これは主に、資本逃避と脱税の助長においてタックスヘイブンが果たす役割を無視して定義してきたためだ。[20] 秘密保護と腐敗は共生している。タックスヘイブンは、秘密保護を提供することによって腐敗を育んでいるので、腐敗論争の中心に据えねばならない。

ベルリンに本部を置くトランスペアレンシー・インターナショナルは、一九九〇年代に腐敗を開発課題に載せ、同機関が発表する「腐敗認識指数（CPI）」は、現在、腐敗を認識する典型的な方法となって

▼18 〔参考文献〕Campbell 2002
▼19 〔参考文献〕Capgemini 2007
▼20 〔原注〕本節は、タックス・ジャスティス・ネットワーク（http://www.taxjustice.net/cms/front_content.php?idcat=2）の積極的な協力を得て論じたものである。

いる。同機関は、腐敗を「委ねられた権力の個人的利益のための悪用」として定義している。世界銀行は、腐敗をもっと狭義に「個人的利益のための公職濫用」と定義している。公共部門へのこの着目は単なる独断的なものではなく、タックス・ジャスティス・ネットワークが、「不正であり、しかも実に有害である」と記述してきた。

他のすべての経済取引同様、腐敗にも供給側と需要側がある。需要側は、腐敗を実行する者が関与し、供給側には腐敗の機会を持ちかけ、提供し、助長する者を含む。現在、世界銀行もトランスペアレンシー・インターナショナルも、腐敗を純粋に需要側の問題として定義している。だが、供給側を無視したら、奇妙なことが起こりうる。一例を挙げよう。トランスペアレンシー・インターナショナルの贈賄指数（BPI）は、タックスヘイブンであるスイス――すでに見てきたように、横領されたマネーの世界有数の移転先だ――を世界で最も「クリーン」な国としている。それどころか、CPIの「最も腐敗していない」五分位数◆にランク付けされている国の半数以上は、オフショア・タックスヘイブンだ。それでも、あらゆる証拠が示しているように、これらの地域は、腐敗収益金の多くの保管場所となっている。

分析の不連続単位を利用することは、問題を生じさせる。現在の認識は、一国の秘密保護とタックスヘイブン政策が他の国々に被害を与えているという体系的問題を無視している。これを考慮に入れると、腐敗の特質と地理学についての私たちの解釈も変わってくる。実に、腐敗の地理学についての幅広い解釈には、腐敗問題の中心部分を促進しているオフショア銀行家、弁護士、会計士も含まなければならない。

脱税は、もっと伝統的に定義されてきた形態である腐敗と同じ影響を持ち、これと同じ政治・社会力学を持つ。双方に、自分たちを支えている社会に対する責任を回避し、逃れようとするエリートが関与する。この「エリートの反逆」には、二つの主要構成要素がある。第一に、エリートたちが、健全な社会の維持に関連する費用の負担に背を向ける。第二に、彼らは、とくにロビー活動を通して、政府の民主的（その他の）プロセスに積極的に関与し続ける。脱税と腐敗はともに貧困を悪化させ、ともに統治の政治・経済構造の統合に対する信頼を蝕む。双方とも、一部の偏った利害関係者による交易の濫用をともなう。双方とも、タックスヘイブンの利用を中心に据えている。

資本逃避の「還流」

発展途上国から逃避した資本すべてが、外に留まるわけではない。一部は、外国直接投資（ＦＤＩ）を装って帰ってくる。この過程は、「還流」と呼ばれる。多くの外国投資家に与えられている優遇措置が、この過程に従事するインセンティブを提供している。たとえば中国の場合、外国投資家は通常、低税率、有利な土地利用権、便利な行政支援、さらには有利な金融サービスを享受している。他よりも優れた財産権の保護も享受している。

こうしたインセンティブがあるために、中国が資本逃避として毎年失っている一〇〇〇億ドル超[21]の四分の一ものマネーが、還流ＦＤＩとして戻ってくると推定されてきた。中国市場は、英領ヴァージン諸島登記の新会社の最大数を占めるとされており[22]、香港と英領ヴァージン諸島が、中国における最大の外国投資家である。ブラジル、ロシア、インドについても同じことが言える。一部の未確認報告書によれば、一九九〇年代のラテンアメリカに対する「新興市場」からの投資も還流していた。

◆**五分位数**　調査対象の全体数を、五等分に区分けしたもの。つまりここでは、調査した国を五つのランクにグループ分けし、その「最も腐敗していない」とされた国のグループということ。

▼21　〔参考文献〕Dev and Cartright-Smith 2008

▼22　〔参考文献〕Sharman 2007

2……開発戦略としてのタックスヘイブン――その光と影

タックスヘイブンであることは、いくつかの事例において、成功する開発戦略であると判明している。たとえば、ルクセンブルクは現在、一人当たりのGDPに関して世界で最も裕福な国となっている。アイルランドとスイスもこれに引けを取らないし、シンガポールはぐんぐんランクを上げている。ジャージー島、バミューダ諸島、ケイマン諸島など、いくつかの小さな島々は、さらに好調なように見受けられる。とはいえ、こうした地域のGDP測定の問題が、結果を歪曲させる可能性がある。

それでも、いくつかのタックスヘイブンは、世界でも有数の貧しい国々だ。最も成功していないタックスヘイブンは、太平洋の島々だ。比較的成功していないタックスヘイブンとしては他に、独立したカリブ海の島々（植民地のつながりを切った地域）ならびに新たな過渡期にある経済国がある。

なぜ一部のタックスヘイブンだけが、これほどまでに成功を収めたのかという疑問が生じる。サスらは、タックスヘイブンの「一般経済に対するオフショア金融センターの貢献度を示す数値はほとんどない」と見ている。[23] それでも、私たちは、タックスヘイブン戦略が大きな成功を収めていると判明した三タイプの国家を確認している。

1、ヨーロッパの中規模のオンショアあるいはオフショア法域、つまりルクセンブルク、スイス、アイルランド、キプロス、ベルギー、オランダ。

2、属国の法域、つまりケイマン諸島、バミューダ、チャンネル諸島、ジブラルタル、オランダ領アンティル諸島。

3、アジアの中継《アントルポ》センター、つまりシンガポール、香港、およびアブダビ、パナマ、ウルグアイ。

集積の経済

経済地理学者は、経済成長の中軸として地域経済の重要性を指摘する。イタリア北東部、ドイツのバーデンヴェルテンベルク州、アメリカのシリコンバレー、同じくアメリカのボストンのルート128、ロンドンのシティなどの場所におけるごく限られた成功事例に集中していると認めざるをえない研究によれば、近接することで正の集積効果◆が生まれる。

エイドリアン・チョーグルが同じ理論を用いて、成功しているタックスヘイブンは、集積効果を生んだ所であると論じている。▼24 国々が外国資本を見境なく誘致していたので、当初、多くのタックスヘイブンのオフショア部門は分散していた。しかし、歳入が増えるにつれ、税をさらに削減できる、あるいは近代的インフラを提供できる政府が、自国領土に真剣なビジネスを引き寄せだした。多くの銀行や金融機関が地元市場に参入するにつれ、競争が激化し、そのセンターは効率的で競争力があると好評を博すようになる。やがて、集積の経済が専門家集団を生み、タックスヘイブンは特定の専門市場での評判を得る。

この理論は、一部のセンターの成功と隙間開発への傾向を説明しているかもしれない。たとえば、スイス――とくにジュネーブ――は、プライベート・バンキングにおける世界的リーダーとなり、この部門で

▼23 〔参考文献〕Suss et al. 2002, 13

◆集積効果　企業や産業が集中的に立地されることで、企業の生産性が向上する効果。交通やコミュニケーションの費用の節約、多数の技術者が集まることによる新発想の発生などによる。この効果による経済を「集積の経済」という。

▼24 〔参考文献〕Tschoegl 1989

今も市場の約四〇％を占めている。ルクセンブルクについても同じことが言える。ただし、同国は、外国人専門家集団に多大に依存している。この理論は、シティに驚くほど当てはまる。他の成功例としては、再保険のガーンジー島、ヘッジファンドのケイマン諸島、証券化のジャージー島がある。

ドイルとジョンソン[25]は、このような集積効果には地元住民も含まれると主張する。彼らの報告によれば、バハマとケイマン諸島において、外国機関は当初、低い地位にのみ現地人スタッフを採用し、専門的な仕事は国外居住者に頼ることが多かった。しかし、そのうちに、現地人スタッフを訓練し専門的な責任を引き継がせることの利点を認識した。

集積理論は筋が通ってはいるものの、優れた体系的比較研究がなく、私たちに残されているのは事実ではなく、主張と推測である。ドイルとジョンソンは、オフショア部門のトリクルダウン◆効果に関する統計を提供しておらず、彼らを疑うに充分な理由がある。ケイマン政府は、島に住んでいる人々のほぼ五〇％は、イギリス、アイルランド、カナダ、オーストラリア、南アフリカ、ニュージーランドを中心とする外国居住者の労働者であると主張している。ジャージー島とガーンジー島についても同じことが言える。さらに、二〇〇四〜〇五年の公表された予算において、ケイマン諸島は、「すべての居住者が、少なくとも最低水準の所得を得る」[26]という目標を掲げていた。一人当たりで言えば、世界有数の裕福な国においてトリクルダウン効果が働いている証拠はほとんどない。

波及効果

最も成功しているタックスヘイブンのいくつかは、オフショア部門を開発していた時期に人気の観光地となった。つながりはあるのだろうか。パランとアボット[27]によれば、観光、建設、オフショアには相乗効果がある。観光同様、オフショア部門も、テレコミュニケーション、輸送、ホテル、食事サービスなどのインフラ支援に頼っている。この二つの部門は、小さな法域の認知度を高めることで、互いに助け合っている。このように、オフショア部門の開発は、より広範な経済に対して重要な波及効果を及ぼしうる。この理論は筋が通っているが、やはりこれをテーマにした研究はほとんどない。ジャージー島のような一部の場所では、逆の証拠がある。つまり、金融サービス部門のせいで、多くの施設が観光客には手の届かないほど高額になり、観光に害を及ぼしてきた。

もっと論争の余地のある、波及理論の一つは、高度なオフショア銀行部門が、投資と成長を助長するきわめて効率的な国内資本市場の発展につながると主張する。このような波及効果を裏づける証拠はほとんどない。それどころか、東カリブ証券取引所の形成に関するデイヴィッド・テイラー[28]の研究によれば、オフショア部門は、カリブ海諸国の国内金融部門の近代化に何の役割も果たさなかった。

選択の余地なし理論——後背地の欠如

もう一つの論理は、タックスヘイブンの大半が、人口的にも領土的にも世界有数の小国に属するという観察に基づいている。この理論は、人口の多い大国は、非常に多くの競争手段を自由に使うことができる一方、小国は、大規模生産あるいは製造設備を得るために現実的に競争もできないし、価値の高い部門で

▼25〔参考文献〕Doyle and Johnson 1999
◆トリクルダウン　経済が発展すれば、富裕層が富んで格差は拡大するかもしれないが、最終的に貧困層も豊かになる、という経済学での考え方。
▼26〔参考文献〕Cayman Island Government 2004
▼27〔参考文献〕Palan and Abbott 1996
▼28〔参考文献〕Taylor 2006

競争することもできないということを前提としている。観光客を引きつける見事な砂浜や美しい山々といった立地上の利点以外、彼らの唯一の「競争上の強み」は、その小ささと法律を作成できる国権だ。その規模の小ささから――タックスヘイブンの多くは、中規模の町以下の人口しか有さない――彼らは、費用のかさむ軍隊を持つ必要がなく、それどころか自国の安全保障のために国際法や規範に頼る他に選択の余地がない。多くが道路も完備しておらず、維持しなければならない大学や大病院もないため、インフラ・コストも比較的安い。イギリス政府の保護下にある属領は、一人当たりの名目所得がイギリスより高くても、基盤インフラのコストとして助成金を受けている。[29]したがって、国家ならびに政府を維持するコストは比較的少ない。

バルダッチーノ[30]は、有名なタックスヘイブンの多くが一九六〇年から七〇年に独立を獲得し、存続の難しさをすぐさま実感したと指摘する。しかし、イギリスは、かつての属領に助成金を出したがらなかった。イギリス政府は、国際開発省（ＤＦＩＤ）に対しイギリス属領にとっての実行可能な解決策を見出すよう命じた。これに応えてＤＦＩＤは徹底した報告書の作成を委託し、一九九八年にいわゆるエドワーズ報告書が公表され、とりわけオフショア部門の継続的支援を勧告した。

エドワーズ報告書は、これらの法域が直面している主要な問題として充分な後背地◆がなく、したがって開発の代替手段がないことを指摘した。[31]同報告書は、オフショア部門は概して「架空」であり、大々的な国内取引をほとんどともなわず、注目に値するだけの人的資源を必要としない。ケイマン諸島のオフショア部門は、同諸島を世界で四番目あるいは五番目に大きな金融センターとしているが、ここでさえ五〇〇〇人しか雇い入れていない。[32]二〇〇五年現在、三三万八〇〇〇人を直接雇用していたロンドンの数字と比べてほしい。[33]他のヘイブンの雇用者数はさらに少なく、いくつかの事例において仕事は先進工業国に立地する外国企業に下請けに出される、つまりオフショア化されている。オフショア部門の最大の利点は、地元経済に依存しないことだ。主に超過利潤《レント》集めの行為、あるいは主権の商業化なのだ。後背地がないので、当然ながら、小規模な法域はタックスヘイブンの有害な影響を受けにくい。維持しなければならない大きな社会保障制度もなく、大規模なインフラを維持する必要もない。ゴッドフレイ・バルダッチーノの言葉を借りれば、「より大きな国家の飛び領土としての（低税率あるいは無税の）島々に所在する銀行や保険会社が、産業からの恩恵の享受を可能とし、その一方で関連コストを抑えてくれている」▼34。

後背地の欠如は、こうした国々の社会・政治構造も形成する。土地不足に陥っている小さな、人口過密の領土――シンガポール、香港、ルクセンブルクといった都市国家、さらにはバミューダやマルタ――は必然的に、オフショア金融をはじめとする中継ビジネスへと自国経済を向かわせる。後背地の欠如が、土

▼29〔原注〕たとえば、イギリス下院公会計委員会二〇〇七〜〇八年度第一七号報告書『外務連邦省――海外領土におけるリスク管理』（Foreign and Commonwealth Office: Managing Risk in the Overseas Territories）を参照。同報告書は、英領ヴァージン諸島の一人当たりの所得がイギリスよりもかなり高いにもかかわらず、英領ヴァージン諸島における民間航空に年間六〇万ポンドの助成金を支給していると指摘している。http://www.publicationsparliament.uk/pa/cm200708/cmselect/cmpubacc/176/176.pdf（二〇〇八年五月五日検索）

▼30〔参考文献〕Baldacchino 2006

◆**後背地**　港湾や都市などの経済圏に含まれる背後の地域。本来は、港の背後にあって出入貨物の需給と密接な関係をもつ地域をいう。

▼31〔参考文献〕Edwards 1998

▼32〔参考文献〕NAO 2007

▼33〔参考文献〕Corporation of London 2005

▼34〔参考文献〕Baldacchino 2006, 52

地を所有する農民階級、すなわち農園主の支配階級の形成を妨げるため、安い輸入品からの保護を求められることも、消費者がより高い食品を購入せざるをえなくなるようなこともない[35]。その結果、こうした国家の多くは、輸出入事業から金融サービスの提供へとすんなり移行した国際志向の商人が支配している[36]。また、小国であるがゆえに、これらの法域の多くは資産家に牛耳られた少数独裁政権に支配されており、そうした政権は経済的・法的不透明さの創出を何ら問題としない。

集積効果の副作用

オフショア部門は、開発に対して長期的な負の影響を及ぼす可能性がある。とくに最も成功している金融センターで目撃された問題は、オフショアが、農業や小規模製造業など既存の産業を締め出す傾向にあることだ。同時に、集積の経済と商業化された主権は、カカズ[37]が金利生活者経済――移動可能な資本の攻略へと向かう経済――と表現するものを生む。その問題は、経済（および社会）全体が、それでなくても著しく可動的な資本であるものの中でもとくに可動的な要素へと向かう場合、弱い立場にあることだ。オフショア部門は、大都市の権力者との一層強力なつながりを創出し、タックスヘイブンを自国の経済循環の影響下に置く。

この傾向が、こうした島々の経済の大きな脆弱性の一因となってきた。オフショア部門がEUやOECDからの圧力を受けていることを認識しつつある今、彼らは、ゴールドラッシュあるいは「にわか景気に沸く町」症候群を患っているのかもしれない。彼らの巨万の富は、一部門にのみ依存しすぎており、その部門が何らかの理由で（別のセンターの人気のほうが大きいと判明する、先進国から圧力を受けるなど）失敗すれば、代替策がないことが問題となりはじめる。たとえば、EUの行動規範の導入が、ジャージー島とガーンジー島に非常に大きな難問を突きつけた。非居住者事業への税金を引き上げるか、すべての事業の税金を引き下げるかのどちらかを迫られたのだ。両島とも、後者の道を選択し、表向きはゼロ％と見える所得税率をその領土内で取引している企業に対して提供した。それでも、タックスヘイブンとして知られてはいるものの、両島とも現地企業に対する二〇％の法人税に多大に依存していたため、その結果として、大幅な財政赤字を被る危険があった。そこで、地元企業からの自発的寄付という複雑だが突き詰めると無益な制度を設けることで、税を埋め合わせようとした。

それどころか、ロンドンやニューヨークなどの金融センターのサテライトとして機能しているため、多くのタックスヘイブンは、これらのセンターの変化の影響を非常に受けやすい。イギリスあるいはアメリカの法律や慣行の変化が、サテライトにすぐさま情け容赦のない影響を与えかねない。たとえば、アメリカは、二〇〇七年二月に棚上げにされた、レヴィン、コールマン、オバマによるタックスヘイブン濫用防止法[38]を施行するだけで、タックスヘイブンに関するアメリカの姿勢を大きく変えることができる。二〇〇八年五月、ＥＵは貯蓄課税指令を改正すると誓約し、一部のタックスヘイブンに大きな影響を及ぼす可能性がある。

集積効果は、不動産価格の高騰と貧富の差の拡大も招く。ハンプトンとクリステンセン[39]は、ロンドン有数の豊かな特別区をも凌ぐほどのジャージー島の不動産価格の高騰が地元の人々に及ぼす悲惨な影響を指摘する。土着の人々が、自分自身の島で高額すぎてまともな家も買えず、貧しい暮らしをしている。同様

▼35〔参考文献〕Baldacchino 2006
▼36〔参考文献〕Marshall 1996
▼37〔参考文献〕Kakazu 1994
▼38〔参考文献〕Levin 2007
▼39〔参考文献〕Hampton and Christensen 1999

に、『ケイマン・ニューズ』紙の二〇〇七年の社説は、「一般に、生活費はロンドンより一五～二〇％前後高い」と指摘する。同社説は、地元の貧富の差の拡大も指摘する。「この現象は、世界的に見られる」と、社説は続ける。「だが、ケイマンをはじめとするタックスヘイブンでは、高騰する住宅価格の影響を相殺するための累進課税その他の税がないために、問題が悪化している」。

集積効果は、ひいき目に見ても、中規模経済国、つまり現地の専門サービスを誘致・開発でき、オフショア部門に完全には依存していない国々にとって機能するだけだ。最小の国々や法域にとって、集積はもろ刃の剣だ。貧富の差が増すにつれ、多くのタックスヘイブンにおいて社会的対立が強まる兆候がある。この問題は、ジャージー島、ケイマン諸島、英領ヴァージン諸島、タークス・カイコス諸島で指摘されてきた。めったに議論されないが、これがタックスヘイブンの安定を蝕む可能性がある。[40]

略奪される国家

ハンプトンとクリステンセンは、多くのタックスヘイブンが小さな島国であることが、国際銀行や大手会計事務所などの国際金融資本による、「地元国家の略奪」と彼らが表現するものを促進する。[41] クリステンセンの報告によれば、彼がジャージー政府顧問を務めていたあいだに、外国の銀行家や投資家が財政法の原稿を書き、時には口述して書き取らせていた。[42] スイスの政治学者らも、スイスの政治における反民主主義的勢力としての金融部門の役割に対して同じように批判的だ。[43] すでに見てきたように、一貫した報告書が、一九六〇年代のバミューダをはじめとするカリブ海のオフショア・センターの開発におけるアメリカ犯罪組織の役割を指摘している。[44]

こうした国家は国権を主張してはいるものの、現実的というよりも見かけだけの独立を得ているにすぎない。というのも、彼らの開発・社会目標は、外国資本の気まぐれに左右されるからだ。一般に、タックスヘイブンは金融面においてのみ透明性を欠いているのではない――不透明さが国家全体に充満している。過半数が、小規模な、しばしば目に見えない寡頭政治に支配されている。

「大きなサメが腐敗していると、利益がばらまかれる」――社会悪の波及

ほとんど指摘されていないが、非常に現実的なのが、タックスヘイブンが金融犯罪に関与しているせいで、そうした行為が他の分野にも「波及」するリスクだ。メインゴットは、無規律がどのようにこれらの社会に広がり、深く浸透していくかを観察している。彼は、バハマを「深刻な社会的病を経験している社会」と表現している。[45] ケイマン諸島はついに、アルコール、薬物乱用、性的暴行といった社会悪をオープンに議論するようになった。こうした病は、豊かさに囲まれている中での貧困と、腐敗した慣行を無視する政権の腐敗に起因する。

二〇〇八年にジャージー島で報告された児童への性的虐待スキャンダルは、それよりも何年も前に事件が起きていたにもかかわらず、タックスヘイブン社会の秘密主義の特質ゆえに事件が起きた時点で報告されなかったのだ、と示唆する者もいる。この主張を裏づけることはできないが、タックスヘイブンという

▼40 〔参考文献〕Murphy 2008a
▼41 〔参考文献〕Hampton and Christensen 1999
▼42 〔原注〕ジョン・クリステンセンとの私信。
▼43 〔参考文献〕Guex 1998
▼44 〔参考文献〕Naylor 1987
▼45 〔参考文献〕Maingot 1988, 173

立場が、これを採用している地域に悪影響を及ぼす可能性があることは明らかだ。

3……タックスヘイブンに振り回される途上国

タックスヘイブンは、第三世界の発展に、主に無視されているとはいえ、大きな悪影響を及ぼしてきた。レイモンド・ベイカーと同僚らによる最近の研究[46]によれば、発展途上国からの不法な資金の流出は、その多くがタックスヘイブンによって助長されていると彼らは見ているのだが、年間八五〇〇億ドルから一兆ドルに上る。これは、現在の世界的援助金の流れの八～一〇倍に相当する金額だ。この額は、一九七〇年代および八〇年代に普及した低開発理論に起因し、同理論が唱えた数字よりもかなり大きい。

第三世界の負債のかなりの部分（そして一部の推計によれば、一九八〇年代初期のラテンアメリカの融資の半分以上）が、スイスの銀行やその他の主要オフショア金融センターに預け入れられていた。これらの事実を当時、大半の場合、IMFなどの貸し手は認識していたのに、第三世界の国々が債務支払いの重荷を引き受けるべきだと主張した。その間、第三世界の「不正に得たマネー」（ホットマネー）の主な受領者だったスイスの大手銀行は、一九五七年に、その資産の一部しか第三世界の国々に投資しないという戦略決定を行なった。

皮肉にも、タックスヘイブン戦略は、世界最小・最貧の島である経済国の一部にとっては成功する開発政策となった。少なくとも名目上は、いくつかのタックスヘイブンが現在、世界最高レベルの一人当たりのGDPを享受している。それにもかかわらず、ケイマン諸島、バミューダ、ジャージー島などの成功しているヘイブンでさえ、きわめて危うい立場に置かれている。こうした地域の経済は、今なおオフショア部門と国外居住者の比較的大きなコミュニティーに依存しすぎており、自国コミュニティー内部での利益の不公平な分配が今や社会的緊張の高まりによって浮き彫りにされている。両方の観点から、開発へのタックスヘイブンの貢献を検討しなければならない。

▼46 〔参考文献〕Dev Kar, and Devon, Cartwright-Smith 2008

第Ⅳ部

タックスヘイブンの規制と攻防

富を得ようとする者は、
往々にして美徳の道を踏みはずす。
なぜなら不幸なことに、
しばしば、ある美徳に通じる道は、
別の美徳に通じる道と反対の方向に向かうからである。

アダム・スミス『道徳感情論』1759 年

第8章　タックスヘイブン規制の歴史的経緯

タックスヘイブンの出現が、見過ごされることはなかった。税金の不正利用との対抗を目的とする政策が、第一次世界大戦後のタックスヘイブンの出現と同時に起こった。税金の不正利用、資本逃避、マネーロンダリングとの闘いは、国の法廷、国の立法者、そして二国間・多国間条約の三つの領域で同時に行なわれた。とはいえ、一九九〇年代終盤までは、「オフショアへの政府の関心は主に、大国の税務課の懸念に限られていた」[1]。政治に信念がなく、行動も断続的で、目に見える成功もほとんどない時代だった。それでも、今にして思えば、今日の政治を形作る鍵となる闘いが、こうした初期の時代に明確化されたのだ。

1……移転価格操作という脱税への規制

歴史的に見て、タックスヘイブン絡みで国際的に懸念された最初の課題は、二重課税と移転価格操作という慣行に関するものだった。移転価格操作は、普通に行なわれていると同時に合法的だ。同じ企業傘下

▼1 〔参考文献〕Hampton and Christensen 2002, 1658

の二つの事業体が、国境を越えて取引をする場合に必ず行なわれる。しかし、その結果として、市場が決定するのではない方法で利益を配分するような価格を設定できる。それゆえ、取引の当事者である事業体を支配している者が誰であれ、その人間の目的にかなうように納税義務を法域間に再配分できる。こうした行為を取り締まるために施行されている規制を犯す場合、それは脱税を引き起こしうる。

この形態の脱税に関する国際的な政策協調は、国際連盟の初期の時代[2]、一九二〇年にブリュッセルで国際財政会議が開かれたときに遡る。同会議は、二重課税の問題に対処するよう国際連盟に要請したが、これは、ラダエッリとクラーメルが述べるように[3]、国籍を有する国と赴任先の国の双方において課税される可能性のある外交官にとって興味深い話題だった。一九二二年四月にジェノバで開かれた会議は、国際連盟への委任事項を資本逃避と脱税の問題にまで拡張した。

国際連盟に勧告を行なうために技術的有識者の委員会が設立され、同委員会の勧告は、税務当局間の効果的な情報交換に重点が置かれた。その後、一世紀にわたって事あるごとにゲームのようなものが繰り返され、各国の姿勢が容易に見て取れる。とくにフランスは、脱税に対する強力な措置を強く推した。スイスは反対し、すぐにオランダやドイツ、さらに国際商業会議所（国際的事業のロビー活動集団）の代表も加わった。有識者による委員会の提案は、結局、「税に関する行政援助」と「税金徴収における訴訟扶助」に関する二つの協定の草案に留まった[4]。

一九二九年の金融危機とその後の恐慌が、先進国を一方的な立法に踏み切らせ、これが結果として大きな意義を持った。一九三〇年代末までに、イギリス政府は、一九二九年のエジプシャン・デルタ事件と同じ手が使われていることを認識し、税金対策としての在留資格の操作を規制する新しい法律を導入した（一九三六年および三八年財政法）。一方、アメリカ議会は、早くも一九二一年に、アメリカ企業による租税回避を目的とする外国子会社の利用についての懸念を提起した。一九二〇年代には、何ら大がかりな法律は導入されなかったが、メディアと議会は、資産をタックスヘイブンに移転する個人についてのかなりの論議を展開した。

ルーズベルト大統領が、ニューディール政策の一環として脱税者に対する道徳的改革運動に乗り出した。一九三七年、財務大臣ヘンリー・モーゲンソウが提出した報告書は、バハマ、パナマ、ニューファンドランド（当時、アメリカ国民にとってタックスヘイブン的な機能を果たしていた）などのタックスヘイブンを通してアメリカ国民が行なっていた租税回避を、おそらく初めて明らかにした。アメリカの最も有名な実業家数名――アルフレッド・スローン、メロン一族、デュポン一族――が捜査対象となった。モーゲンソウ報告書は、専門家が果たした役割を指摘した。「われわれの捜査が明らかにした最も失望させられる事実の一つは、法廷に立つ高位の弁護士たちが、不正な租税回避の手段を利用するよう顧客に勧告しており、自らもそれを積極的に使っているということだ」[5]。これを受けてアメリカは、アメリカの税務当局から所得を隠匿するために納税者が使っていた「外国の個人持株会社」に対する法律を施行した[6]。その後、戦争が勃発し、大した措置は講じられなかった。

メキシコシティで開かれた一九四三年国際会議が、脱税の問題に立ち返った。一九四六年、ロンドンの会議では、国際課税に関する委員会が創設された。だが、ＯＥＣＤの租税委員会が国際連盟の努力を追跡調査した一九六〇年になってようやく、脱税に対する現代の政策が徐々に発達した。一時的な発作のよ

▼2 〔参考文献〕Godefroy and Lascoumes 2004
▼3 〔参考文献〕Radaelli and Kraemer 2005
▼4 〔参考文献〕Rixen 2008
▼5 〔参考文献〕Morgenthau 2006 で引用された Morgenthau 1937, 10
▼6 〔参考文献〕Picciotto 1992, 97-107

うに過去を振り返り、アメリカの競争力の低下を懸念することを繰り返していく中で、アメリカの課税所得をオフショアの子会社に移転し、税金対策として社内取引を操作しているとしてアメリカの多国籍企業が非難された。議会は、一九六二年、移転価格操作に関する新たなガイドラインを出すよう財務省に指示した。改正内国歳入法が一九六八年に出され、七九年にOECDがこのモデルに倣った。

OECDガイドラインと現在の移転価格操作

OECDは、同一傘下の事業体間で移転される財とサービスの価格設定について、独立企業の原則の利用を要求し、物議を醸した。この原則は、移転当事者である企業が、独立企業であるかのように交渉し、財あるいはサービスの価格を、一般市場で価格設定が行なわれるような形で設定するものとしている。この考え方は論理的なように思われるが、グループ内取引の莫大な量からもわかるように、移転価格操作が国際貿易における標準となっている。このことが、適正価格の設定に利用可能な市場比較の数を制限する。さらに、グループ内でしか利用されない財やサービスもあり、そのような場合、適正価格の決定に役立つ市場比較はない。たとえば、半完成品の状態で取引される部品の場合や、知的財産あるいは管理サービスが取引される場合にこういうことが起きる。

取引される有形財については、問題を克服するためのモデルが構築され、受容可能な慣行とそうでないものを見極めるために、その結果生まれた手法を何年もかけて充分に利用し試行を重ねてきた。その結果、有効な移転価格操作体制が敷かれていた国々のあいだの論争も、時を経ておそらく減少した。

知的財産に関する状況は異なる。実体のある活動がほとんど発生しないようなタックスヘイブンや低税率法域に、そのような資産を簡単に移転できないからなおさらだ。イギリスで二〇〇七年に歳入関税局の攻撃の対象となったのはこうした取り決めで、深刻な反動を引き起こした。それ自体がタックスヘイブンであるアイルランドに本社を移転すると脅した企業もあり、その慣行が蔓延しており、それを阻止しようとするいかなる措置も企業にとっては高くつき、それを実施する歳入当局にとっては有効であることを物語った（コラム「5-2」も参照、247頁掲載）。モーゲンソウがこの問題に取り組んでから、明らかにほとんど変化が見られない——変化したのは関連する金額と問題の複雑さだけだ。アーンスト・アンド・ヤングが、二〇〇七年のグローバル移転価格報告書（Global Transfer Pricing Report）で指摘したように、多国籍企業全体の四〇％が、移転価格操作こそ彼らが直面している最大の税制上の問題だと思っており、サービスの取引は、財の供給に関連する取引よりも困難に直面する可能性がずっと高かった[7]。これらの問題のかなりの割合が、タックスヘイブンを通しての供給に関連していた。

これらの場所を利用している多国籍企業にとって、移転価格操作は、とくに評判の観点からも彼らが直面する最大の問題だろう。ベイカー[8]は、彼が脱税とみなすもののうち、かなりの割合がタックスヘイブン経由の移転価格操作の濫用によって助長されているのを確認した。二〇〇八年、イギリス系慈善団体のクリスチャン・エイド[9]は、こうした濫用が、発展途上国政府にとっての歳入損の結果として年に三五万人の子供たちの命を奪っている可能性があると示唆した。この問題に関する論争が、予知できるほど近い将来に終結する可能性は少ない。

この論争は、ＥＵに加盟する約二三か国による共同統合法人税課税標準（ＣＣＣＴＢ）創設の提案によって火がついている。これは、事実上、ＥＵの相当部分の内部における単一税基準を設ける提案であり、参加していない国はイギリス、アイルランド、マルタ、キプロス、エストニア、ラトビア（すべてタック

▼7　〔参考文献〕Ernst and Young 2008
▼8　〔参考文献〕Baker 2005
▼9　〔参考文献〕Christian Aid 2008

スヘイブンであることに注目すべきだ）だけだ。提案された単一基準は、関連するEU諸国籍の大規模な、つまり言うまでもなく多国籍の企業が、第三者である顧客、従業員、有形資産の所在地を非常に重視する手法に基づき、その計上した利益を事業を行なっている税法域に配分することを義務づける公算が大きい。タックスヘイブンが、この取り決めで損をするのは必至で、グループ内取引において利用される無形資産の移転に税収を頼っている国々に挑戦を突きつけている。採択されれば、CCCTBは、税基盤に関して競争を行なわず、その基盤を守るために協力することに合意する多国によるブロックを創設することで、税競争を抜本的に変えることになる。そうなれば、税率に関して公然と競争できるようになる。この手法におけるタックスヘイブンへの脅威は重大であり、当然ながら、この提案に反対しているのはヨーロッパでも最も重要な法人税ヘイブンだ。

外国子会社合算税制（サブパートF立法）

第二の、しかも関連する手段は、「外国子会社」立法だ。アメリカ政府は、企業がタックスヘイブンの外国子会社を通して事業を行なう際の自国税基盤の弱体化に不満を抱いていた。ケネディ政権の目標は、大統領の言葉を借りれば「先進国ならびに『タックスヘイブン』における特別課税猶予の撤廃[10]」だった。

一九六一年に議会に提出された提案は、企業のロビイストと野党である共和党からの抵抗を受けた。批評家たちは、タックスヘイブンに利益を移転し、世界的な税負担を削減しなければ、アメリカ企業は外国の競合他社に対して不利になると主張した。最終的には、一つの妥協案として、本国の法域において課税される可能性のある、いわゆる外国子会社（CFC）の特定種類の「タックスヘイブン所得」を選び出した。一九六二年に実施された規則は、外国子会社からのすべての所得を税基盤に入れたわけではない。むしろ、最低五〇％のアメリカの株主を有する外国子会社から生じた受動的所得を選び出したのだ。トマス・リクセン[11]によれば、最終的解決策によって、（能動的事業機能を移転する、経済的に本当に正当な理由があるという前提で）引き続き課税猶予を享受すべき「良い」能動的事業所得と、単なる税金対策として移転される「悪い」受動的所得とが区別された。同じ解決策が、使われ続けている。二〇〇七年、イギリスは、他でもないこの区別を利用して、自国領土に登記している企業の外国所得に対する課税に関する規則を修正しようとした[12]。

外国子会社合算税制（サブパートF立法）は、アメリカで何度も改訂され、大きな論争を巻き起こしたにもかかわらず、多くの国々も採用してきた。一九八七年、OECDは、加盟諸国が単一の租税回避対策措置を導入し、多国間協力の強化によってこれを支持すべきであると提唱した[13]。多くの国々が、その提唱に従った。自国に本社を置く多国籍企業の受動的所得をもっと獲得できるよう、二〇〇七年にこうした規則を修正・強化しようというイギリスの決定の結果、企業はアイルランドに移転するという脅しに出た[14]。多くの企業が、コーポレート・インバージョン（コラム「3-1」参照、158頁掲載）という手法を使って外国子会社合算税制に対抗した。インガソール・ランド、スタンレー・ワークス、フルーツ・オブ・ザ・ルーム、タイコ、クーパー・インダストリーズなど、多くの有名アメリカ企業がこの手法を利用してきた[15]。議会は、二〇〇三年の雇用と成長のための減税法の一環として新たな租税回避対策法を施行することで、

[10] 〔参考文献〕President Kennedy 1961
[11] 〔参考文献〕Rixen 2008
[12] 〔参考文献〕HMRC 2007
[13] 〔参考文献〕Eden and Kudrle 2005
[14] 〔参考文献〕HMRC 2007
[15] 〔参考文献〕Desai et al. 2002

こうしたコーポレート・インバージョン・スキームに対応した。この法律によって、インバージョンした企業の所得の大半がアメリカ国内の税基盤に含まれるようになった。だが、この問題は未解決のままだ。外国子会社合算税制は長期的に存続可能かもしれないが、存続不能ならば、何らかの抜本的代替策が必要になる。

「条約あさり」

一九八〇年代初頭までに、各国政府は、自国の二重課税条約が、その恩典を享受すべきでない第三国に属する者が悪用する、いわゆる「条約あさり」の対象にますますなってきていることを認識しだした。国際取引を計画している者は、その経済活動にとって理想的な場所だけを求めていたのではない。投資利益に最低限の税しか課されないよう、取引にとって望ましい対内・対外ルートも求めた。中国に投資したいと思うアメリカ企業は、英領ヴァージン諸島などの中間領土で法人化された子会社を経由する投資ルートを選ぶかもしれない[16]。この手法は、スイスやオランダなど、二重課税条約の広範なネットワークを有するが、配当、特許などの使用料、その他の投資所得の課税にとって好ましい管理体制も布《し》いている地域の重要性を増した。好都合な税法規の一例は、「資本参加免税」と呼ばれるもので、これらの国々に到着する前にすでに課税された所得は、その領土を経由するときにそれ以外の税をほとんど、あるいはまったく求められず、源泉徴収税もない。

この現象への反撃に取り組んだ最初の国は、アメリカだった。多くのタックスヘイブンは、自らは二重課税条約を結んでいなかった。情報交換の妨げとなる現地の秘密保護条項から、こうした協定を締結する権利が放棄されていた。しかし、植民地独立後初期に結ばれた協定の結果として、あるいは異なる場所に立地する事業体を組み合わせることで、タックスヘイブンも同じ効果を達成できた。たとえば、アメリカがオランダやイギリスと結んだ条約は、両国の旧海外領土にも適用された。ただし、旧海外領土が適用除外を望んだ場合はこの限りではない（たとえば一九六〇年代後半に、ケイマン諸島が除外を希望した）。

カーター政権は、税務担当トップのリチャード・ゴードンを指名し、アメリカの多国籍企業による租税回避と詐欺について調査させた。一九八一年に発表されたゴードン報告書は、タックスヘイブンに関する初の重大な審査だった。同報告書は、条約濫用の一方的終結をとくに提案した。チェース・マンハッタン銀行率いる提案反対派は、報告書を頓挫させることに成功した。同年アメリカは、オフショア金融市場（ユーロ市場）への反対姿勢を捨て、独自のオフショア、インターナショナル・バンキング・ファシリティを設立した。それにもかかわらず、効果的情報交換に関する協定を結ぼうとし、中でも一九八三年のカリブ海地域開発計画は最も意義深いものだった。アメリカは、オランダやオランダ領アンティル諸島と締結している租税条約の再交渉も勧告した。

ヨーロッパでのオフショア信託への規制

一九八〇年代後半に向けて大きな関心を呼んだもう一つの課題は、オフショア信託の利用だった。とくにイギリスは、同国の永住者ではない居住者による租税回避目的でのこの取り決めの利用を強く認識するようになった。それどころか、イギリスで満額課税が可能なはずの多くの人々が、とくに資本税を回避するためにこうした取り決めを利用していた。イギリスは、課税の居住者・永住者規則の双方を改正すると脅した。ところが、その動きに対する反発の規模の大きさから、むしろ一九八九年以降、同国に完全に居住している者にとっての信託便益の範囲が狭められることになった。こうした措置は、他の国々でも繰り返された。これらが、タックスヘイブンそのものが生んだ問題としてではなく、イギリス国内の課税立法

▼16 〔参考文献〕これについて、さらに詳しくはVleck 2008を参照。

の不備として見られたことに注目すべきだ。体系的問題であるという認識はまだなかった。

2……税務行政の姿勢の変化

タックスヘイブンの隆盛に対するもう一つの反応は、国の法廷と法令を通して発展した。タックスヘイブンは、税務当局に二組の異なる問題を提起する。一つは回避に関係し、もう一つは脱税に関係する。回避の観点からは、タックスヘイブンは、税金納付を延期し、源泉徴収を回避し、あるいは他の規制回避と組み合わせて資本収益率を高めるためによく利用される。[17] イギリス本土での租税回避を助長するうえでチャンネル諸島が果たしている役割については、すでにいくらか話し合いが行なわれていた。[18] しかし、一九六〇年代にはじまった、抜け穴を塞ぐための活動の多くは、こうした取り決めの確認と終結を目的としていた。逆に言えば、タックスヘイブンが提供する厳しい秘密保護条項によって脱税が助長され、徹底的かつ意図的な税の滞納を引き起こす。

この双方の問題に関し、ゴードン報告書は、「議会は、アメリカの納税者によるタックスヘイブン事業そのものを撲滅する努力を行なったことがない。むしろ、時おり濫用を確認し、その濫用を廃絶するための法律を制定してきた[19]」と述べている。アメリカの取り組みは、一つにはメディアの注目に動かされた断片的なものだった。最も成功する一方的な措置は、諸外国と締結する所得税条約だったと、ベロツキーは見ている。これが、「タックスヘイブン問題に関して非常に重大なのだ[20]」。このコメントの背景には、とくにアメリカがある。アメリカは、その経済力から、他のどんな国よりも多くのこうした条約をタックスヘイブンと締結している。中には、独特な条項を含むものもある。たとえば、アメリカとケイマン諸島のあいだの条約は、税金詐欺や虚偽の納税証明書に関与した場合、ケイマン諸島が銀行記録を調査することを許可している。しかし、ケイマン諸島に税法がないため、同条約は単なる脱税を網羅していない。実際問題、その問題に関して国内の関心がなければ、情報交換はめったに行なわれない。所得税のないケイマン諸島は、法人・個人を問わずその所得に関する記録を保持する必要がないのだから、その記録を交換できない。タックスヘイブンが、法人税率ゼロへと向かうにつれ、この慣行は、ますます一般的になるだろう。たとえば、ジャージー島は、全企業に対してゼロ税率へと移行するにつれ、いかなる企業も納税申告書を提出しなければならないという要件を捨てつつある。同時に、税務情報交換協定を締結しはじめるにつれ、諸外国が必要とするかもしれない情報の保持を止めつつある。それが政策の結果なのか、都合のいい偶然なのかはわからないが、いずれにしてもタックスヘイブンを利用する者にとっては好都合だ。[21]

「国境をめぐる小競り合い」

一九七〇年代から八〇年代にかけての最も興味深い展開の一つは、ハドソン[22]が「国境をめぐる小競り合い」と呼ぶものだった。これは、合法的主権の範囲をめぐる国家間の論争を意味する。アメリカが先陣を切って、カリブ海のオフショア金融センターとスイスに対し、その独自の主権の拡張解釈を採用する銀行保護法を緩和するよう圧力をかけた。

▼17〔参考文献〕Belotsky 1987
▼18〔参考文献〕Likhovsky 2007
▼19〔参考文献〕Gordon Report 1981, 42
▼20〔参考文献〕Belotsky 1987, 61
▼21〔参考文献〕Belotsky 1987
▼22〔参考文献〕Hudson 1998

一九六五年、アメリカ国税庁情報部門は、バハマでのアメリカ犯罪組織の不法活動に関する情報収集を目的とする「貿易風作戦」を起こした。同作戦の主要な成功は、バハマとケイマン諸島に支店を持つ小さな銀行、キャッスル銀行への潜入だった。キャッスルは、マイヤー・ランスキーとつながりのあるマネーロンダリング網に関与していた。ケイマン諸島にあるキャッスル銀行の常駐支配人だったトニー・フィールドは、マイアミ空港でケイマン行き飛行機の搭乗待ちをしていた一九七六年一月一二日、裁判での証人として召喚された。彼は、ケイマン諸島の法律を引き合いに出して大陪審での証言を拒否した。ケイマン当局が最終的に折れ、彼が証言に立つことを認めた。アメリカの行動が、守秘法域としてのケイマン諸島の名声に傷をつけた。ケイマン諸島は、一九七六年秘密関係（保護）法を可決し、銀行の守秘義務を強化することでこれに対抗した。

次の重要な国境をめぐる小競り合いは、一九八七年に映画『ウォール街』で不朽の名声を与えられたアメリカ対ノヴァ・スコシア銀行（一九八二年）だった。このカナダ系銀行のマイアミ支店は、あるアメリカ人納税者の銀行取引に関してバハマ支店が保有している書類を大陪審に提出するよう求められた。アメリカ諜報機関が、その書類に関する証言のためノヴァ・スコシア銀行のマイアミ支店を召喚し、そのオフショア支店がバハマの秘密保護法を盾にその書類の提出を拒否すると、銀行は法廷侮辱罪で一日当たり五万ドルの罰金を科され、後にその額は一〇万ドルに引き上げられた。「マイアミ支店は身代金目当てに監禁されたも同然だった」[23]。一八か月が経過し、一八〇万ドルの罰金が科された後、銀行は折れた。この事件をはじめとする事件において、アメリカは、国際法の許容範囲を超える程度までカリブ海の小さなヘイブンに圧力をかける意気込みを明示した。

この傾向は収束していない。二〇〇八年五月、スイスの大手銀行UBSのプライベート・バンキング部門の上級管理者マーティン・リーヒティが、マイアミ空港で逮捕された。リーヒティならびに、リヒテンシュタインの信託会社幹部のマリオ・スタグルその他が共謀して、アメリカの大富豪イゴール・オレニコフの脱税を幇助した罪で告訴されている。起訴状によれば、約二億ドル（一億二九〇〇万ユーロ）が税務当局から隠匿され「スイスおよびリヒテンシュタインの秘密銀行口座に」預けられていた。検察側の申し立てによれば、ジブラルタルにいるスタグルの代理人が、オレニコフによる全長一四七フィートのヨット所有権の詳細隠匿を助け、被疑者らが、スイスの諸銀行がアメリカ人顧客らのキャピタルゲインをアメリカの税務当局である国税庁に報告するための書式をでっちあげた。この事件は、ＵＢＳを窮地に追い込んでいる。他の人たちの信頼を失いたくなければ、自社の従業員を守る必要がある。銀行秘密を守る必要もあるが、同時にアメリカで事業を行なう免許も失いたくない。銀行の秘密保持に対する動きは、国際銀行の従業員がチェスのポーンのようにゲームの手先として使われる新たな段階に入りつつあるようだ。

マネーロンダリングの犯罪化

マネーロンダリングは、脱税に対するよりも大きな大衆の怒りを招いたように思われ、「オフショア金融センター反対運動の最も人目を引く表面上のテーマだ」とする者もいる。[24]「犯罪から利益を得ようとする」探究は、従来の犯罪者と同じくらい（顧客のためにオフショア機関を創出した）銀行家、弁護士、会計士、専門アドバイザーを標的にしてきた。

アメリカが、またしても主導権を握った。一九八〇年代初頭から中盤にかけて、アメリカ上院常設調査小委員会が、北マリアナ諸島連邦のオフショア銀行の犯罪利用を暴露した。[25] 同小委員会の成果は、マスコ

▼23〔参考文献〕Hudson 1998, 550
▼24〔参考文献〕Van Fossen 2003, 251
▼25〔参考文献〕U. S. Senate 1983

ミであまり報道されなかったが、それでも、一九八六年のマネーロンダリング規制法の可決を促進した。この法律（マネーロンダリングを世界で初めて犯罪化した）に続いて、さらに拡大した、はるかに包括的な二〇〇〇年の国際マネーロンダリング対策法が施行された。

新たなイニシアチブはかなりの反対に直面し、民主党は、麻薬と（ロシアの）組織犯罪に対する新たな冷戦の観点から問題を作り上げて共和党に対抗した。元CIA長官ジェームズ・ウールジーは議会聴聞会で、ロシアの資本逃避とロンダリングが、アメリカの諸機関を腐敗させ、ロシアを揺るがし、ロシアでの反米感情を煽る可能性があると証言した。ロシアのマネーロンダリングに関する議会聴聞会は、「新たなロシアの脅威が、KGBと旧ソ連に端を発していることを浮き彫りにした[26]」。マネーロンダリングへの取り組みは、その後、アメリカにおけるテロ行為への資金提供との闘いとつながりを持つようになった。

イギリス大蔵省対イギリス内国歳入庁

すでに指摘したように、イギリスは、タックスヘイブンの発展において独特の役割を果たしてきた。成功しているヘイブンのいくつかはイギリスの属領であり、「諸政権は続けて、海外領土や属領がタックスヘイブンとしての地位を築くよう奨励した[27]」。だが、大蔵省と外務連邦省は、イギリスの属領をタックスヘイブンとして発展させようと協力したが、内国歳入庁は見解を異にしていた。一九八一年、内国歳入庁は諮問文書――タックスヘイブンに関する公式の方針についての提議――を発行した。同文書は、国民感情の衝突を招いた。個人のイギリスにおける居住や、タックスヘイブン信託を利用する権利の考え方を含む、多くの変更が提示された。前者の変更は実施されなかったが、後者は実施された。もう一つの変更は、とても重要だった。企業の指揮中枢が置かれている場所――通常は取締役会が開かれる場所――をその企業の所在地とする、エジプシャン・デルタ事件で構築された規則に関する変更だ。イギリスは法律を改正し、イギリスで法人化された企業を、租税目的では通常、イギリス居住者とした。歳入関税局のマニュアルは次のように指摘する。

税法の一般目的のために、何をもって企業を居住者とするかについて法定の定義はこれまで存在しなかった。それにもかかわらず、長きにわたり、企業の中心的管理統制が見出される場所に従って企業の居住が定められると認識されてきた。一九八八年以降、イギリスで法人化された企業は、一部の例外を除き、税法の目的ではイギリス居住者とみなされていてもそれに変わりはない。その規則は、管理統制の中心の吟味より優先するが、これを排除するものではない。[28]

例外を指摘しておくことが重要だ。イギリスと二重課税条約を結んでいる国で、完全に課税対象となっているとイギリス歳入関税局を納得させられれば、今でも、そのイギリス企業は非居住者となりうる。そのような協定を結んでいるタックスヘイブンもあるため、少なくとも理論上は、不明瞭さが残っている。

ドイツの対応

タックスヘイブンに対し、アメリカに次いで最も強硬な姿勢を取ってきた国はドイツだ。一九八〇年代、ドイツは、ドイツ資本の広範な逃避——その大半が近隣のスイスやルクセンブルクに流れていた——に反撃するための一連の法律を導入した。ドイツ政府は、二股の政策を遂行した。まず、特定の税金の抜け道

▼26〔参考文献〕Van Fossen 1003, 249 で引用された。
▼27〔参考文献〕Hampton and Christensen 1998, 1659
▼28〔参考文献〕HMRC 2008

を塞ぎ、次いで、多国籍企業の資金が特定タックスヘイブンに流出するのを阻止する追加的規制を導入した。アメリカの不動産投資信託（ＲＥＩＴＳ）と規制投資会社（ＲＩＣ）――アメリカでは企業として課税されていない――が、ドイツでは問題視されてきた。ドイツはまた、アイルランドとの二重課税条約の再交渉を行ない、ダブリン金融サービス・センターの設立およびその他のアイルランドの税制上の優遇措置に起因する濫用の可能性を防止した。そして一九九四年、国際競争を理由に法人税率の引き下げに踏み切った。この動きはまだ続いており、ドイツの税制の複雑さが、脱税の理由としていまだに挙げられている。二〇〇八年、リヒテンシュタインでの事件が、ドイツならびにドイツの税制をかいくぐるために利用されるサービスを提供している近隣諸国の主要な政治問題になると、この問題が顕在化した。二〇〇八年五月、スイスのプライベート・バンクであるウェジェリンのパートナー、コンラッド・ハムラーがドイツの週刊誌『デア・シュピーゲル』に語ったところによれば、「ドイツの脱税は、行政官らによる災い多き社会福祉国家とその金融政策の現在の縛りから、多少なりとも逃れようとする国民による正当防衛である。スイス流の体制の外での貯蓄は、資産家ばかりでなく生産的な中小規模の事業にも権利が与えられている大切な事柄だ。こういう人々は保護されなければならない[29]」。プライベート・バンクによる反撃の戦線が張られたと言う人もいるかもしれない。

フランスの政策

フランスは、早くも一九三三年に租税回避法を採択した[30]。それにもかかわらず、マネーロンダリングとタックスヘイブンに対する真剣な政治動員が行なわれたのは、一九九〇年代末になってからのことだ。一九八一年の社会主義政府の出現が、フランスからの相当な資本逃避を誘発し、噂によれば、バックパッカーが運び屋として働き、何袋もの現ナマをパリからルクセンブルクに運んだという。当時のフランス国民議会報告は、ルクセンブルク、スイス、チャンネル諸島のペーパーカンパニーが資本逃避の主な導管として関与していたことを示唆した。

一九九六年、ヨーロッパの裁判官七名が、現在では有名な「ジュネーヴからの呼びかけ《アペル・ドゥ・ジュネーヴ》」を行ない、タックスヘイブンに関する寛大さを非難した。議会議員二名がこの呼びかけに応じ、リヒテンシュタイン、モナコ、スイス、ルクセンブルク、イギリスに関する議会審査を開始した。▼31 一九九八年、フランスは、OECDのキャンペーンの主要な支持国に名を連ねた。何と、ドミニク・ストロスカーン財務大臣（当時）は、タックスヘイブンに対する国際制裁を公的に要請さえした。▼32

3……国内レベルに留まった非難と規制

租税回避と脱税は、先進諸国の大半において一九二〇年代、国内政治の重要課題として浮上しつつあった。三〇年代になると、脱税と回避に関する専門の学術文献が現われた。▼33 しかし、回避と脱税は、主に国内的観点で議論されていた。訴訟という稀な例外と、国民が騒ぐというさらに稀な例外を除き、タックスヘイブンは、八〇年代まで大した関心を集めていなかった。その時点でも、非難は、主として国家・地域レベルに留まっていた。

▼29 〔参考文献〕Balzli and Hornig 2008 における引用。
▼30 〔参考文献〕Godefroy and Lascoumes 2004
▼31 〔参考文献〕Peillon and Montebourg 2000, 2001
▼32 〔参考文献〕Les paradis fiscaux, 1999
▼33 〔参考文献〕Likhovsky 2007, 207

一九八〇年代以降、先進大国とそれぞれのタックスヘイブンとのあいだで、ハドソンが国境をめぐる小競り合いと呼ぶ新たな現象が拡大しはじめた。当初はアメリカの主導で、後にドイツ主導で、こうした地元の小競り合いは特定事例においてある程度の成功を収めた。それでもなお、一九八〇年代および九〇年代は、タックスヘイブンの黄金時代だった。

第9章　国際的・組織的規制の開始

一九九〇年代後半まで、アメリカ、フランス、ドイツの中道左派政権の主導で、国際機関はオフショア金融センターに対する、それまでにない積極的な攻撃へと向かった。すでに見てきたように、二〇世紀を通してアメリカは、他に先駆けてタックスヘイブン、とくにカリブ海地域のタックスヘイブンに対する単独の対策を構築した。クリントン政権は、その同じ手法と戦術を多国間に広げようとした。

一九九八年から二〇〇〇年の期間は、タックスヘイブンの悪影響と闘うための国際的取り組みの新たな段階の幕開けだった。異なる国際機関が、協調的な三面攻撃を遂行した。ＯＥＣＤがＧ７の要求に応じて有害な税競争に対するキャンペーンを展開し、金融安定化フォーラム（ＦＳＦ）が金融安定化に、金融活動作業部会（ＦＡＴＦ）がマネーロンダリングに取り組んだ。とりわけクリントン政権は、マネーロンダリングと脱税との明白なつながりを認識し、ＦＡＴＦとＯＥＣＤのキャンペーンを結びつけた。

アメリカ財務省と司法省によるマネーロンダリング防止戦略に関する最初の主要な共同報告書が、二〇〇〇年に発表された。同報告書は、マネーロンダリング、租税回避、そして世界的金融構造の弱体化を、オフショア・センターとの関連で追撃すべき問題として明確に結びつけた。ＦＡＴＦとＯＥＣＤのあいだにはすでに密接なつながりがあった――ＯＥＣＤ本部にＦＡＴＦの事務局があることだけが特別な理由ではない――そして、二〇〇〇年に発表されたOECD報告書は、銀行の秘密保持、マネーロンダリング、脱税のつながりを示した。

そうした慣行を除去するため、OECDは、国際情勢においては珍しい手法を選択し、近隣諸国に害を及ぼしている国と地域を「ブラックリストに載せた」。この「名前を公表して恥をかかせる」政策は、タックスへイブンにとって政治的圧力となった。

OECDの租税委員会は、二〇〇〇年四月、「有害な税の競争」に関する報告書を発表して活動を開始した。同報告書は、外国資本誘致を狙った慣行を非難した。四五のタックスへイブンが、一九九九年末現在、有害な税競争を行なっているとして確認されていたが、OECDが二〇〇〇年六月に公表したリストには、三五の法域しか含まれていなかった。バミューダ、ケイマン諸島、キプロス、マルタ、モーリシャス、サン・マリノの六つの法域は緊急改革を実施すると誓約し、公表前にリストから削除されていた（リストから抜け落ちた他の六つの法域は不明）。

一九九〇年代の危機の後に新たな金融構造の構築を促進するために一九九九年に設立された金融安定化フォーラム（FSF）は、非協力的法域についての独自のリストを作成した。四二か国が、二〇〇〇年にFSFのリストに入れられ、そのリスクの推定レベルによって三つのグループに分けられた。

同年、麻薬の不正取引に対する国際的闘いの金融部門として一九八九年に設立された金融活動作業部会（FATF）により、三つ目のリストが公表された。FATFは、一九九九年末までに二九の法域を確認し、二〇〇〇年六月に一五の「非協力的な国と地域」をリスト化した。

1……FATF――名前を公表して恥をかかせる政策

マネーロンダリングの犯罪化は、一九八〇年代初頭に始まったが、国際的取り組みがすぐに続いた。一九八八年、国連が「麻薬および向精神薬の不正取引の防止に関する国際連合条約」、いわゆる「ウィーン条約」を採択した。これは、麻薬関連のマネーロンダリングの犯罪化を求める初の国際条約だった。その一年後、FATFが設立された。

FATFは、G7（アルシュ・サミット）の経済宣言により設立された政府間機関の専門家集団で、マネーロンダリングと闘うための法的・規制的措置に関する勧告作成の責任を負う。その協議において、同グループは、マネーロンダリングに取り組む現在の協力体制に関する二組の問題を認識した。協力にとっての法律面・実質面での直接的障害と間接的障害だ。[1] 間接的障害の中で、FATFは、「監督ならびに捜査を行なう権限を制限するよう考え出された障害」について警鐘を鳴らした。[2] そのような障害をわざわざ設けていた国の大半は、当然ながらタックスヘイブンだった。FATFは、金融規制の抜け道、行き過ぎた秘密保持条項、疑わしい取引に関する効率的あるいは強制的報告制度の欠如、タックスヘイブンの戦略の重要要素――ペーパーカンパニーと名義貸し――についてとくに懸念を示した。FATFは、犯罪からの収益や賄賂の洗浄に広く使われている方法であるこうした戦術を主要課題とみなした。[3]

FATFは、一九九〇年代はあまり進展を見せなかった。だが、アメリカ主導の合意に基づく、前例重視の手法に業を煮やしたFATFは、二〇〇〇年、名前を公表して恥をかかせる政策を採択した。[4] シャーマンはこれを、「優良国リスト化」と能力向上から「ブラックリスト化」への移行と呼ぶ。一九九九年ま

▼1 〔参考文献〕FATF 2000b, 2
▼2 〔参考文献〕FATF 2000b, 2
▼3 〔参考文献〕FATF 2000b, 5
▼4 〔参考文献〕Wechsler 2001

でに、ＦＡＴＦは、最小基準を満たしていないと非難されている法域、すなわち非協力的な国と地域のリスト（ＮＣＣＴリスト）の作成に取りかかった。そして、二〇〇〇年六月、初のＮＣＣＴリストを公表した。その後、マネーロンダリングに対処するための取り組みに「深刻な体系的問題」があると言われている国々が追加された。リストに載った国や地域が措置を講じない場合は、制裁措置が発せられた。指定された一連の法や規制を導入・実施していることを明示しない限り、法域はリストから削除されなかった。

ＦＡＴＦ「四〇の勧告」とタックスヘイブンからの反応

ＦＡＴＦの作業の中心は、一九九〇年に作成され、その後何度か改訂された四〇項目の勧告リストだった。この勧告は、非常に詳細で、包括的かつ明確だった。ＦＡＴＦ勧告は、マネーロンダリングとの闘いにおける、タックスヘイブンをはじめとする各国立法機関の役割を強調した。ＦＡＴＦは、適切な注意義務の明確な原則を構築し、タックスヘイブンにおける非金融機関の問題を明確化し、問題是正のための措置を示唆した。そして、無記名株式とオフショア信託の利用における問題を特定した。一九三七年にモーゲンソウが行なったように、ＦＡＴＦも「犯罪組織その他の犯罪者による弁護士、公証人、会計士などの専門家の利用」に対する懸念を指摘するとともに、「多くの国において、こうした専門家が、企業その他の合法的な組織または取り決めの創設と管理も専門とすることで、マネーロンダラーにその他の有益なサービスを提供している」と付け足した。[5] 厳密にはタックスヘイブンが関心の的ではなかったにせよ、ＦＡＴＦは、これに対する三面攻撃の中で最も成功しているように見受けられる。これは、その標的が別の問題にあったからにほかならないのではなかろうか。

その問題とは、タックスヘイブンによるＦＡＴＦへの対応が儀式的になってしまったことだった。その対応は、他のキャンペーンへの対応に特有な一連の段階を辿った。当初の反応は、否定的で非難めいていた。FATFは、「制度的帝国主義」だと非難された。ケイマン諸島の財務長官でカリブ海地域FATFの前会長のジョージ・マッカーシーは、ケイマン諸島が非協力的法域として分類されたことに「驚嘆した」と言い放った。彼の主張によれば、ケイマン諸島は長きにわたり国際機関と協力する政策を採ってきた。たとえば一九九六年、四〇項目の勧告を受けて犯罪行為からの利益法を導入し、関連するマネーロンダリング規制を設け、ケイマン諸島通貨当局（CIMA）を設立した。しかし、FATFは納得せず、ケイマン諸島をやはりリストに記載した。

それから、一、二の例外はあったが、大半のタックスヘイブンがFATFに協力する用意があると断言した。スイス、ケイマン諸島、ジャージー島などの抜け目のないヘイブンは、FATF勧告をできるだけ早急に法律として成立させた。スイスは、一九八八年からインサイダー取引を、九〇年からマネーロンダリングを、九七年から株式市場操作を、二〇〇〇年から外国高官の贈収賄をそれぞれ有罪とした。[6]FATFからの圧力により、スイスは、二〇〇三年にマネーロンダリング法を改正し、現在では海外への送金の際に顧客の名前を確認するようスイスの銀行に義務づけている。[7]同様に、ケイマンも、二〇〇一年の証券投資事業法を含む新しい法律や規制を導入し、投資マネージャーや投資顧問を免許制にした。二〇〇一年までに、ケイマンはFATFリストからの削除をようやく成し遂げた。太平洋諸島の中で、クック諸島、ナウル、マーシャル諸島も、ブラックリストから抜け出すための素早い行動に出た。[8]

しかし、私たちの考えでは、現実はそれほど前向きではない。規則は実施されていないか、さもなけれ

▼5 〔参考文献〕FATF 2006, 1-2
▼6 〔参考文献〕Chaikin 2005, 100
▼7 〔参考文献〕Chaikin 2005, 102
▼8 〔参考文献〕Van Fossen 2003, 256

[図表9-1] **疑わしい金融活動への監視・捜査の状態**

地　域	嫌疑の報告件数（2005年）	推定従業員数	金融情報捜査機関の能力	起訴件数
バミューダ	313（2006年）	4,000	11	0
ケイマン諸島	244	5,400	21	2
英領ヴァージン諸島	101	1,600	5.5	0
ジブラルタル	108	1,500	8	0（起訴保留1）
タークス・カイコス諸島	17	700	5	0（起訴保留3）
アングィラ	2	150	1	0
モントセラト島	1	150	1	0
ジャージー島	1,162	11,800	22（2003年）	
マン島	1,652	7,010	22	

（出典：NAO 2007, 23）

ば法的強制力がなく、他のキャンペーンについても同じことが言える。それどころか、ハンプトンとクリステンセンが示唆するように、「立法ラッシュは、ショーウィンドウの飾りつけのようなまやかしかもしれない」[9]。それにも一理あり、イギリスの海外領土に関する二〇〇七年のイギリス監査局報告書も同じ意見だった[10]。法・規制創出への表面的には熱心に見える取り組みを指摘し、同報告書は、「全領域にわたる主要課題は、マネーロンダリングとテロの資金調達に対する防御強化への高まる圧力に適正に対応することだ」と結んだ[11]。疑わしい活動の報告は、依然として「疑わしいほどに低い」[12]。同報告書から転載した図表「9-1」を見れば、残念ながら一目瞭然だ。同報告書は、表面的な成功の兆し――ジャージー島はマネーロンダリングの嫌疑一一六二件、マン島は一六五二件を報告した――は誤解を招く恐れがある、とも指摘する。そして、（小さな文字で）「報告レベルがきわめて高いことは、自己防衛的に些細な事件を報告している表われだ」と付け加えている。このことは、二〇〇六年のジャージー島警察報告書の付属書類三において確認され、同報告書は、〇六年にマネーロンダリング犯罪事件は同法域において一件も報告されず、したがって捜査は何ら行なわれていないと述べている。世界で四番目ないしは五番目に大きい金融センターであるケイマン諸島が、一九九七年以降、マネーロンダリング事件五件しか起訴に漕ぎ着けていないし、スイスにおいては「ジュネーブの検察が、ロシア絡みのマネーロンダリングに関係するさまざまな起訴にまだ成功していない」[13]。現場での現実は、明るくない。

FATFの取り組みは、さらに二つの論点に悩まされている。第一に、アンソニー・ファンフォッセンは、太平洋のオフショア・センターのあいだに、自分たちは強力な同盟国がないがゆえに、偏って汚名を着せられているという認識がある、と報告している。

フランスによる激しいロビー活動のおかげで、モナコはFATFのブラックリストから除外されたと言われていた。イギリスは、バミューダ諸島、英領ヴァージン諸島、ジブラルタル、ガーンジー島、マン島、ジャージー島をリストに含めるべきではないと主張したが、ケイマン諸島については譲歩せざるを得なかった（そして、二〇〇〇年六月にはリストに記載されたが、その後、〇一年六月にブラックリストから削除された）。カナダは巧みな介入で、国際通貨基金で自らが公式代表を務めるカリブ海諸国（アンティグア・バーブーダ、ベリーズ、セントルシア）をブラックリストから外させた。メキシコは、非オフショア金融センターのロンダリング・センターとみなされることもあるが、パナマを支援する

▼9〔参考文献〕Hampton and Christensen 2002, 1662
▼10〔参考文献〕NAO 2007
▼11〔参考文献〕NAO 2007, 5
▼12〔参考文献〕NAO 2007, 23
▼13〔参考文献〕Hampton and Christensen 2002, 1662

仲裁をし、パナマは二〇〇一年六月、ブラックリストから除外された。[14]

ファンフォッセンは、ＦＡＴＦの取り組みの最大の例外、つまりマネーロンダリングの主要な導管は世界最大の金融センターであるロンドンとニューヨークである、という広く認められている考えを付け加えることもできたはずだ。

政治的なえこひいきによる申し立ては、実質がなくもないように見受けられる。アメリカ国務省国際麻薬・法執行局による非常に徹底した報告書の観点から見ると、とくにそう思われる。このＩＮＣＳＲ報告書には、「マネーロンダリングがとくに懸念される国々」とみなされる五七の国・法域のリストが含まれる。[15]リストには、アメリカ、イギリス、ドイツ、日本、中国を含む主要工業国がすべて含まれる。タックスヘイブンは、とくに懸念される国々の少数派だが、その中には政治工作が行なわれたと疑われる、ＦＡＴＦリストから除外されたヘイブンもある。とくに懸念されると同局が判断したタックスヘイブンは、アンティグア・バーブーダ、バハマ、ベリーズ、ケイマン諸島、コスタリカ、キプロス、ガーンジー島、香港、マン島、ジャージー島、ラトビア、リヒテンシュタイン、ルクセンブルク、パナマ、シンガポール、スイスだ。アメリカのリストは、ＦＡＴＦのブラックリストと厳密には一致していない。ＦＡＴＦは、小魚に照準を合わせてきたように思われる。ブラックリスト作成をめぐる駆け引きは、キャンペーンにかなりの害を及ぼしてきた。大半の専門家は、世界のマネーロンダリングは下火になってきていないし、犯罪助長におけるタックスヘイブンの役割も衰えてはいないとしている。[16]

テロ資金対策に関する「九つの勧告」

ＦＡＴＦは、オサマ・ビン・ラディンという予期せぬ「協力者」を得た。二〇〇一年のテロ攻撃の結果、アメリカはとくに、タックスヘイブン経由で機能していると疑われる「テロ資金調達」を弾圧しようとした。R・T・ネイラー[17]によれば、アメリカがタックスヘイブン経由でのテロ活動の資金調達を心配するのも当然だ。何だかんだ言おうと、CIAがその秘密活動のために長年タックスヘイブンを利用してきたからだ。FATFはその勢いに便乗し、一九九〇年のFATFの四〇項目の勧告に追加して、テロ資金対策に関する九項目の特別勧告を二〇〇一年に発表した[18]。

FATFは、マネーロンダリング、テロ資金調達、税に関する犯罪を同分類とした[19]。ありふれた現実としては、ブッシュ政権がいみじくも指摘したように、マネーロンダリング防止措置をもってしても九・一一テロは防げなかっただろう。あのテロ攻撃への資金調達に利用された資金は発生国において犯罪ではなく、したがって洗浄されていなかった[20]。これまでにアメリカで行なわれた数少ないテロ資金調達訴訟は、国内の金融機関に関係するものだった[21]。それにもかかわらず、対外問題評議会◆の報告書にはこうある。「長年のあいだ、アルカイダが魅力を感じて活動してきたのは……、管理された法域の下、すなわち銀行

▼14 〔参考文献〕Van Fossen 2003, 247
▼15 〔参考文献〕INCSR 2008, 70
▼16 〔参考文献〕とくにINCSR 2008を参照。
▼17 〔参考文献〕Naylor 2002
▼18 〔参考文献〕FATF 2001〔二〇〇一年に八項目が策定され、〇四年に九項目となった〕
▼19 〔参考文献〕Masciandaro 2004
▼20 〔参考文献〕Rawlings 2005, 296
▼21 〔参考文献〕INCSR 2008, 52-58
◆**対外問題評議会** 一九二一年に設立された、アメリカの対外政策に最も強い影響力を持つとされる非営利のシンクタンク。

監督が限られており、マネーロンダリング防止法がなく、法執行機関の効率が低く、銀行機密については何も詰問しないという文化のある場所だ[22]」。同報告書が挙げた法域には、中東の地域的バンキング・センター、ドバイ、クウェート、バーレーン、レバノンのみならず、パキスタンやカリブ海のオフショア、リヒテンシュタイン、アメリカそのものも含まれた[23]。

これらの矛盾した内容と一致して、アメリカ愛国者法は、タックスヘイブンについての記述をことごとく削除し、FATFの四〇項目の勧告に含まれる措置を再び強調した。そして、「マネーロンダリングがとくに懸念される」法域――その大半が、すでに指摘したように、従来はタックスヘイブンと認識されていなかった――との取引を禁止する財務長官の権限を再確認した。

「己の顧客を知る」

マネーロンダリングと脱税に対する取り組みのすべてにとって、金融サービスの仲介者が「己の顧客を知る」ということが必要条件である。FATFが二〇〇六年に述べたように、「マネーロンダリング目的のための特別目的会社の悪用の防止は、誰がこの会社の最終的な受益権所有者であるのか、誰が信託と関連する受託者・委託者・受益者であるのか、これを時宜に即して確定する立場を取ること、または知り得ることによって向上するはずであるのは、明らかなように思われる[24]」。「理論的には」と報告書は続ける。「特別目的会社に関する必須情報を誰が保有しているかはあまり問題ではない……受益所有権に関する情報が存在しているならば[25]」。

2……金融安定化フォーラム（FSF）

金融安定化フォーラムは、一九九七〜九八年のアジア通貨危機をきっかけに、「新たな国際金融構造」の構築を促進するために設立された。ＦＳＦの要領書は、タックスヘイブンと直接関連しておらず、ＯＥＣＤの有害な税の競争対策キャンペーンとも距離を置いていた。[26] それでもなお、私たちの見たところ、ＦＳＦのオフショア金融センター特別作業部会は、タックスヘイブンに注意を向けるようになった。

ＦＳＦは、豊かな超大国の限られた集団であり、汎用基準を定め、非加盟法域がどれほど基準を満たしているかを審査する。透明性と優れたガバナンスの大まかな原則を保証するだけでなく、国と法域を次の三つのグループに分類することにより、「名前を公表して恥をかかせる」手法を取り入れた。

（一）質の高い監督体制を有する協力的な法域。
（二）実績は国際基準に満たないものの、監督ならびに協力のための手続きを有する法域。
（三）質の低い監督体制しか有さず、非協力的な法域。[27]

二〇〇〇年五月のＦＳＦプレスリリースは、以下の国々を第三グループに挙げた。アングィラ、アンティグア・バーブーダ、アルバ、バハマ、ベリーズ、英領ヴァージン諸島、ケイマン諸島、クック諸島、コスタリカ、キプロス、レバノン、リヒテンシュタイン、マーシャル諸島、ナウル、オランダ領アンティル諸島、パナマ、サモア、セイシェル、セントクリストファー・ネーヴィス、セントルシア、セントビンセ

▼22 〔参考文献〕INCSR 2002, 9
▼23 〔参考文献〕INCSR 2002, 9
▼24 〔参考文献〕FATF 2006, 21
▼25 〔参考文献〕FATF 2006, 21
▼26 〔参考文献〕Sharman 2006
▼27 〔参考文献〕FSF 2000, 46

ント・グレナディーン、タークス・カイコス諸島、バヌアツ。ＦＳＦは、法域がリストから削除されるための明確な一連のインセンティブを生まなかった。「ＩＭＦに、事実上、責任を転嫁したのだ」[28]。

予想どおり、これらのオフショア・センターは、「有象無象の本国オンショアの取締官の逸話的考えをそのまま集めただけだ」[29]とＦＳＦを非難した。一つの深刻な問題は、ＦＳＦの情報収集方法だ。情報と、監督の質についての評価を、各国の監督者にほぼ完全に依存している。鎮静効果があると思しき美味なクリームの管理を猫に任せているわけだ。

ＦＳＦは、ＦＡＴＦあるいはＯＥＣＤほどの影響を達成するに至っていない。タックスヘイブンについては、オフショア金融センターの評価の取りまとめ責任をＩＭＦが負うべきであると勧告した。

3……「有害な税の競争」に対するキャンペーン

タックスヘイブンとの闘いにおける最も重要な展開が、『有害な税の競争――起こりつつある国際問題』[30]と題するＯＥＣＤの重大な報告書の発行によって一九九八年に起こった。ＯＥＣＤとＦＡＴＦの報告書がほぼ時を同じくして発行され、ＦＳＦ報告書がすぐ後に続き、脱税に対するグローバルで協調的なキャンペーンが行なわれているという印象を生んだ。三つの報告書は、メディアならびに学術界の大きな関心を呼んだ。これらは当時、事業課税に関する行動規範についての、欧州理事会による、関連してはいるものの独立した発表[31]を見劣りさせた。こうした展開が組み合わさって、タックスヘイブン時代の新たな段階の始まりを告げた。

一九九八年のＯＥＣＤ報告書は、ＥＵの行動規範に多数言及している。しかし、この二つはかなり異なっており、以下に考察するその違いが、なぜＯＥＣＤが主役から外される一方で、ＥＵがタックスヘイブンとの闘いにおける中核的機関として台頭したのかをある程度説明している。

ＯＥＣＤ報告書の起源は、一九九〇年代初め、主要工業国すべてにおいて中道左派が政権を握った時期に遡ることができる。これらの政権は、社会主義的な社会福祉と教育、富の再配分、社会における貧困者の対策に取り組んだ。とはいえ、いわゆる新自由主義的な目標である低インフレ、低財政赤字、低税率を掲げるのをやめる用意はなかった。税法規の施行と税金の不正利用についての教育的措置が、この二つの明らかに矛盾する目標に折り合いをつける論理的解決策のように見受けられた。

前章で考察したように、クリントン政権は、マネーロンダリング、犯罪行為、脱税の明確なつながりを認識し、この三つの濫用形態すべてを防止するための多国間の取り組みを強く望んだ。[32] 一九九〇年代初頭までに、真剣な協調的国際努力が、これらの目標達成に必要であることが明らかになった。[33] 一九九六年に転機が訪れ、[34] リヨン・サミットで、Ｇ７の財務大臣は「ＯＥＣＤに対し、税に関する様々な形態の有害な競争の範囲を制限し得る作業の推進を要請する。一九九八年の報告書を注意深く見守っていく」と述べた。

報告書によるキャンペーンについて考察する前に、こうした議論において、しばしば無視されている他の重要な課題に触れておく必要がある。

▼28 〔参考文献〕Tranoy 2002, 14
▼29 〔参考文献〕Van Fossen 2003, 255
▼30 〔参考文献〕OECD 1998
▼31 〔参考文献〕ECOFIN 1999
▼32 〔参考文献〕Kudrle 2003
▼33 〔参考文献〕Kudrle and Eden 2003; Eden and Kudrle 2005
▼34 〔参考文献〕Radaelli 2003; Sharman 2006
▼35 〔参考文献〕OECD 1998, 3

新自由主義の後退とOECDのキャンペーン

ＯＥＣＤは、報告書を二組の理論的解釈の範囲内で作成した。第一に、国際環境の変化、とくにグローバル化に対して、報告書のタイミングと論拠を合わせようとした。グローバル化は、前向きな動きとして広く認められているが、野放しにしておくと、とくに税制ならびに財政政策の分野で負の効果を及ぼしうると同報告書は警告している。第二に、ＯＥＣＤの報告書は、国際的な税競争の原理を受け入れるばかりか、実にこれを奨励している。

グローバル化への言及は、重大だ。同報告書は、明記している。「国境を越えた取引と投資の漸進的な自由化が、経済成長と生活水準の向上を支える唯一最強の原動力となってきたものと、ＯＥＣＤは確信する」[36]と。同時に、「しかし、グローバル化は、企業や個人が税を最小化し、これを回避する新たな道を拓き、各国が金融資本その他の地理的に移動可能な資本の転用を主な狙いとする租税政策を立てることで、こうした新たな機会を利用するという負の効果も及ぼしてきた」[37]と警告もしている。「金融その他の地理的に移動可能な活動の誘致を目的とする税体系は、有害な税の競争を生む可能性があり、国の税基盤の弱体化を招きかねない」[38]ため、経済の自由化は、もろ刃の剣のごとき競争の力学を引き起こした。

ＯＥＣＤは明らかに、自由化とグローバル化の支持を意図する措置として有害な税の競争に関する提案を呈示しようとしている。そして、「開放的な多角的自由貿易体制を保護し、これを促進する」[39]ため、国際システムを調整するよう呼びかけている。国際的な税競争の原則を維持するという公約に合わせて、同報告書の語調は明らかに新自由主義的だ。それでも、同報告書、ならびにこれが開始を促しているキャンペーンは、多角的体制の方向の抜本的変化を告げるものとして見ることもできる――いや、実際に、研究者らはそう見ていた。グローバル化による利益の保護の名の下、多角的取り組みは、狭義の新自由主義的関心——規制撤廃と民営化、低インフレ、低税率——から、市場の再規制と「適切なガバナンス」へと移行し、現在の気候変動と縛りのない自由主義への懸念につながった。[40]

こうした政策の転換は、欧米の中道左派政権に特有だった。共和党の大統領が二〇〇一年に就任するや、アメリカがOECDキャンペーンを中止したのも驚きではなかった。同キャンペーンは、それ以後頓挫したようで、OECDのかなりの内省と批判を招いた。[41] ブッシュ政権の下、アメリカは多国間協調主義を捨て、少なくともタックスヘイブンについては、積極的な一国主義の伝統的政策に立ち返った。マネーロンダリング、脱税と租税回避、犯罪行為の問題という狭い観点からは、よろめきがちなOECDのキャンペーンは、組織の整ったタックスヘイブンとその支持国が実行した政変と解釈できるかもしれない。独りよがりのブッシュ政権と新自由主義後のEUとの闘いという広い観点からは、有害な税の競争に対するキャンペーンが行き詰まっているのかどうかは、まったくわからない。それどころか、EUが引き継いで旗手となり、タックスヘイブンに関する国際的政策を推進している。

OECDの「有害な税の競争」についての考え方

OECDの一九九八年の報告書は、当時、FATFとFSFの報告書双方とは異質だと見られた。タッ

36 〔参考文献〕OECD 1998, 9
37 〔参考文献〕OECD 1998, 14
38 〔参考文献〕OECD 1998, 7
39 〔参考文献〕OECD 1998, 9
40 〔参考文献〕Chavagneux 2009
41 〔参考文献〕Sharman 2006

クスヘイブンが中心となって繰り広げる有害な税の競争の悪影響を記述する、その珍しく強く、明確な語調のせいだ。同報告書は、有害な税の競争が以下のような影響を及ぼすと断言している。

1、金融その他のサービスの場所に作用する。
2、他の国々の税基盤を弱体化させる。
3、取引ならびに投資のパターンを歪める。
4、グローバルな安寧を減じる。
5、税制の公正さを弱め、税制の完全性に対する納税者の信頼を傷つける。

同報告書は二組の懸念を提起しており、しかも両者の緊張はなくなっていなかった。一つの懸念は、マクロ経済的性質を持ち、もう一つは民主主義と正義に関連する。OECDが提起したマクロ経済的懸念は、タックスヘイブンが市場に及ぼす歪曲効果に関連する。いかなる種類であれ市場の歪曲は、最良の結果をもたらす市場の能力を低下させる、あるいは報告書の言葉を使えばグローバルな安寧を減じると想定している。もう一つの懸念は、税制への信頼の欠如につながりうる不公平感と公正さの低減に関連する。

同報告書は、二つの問題を区別してはいないが、OECDが二組目よりも一組目の問題をはるかに懸念しているのは明らかだ。二組目の懸念はそれほど頻繁に表明されていないし、付随する問題として述べられていることが多いだけでなく、OECDの提案は、歪曲の問題が解決されれば、不公平感がなくなるという信念の下、マクロ経済的歪曲を主に対象としている。タックスヘイブンに対するOECDの主な反発は、「[多国籍企業の]場所の決定は、経済学的考察によって決定されるべきであり、主に租税要因によって決定されるべきではない[42]」、つまりタックスヘイブンと有害な税の競争を、歪曲メカニズムと見るべきだということだ。その示唆するところは、見かけはどうあれ、低税率を自由主義と同一視するのではなく、各国が行なっている歪曲慣行と同一視すべきだということだ。

ＯＥＣＤが提案する解決策は、それが「公平な競争の場」と表現するものの準備を目的としていた。公平な競争の場の概念は不明瞭だ。倫理的響きはあるが、ＯＥＣＤは、マクロ経済的観点から、市場が政治的歪みに左右されないための保証を主に意図している。外国直接投資と再配置の決定は、経済目標によって行なわれるべきだ。この点で、私たちはＯＥＣＤの批評家と同意見だ。ＯＥＣＤは、市場の歪みと国庫収入の競争の理論を具体的な政策に変えることに、成功したためしのないＥＵの長い経験を教訓にすべきだったのではなかろうか。[43] ＥＵが一九九六年に本腰をすえて濫用と取り組むようになって初めて、その政策の速度が増しはじめた。[44]

ＯＥＣＤのブラックリスト化政策

ＯＥＣＤとＥＵは、本書第1章で考察した「タックスヘイブンの定義」という同じ扱いにくい問題に直面した。双方とも、タックスヘイブンと有害な優遇税制（ＰＴＲ）を実行している国という二組の国家を区別することで問題を解決した。[45] タックスヘイブンは、「純粋なタックスヘイブン」に従ってＯＥＣＤが定義しているが、ＰＴＲはもっと複雑だ。ＰＴＲ実施国は、外国人投資家に対し、国内の投資家が利用できないようなさまざまな優遇措置を提供している。[46] 二つのカテゴリーの区別は、トマス・リクセンが信じ

▼42 〔参考文献〕OECD 1998, 9
▼43 〔参考文献〕Radaelli 2003
▼44 〔参考文献〕Radaelli 2003; Sharman 2006
▼45 〔参考文献〕OECD 1998, 8

るには、[47]二つのタイプの国は、有害な慣行への対抗策に協力するための異なるインセンティブを有するという考えが動機となっている。既得権者にとってPTRがいかに有利でも、いくつかのタックスヘイブンは、その歳入の大半をオフショア部門に依存している。当初からOECDは、タックスヘイブンのほうがはるかに扱いにくい問題だと覚悟し、それ相応の政策を講じた。

有害な税競争と無害な税競争を線引きするための客観的基準はない。すでに考察したように、ドイツは、従来のタックスヘイブンよりも、アメリカの投資手段やベルギーの調整センター、そしていわゆるアイリッシュ・ドック諸企業に不安を持っていた。それでも、裕福な国々のクラブであるOECDは、批評家の目には加盟国にかなり有利なように見えるやり方で良し悪しを分ける方法を見出した。OECDは、投資インセンティブといわゆる賄賂は税の競争とみなされるかもしれないと認識しながら、有害な慣行の定義から除外している。[48]また、「ミスマッチ」の問題、すなわち税制の違いから生じる意図せぬ抜け道を認識しながら、それをOECDが有害と分類する「横取り」と区別しようとしている。[49]

OECDは、スイスとルクセンブルクがタックスヘイブンであると認識しつつも、両国に政策の変更をさせるのが嫌なのか、その能力がないかに思われる。その経過報告書には、それぞれの国の慣行についての有益な記述が含まれる。各国は、「潜在的に有害な特徴を除去すべく改正を行なった」、「有害でない」、もしくは「有害である」のいずれかにチェックがつけられる。スイスとルクセンブルクを見ると、いくつかの囲みに説明もなくチェックがつけられていない。国が最終的に規則を改正した場合にのみ、囲みにチェックが入れられる。特定の慣行について口を閉ざすことで、二〇〇四年の経過報告書は、きわめて明るいニュースという印象を与えることができたのだ。

タックスヘイブンは、他の国々に比べるとずっと弱い立場にある。技術的に長けていないことだけが特別な理由ではない。課税の欠如あるいは最低限の課税、「囲い込み」、「非課税法人」、銀行秘密保護法、透明性の欠如、効果的な情報交換の欠如が、ほとんど議論を引き起こさない濫用事例だ。それどころか、「税を最小化する媒体」として自らをわざわざ宣伝し、諸外国から歳入を横取りする意思のあることをはっきりと宣言しているタックスヘイブンもある。ＯＥＣＤは、タックスヘイブンを「ヘイブンでない国が創出した一般的な公共財の無賃乗車」[50]ならびに「横取り」[51]と、かなり力強く記述している。ＯＥＣＤは、タックスヘイブンを表現するための新たな「産業部門」を考案さえし、「多くのヘイブンは、その税産業に多大に依存する道を選んできた」と指摘している――「税産業」とは「超過利益《レント》」を意味する独創的な用語だ。

ＯＥＣＤは、有害な制度を確認するための三つの基準を設けた。そのどれもが、タックスヘイブンの慣行とぴったり合致している。

1、課税制度が、新たな活動を創出するよりもむしろ、一国から優遇税制を提供している国へと活動を移転させているか？

2、ホスト国における活動の存在およびレベルが、投資あるいは所得の額と釣り合っているか？

3、優遇税制が、活動の場所の決定にとっての主な動機となっているか？[52]

▼46〔参考文献〕OECD 1998, 57-79

▼47〔参考文献〕Rixen 2008

▼48〔参考文献〕OECD 1998, 15

▼49〔参考文献〕OECD 1998, 16

▼50〔参考文献〕OECD 1998, 15

▼51〔参考文献〕OECD 1998, 16

▼52〔参考文献〕OECD 1998, 34-37

ＯＥＣＤはシンクタンクであり、実際には、有害な税の競争を実行している国の名前を公表して恥をかかせることで周囲からの圧力を強める以上のことはできなかった。[53] ＯＥＣＤの作業の鍵は、二〇〇一年末までに発表されることになっていた非協力的法域に関する公約済みのリストの作成だった。不気味な口調で、一九九八年の報告書は、加盟国が非協力的な国々に対する真剣な防止策を採択するよう勧告している。その対策としては、租税条約の解除、非協力的法域との取引に関する課税控除・免税・税額控除などの却下、そのような法域の効果的排斥、これらの法域への不必要な援助の打ち切りがある。ＯＥＣＤは、タックスヘイブンの協力については厳しい期限を選択したが、優遇税制の除去に関してはもっと寛大な五年という期限とした。

4……ＯＥＣＤキャンペーンの頓挫

ＯＥＣＤは、タックスヘイブンに対して深刻な難題を突きつけた。報告書の発表をタックスヘイブンは、弱い者いじめ、帝国主義、小国の主権への介入だと非難するお馴染みの方法で迎え撃ち、続いて意図的に、つまり見せかけの協力を宣言した。二〇〇一年までに、ＯＥＣＤは若干の成功を宣言でき、六か国がすでにその勧告に従ったと報告した。二〇〇〇年の報告書は、制度変更への理解を示し、二〇〇一年七月三一日までにＯＥＣＤとの「了解覚書」（ＭＯＵ）に署名するよう要請された三五の国と地域をリスト化した。[54]

ファンフォッセンの指摘[55]によれば、タックスヘイブンの反応は非常にまちまちだった。イギリスとオランダの属領は、従う傾向を示してきた、あるいは従ったと示すためのありとあらゆる主張をしたが、もっと自主性のある、あまり機転の利かなそうな太平洋の島々は激しい抵抗を見せた。小規模なオフショア・

センターしか持たない少数のタックスヘイブンは闘う気力を失い、OECDの要求に屈した。セイシェル、オランダ領アンティル諸島、マン島同様、トンガも二〇〇一年八月、オフショア銀行法を廃止した。しかし、間もなくOECDはよろめきだし、その理由は今日も依然として議論されている。

成功しているタックスヘイブンは、闘わずして諦める覚悟はなかった。バルバドス当局は攻撃態勢を取り、二〇〇一年、タックスヘイブンに仕える圧力団体である国際租税投資機構(ITIO)を設立した。太平洋環礁の中で、はからずも三つのブラックリストすべてに載ったクック諸島は、地域ぐるみの反応を組織したが、それは有数の果敢な抵抗だった。[56] ITIOは、OECDのキャンペーンを頓挫させるのに大成功を収めたと見られている。

公正を期すならば、OECDとの闘いは、一九九八年の報告書の発表以前に始まっていた。ルクセンブルクとスイスは、一九九八年の報告書を退け、「自主的に金融活動にのみ絞り込み、産業ならびに商業活動を除外することで、同報告書は……不公平かつ不均衡な手法を採択している」[57]と非難した。両国とも、実質的にすべてのOECD加盟国が行なっている伝統的な贈収賄に比べ、彼らが専門とする非常に流動的な資本に対する偏見を指摘した。両国が、銀行の秘密保護と有害な税慣行との必然的なつながりを何ら認めず、協議事項からの銀行秘密保護への言及の削除を求めたと聞かされても驚かないだろう。スイスは、同報告書が、「課税面での誘因を自国経済の柱としている地域が、競争条件の規制に協力する気になるイ

53 〔参考文献〕Webb 2004
54 〔参考文献〕OECD 2000
55 〔参考文献〕Van Fossen 2003
56 〔参考文献〕Van Fossen 2003
57 〔参考文献〕OECD 1998, 74

ンセンティブを与えていない[58]」と訴えた。ルクセンブルク同様、自国がタックスヘイブンであるのを否定しているスイスは、シンガポールとケイマン諸島からの競争激化への懸念を示唆し、はからずもタックスヘイブンとしての地位を否定すると同時に肯定もした。

ＩＴＩＯは、ルクセンブルクとスイスの主張の多くを採用した。両大戦間の時期と一九八〇年代に再度行なったように、ビジネス界がＯＥＣＤキャンペーンを頓挫させる際に陰で関わっていたと信じる者もいる。思想・行動の自由を信奉する《リバタリアン》組織が、彼らの取り組むべき課題をタックスヘイブンが促進してくれていると、どういうわけか信じ、ＯＥＣＤとの闘いに関与していたのは確かだ。非常に詳細で慎重な検討において、ジェイソン・シャーマン[59]は、ビジネス界による協調的ロビー活動の実証的証拠をほとんど見出さなかった。ＯＥＣＤからの支離滅裂なメッセージと、公平性の欠如、ならびに加盟諸国側の政治的意志の欠如を非難する評者もいる[60]。シャーマンは、これにもう一つ、タックスヘイブンが利用する高度な政治工作と修辞的戦法という要素を加えている。

ＩＴＩＯは、三つの対照的要素を挙げた。第一に、ＯＥＣＤの政策決定の初期の段階で、タックスヘイブンが意見を求められなかった。そのために、ＯＥＣＤの加盟諸国と利害関係者の思惑を反映したお仕着せの一連の基準が作られた。これは、帝国主義と新植民地主義についてのお馴染みの非難だった。第二に、ＯＥＣＤは、ブラックリストに載った非協力的な国に対する経済制裁を示唆しておきながら、ＯＥＣＤ加盟諸国に対しては何ら制裁を示唆していない、とＩＴＩＯは指摘した[61]。加えて、二年という協力期限は短すぎるとＩＴＩＯは指摘し、ＯＥＣＤはタックスヘイブンとの協力に真剣ではないとした。さらに、ＯＥＣＤは、モンタナ州やコロラド州など、アメリカの州には驚くほど関心が薄い。両州とも、それぞれ一九九七年と九九年にオフショア銀行法を可決したが、これはＯＥＣＤの要求に応えていないと思われる[62]。ＯＥＣＤは、タックスヘイブンと優遇税制を区別しているため、国際商取引法の無差別条項を侵害した可能性がある、とITIOは主張した。太平洋ならびにカリブ海のいくつかのセンターは、世界貿易機関（WTO）にこの件を持ちかけると脅した。これは、OECDのイニシアチブは、金融自由化と財務流動性が進行する時期に、税制面での比較優位を持つ他のセンターの進出から自らの金融センター（たとえば、パリ、フランクフルト、ニューヨーク）の特権的な地位を守ろうとしたものであるという主張に信憑性を与えた。そのため、彼らの主張によれば、OECDは自由市場の規則を変えようと試み、数々の制裁により保護主義の包括的システムの実施を提案していたということになる。[63]

大事なことを言い忘れていたが、一部のタックスヘイブンがいみじくも主張したように、彼らはIMFや世界銀行のみならず、（イギリスやオランダの属領の場合）本国からも、金融サービスに特化するよう勧められていた。それなのに、今になって雲行きが変わり、見捨てられていた。

これらは、強力な主張だった。とはいえ、OECDキャンペーンが頓挫した最も重要な理由は、おそらく主張の質とはほとんど関係がなく、むしろ二〇〇一年にアメリカで起きた変化に関係していたようだ。

ブッシュ政権の登場——二〇〇一年

すでに見てきたように、クリントン政権はOECDのプロジェクトを支持し、OECDの勧告を国の法

▼58〔参考文献〕OECD 1998, 78
▼59〔参考文献〕Sharman 2006
▼60〔参考文献〕Godefroy and Lascoumes 2004; Maillard 2001
▼61〔参考文献〕Van Fossen 2003, 257
▼62〔参考文献〕Van Fossen 2003, 259
▼63〔参考文献〕Sharman 2006

律制定において実施する予定だった。リストに記載された三五のタックスヘイブンのいずれに対する支払いもすべて、アメリカの税務当局に報告されなければならなくなるはずだった。政府はまた、源泉であるこれらの国々において支払われる税金控除の廃止も検討していた。ところが、ジョージ・W・ブッシュのホワイトハウス入りで、政局が変わった。

二〇〇一年五月、新任の財務大臣ポール・オニールが、抜本的政策変更を示唆した。彼は、OECDプロジェクトは「広範すぎて……現政権の税制や経済の優先事項に合致しない」と主張した。そして、アメリカは「いかなる国に対してもその国そのものの税率あるいは税制がどうあるべきかについて命令するような取り組みを支持せず、世界の税制を調和させようとするいかなるイニシアチブにも参加しない」[64]と宣言した。

右派のヘリテージ財団とそのセンター・フォー・フリーダム・アンド・プロスペリティーが、アメリカの政策転換において重要な役割を果たしたとする評者もいる。また、ブッシュの大統領選挙戦に多額の寄付をした銀行や金融機関が、政策を変更させるよう政権を説得できたのだとする評者もいる。その一方、共和党の下院議員らは、カリブ海地域と密接な関係のある連邦議会黒人議員幹部会と手を組み、OECDのイニシアチブからアメリカが撤退するよう促した。

オニールの介入が、決定的となった。OECDプロジェクトは、完全中止とはならなかったものの、ほとんど原形を留めないほどに変更された。まず、実質的な経済活動の欠如という基準が、不正な税慣行の定義から削除された。プロジェクトは、受動的資産運用投資の分野における有害な慣行に対する闘いという狭い範囲に限られるようになった[65]。第二に、アメリカに刺激され、プロジェクトは、FATFと以前以上に足並みをそろえるようになり、透明性とより効果的な情報交換という課題に主に関心を持つようになった。

これに加えて、そしてタックスヘイブンと優遇税制の一様でない扱いについてのITIOの指摘に譲歩し、OECDは、優遇税制が取り除かれるまではタックスヘイブンに対する防衛手段は講じられないと認めた。優遇税制の排除に五年の期限が与えられ、しかもスイスとルクセンブルクがほとんど関心を示さなかったことから、この決定により、プロジェクトは事実上、仮死状態のまま放置された。[66] こうなると、もっと抜け目のないタックスヘイブンは、OECDプロジェクトへの支持を宣言しつつ何ら手を打たず、優遇税制が彼らの代わりに仕事をしてくれるのを待つことができた。二〇〇四年までに、アンドラ、リヒテンシュタイン、リベリア、モナコ、マーシャル諸島の五つのタックスヘイブンだけが、与えられた好機をどうも認識しそびれたらしく、リストに残っていた。

アメリカの介入後、OECDは、従来の非常に不首尾な対話と説得手法に立ち返らざるをえなくなった。[67] 二〇〇四年までに、OECDの経過報告書は、大部分の優遇税制がもはや有害とはみなされないという素晴らしい知らせを発表した。ウェッブ[68]は、ほとんど変化していないことを示している。すなわち、実際には、大部分の国がOECDの承認を得られるように優遇税制を再編しただけだった。ルクセンブルクとスイスは、OECDにまったく従うつもりがなく、「詳細調査」の分類に残された。二〇〇六年五月、OECDは、さらに良い知らせを報告できた。大部分の国が、少なくとも刑事事件については銀行業務と会社所有者の情報を入手できるようになったというのだ。これに負けじとばかり、FATFは、最高に良い知

▼64 〔参考文献〕U. S. Department of Treasury 2001
▼65 〔参考文献〕Rixen 2008
▼66 〔参考文献〕Rixen 2008
▼67 〔参考文献〕Sharman 2006
▼68 〔参考文献〕Webb 2004

らせを報告した。二〇〇五年以降の同機関の活動のおかげで、依然としてリストに記載されているのはミャンマー（以前のビルマ）とナイジェリアの二つの地域だけになったと宣言したのだ。この見解は、本書ですでに述べたイギリス監査局[69]とマネーロンダリングに関するアメリカの報告書[70]の憂鬱にさせられる評価と著しい対照をなす。

ＯＥＣＤの経過報告書の二大調印国であるアメリカとＥＵは、続けざまの吉報にどうやらあまり納得しないようだった。アメリカは、多国間の取り組みは中止したかもしれないが、アンティグア・バーブーダ、アルバ、バハマ、英領ヴァージン諸島、ケイマン諸島、ジャージー島、ガーンジー島、マン島、オランダ領アンティル諸島との一連の二国間条約締結に向けて一層の努力をした。予想どおり、これらの条約は論議を醸している。たとえば二〇〇三年、非常に大きな圧力の下、バハマが、アメリカ租税情報交換協定（ＴＩＥＡ）法を施行した。そうは言うものの、これまでにジャージー島、バミューダ諸島、英領ヴァージン諸島などの主要なタックスヘイブンの中には、世界の大部分の先進国とのＴＩＥＡに調印しているところもある。

二〇〇一〜〇二年――OECD、FATF、FSF

各種ブラックリストの発表によりタックスヘイブンに汚名を着せる試みと組み合わさった、タックスヘイブンに関する政界やメディアでの広範な議論は、二〇〇二年末までに行き詰まりを見せた。ＦＡＴＦが、三つの機関の中で最も成功を収めたように見受けられたし、ＯＥＣＤは、信頼性をぐんぐん失っていた。多くの国々に、ＯＥＣＤが勧告した厳しい政策を実施する政治的意志がないことが明確になった。

見かけはどうあれ、異なる機関が異なる事柄を目指していた[71]。ＯＥＣＤの支持国の一部は、歳入の減少を懸念していた。それなのに、ＯＥＣＤの目標は、国際的な税競争を通して世界全体で低税率を達成することだった。OECDは、世界全体の税率削減のために、あまりにも複雑な政治課題を進展させようとしていたが、それにはタックスヘイブンと優遇税制が作り出す市場の歪みの除去が必要だった。これとは対照的に、FSFは国際的な金融構造に関心があり、タックスヘイブン改革にはほとんど食指を動かさなかった。FATFは、前進しているかに見受けられたが、新たなマネーロンダリング対策法は、実際的結果をほとんど生んでいないと一般に判断されている。

二〇〇一年頃から、新たな役割を得ようと必死の国際通貨基金（IMF）と、最近では世界銀行が、タックスヘイブンとの多国間協議を率いている。この二つの機関は、関連する複雑に入り組んだ問題を扱うための資源がFATFあるいはFSFよりもはるかに豊富だ。IMFは、即座に研究者五〇人をタックスヘイブン調査に当たらせることができたが、これはFATFの調査部門全体の五倍に相当した。だが、IMFの関与は、タックスヘイブンに対する多国間の取り組みの根本的な不明瞭さを示している。何しろIMFは、新自由主義的なイデオロギー、金融自由化、そして税率の低減と最も密接に関係する機関なのだから。IMFは、タックスヘイブンに対して強力な政策を推し進める気があるのだろうか。

IMFは、評価手続きを構築し、二〇〇五年までに四一の地域を検討した。その調査によれば、多くのタックスヘイブンで意義ある改革が行なわれていた——とはいえ、国際協力、情報交換、規制政策という、それほど小さくない問題が依然として解決されていないと認めた。それさえなければ、万事落着！　これらの報告書を論評して、二〇〇五年三月、FSFは「二〇〇〇年のリストがその役目を果たした」と嬉しそうに指摘した。私たちの目には、何の目標も達成されておらず、FSFもIMFも怠けているようにし

▼69〔参考文献〕NAO 2007
▼70〔参考文献〕INCSR 2008
▼71〔参考文献〕Godefroy and Lascoumes 2004

か見えない。現在の危機を見れば、問題が残っていることは歴然としているではないか。

ＩＭＦは、ＦＡＴＦの領域も侵害している。独自の評価が行なえるように、非協力的法域に関するＦＡＴＦリストの停止を要請したのだ。ＦＡＴＦの役人は二〇〇四年、ＩＭＦからの圧力にもかかわらず、犯罪行為とマネーロンダリングを扱うための権能を新たにすべきだと知った。とはいえ、あるいはＩＭＦとの縄張り争いが原因だったのかもしれないが、ＦＡＴＦはその後、自らの成功を宣言した。しかし、ＦＳＦとＦＡＴＦから発せられる吉報は常識に反する。アメリカ、ＥＵ、発展途上国――その一部は、タックスヘイブンに対する独自の対抗措置を講じつつある――が納得している、あるいはこの吉報を聞く興味があるという証拠はほとんどない。

評者の一致した意見では、タックスヘイブンに対する闘いの第一段階は、せいぜい功罪半ばする結果を生んだにすぎない。タックスヘイブン濫用についての認識を高めはしたものの、逆説的にではあるがタックスヘイブンを正当化した。タックスヘイブンは、その長い歴史の中で初めて、金融システムと財政政策の将来についての国際的議論におけるほぼ対等のパートナーとして扱われている。モナコあるいはルクセンブルク、ロンドンあるいはニューヨークについて一言も語られることなく、一部のタックスヘイブン、とくに太平洋の環礁を非難する決定は、三つの機関が濫用と真剣に取り組む気があるのかという疑いを引き起こした。とくにロンドンのシティは、ＢＣＣＩ事件[72]以来ずっと金融スキャンダルに関与してきたにもかかわらず、タックスヘイブン対策キャンペーンで名指しされることは一度もなかった。ファンフォッセンが指摘するように、ブラックリスト化の政策は、贖罪のヤギのごとき責任転嫁の政策だったのかもしれない。金融システムは、依然として流動性・透明性の欠如、規制・租税回避ですくすく育っている――いや、二〇〇七年八月に金融引き締め政策がしっぺ返しを食らうまではそう見えた。

好むと好まざるとにかかわらず、タックスヘイブンが、国際舞台で合法的かつ尊敬すべきパートナーとして初めて扱われている。キャンペーンがはじまる前は、国際金融の異形、政治的に重要でない周辺の島々とみなされていた。それが今では、多国間フォーラムの「参加パートナー」と呼ばれている。彼らは、自らが共通の「積極的な役割」と呼ぶ、世界経済において彼らが果たすことのできる役割を保証するよう考えられた新たな基準へと議論を移行させることに成功した。あらゆる論争が、彼らの存在する権利と国益を追求する権利の一般認知へと確実につながった。

タックスヘイブンは、協力するようにもなった。彼らは、OECDに対して集結するにつれ、自分たちが競争相手であると同時に、守るべき利害を共有していると認識した。そして、専門職、大手の法律事務所や会計事務所、広告代理店の専門意見を取り入れ、自分たちの対応の計画・調整を促進した。また、彼らの観点からするととても有益である保守的なアメリカのシンクタンク、中でも注目すべきはセンター・フォー・フリーダム・アンド・プロスペリティーなどという不適切な名前の、議会廊下での強力なロビイストとして機能している組織との連携も築いた。同センターはOECDに、一握りの高税率国家の利益のために活動する「グローバルな租税カルテル」という烙印を押している。

タックスヘイブンの目標は、単純ではあるが効果的だった。つまり、可能な限り低い水準の規制と引き換えに可能な限り高い認識を得ることだ。オランダ領アンティル諸島がいい例だ。オランダ領アンティル諸島議会は、「新財政構造」を可決し、オランダとの租税条約を改定して外国企業の優遇を廃止し、三四・五%という新たな収益税率を徐々に課すこととし、これを二〇〇二年に施行した。だが同時に、立法府は、二〇一九年まで外国企業に二・四〜三・〇%の旧税率を維持するための「例外条項」すなわち「移

▼72 〔原注〕国際商業信用銀行（BCCI）は、一九九一年に破綻したとき、世界で七番目に大きいプライベート・バンクだった。捜査当局は、同行が大規模な詐欺をはたらいていたのを発見したが、BCCIの活動監督機関であるイングランド銀行は、それを見抜けなかった。

行措置」を導入した。その後、新しい体制の下で登記する者にゼロ税率の選択を許す新しいタイプの会社が創設された。それでも、「OECD幹部との非公式な意見交換によれば、同機構はオランダ領アンティル諸島の変化に満足している」[73]。

とはいえ、将来にまったく希望が持てないわけではない。これまでのところ、新しい措置の効果に関する独立した組織的な研究は一つしかない。ローリングズ[74]は、国際的なイニシアチブがオフショア部門にある程度影響を及ぼしてきており、その主たる影響は、精査と「己の顧客を知る」基準との関連でオフショア企業や取締官らにかかるコンプライアンス・コストの増大だと報告している。こうした措置により、オフショア・センターの運営コストが増大したが、それ以外は実質的にあまり変化していない。

5……ヨーロッパから上がった烽火

OECDが、有害な税の競争に関する報告書を作成していたとき、EU理事会は、一九九七年一二月一日、EU内部での有害な税の競争と取り組むための政策に合意しようとしていた[75]。これには、事業課税、貯蓄収入への課税、企業間の国境を越えた利子ならびに使用料支払いに対する源泉徴収税に関する行動規範が含まれた。すでに考察したように、EUとOECDの話し合いは連携しているが、それでも動機と、突き詰めていくと何を達成したいかという点で両者には大きな違いがあった。

ヨーロッパの行動規範

欧州経済共同体（EEC）とEUを創設した一連の条約は、税制調和の観点ではほとんど何も提供しなかった。単一市場には国際ビジネスの運営に関する課税の中立性が必要だと広く受け入れられており、欧州委員会は、一九六〇年代に一貫してこの問題を前進させようとしていたが、大した成果は挙げられなかった[76]。同委員会は、財政金融委員会を発足させ、その一九六二年の報告書は、EEC全体の税制調和を呼びかけた。それに続く一九七五年および八五年の税法調和の試みは失敗に終わった。

事業課税に関する一九九七年の行動規範により、事態は一変した。この規範は、法律文書の資格はないが、規制に対する非公式の取り組みを提供し、それが結果として驚くほどの効果を見せた[77]。この規範を採択する際に、加盟国は、いくつかの有害な税競争の慣行の排除と、新たな慣行の回避に取り組む。OECDのキャンペーンが金融その他のサービスに限定されているのに対し、EUの規範は、事業活動全般を見据え、移動可能な活動に重点を置いている。それにより、OECDの一九九八年の報告書に対して異議を唱える手紙の中で、ルクセンブルクとスイスが申し立てた移動可能な資本への偏見という非難を回避している。

この行動規範は、タックスヘイブンからの従来の反論をもう一つ覆した。帝国主義という非難を回避するため、「公正な課税」という原則を詳細に述べることも、抵抗する国々にそれを課すこともしていない。その代わりに、OECDが採用した線に沿って税の競争という原則を受け入れ、この問題に関する選択の自由を国々に認めている。しかし、課税制度の規則は、国の内外を問わず法域のすべての事業に適用されるべきであるとEUは主張している。同規範は、「関連する加盟国において一般に利用できるよりも有利

73〔参考文献〕Cavalier 2005, 16
74〔参考文献〕Rawlings 2005
75〔参考文献〕ECOFIN 1999
76〔参考文献〕Radaelli and Kraemer 2005
77〔参考文献〕Radaelli 2003

な税制が、非居住者に提供される」慣行に照準を当てている。同規範は、以下の原因となる公式・非公式の規則の根絶を目指した。

・関連国における一般的な税率より大幅に低い実効税率。
・非居住者向け税制優遇策。
・国内経済から分離され、それによって国の税基盤に影響を及ぼさない活動向けの税制上の優遇措置。
・実質的な経済活動がまったくないにもかかわらず与えられる税の優遇。
・国際的に受け入れられている規則、とくにOECDが認めている規則から逸脱した、多国籍企業傘下の企業向けの利益の判断。
・透明性の欠如。

同規範は、居住者企業と非居住者企業を税金対策として区別することで、世界経済において自らのために隙間《ニッチ》を創出した法域と対峙する。たとえば、同規範を引合いにだし、二〇〇六年に欧州委員会は、ルクセンブルクに一九二九年持ち株会社法の廃止を迫った。同様に、ジャージー島、ガーンジー島、マン島による二〇〇八年以降続いている新しい税制（とりわけ、事業利益に関する税率ゼロ％）の採用は、同規範に敬意を払わなかったと非難されるかもしれない。

EUにおける事業課税の調和

EUは、ヨーロッパ大陸全土での法人課税の調和も推進している。ヨーロッパの複数の国に子会社を持つ多国籍企業は、事業を行なっている国々で納税するが、移転価格操作という複雑なシステムを利用して税率の最も低い国に利益を移転させる傾向がある。

EUは、「定式分配方式」の採用により、利益を移転しようとするインセンティブを減じるようなヨーロッパ全般にわたる税基盤を提案している。この方式では、グループの利益にはEUで一度しか課税されず、税収は、合意した基準（たとえば、投下資本や売上高）に従って各国に分配される。これは、アメリカの州のあいだや、カナダの州のあいだですでに行なわれている。合意に達するまでの道のりは長いが、ドイツとフランスがこの提案を支持している。予想どおり、イギリスとアイルランドは反対している。税基盤の調和の後に税率の調和が続くのを恐れているからだ。この提案には、税基盤の調和が狭まり、彼らの既存の制度よりも多くの免除が許されるのではないかと懸念するバルト諸国とスロバキアも反対している。欧州委員会は、二〇〇八年までに法人税についての指針を出すこととしていたが、EUがアイルランドの税制を脅かしているらしいという主張が一因となった、二〇〇八年のアイルランドの国民投票によるリスボン条約否決が、その指針を遅らせてしまった。

ヨーロッパの源泉徴収税

税がかからないように預金を隠匿すれば、いかなる国家もタックスヘイブンとして有効に機能することができる。EUは、この種の濫用にも対処するための明確な提案を行なった。一九八九年の原案は、EUの非居住者による投資を含むすべての貯蓄収入に一五％の汎ヨーロッパ源泉徴収税を提案した。銀行秘密保護法を廃止したくないルクセンブルクからの圧力で、これは断念された。第二草案が一九九八年に呈示され、その後二〇〇〇年六月にタックスヘイブンに対する世界総動員の一環として再編された。欧州指令が二〇〇一年七月に導入され、〇五年七月にようやく実施された。

二〇〇五年七月以降、すべての加盟国は、関連国の当局との情報交換が義務づけられている。オーストリア、ベルギー、ルクセンブルクは、銀行秘密保護規則を保持しているが、預金利益に対して源泉徴収税を課すことを義務づけられており、二〇〇五年から〇七年の一五％に始まり、二〇〇八年から一〇年は二〇％に引き上げ、その後は三五％とすることになっている。彼らのコンプライアンスは、EU非加盟の主要競争国（アンドラ、リヒテンシュタイン、モナコ、サン・マリノ、スイス）ならびに加盟国のすべての属領と関連地域（チャンネル諸島、マン島、カリブ海の属領）にこれに相当する措置を適用できるか否かにかかっていた。この考え方への一般的な悲観論にもかかわらず、合意が得られた。

欧州裁判所

欧州裁判所（ECJ）が、結果として一九八〇年代以降の欧州の税制の変化にとって主要な推進力となった。一九八五年の重要な判決は、直接課税を引き続き加盟各国の責任としたが、条約義務を尊重する税法を設けるよう各国に求めた。その後二〇年間に、ECJは、この線に沿って五〇の判決を下した。二〇〇五年以降、ECJは、はるかに強硬な姿勢に出ている。それまでは、個人や企業と同調し、自国の歳入を守ろうとする加盟国とは同調しない傾向にあった。だが、二〇〇五年四月のハリファックス事件（C-255/02）の画期的な判決において、同裁判所は、ヨーロッパの法律は、節税のみを目的とする取引を禁ずると裁定した。この解釈は、二〇〇六年五月のキャドベリー・シュウェップスに絡む事件において再確認され、同裁判所は、タックスヘイブンにおける「完全に形だけの」子会社と同裁判所が呼ぶところの会社に有罪の判決を下した。二〇〇七年三月一三日に言い渡されたもう一つの重要な判決（いわゆるシン・キャップ事件）で、各国は、経済的実体を持たず、租税回避を主要目標とする完全に形だけの組織の設立の自由を規制することができると裁定した。そして、この姿勢を同年七月にまたしても再確認した。戦線は張られたが、闘いの前途は長い。EUは、前向きな数歩をすでに踏み出している。オバマ新政権とともに、アメリカが、租税・規制の悪用を食い止めるべくＥＵと連携する可能性が高い。

6……タックスヘイブン黄金時代の終焉のはじまり

一九九〇年代後半は、二国間主義から多国間主義へ、控えめな圧力政策から、国際機関が採用した国名を公表して恥をかかせる戦術へと、タックスヘイブン対策の明確な路線変更を示した。一九九〇年代後半には、最も重要なイニシアチブは、ＯＥＣＤの有害な税の競争キャンペーンであるかに見えた。他の数多くのイニシアチブが、主要国際金融機関すべてに対して推し進められた。それにもかかわらず、タックスヘイブンに対する国際的なイニシアチブは、五、六年後には頓挫した。ブッシュ政権の政策だけが特別な理由ではない。その間にＥＵが、タックスヘイブンとの国際的な闘いにおける最も重要なプレイヤーとして台頭した。欧州指令が、ヨーロッパならびにヨーロッパの属領であるタックスヘイブンに深刻な影響を及ぼしはじめているという証拠が浮上しつつある。

第２章で報告した、タックスヘイブンを経由する多額のマネーは必然的に、深く根差した既得権利を論争の両陣営に生じさせる。タックスヘイブンに深刻な影響を及ぼす政策を遂行するだけの能力、意志、そして分別が国際機関にあるかどうか、私たちは疑問を抱いている。タックスヘイブンの数が非常に多く、それぞれが独自の法を作る主権を持っていることだけが特別な理由ではない。しかし、ＥＵとオバマ大統領率いるアメリカにおいて――双方ともに、資本主義経済がいまだかつて経験したことのない深刻な不況を経験し、双方ともに、消費者需要に影響を及ぼすことなく逼迫した歳入を増大させるための方法を模索している――明らかにタックスヘイブンに不利な方向に振り子が揺れた。われわれは、タックスヘイブンに対する従来の二国間による手法に立ち返ってしまった。しかし今度は、世界の二大経済が、はるかに攻

撃的な姿勢に出る公算が大きい。タックスヘイブンの黄金時代は終焉を迎えた。◆

▼**タックヘンブンの黄金時代は終焉を迎えた**　その後のタックスヘイブンとその規制の動きについては、本書巻頭の「日本語版序文」を参照のこと。

第10章　二一世紀世界とタックスヘイブン

タックスヘイブンの話に繰り返し見られるテーマがあるとすれば、好機もあれば障害もあったが、それをものともせずに発展し続けてきたことだ。それどころか、この一〇年で最も目を見張る特徴の一つは、そのたゆまぬ成長ぶりだった。タックスヘイブンで事業を行なっている企業に関するローリングズの調査によれば、各種キャンペーンの正味の影響は、タックスヘイブンのコスト増で、他にはほとんど影響はなかった。[▼1]とはいえ、タックスヘイブンへの反発は、高まってきている。主要国は共同組織を通して、タックスヘイブンの活動のほぼすべての局面に反対している。

高まる反発の一因は、その規模と数字についての認識の高まりだ。政策決定者たちは、歳出需要を充分認識しており、租税回避と脱税が注目の話題となっている。市民社会団体も、タックスヘイブンとの闘いの認知度を高めるうえで、重要な役割を果たす。こうしたテーマが、次に何が起こるかについて束の間でも、考える機会を私たちに提供する。

▼1　〔参考文献〕Rawlings 2005; Sharman and Mistry 2008 も参照。

1……タックスヘイブンと市民社会

市民社会団体が、税の不正利用の認知度を高めるうえで果たしてきた役割を無視することはできない。二一世紀への変わり目に、イギリスを本拠とする世界最大規模のNGOであるオックスファムが、『タックスヘイブン――貧困撲滅のために隠匿されている何十億ドルを解き放つ』[2]と題する報告書を出した。オックスファムによれば、オフショア・タックスヘイブンが、貧困削減にとってますます大きな障害となっている。なぜなら、基本的なサービスや、広範にわたる経済成長の基礎であるインフラへの投資に必要な歳入を発展途上国政府から奪っているからだ。同報告書の推計によれば、発展途上国にとっての脱税・租税回避のコストは少なくとも年間五〇〇億ドルだった。発表当時はほとんど気づかれなかったが、報告書執筆に関与した者の何人かが、二〇〇二年のタックス・ジャスティス・ネットワーク創設に協力するようになったので、この報告書は非常に大きな影響を及ぼしてきた。

タックスヘイブンへの最初の反応は、他からやって来た。前章で見たように、二〇〇〇年の大統領選挙でジョージ・W・ブッシュがホワイトハウス入りしたことで、共和党がアメリカの政治で優位に立った。OECDその他のイニシアチブへのアメリカの支持は常に、民主党選出の大統領に依存していたように見受けられた。ヘリテージ財団は、相当規模の財源に支えられ、自由市場経済、低税率、税の競争――このすべてが、タックスヘイブンの存在によって支えられていると同財団は信じている――を公約しているが、大統領の交代によって与えられた好機をとらえた。彼らの反応は、OECDによるタックスヘイブン対策キャンペーンへの挑戦を唯一の目的とするセンター・フォー・フリーダム・アンド・プロスペリティー（CFP）だった。[3]

当然ながら、ＣＦＰは、ブッシュ政権内に多くの味方を得たばかりか、タックスヘイブンからも支持を得た。ＣＦＰは、ＯＥＣＤとその加盟国を、小さな競争相手を威圧することで世界における自らの特別な地位を確保しようとしている経済の独占者、「レントシーキング」◆政府とみなしている。[4]そして、共和党のホワイトハウスは、独占者や高税率国に同調すべきではないと主張している。

いくつかのタックスヘイブンが、国際租税投資機構（ＩＴＩＯ）を組織し、傘下である多くのイギリス海外領土でのプレゼンスを反映し、英連邦本部がこれを支援した。彼らは、自らが「公平な競争の場」と呼ぶ扱いを受けることを要求した。根本的に、この要求は二つの事柄を意味した。第一に、ＯＥＣＤが同じ規則をその加盟国にも適用することを彼らは要求した。彼らの標的（もっと厳密には、少々不幸な加盟国）はスイスで、もっと広い意味では中間タックスヘイブンならびにデラウェア州などのアメリカの小さな州だった。第二に、規制プロセスにおける役割を彼らも担うべきであり、その役割をＯＥＣＤによって現在は除外されていると主張した。

二〇〇一年七月、タックスヘイブンとＣＦＰは思いを実現した。ホワイトハウスは、ＯＥＣＤのイニシアチブへの支持を取りやめ、財務長官ポール・オニールが、優遇税制の抑制を支持するよりも、タックスヘイブンと情報を共有するための二国間条約の締結に努力すると議会の委員会で発表した。そうすることで、彼は、ＯＥＣＤのすべての加盟国に対して効力を発するのでない限り、そのタックスヘイブン防止策を実施すべきではないとＯＥＣＤに要請したことを明らかにした。

▼2 〔参考文献〕Oxfam 2000
▼3 〔参考文献〕詳しくは Sharman 2006 を参照。
◆レントシーキング　２８８頁の注を参照。
▼4 〔参考文献〕Sharman 2006

効果は覿面だった。OECDのイニシアチブは喫水線の下に穴をあけられた船のように沈みだし、タックスヘイブンの自信が膨らんだ。さまざまな出来事——エンロン破綻の後遺症、アメリカの税務関連不適正販売スキャンダル、アメリカ同時多発テロ後の法律の影響——が、タックスヘイブンの活動を抑制するかに見受けられた。FATFに触発された規則を自国の法令集に含める要求がその一例だ。ところが実際には、タックスヘイブンのOFC部門を運営している銀行家、弁護士、会計士は、外部規制からの新たな自由を獲得したと確信した。この主張の最も驚くべき証拠の一部は、告訴とUBSの元行員が行なった司法取引による真実暴露に続いて二〇〇八年六月に入手可能となった供述内容から明らかになった。[5] ブラッドレイ・バーケンフェルドの証言から、彼の考えによれば、二〇〇一年から〇六年、UBSはアメリカの税法に違反すると承知の上で故意に、本書ですでに考察した偽の信託と名義貸しの会社を利用してオフショアに資産を保有するようアメリカの納税者に奨励したことは明らかだ。少なくとも二つのもっともな理由なくして、銀行がそんなことをするとは信じ難い。

一つは、相当なマネーが手に入ること。バーケンフェルドの推計によれば、UBSは、この操作によって資産約二〇〇億ドルを管理し、銀行にとっての利益を最低でも年に二億ドル確保していた。二つ目の理由は、この活動が発覚しないだろう、あるいはUBSに対する懲罰には至らないだろうという確信だったに違いない。この二つ目の確信が、銀行の間違いだった。タックスヘイブンは、二〇〇一年の闘いには勝ったかもしれないが、タックスヘイブンとの闘いは続いている。

市民社会が、こうした悪用を浮かび上がらせるうえで重要な役割を果たしてきた。二〇〇二年一一月のフィレンツェにおけるヨーロッパ数か国のNGOによる会議の後、タックス・ジャスティス・ネットワーク（TJN）が創設された。イギリスを本拠とするが、多くの国に支部を置くTJNは、学者、金融サービス部門の関連専門家、開発NGOその他を団結させ、タックスヘイブン対策キャンペーンに取り組んできた。援助に頼らずに安定した民主政治を支える能力のある効果的税制を創出する発展途上国の能力に、タックスヘイブンが悪影響を及ぼすという理念に基づいている。彼らのキャンペーンは、かなりの影響を及ぼし、タックスヘイブンやセンター・フォー・フリーダム・アンド・プロスペリティー（CFP）に広く認識されるに至った。さらに重要なことに、二〇〇八年までに、彼らのキャンペーンはイギリスをはじめとするヨーロッパ全土の主要NGOに支持されるようになり、タックスヘイブンの陳情団体では到達できない広範な支持基盤と、議論を主流メディアに取り上げてもらえるような訴求力を提供した。

市民社会団体の動員は、モアゼス・ナイム[6]によれば、違法金融慣行との闘いに影響を及ぼしている。財源に制約はあるものの、活動家のネットワークが、情報収集、思想の普及、このテーマへのメディアの関心の維持に貢献している。

活動家たちは、主要国を標的にして歳入担当の役人たちに勧告を行なうだけでなく、企業や、あまり成功してはいないが、タックスヘイブン現象の中心にいる専門サービス機関さえも標的にしている。とりわけ企業の社会的責任という概念に、ある程度の牽引力があるように思われる。二〇〇五年末に実施されたイギリス企業の最高財務責任者二二三名を対象とする世論調査の回答者の五七％が、倫理観を税金対策における重要要素とみなしていた。同様に、KPMGが大手多国籍企業二五〇社を対象に行なった調査（二〇〇五年）の回答者も、租税回避スキームに対する一般認識の変化の認知を示していた。時勢を明確に示していたのは、四大会計事務所——KPMG、アーンスト・アンド・ヤング、デロイト、プライスウォーター・クーパーズ——が、二〇〇五年に、問題のある税慣行が見られる企業の直面している風評リス

▼5〔参考文献〕United States of America vs. Bradley Birkenfeld 2008
▼6〔参考文献〕Moisés Naim 2005, 201-8

クの増大を強調する論文を発表したことだった。[7] KPMG財務部長のロフリン・ヒッキーは、二〇〇五年九月、租税回避と脱税の区別が歴然としていないと断言して世間を騒がせた。しかし、変化を誇張して述べるべきではない。『タックス・ビジネス・マガジン』の二〇〇五年号で、同じロフリン・ヒッキーが、自分の会社が主要タックスヘイブンのすべてに存在することを「誇りに」思うとともに、「税の専門家のことがほとんど理解されていない」ようだと述べた。[8] 同じく、アーンスト・アンド・ヤングのスイス支社の最高経営責任者、ピーター・アサナスは、二〇〇六年一月末にダボスで開かれたパネルディスカッションで、「タックスヘイブンの問題は、もはや重要課題ではない」と述べた。[9] とはいえ、その課題がダボスで討議されていたという単なる事実そのものが重要だ。

パブリッシュ・ファット・ユー・ペイ（PWYP）のキャンペーン

タックス・ジャスティス・ネットワークとパブリッシュ・ファット・ユー・ペイ◆（PWYP）の連携によって共同で提唱された一つの効果的な取り組みは、新たな会計概念の促進だった。PWYPは、国ごとの報告を呼びかけている。本書の著者の一人、リチャード・マーフィーの提案により、資源採掘産業の透明性向上のためのキャンペーンに使われてきた。賄賂の支払い、国際協定に違反する石油を将来の返済に充てる融資の提供、移転価格操作の濫用のために、資源採掘産業がタックスヘイブンを広く利用しているというのが大方の見方だ。

国ごとの報告は、三つの要求をしている。第一に、企業が自社活動の説明責任を負うことができるよう、各企業は、事業を行なっているすべての国と、そこにあるすべての子会社の名前を公表すべきである。この動きは即座に、経営構造の一環としてタックスヘイブンを利用している企業の関心を引くだろう。第二に、多国籍企業が取引を行なっているすべての国に関し、例外なく、簡略化した損益計算書と貸借対照表を発表すべきである。さらに従業員数、従業員に対して行なわれた支払い、採掘された鉱物資源に関して求められる情報の開示とともに、これらのデータにより、グループにとっての単一配分の形態を見積もることができるようになり、そのグループの利益と国家間の税金配分が、グループが行なっている取引の経済的実質に即しているかどうかがわかるようになる。この動きは、企業体の行動方法に重大な影響を及ぼすだろう。第三に、移転価格操作の制限に関し、国ごとの報告は、売買の双方を、第三者との取引と、グループ内で行なわれる取引とに分けることを義務づける。

パブリッシュ・ファット・ユー・ペイには、もう一つの魅力がある。資源採掘産業を擁する国々が非常に貧しく、契約上の制約がしばしば秘密保持を保証することを多くの国々に知らしめることだ。国際協定によって求められない限り、こうした制約を覆すことはできない。パブリッシュ・ファット・ユー・ペイとタックス・ジャスティス・ネットワークは、国際会計基準審議会に国ごとの報告を求めるようロビー活動を行ない、国ごとの報告によって資源採掘産業の透明性が非常に増し、グループ内取引の性質が明らかになり、企業が晒されている地理的リスクの認識が高まると主張してきた。現在までのところ、PWYPのキャンペーンは、二〇〇七年一一月に大きな成功を収め、欧州議会が、これに基づいて資源採掘産業による使用を目的とする基準を策定するよう国際会計基準審議会に要請した。話し合いが、現在進められて

▼7 〔参考文献〕Sullivan 2007b

▼8 〔出典〕Tax Business Magazine 2005

▼9 〔原注〕本書の著者の一人が参加した会議。

◆パブリッシュ・ファット・ユー・ペイ（PWYP） 石油・天然ガス・鉱物などからの歳入によって開発のための基盤を形成し、資源の豊富な国々の国民の生活を向上させよう、という呼びかけの下に集まった、市民社会団体の世界的ネットワーク。

いる。市民社会団体が、ゲームの流れを変えてきている。

2……進化しつつあるタックスヘイブン対策

多国間の取り組み（Ⅰ）――OECDのソウル宣言

他の組織も、ゲームの流れを変えてきた。タックスヘイブン対策イニシアチブの大半で負けを喫した後、OECDは、透明性の向上と説明責任のためのキャンペーンへと移行した。そして主に、加盟国とタックスヘイブンとのあいだの租税情報交換協定の形でこれを行なってきた。

また、オフショア金融センターにいる税の専門家の役割にも注目した。二〇〇六年、ソウル宣言を発表し、その結果、不正な租税構造の創出における（OECDが呼ぶところの）税務仲介者の役割に関する調査が行なわれた。最近のOECDの会議において、口調の変化が著しい。OECDは今、租税回避慣行の重要さと複雑化、とりわけ金融仲介者や法律、税務、会計の専門家らが果たす役割を認識している。こうした人々全員が、法的制裁の危機に晒されている。移転価格操作の意図的濫用の役割も認知されている。その結果、濫用的租税回避の規則書が作られ、二〇〇八年のヨハネスブルクでのOECD総会で報告書が提出された。複雑な構造の創出の段になると、その報告書は、会計士と弁護士への非難を大いに免じた。それは、税務過誤は専門家による供給よりもむしろ、納税者からの高度な製品への要求に起因するという奇妙な根拠に基づいていた。同報告書で提示された濫用的租税回避スキームの例はすべて、明らかにこうした専門家自らが提供・提示したものだった。多くの評者は、OECDがこのようなかなり矛盾した観点に立ってきたのは、国を基盤とする税制には、税収の効果的管理のためにこうした専門家の協力が必要だからだとしている。銀行家は、そう簡単に免れられなかった。税主導の複雑な構造の創出における彼らの役割は、もっと明確に非難されたし、現在も検討されている。

他の者たちは、会計士や弁護士にそれほど甘くはなかった。ことにアメリカでは、本書で考察したように、カール・レヴィン上院議員が、上院常設調査小委員会委員長としてタックスヘイブン活動のいくつかの調査を率いてきた。最新の報告書が二〇〇六年八月に発表され、アメリカ国民のマン島における活動にほぼ完全に集中していた。レヴィン上院議員は、調査対象となった構造の組織化における専門会社の役割についてはにべもなく、次のように語った。

アメリカ人が、弁護士、仲介業者、銀行家、オフショア・サービスの提供者、その他の協力を得て、オフショア・タックスヘイブンにあるオフショア信託やペーパー・カンパニーを利用してアメリカの税金、証券、マネーロンダリング防止関連の要件を回避している。[10]

同じ姿勢が他でも見受けられるが、ことに二〇〇八年二月のリヒテンシュタインにおける大々的脱税の発表がきっかけとなっている。OECDの事務総長が、この事件発覚を受けて次のように語った。

リヒテンシュタインを経由したドイツ国民による広範な脱税疑惑に関する発表は、現在のグローバル化された経済における幅広い課題を浮き彫りにしている。すなわち、他の法域の居住者による税金逃れから利益を得ようとする国や地域に、どのように対処すべきか、という問題だ。[11]

▼10〔参考文献〕Levin 2006, 9
▼11〔参考文献〕OECD 2008b

さらに踏み込んだ者もいたが、実際のところ、タックスヘイブンのせいで失った歳入の取り返しを図ってきたドイツの反応が、主要な課税法域がこの数年間に実施してきた取り組みの特色をよく示している。アメリカは、ケイマン諸島、英領ヴァージン諸島、その他のカリブ海のセンターを本拠とするクレジット・カード詐欺に取り組んできた。アイルランドは、王室属領への攻撃に大きな成功を収め、二〇〇七年にはイギリスもこれに倣い、同じ地域ならびに、その地域にあるイギリスの五大銀行の支店にイギリス居住者が保有している銀行口座に取り組んだ。六万人を超える人々が、秘密口座を保有していると認めた。

多国間の取り組み（Ⅱ）――ドーハへの道

ＯＥＣＤが、新たな取り組みをする一方、開発機関は、開発とタックスヘイブンとのつながりを認識しだした。二〇〇五年以降、影響力のあるＮＧＯ、トランスペアレンシー・インターナショナルは、政治腐敗に関する調査に焦点を移した。今では、腐敗におけるタックスヘイブンの役割と、腐敗認識指数で非常に高い数値を示している国の多くが、発展途上国から盗まれた資金の隠匿に利用されているタックスヘイブンであるという不条理な事実を認識している。別のＮＧＯ、クリスチャン・エイドは、資本逃避と税収損により、発展途上国世界は年間二五万人の子供の命を犠牲にしていると主張した。[12] ノルウェー政府が、これらの課題に取り組むためのタスクフォースを創設し、二〇〇八年一一月にドーハで開催された開発融資のための画期的形態の検討を行なう国際会議の議長を務めた。そして、その会議に備え、活動家団体に意見を求め、タックス・ジャスティス・ネットワークに報告書の作成を委託した。[13] タックスヘイブンの濫用によって失われた税の回収が、目立つ形で取り上げられた。

ドーハ宣言は、脱税、マネーロンダリング、腐敗など、本書で考察したすべての問題を提起したが、タックスヘイブンの名前は挙げもしなければ、触れてもいない。同宣言は、濫用と闘うためのさまざまな国際的取り組みへの調印国の支持を確認したにすぎない。▼14 だから、きわめて味気ないもののように見受けられる――だが、世紀の変わり目には想像もできないことだっただろう。タックスヘイブンと取り組むための直接的なイニシアチブの一部は、ほとんど進展しなかったかもしれないが、タックスヘイブンの活動についての認識が高まり、歳入の損失とそれに起因する資産の制限に対する怒りが湧いているのだから、大きな変化が見られたことになる。

欧州委員会の国際金融外交

干渉主義と帝国主義についての非難に対する欧州委員会の対応は、巧妙だった。税率についての厄介な議論に巻き込まれるのを避け、EUは、非居住者の優遇を対象とした。各国は、依然として独自の税率を選択できたが、自国民を含むすべての人々にその規則を適用しなければならなくなった。アイルランドは、一二・五%の一律課税を実施してこれに対応し、キプロスもこれに続いた。ジャージー島とマン島は当初、もっと抜け目ない政策を試みた。法人税率をゼロ%に減じたが、一〇%の価額を上限とする地元企業からの「自発的寄付」を導入した。この実効税率は、成功しない公算が大きい。

EUは、資金をヨーロッパのタックスヘイブンから世界の別の地域に単に移転させることの危険を重々承知しているので、ヨーロッパの金融外交は、ヨーロッパ以外のタックスヘイブンを標的としてきた。二〇〇六年初め、ケイマン諸島とモントセラト島が、情報交換に原則として合意し、英領ヴァージン諸島

▼12 〔参考文献〕Christian Aid 2008
▼13 〔出典〕TJN 2007
▼14 〔参考文献〕UN 2008

とタークス・カイコス諸島は源泉徴収税を選んだ。

欧州委員会は、自らが発した指令の導入の結果として、ヨーロッパのオフショア資本の一部が単にアジアに逃避しただけだと認めている。この認識から、イニシアチブの地理的範囲を拡大し、香港、シンガポール、マカオ、日本ならびにカナダ、バーレーン、ドバイ、バハマと交渉を開始しようとしている。二〇〇七年三月以降、欧州委員会がいくつかの抜け穴を標的にし、それを塞ぐための最善策の確認に取り組んでいるという明らかな兆しがある。二〇〇八年初めのリヒテンシュタインの事件によって、フランスとドイツは、EUの貯蓄課税指令の適用範囲を広げるべきだという決意を強めた。

EUは、当初の指令についてそうしたように、貯蓄課税指令に関しても先例に倣うようタックスヘイブンを説得せざるをえなくなるだろう。タックスヘイブンとの闘いの前途は、長く険しい。しかし、EUが、いくつかの前向きな行動をすでに取り、さらに前進しようとしているようだということを認識すべきだ。

もう一つの可能性——ブエノスアイレスの取り組み

ほとんど注目されていないにしても重要な発展が、アルゼンチンで起こり、ブエノスアイレス当局から発信された。[15] 二〇〇一年のアルゼンチン金融危機のあいだ、オフショアのペーパー・カンパニーが、ことに悪質なラテンアメリカ版還流ゲームで、国内の投機家たちの代役を務めているらしいと疑われた。その後、ブエノスアイレス市は、タックスヘイブンにおいて保有されているペーパー・カンパニーからのすべての投資を禁止するという大胆な策に出た。新規制が二〇〇三年に出され、〇五年に効力を発した。司法人権省司法総検査局（IGJ）は、「低税率あるいは無税の法域に所在するすべての企業は、（ブエノスアイレスで行ないたいと欲する活動に類似する）正真正銘の経済活動をそこで行なっていることを証明するか、もしくはアルゼンチン国内の企業になるかのいずれかを義務づけられる」と述べた。さらに、ウルグアイのＳＡＦＩなどの匿名会社はすべて、株主、最終的所有者、株式価額に関する詳細情報を提供しない限り、ＩＧＪから事業認定を受けられない。

本書執筆中の現在、この新規制の進展は遅く、その効果は不明である。[16] しかし、ブエノスアイレスの取り組みは、模範となるかもしれない。この取り組みは、便宜置籍船（ＦＯＣ）の濫用と闘う手法に基づいている。便宜置籍船の場合、主要先進国は安全規制・労働規制の目的で、入港を希望するＦＯＣの全船舶の査察を要求している。こうして、先進国は、世界の海運業のための基準を厳しくした。同じ手法をタックスヘイブンに適応させれば、企業は、タックスヘイブンあるいはオフショアで開業できるだろうが、オフショアで取引あるいは投資するためには、財務状況の公開が必要となる。濫用の範囲は、大幅に減るだろう。

3……タックスヘイブンはどうなるのか？

変化によって、今後どうなるのか。この分野で予測を行なっている者は誰であれ、タックスヘイブン発展の一つの不変の要因が予測不可能なことだったと認めざるをえない。二〇〇八年、イギリス議会の財政特別委員会は、タックスヘイブン活動の調査を行なうが、その一番の関心は透明性にあると発表した。これが、共有のテーマとなっている。それを認めたタックスヘイブンさえあり、ＥＵの貯蓄課税指令その他の情報交換協定の実施に同意したことを重く見ている。だが同時に、本書の執筆を終えようとしている今、

▼15 〔参考文献〕詳しくはMeinzer 2005を参照。
▼16 〔原注〕二〇〇九年七月のマインツァーとの私信。

ジャージー島が、銀行の秘密保護促進のために一〇万ドルを投じる計画を発表した。[17] それでも、三つの可能性があると、私たちは思っている。

第一に、サブプライムローン危機の拡大が収まらない中、企業に透明性と説明責任の改善を求める莫大な圧力が加わるだろう。大した結果は生じない、と私たちは予測している。証券化、デリバティブ、オフショア金融センターが、国際的な資本移動の魔の三角地帯だ。金融仲介機関の利益は、少なくとも部分的には不透明性を維持する能力にかかっているが、その機関にこれまで以上に透明になれと要求することは、非現実的だ。

第二に、リヒテンシュタイン事件の後遺症の中で、情報交換への圧力が強まるだろう。EUの貯蓄課税指令導入のための移行措置が二〇一三年に終わるため、この圧力はさらに強まるだろう。その後、この指令に加担するすべての国は、源泉徴収税三五％を設けるか、領土内で得たすべての利益に関する完全な情報交換を行なわなければならない。この率での源泉徴収税は、オフショア資本の出所を公表したくない少数の脱税者以外の全員にとって魅力がないため、情報の完全開示への圧力が強まるだろう。EUは多分、他の収入源にもこの指令を拡大するだろうし、私たちはその公算が大だと信じている。そういうことになって、しかも指令が非公開会社や信託にまで拡大されれば、多くのタックスヘイブンの活動は、魅力を失うこととなる。ヨーロッパにあるすべてのタックスヘイブンが、きっと機能しなくなり、イギリスやオランダの保護の下で活動しているタックスヘイブンもそうなるだろう。そして、タックスヘイブンの配置が変わる。

第三に、ヨーロッパの、そして潜在的にはバラク・オバマ政権下のアメリカの規制の力が及ばない少数の主権国家に資金が流入する。オバマ大統領はすでに、カール・レヴィン上院議員、ノーム・コールマン上院議員とともに、上院のタックスヘイブン濫用防止法に署名している。

もちろん、これは、すんなりとは発展しないであろう将来についての大胆なビジョンだが、タックスヘイブンの圧倒的多数が、もはや自国の将来を左右できなくなっているのはすでに明らかだ。一人の解説者の言葉を引用する。

スイスの銀行制度の将来は、アメリカの大統領選挙の結果にかかっているのか？　もちろん、かかっている。◆[18]

▼17 〔参考文献〕Herbert 2008
▼18 〔参考文献〕Mathiason 2008

［おわりに］
グローバル経済における富と権力を問い直す

1……新自由主義的グローバル化、国際秩序、国家主権、市場

本書の趣旨は、タックスヘイブンが租税回避と脱税の導管であるばかりでなく、もっと大きな金融の世界——組織、国、個人の財源を管理するビジネス——に属するということだ。個々のタックスヘイブンは、小さくて取るに足りない存在に見えるかもしれない。だが、総じると、世界経済において中心的役割を果たし、「新自由主義的グローバル化」と表現されるものの柱の一本として機能している。

私たちが定義するタックスヘイブンとは、自国領土の居住者でない人間が、租税・規制の双方あるいはいずれか一方の回避の観点から行なう取引を簡便化するための法律を意図的に作り、受益者の判別を難しくするため、法的に守られた秘密保護というベールを提供することでこれを助長する法域である。本書の全般にわたって、私たちは、〝作為性〟を強調してきた。つまり、非居住者への代替的低税率とほとんど無規制の守秘スペースを提供するための法や政策を——タックスヘイブンとして活動していると私たちが信じている国が——意図的に作ることだ。タックスヘイブンは、会計士、弁護士、銀行家、税の専門家の無秩序に広がった、非常に実入りが良い、大きな「堅気の」専門家産業の積極的な支援を受けて、これを行なっている。

もちろん、大多数の国が、選ばれた産業や部門に有り余るほどの財務的インセンティブ――学術用語や政策用語で優遇税制（ＰＴＲ）と表現されるインセンティブ――を提供している。一般的に、ＰＴＲは、現地人と非居住者とを区別しない。これに対し、タックスヘイブンは、非居住者市場を意図的にターゲットとする。皮肉にも、ジャージー島やリヒテンシュタインなど一部のタックスヘイブンは、自国民が地元の税の回避を目的に他のタックスヘイブンを利用することに対しては非常に厳しい制裁措置を課している。

私たちが思うに、タックスヘイブンは絶えず進化し、一つにはＯＥＣＤ加盟国による規則の引き締めに対応するため、そして一つにはインターネットやワールド・ワイド・ウェブが切り開いた新たな機会に応えて、新しいタイプの法律、新しい事業体、新しい部門さえも開発している。

フロイトの有名な借りたやかんの理論（わたしは、去年やかんを返した……、とにかく、それは壊れていた……、とにかく、わたしはそれを借りていない）のように、タックスヘイブンは、長年にわたって一貫して次のように主張してきた。

1、われわれは、タックスヘイブンではない。
2、他の者たちが、われわれをタックスヘイブンとして利用するのは、われわれの落ち度ではない。
3、濫用を根絶するため、われわれは、他の国々と最大限協力している。
4、われわれは、非常に規制された経済国である。

本書では、多くの法域が、実際にタックスヘイブンであることを示す証拠を提示してきたし、タックスヘイブン現象が、複雑な、そして場合によっては無計画な形で発生したとしても、時が経つにつれ、すべてのタックスヘイブンは、意図的な政策決定の産物となった。さらに、タックスヘイブンが非常に非協力的で、常にもたもたしており、圧力にさらされ続けてようやく変わるということも示した。よしんば変わるにしても、タックスヘイブンは、自分たちがすげ替えた規制と同じ効果を達成することを目的に、改正に同意した法律そのものに取って代わる新たな法律や政策を策定することがままある。

一九九〇年代後半に始まった多国間キャンペーンを考慮し、新たな〝やかんタイプ〟の主張が繰り広げられてきた。

1、タックスヘイブンは、効率的な政府と低税率を維持する能力のある、非常に規制された、尊敬に値する国である。
2、われわれは、OECD加盟国からの新たな帝国主義の支配を受けている。
3、すべての国がタックスヘイブンである。

こうした最近の主張の一部は、急所を突いてきた。[1] だが、どんなに言葉巧みに迫ろうとも、言葉の綾では変えられない根本的事実もある。既存のデータは、まだ大まかではあるが、タックスヘイブンが周辺的な現象ではなく、現代のグローバル化された経済の核心であると結論づけざるをえない。巧みな言辞では、極限的な経済危機の時期に、自国経済を持ちこたえさせるために多額の借金をしなくてはならない国々が、失われた何十億もの税収を取り戻す助けにはならない。また、巧みな政治工作では、自らを崖っぷちに追いやり今にも落ちそうな金融制度を規制する助けにはならない。潔白を装っても、多国籍企業、犯罪組織、

▼1 〔参考文献〕Sharman 2006

腐敗した専制君主が、切実に求められている何十億ドルもの資金を流用してスイスや、ロンドン、ケイマン諸島の口座に預けるのを阻止することはできない。

タックスヘイブン対策は変わらなければならなかったし、EUの事例で示したように、EUは巧みに変わってきた。タックスヘイブンに関する議論は、本書で考察したように、三つの中心課題に集約した。つまり、租税回避と脱税、金融規制と健全性の監督を中心とする規制、そして、マネーロンダリング、密売、横領を含む犯罪行為である。本書の全般にわたって私たちは、これらの課題の一つとして、とくにいかなる政策的対応も、現代の国際秩序の基本的要素そのものに照らさずに理解することはできない。タックスヘイブンは、小国の国権についての重要な問題を提起する。また、とくに一国の権利が、他国の主権を侵害する、もしくは侵害すると思われる場合に、もっと広い意味での主権の性質の問題も提起する。そして、市場の効率性と国の規制についての重要な観念的・実質的問題を提起する。突き詰めていくと、タックスヘイブンは、ますます統合の度合いを深める世界経済における権力と富の問題を提起する。

タックスヘイブン対策の抜本的変化があれば――私たちは、そうした変化が起こりつつあると信じている――、その変化が国際秩序の性質そのものの深層に至る変化の先触れになるに違いない。いわゆる新自由主義タイプのグローバル化から、まだその過程のはじまりにしかすぎない現時点では、新自由主義後のグローバル化としか表現できないものへの変化の先触れに。

2……リヒテンシュタインの失敗とその影響

二〇〇八年と〇九年は、世界のタックスヘイブンにとって特別な年だった。長いあいだ、アメリカとEUは、タックスヘイブンとの闘いで協力したがらなかったが、バラク・オバマの大統領就任により、事実上この主題が検討課題であり続けることが保証されている。ＯＥＣＤの租税対策行政センター長を長年務め、ＯＥＣＤによるタックスヘイブン対策の立役者だったジェフリー・オーウェンスが、「タックスヘイブンの問題に関する政治情勢は、この三か月で劇的に変化した」[▼2]と語ったと、二〇〇八年一二月に『フィナンシャル・タイムズ』紙に掲載されたとき、私たちが下すかもしれない結論は、どれをとっても、明らかに暫定的なものでしかありえなかった。

それにもかかわらず、結論を下すことができる。タックスヘイブンは、一〇年にわたって一貫した非難を受けてきた。その結果、学ぶべきことはまだまだ多いが、タックスヘイブンについて以前よりずっと多くのことがわかるようになった。二〇〇八年の二つの展開が、変化は起こりつつあるという私たちの結論の基礎を成している。

一つは、リヒテンシュタインの失敗で、ＬＧＴ銀行（公国の王室が所有する）の元行員だった情報提供者が、同銀行の顧客四〇〇〇人以上――その全員が、情報開示を避けるために銀行秘密保護に頼れると思っていた――に関する情報が記憶されているコンピュータ・ディスクを盗んだ。その男は、四〇〇〇万ユーロを超えるとされるマネーと引き換えにドイツの税務当局にそのディスクを売り、当局はそれ以後、その情報を世界中の他の法域に提供してきた。この事件は、これにある程度の連帯責任を持っているすべてのタックスヘイブンにとっての危機となった。

リヒテンシュタインの失敗は、多くの者が決定的であると見ているタックスヘイブンの特徴――すなわち、守秘性――を浮き彫りにした。アメリカのタックスヘイブン濫用防止法案が、これらの場所をタックスヘイブンと同じ程度に「守秘法域」と呼んでいるのは偶然ではない。この数年間にタックスヘイブン反

▼2 〔参考文献〕Houlder 2008b

対の指導的組織として台頭したタックス・ジャスティス・ネットワークなどのキャンペーンを展開している組織も、同じことをしている。どちらの場合も、低税率が唯一の誘因ではないという論拠に立っている。むしろ、秘密保護が主たる誘因であり、多くの場合、秘密保護によって発覚から守られなければ税の優遇措置は利用できないだろうというのだ。リヒテンシュタインがタックスヘイブンとして卓越していたのは、その提供する秘密保護があったればこそ。徹底した銀行秘密保護、情報交換協定への調印拒否、タックスヘイブン問題に関してOECDと協力すること、あるいは将来的に協力する意思を表明することの拒否——こうした措置のすべては、リヒテンシュタインのような小さなコミュニティーにとって、銀行の秘密保護こそが唯一のセールスポイントであり、自国の金融産業の基盤であるという信念に基づいていた。リヒテンシュタインは、その沈黙の掟を破る者が現われようとは思ってもみなかった。

これはすべて、これらの難解な場所を研究している者なら誰もがすでに知っていることだった。だが、今度ばかりは事情が違った。守秘法域が、経済用語で「見せかけの生産要素」と呼べるかもしれないものを創出しているという、明々白々な証拠を突きつけられたのだ。彼らが容認する構造は、受益権所有者が居住する国の規制をかいくぐるために、非居住者のみが、あるいは主に非居住者が利用することを目的としている——しかも、何が起きているのか、誰がそれを行なっているのか、規制をかいくぐられた側の国が確認できないように、タックスヘイブンが、法的に強制された秘密保護を提供しているからこそ、これが可能なのだ。

リヒテンシュタインは、秘密保護をきわめていたかもしれないが、リヒテンシュタインと他のタックスヘイブンの違いは程度の問題であって、原則の問題ではない。確かに二〇〇八年に、いくつかのタックスヘイブン、とくにマン島がアメリカや北欧諸国をはじめとする主要な貿易相手国と、OECDが奨励する税務情報交換協定を結んだ。しかし、アメリカとジャージー島のあいだで二〇〇二年に調印された最も古い歴史を持つ協定が、〇八年までにたった四回しか使われていない。[3] 含意は明らかだ。多くのタックスヘイブンが、自分たちは透明であり、必要な情報交換協定に調印したし、充分に規制もされていると抗議したかもしれないが、世界は依然として納得していないということだ。入手可能な証拠からは、彼らの善意は伝わらない。

これが、欧州委員会の見解だ。EUの貯蓄課税指令(STD)の経験が、タックスヘイブンの主張を疑う正当な理由を与えている。欧州委員会が、改正STDのための勧告を公表した二〇〇八年に報告したように、「欧州委員会は、二〇〇八年一一月一三日、既存の抜け穴を塞ぎ、脱税防止を強化する観点から、貯蓄課税指令の改正提案を採択した」。ようするに、EUの認識では、明らかに脱税対策を唯一の理由として出された指令が、芳しい成功を収めておらず、しかもそれが、EU内外のタックスヘイブンの団結した行動によるところが大きい。ケイマン諸島とルクセンブルクは同様に、投資家に対し、STDの対象となる譲渡性証券への集合投資事業(UCITS)とみなされる事業体が非UCITSと登記し、それによって適用範囲外にいられる取り決めをすることで、STDの下での彼らの義務を回避できる機会を提供した――今になってようやく明るみに出てきた目立たない取り決めだった。噂では、スイスのプライベート・バンクが、パナマの企業を買い占めてきた。この会社を経由すれば、銀行の顧客は、個人のみに適用されるSTDの適用外となる。企業に偽装した個人は、STDを回避できる。すでに報告したように、スイスの大手銀行二行、UBSとクレディ・スイスは、シンガポールにプライベート・バンキング向けの大規模訓練施設を設立した――おそらく、こうした活動のヨーロッパからアジアへの移転を予期してのことだろう。イギリス王室属領と海外領土における信託制度も、これとほぼ同じことをしていると噂されてい

▼3 〔参考文献〕Houlder 2008a

る。タックスヘイブンで、この指令の下での自動情報交換に同意する意向を示しているところはない。金融サービス産業と脱税者であるその顧客を保護したいと思っている以外に、彼らが同意しようとしないことの説明はつかない。情報交換と透明性を実施するという公約がこの指令の屋台骨でありながら、それが欠如していることで有名だ。

しかし、オフショア構造は、それを生み出した領域の外にも影響を及ぼし、これに対する注目が、タックスヘイブンの批評家にとっての強力な新しい武器をもたらした。タックスヘイブン法域に注目が集まっていたとき、タックスヘイブンは、感情と主権――一九九六年のOECDイニシアチブに立ち向かうために、彼らがこの二つを組み合わせて使い、強力な効果を及ぼした――を味方につけていた。[4] 干渉されずに独自の税率を定めるのは自分たちの権利だ、と彼らは主張し、低税率が、ワシントン・コンセンサスに署名した各国政府のモットーだった時代に、世界はこの主張に抵抗する力がなかった。

秘密保護は、まったく別問題だ。秘密保護は、今や、他国の主権をかいくぐるために使われる武器にほかならないと見られている。長いあいだ、タックスヘイブンの隠れ蓑となっていた主権という論拠が、弁慶の泣き所となった。EUに倣い、タックスヘイブンを今攻撃している者たちは、自由裁量で税率を定めるタックスヘイブンの権利に挑むのではなく、他の国々も独自の税率を定める権利を持たなければならないと主張している。タックスヘイブンの不透明さは、他の国々が税率を決定する主権を行使する妨げとなっている。タックスヘイブンが、課税に関する法の支配をかいくぐっているからだ。主権に関する主張のこのどんでん返しが、タックスヘイブンの国際政策における転換点となるかもしれない。これまでのところ、タックスヘイブンもその擁護者も、強固な対応は見せていない。

3……金融危機の教訓

二つの重要な展開は世界的な信用危機で、その一つの結果が、タックスヘイブンへのさらなる関心の高まりだった。ここで、明言できる。タックスヘイブンがこの危機を引き起こしたのではない。だが、この真実も彼らの慰めにはならない。彼らが、危機を助長したのは間違いないからだ。

本書を通して、正真正銘の金融センターとしてのタックスヘイブンの機能に関する確かな研究がないと報告してきた。バラク・オバマは、「推定で一万二〇〇〇社を収容するとされるビルがケイマン諸島にある。そのビルは、記録にある最大のビル、あるいは最大の税金のごまかしのいずれかだ」と言ったが、それは過小評価だったかもしれない。アメリカ会計検査院の報告によれば、「アグランド・ハウス〔グランド・ケイマン島のジョージタウンの中心にある住所〕の唯一の居住者は、メープルズ・アンド・カルダーという法律事務所兼企業サービス提供会社で、二〇〇八年三月現在、自社が創設した一万八八五七社の登記事務所として機能している」[5]。それでも、一部のヘイブン（とくに、ニューヨークとつながりのあるケイマン諸島、ロンドンとつながりのあるジャージー島、双方とつながりのあるスイスなど、主要金融センターと密接なつながりのあるヘイブン）が、単なる記帳所の域を超え、投資銀行業の重要な中心になっていると信じるに足る理由がある。ジャージー島のムーランなど、専門化した法律事務所や会計事務所は、他のタックスヘイブンに支社を設立しているが、こういう事務所はまだごく少数だ。金融サービス産業に依然として従

▼4　〔参考文献〕Sharman 2006
▼5　〔参考文献〕GAO 2008, 2

属してはいるものの、彼らは、金融革新を起こす、厳密に言えば再現する能力を開発している。これが、危機を生むのに一役買った三つの分野——証券化、親会社不明の会社、ヘッジファンド——で彼らが悪用した特徴なのだ。

証券化は、多種多様な金融手法を意味する包括的用語だ。現在の危機に関わるタイプの証券化は、まず負債を集め、次にそれを特別目的体（SPV）——その多くが、オフショアに登記されていたと信じられている——に回すことに関与した。その後、SPVが、債券の発行を通して負債金融を援助した。この活動はすべて、全般的に見て、顧客から負債を集める責任を負う事業体の貸借対照表には記載されないままだったので、構造全体のキャッシュフローに役立った——とはいえ、いくつかの事例においては貸借対照表にも記載された。この取り決めは、累積債務が増えているオンショアの企業とオフショアのSPVが絡んだ場合、負債の「真正売買」と婉曲的に表現されるもの、すなわちローンのオリジネーター◆の支払い不能リスクとSPVが発行した社債の支払い不能リスクを区別する法的技法にとってもきわめて重大だった。「真正売買」は、信用格付け機関（CRA）の事業にとって必須事項であり、CRAが今度はSPVが発行した社債の格付けを行ない、市場におけるその売買と「現金化」を可能にした。

負債を生んでいる企業がオンショアにあったが、オフショア環境がこの市場の急速な拡大を促進した。コストが安く、規制が甘く、ガバナンスや法的な問題の一部に対する取り組みが緩やかだったからだ——だが最大の理由は、国境を越えた取り決めが、かなりの規制上の優位性を提供したことだ。証券化市場のどの程度が、このようなオフショアあるいはオンショアの取り決めを行なっていたのだろう。まったくわからないが、大部分がオフショアに登記されていたことを事例証拠が示している。第7章で述べた理由から、イギリス系銀行の大部分が、確かにこの技法を使ったものと私たちは信じている。ケイマン諸島に関する政府説明責任局の調査[6]によれば、アメリカの証券化市場のかなりの部分が、この技法を使っていた。

裏づけとなる証拠が、ヨーロッパの銀行家からも浮上している。こうした取り決めの利点は、いとも簡単に要約できる。スピード、コスト、そして取引全体に目を配ることのできる取締官がいないという事実だ。〝どこでもない場所〟が、負債を生んでいる者にとっては、ジャージー島の十八番である「親会社不明の」会社の場合よりもこれほどまでに有益だったのだ――とはいえ、ジャージー流の親会社不明の会社が、アメリカ市場であまねく使われていたかどうかは不明だ。貸借対照表から負債という荷を降ろしたい、あるいは新たな抵当証券交付のため多額の資金を調達したい（どちらの場合も、仕組みは同じだ）組織は、慈善信託を常にではないにせよ、しばしばタックスヘイブンに創設する。その信託の専門の受託者は、名目上独立しているが、それでも実際には負債発生源の企業の希望に沿って働く。受託者は次に、発生源である組織の負債への融資を目的とする社債を発行するためのSPVの創設を、しばしば複数の法域にクモの巣状に張り巡らされた関連事業体を通して手配すると言われている。

参加者の多くが、この取り決めの各段階で何を達成することになっているのかがはっきりわかっていたとは思わない。多くの取り決めが、どんなものであれ経済的実質を欠いていたのは明らかだ。彼らは、見えないようにほとんど完全に隠されていた。自分の負債が割り当てられた顧客は、その事実を知らなかった。利益を得るとされていた慈善団体は、おめでたいことにその存在を知らなかった。この不透明さが、彼らと彼らの創設を許した法域に今、脚光を浴びさせている――これは、彼らが最も望んでいない状況だった。タックスヘイブンが、債務水準を高め、大半の人間にはとても理解できないような方法でそれをやってのけたからこそ、厳しい批判の的になってしまったのだ。変化が求められている。しかも、単に税に

◆オリジネーター　証券化した対象の不動産や債権などの資産の原保有者のこと。
▼6　〔参考文献〕GAO 2008

関してだけではない。ガバナンスについての深刻な問題が、こうした構造への依存から生じている。それなのに指導者たちは、このような見せかけだけのまがい物が、良いガバナンスの精神の範囲内で本当に作用するとどうして信じることができるだろう。

　金融危機を生んだと広く信じられている金融のもう一つの局面について調査すると、この傾向が確認できる。ヘッジファンド産業は、主にオフショア法域を通して活動しているように思われる。すでに述べたように、二〇〇八年八月、イギリスの金融サービス機構の広報官が語った、「誰も、イギリスでヘッジファンドに登記していない。登記する者がいれば、われわれだって、どう対処すべきかと頭をかきつつ悩むだろう。何らかの対策を練らねばならなくなるだろうから」[▼7]という言葉が引用された。この問題は、政治家にとっても一般の人々にとっても、火を見るより明らかだ。組織化されたオフショアが、オンショアに非常に重大な影響を及ぼしている。その影響についての認識は、事の是非はさておき否定的だ。ヘッジファンドは、アメリカ、イギリス、フランス、その他の銀行において株式を空売りさせ、少なくとも一社、HBOS《エイチボス》を国庫補助が必要な状況に陥れ、合併を余儀なくさせた。ヘッジファンド部門は、説明責任を何ら負ってこなかったし、ほとんど税の対象にならない巨額の利益の組み合わせに浸りきっている。

4……金融危機がタックスヘイブンに及ぼす影響

　二〇〇七～〇九年の金融危機は、本書の序文で指摘したように、タックスヘイブンに対する規制面での対応の展開におけるもう一つの重要な分岐点となるかもしれない。本書執筆中、ロンドンで開催されたG20の会合が、金融システムの多くの部門、私たちにとっては重要なタックスヘイブンまでも網羅する重要な共同声明を発表した。G20の共同声明は、「非協力的な法域によってもたらされる危機から国家財政と国際基準を保護することが不可欠である」と述べ、「情報交換のための国際基準を満たさない法域に対し、合意された措置を講ずる用意をする」[8]ことを約束している。この目的を達成するため、G20は、「各国が検討すべき有効な対応策のツールボックス」◆に合意した。

G20の共同声明は、本書で詳述した濫用の多くについて示唆し、その意味で、一年前には不可能に思われた事柄をすでに達成している。最も重要なのは、世界経済におけるタックスヘイブンによる絶えざる濫用を長年指摘し続けてきた一握りのひたむきな学者や活動家の懸念を、G20が認識したことだ。とはいえ、G20の勧告ではまだ足りない。まず、G20が勧告した、タックスヘイブンのリスト作成の基準は全体として不充分だ。OECDによる一二の情報交換協定への署名を要求しているにすぎない。第9章で主張したように、これは、オランダなどのOECD加盟国、あるいはアメリカのデラウェア州が、タックスヘイブンとしての便宜の提供において果たしている役割を認識していない。予想どおり、中国の圧力で、香港とマカオは疑わしいタックスヘイブンのリストに含まれなかった一方、ジャージー島、ガーンジー島、マン島といったイギリスのタックスヘイブンは、優良国を示すいわゆるホワイトリストに記載された。ホワイトリストの基準は、このような結果が出るように設定されたのかもしれない。優良国の選定基準をこれ程までに低く設定した説明は、他に提供されていない。アイルランドも、妙な話だが、優良国とみなされている。言うまでもなく、ロンドンのシティ、アメリカのデラウェア州とネバダ州は、G20の「ツールボックス」に含まれる制裁措置の危機には瀕していない。こうした観察からおのずとわかる明白な政治的妥協が、この取り組みが進むにつれて継続的緊張を生む。そしてその妥協が今度は必ず、意図した結果を遅ら

▼7 〔参考文献〕Clark 2008
▼8 〔参考文献〕G-20 2009
◆ツールボックス　「道具箱」を意味する英語による。

せる、あるいは希釈させることになる。

さらに重要なことに、G20がOECDの受容性の指標として租税情報交換協定（TIEA）を使用していることが、非常に問題だ。本書で主張したように、TIEAは、ほぼまったく役に立たず、TIEAを創出するシステムは、きわめてややこしく、時間とマネーがかかる。既存のTIEAを運用させるために税務当局は、情報を要求している法域に対し、その領土に居住する者と明らかにつながりのある詐欺および脱税の証拠を呈示しなければならない――これぞまさに、タックスヘイブンの守秘性ゆえに入手が難しい類の証拠ではないか。税務に関する活動家は、EUが導入したような自動情報交換システムこそ、必要とされる抑止効果を持つと同時に、TIEAシステムが必要とする「動かぬ」証拠を提供すると主張している。そうならない限り、しかもいつそうなるかは不明で、G20が共同声明で主張したこととは裏腹に、銀行秘密保護の時代は終わらない。

5……秘密保護との闘い

では、タックスヘイブンとの闘いの次のステップは何なのだろう。私たちが現時点で信じる答えは、秘密保護との取り組みだ。タックスヘイブンが創出する意図的な秘密保護のベールがなければ、租税・規制回避の目的でタックスヘイブンを利用している者が、簡単に見分けられるだろう。秘密保護を取り除けば、彼らは、自らの評判に傷がつくのを恐れ、あるいは起訴されるのを恐れ、自発的にタックスヘイブンを利用しなくなるか、さもなければ彼らが実際に経済活動を行なっている国からその利用を阻止されるはずだ。しかし、秘密保護との取り組みだけでは、おそらく不充分だ。解決しなければならない既存の国際構造から生じる伝来の問題が依然として存在する。私たちの提案は、この二つのテーマに集約される。

秘密保護は、主権を有する法域として、意のままに自国の法を定めることが自らの主権であると装ってタックスヘイブンの内部で生み出される。しかし、秘密保護の提供の影響が感じられるのは、タックスヘイブンの外なのだ。秘密保護に取り組もうとする者には、選択肢がある。つまり、これらの法域が生み出した秘密保護をそうした場所の内部から破ろうとすることもできるし、それが影響を及ぼす場所で破ろうとすることもできるし、あるいはその問題に取り組むこともできる。市民社会団体からの猛烈な圧力にもかかわらず、タックスヘイブンはこれまで、秘密保護の提供を止める気がなかった。短期的には、彼らがその姿勢を変えるとは思われない。守秘法域内部でのいかなる対策にとっても、イギリス、デラウェア州、ネバダ州、その他の場所での改革が前提条件のように思われる場合はなおさらだ。

したがって、外部から秘密保護を破る試みが、現在大きな関心を集めている。一つの攻撃目標が、提案されているEUの貯蓄課税指令の拡大だ。この指令は、導入当初は大きな前進だったが、個人所有の信託や会社すべてが適用外となったため、その影響が限られてしまった。EU指令の二〇〇八年一一月の改正提案は、影響の点で広範囲だ。この改正案は、契約相手である事業体の受益権所有者に関して銀行が保有しなければならない情報と、口座の受益権所有者の居住国と情報を交換するか、さもなければ行なった支払いの最高三五％の源泉徴収税を導入するかどちらかの義務とを結びつけようとしている。この要件は、EU内部で事業を行なうすべての支払い代行機関ならびにこの指令を適用する国すべてに適用されることになる。この勧告は、事実上、タックスヘイブンに所在する事業体の実際の受益権所有者が周知・識別されなければならず、普通の居住国と受益権所有者との関係から税の対象になることを意味する。したがって、インターナショナル・ビジネス・コーポレーションあるいはオフショア信託などのオフショア事業体は、情報交換を行なうべきか否かを決定する際に無視される。情報は、事業体が登記されている法域を迂回して、受益権所有者が居住する国と交換されることになる。

これは、並外れた突破口となる。オフショアで行なわれる税金対策すべてを押しのけ、問題になっている事業体に支払われる所得には、その受益権所有者が居住する国で課税されなければならないと言っているのだから。もちろん、障害はある。EU指令は、EUの全加盟国から支持されなければならず、ルクセンブルクからの強い反対があるため、その支持が得られるかどうかはいまだ不明だ。それでも、この勧告があるということだけでも、EUが進もうとしている方向ははっきりしている。

アメリカにも、同様の兆候が見られる。アメリカ上院に対して作成されたタックスヘイブン濫用防止法案に、バラク・オバマ大統領が上院議員時代に署名している。タックスヘイブンの事業体に従事する者は、これを管理し、その所得の恩恵を享受する者であり、そうでないと証明できない限り、その所得をアメリカで申告する義務を負うというのが、同法案の根本的推定となっている。同様の趣旨の法律が、二〇〇九年一月にドイツでも審議された。ドイツは、グループ企業内部で行なわれた場合でさえも、タックスヘイブン事業体に対して行なわれた支払いに関する税の軽減を拒否しようとさえしている。どちらの場合も、これは、無実を証明できない限りその納税者を有罪とする、相手の気持ちを考慮しない法律だ。きっと、これを根拠に批判されることになるだろう。

秘密保護と取り組むもう一つの対策が、多国籍企業向けに提案されている。少数の例外はあるものの、絶対的多数の企業は、国際会計基準審議会（ＩＡＳＢ）あるいは、これに相当するアメリカの連邦会計基準審議会（ＦＡＳＢ）の要件に従って決算書を作成しなければならない。両機関の規則の下で、多国籍企業は、グループ会社の連結決算書を会員に提出しなければならない。連結決算書は、グループ内取引すべて、したがって移転価格操作に関わるすべての取引が除外され、わからなくする。さらに、両機関が出している現在の共通規則の下で、事業体の取引の地理的報告はほとんど要求されない。その結果、多国籍企業傘下の会社がどこで取引し、どこで利益を挙げ、資産をどこに置き、どこで納税するか判断するのがほとんど不可能だ。

パブリッシュ・ファット・ユー・ペイとタックス・ジャスティス・ネットワークが率いる市民社会団体は、こうした企業に、国ごとの決算書の作成を義務づけるべきだと主張してきた。本書共著者の一人が、もともと提案した会計方法だ。つまり、企業は、社内販売を含む場所ごとの全販売、同じく場所ごとのコスト配分、どこで従業員を雇用し、従業員にいくら支払い、事業を行なっているそれぞれの国でいくらの利益を挙げ、その利益に関していくら税金を払い、それぞれの国にいくらの資産を置いているかを報告する。彼らは、この改革によって株主のリスクが大幅に減り、資産配分が向上し、グループ会社内部の資本コストが減少し、それによって経済的メリットが生じ、企業が、取引相手であるすべての国で行なっている活動について説明責任を負えるようになると主張する。そこで行なわれている取引の規模や量に関係なく、すべての法域に対してこの情報開示を行なうべきであると主張することにより、この情報開示は、第三者の取引、グループ内取引の双方を目的とする守秘法域の利用を明らかにする。後者は、発展途上国の税金の不正利用の多くの手段とされる移転価格操作の問題にとってとくに重要だ。

ＥＵ、アメリカ、ドイツに共通するこの勧告は、タックスヘイブンが提供する秘密保護条項に対処することになる。タックスヘイブンの同意を求めなくても、この政策は機能するし、会社の行為に関する会計は公記録に載せられるだろう。こうした政策の方向は、フラストレーションの高まりを物語っている。法域における秘密保護の減少のための交渉が進んでいないからだ。タックスヘイブンと主要国との間の情報交換を保証すると言われていた租税情報交換協定が、有意義な交換を何ら生んでいない以上、タックスヘイブンの同意を必要としない秘密保護対抗策が必要だ。

法域内部のかなりの問題も、解決する必要がある。タックスヘイブンにおける銀行業の規制に関する明らかな、継続的問題がある。アイスランド、アイルランド、マン島での銀行破綻からもわかるように、小さな政府が、破綻した銀行の預金者を支援できる能力は非常に限られている。その限られた能力では、誠実に行動してきた人たちを無用な危険にさらし、こうした地域の国民に、合理的に負うゆとりのない負債を潜在的に負わせ、とどのつまり他の銀行システムにリスクを転嫁する。

同じように、こうした銀行の親会社の取締役が、そのタックスヘイブン子会社の活動の責任を負うよう規制を改革するべきだと提案されてきた。さらに、主要金融センターは、名目上はタックスヘイブンの居住者であるファンドを、ファンドの管理がその領土内に所在することに基づいて、規制の適用圏内に入れるかどうかを決めなければならない。それを行なう彼らの権利は明白だ。ケイマン諸島でベア・スターンズが管理していたヘッジファンドの清算が明らかにしたように、こうした事業体の管理の実体はケイマン諸島にはまったくなかった。すべての決定は、ニューヨークで下されていたのだ。清算目的がそうならば、規制目的も同じようにそうだろう。この点をはっきりさせ、こうした事業体を規制する権利を主張するかどうかは取締官次第だが、そうなれば透明性が大幅に増すだろう。こうした改革すべての前に、すでに指摘した、外部からタックスヘイブンに制限を課すというお決まりのテーマがある。

協力を拒否するタックスヘイブンもあるだろう。多くのヘイブンは、彼らを規制しようとするこれまでの試みに対し、さらなる秘密保護を促進し、さらに高度で不透明な金融事業体を提供して対応した。この傾向が、パナマ、ドバイ、シンガポールなど、概して今なお他の国々の政治的支配の外にいる一部の地域においては続くかもしれない。彼らは、自国の金融サービス産業の基盤として秘密保護への強い意気込みを明示している。

これらの国に対しては、国際的に合意された行動規範への適合を保証するために制裁措置が必要だ。金融破綻のコストが今では判明し、やがて世界の一般納税者にその付けが回るだろう。その結果、リスクを削減しようとする政治的な意志が強まる公算が大だ。参加を拒否する小さな国々が、かなりの圧力を受ける可能性が大きい。多くは、闘わずして屈するだろう。たとえば、イギリスの影響下にある法域はすべて、EUの動きの結果として規制環境内に入ることがほぼ必至だ。バミューダやスイスなど、他の法域も、明らかにアメリカの視線上にある。彼らが標的になるにつれ、残る守秘法域への圧力が増す。そうなれば、いや、そうなって初めて制裁措置が課されるだろう。なぜなら、利用できる領土の数が減るにつれ、別の地域への資本逃避が排除されるからだ。

この大転換の道のりは、どれほどなのだろう。なかなか答えにくい。二〇〇八年に秘密保護の不正利用との闘いがどれくらい進むのか、あるいはそれが生み出す政治情勢の変化を予測した者はほとんどいなかっただろう。オバマ政権はすでに、率先してタックスヘイブンに圧力をかけている。二〇〇九年五月、オバマ大統領は、アメリカの最富裕層や多国籍企業によるタックスヘイブンの利用に対処するいくつかの措置を提案した。ヨーロッパでは、フランスとドイツが、二〇〇九年一〇月に予定されている行動調整のための次の会議を控え、タックスヘイブンに圧力をかけ続けている。一方、ゴードン・ブラウン首相は、イギリスの海外領土——バミューダ諸島、ケイマン諸島、英領ヴァージン諸島ならびに王室属領——に対して、二〇〇九年四月中に驚くほど強気の手紙を送りつけ、OECDが設定した脱税撲滅のための最低基準をはるかに超えるよう要求すると同時に、G20の提言に速やかに対応しなければ圧力を強化すると脅した。また、租税回避に対処する行動を起こすようにも要求した——とはいえ、その結果としてどのような行動の変化を彼が期待しているのかは今のところ示されていない。

他の圧力もある。たとえば、政府による銀行所有の経験が進むにつれ、政府は、守秘法域を支援するために提供する資本の利用が、彼らの最大の関心ではないと認識するようになるだろう。そうなれば、変化が期待できる。その変化は、誰もが期待したよりも早く起きるかもしれない。自己の利益ほど人を行動に駆り立てるものはない。

謝辞

金融界では、「知っている人間は語らず、語る人間は知らない」と言われている。税務では、知っている人間は、時として語るが、知らない人間はよく語る。タックスヘイブンの世界は不透明で、ややこしく、秘密に包まれている。作り話や噂、逸話だらけの世界だ。それでも、洪水のように溢れる情報が、確かなデータの不足を覆い隠すこともある。タックスヘイブンというテーマは、世界中の才能ある、熱心な数々の学者、ジャーナリスト、活動家の関心を集めてきた。こうした人々が、私たちの友人や同僚となった。実在の友もいれば、インターネット上の友もいるが、友人であることに変わりはない。本書は、こうした人々が苦労して積み上げてきた、タックスヘイブンについての知識の現状に関する最新評価を読者に提供する。この友人たち全員に、感謝の意を表したい。

その友人に含まれるのが、誰をおいてもまずタックス・ジャスティス・ネットワークでの私たちの同僚だ。この組織の代表であるジョン・クリステンセンの貢献を、とくに指摘しなければならないが、プレム・シッカ、ニコラス・シャクソン、ソル・ピッチョート、マーク・ハンプトンをはじめとする、過去数年にわたってこの組織の創設に尽力した人々の貢献も指摘せねばならない。アメリカ、ワシントンDCにある民間研究機関ワールド・ファイナンシャル・インテグリティーが行なったプロジェクトのレイモンド・ベイカーならびに彼の同僚の同様の尽力も忘れてはならない。

本書執筆に当たって、世界中のさまざまな分野の、拡大する学術界の方々の著述や会話に依存させていただいた。オーストラリアのジェイソン・シャーマン、グレッグ・ローリングズ、アンソニー・ファンフォッセン、スイスのジャン＝クリストフ・グラスとセバスチャン・グエクス、ドイツのトマス・リクセンとフィリップ・ゲンシェル、アメリカとカナダのジム・ハインズ、ジョエル・スレムロッド、サイモン・パーク、ロバート・カードル、ロレイン・エデン、ビル・モーラーがこれに含まれる。イギリスでは、ここに至るまでに、オックスフォードのマイク・デベローやジュディス・フリードマンのような方々との口論があったが、議論は喜んで受け入れてきた。ケンブリッジのジョン・タイリーも、折に触れ貴重な意見をくれた。『ウォール・ストリート・ジャーナル』誌のグレン・シンプソンとジェシー・ドラッカー、『オブザーバー』紙のニック・マチアソン、『フィナンシャル・タイムズ』紙のヴァネッサ・ホウルダー、『ガーディアン』紙のデヴィッド・リー、フェリシティ・ローレンス、イアン・グリフィスをはじめとするジャーナリストが、本書に多大に貢献した。タックスヘイブン記事の掲載への彼らの献身によって、多くの事柄が明るみに出た。

多くの見識を与えてくれた、タックスヘイブンの友人についても触れておきたい。私たちと意見の違う人たちもいるが、彼らの見識も喜んで受け入れてきた。ジャージー島のコリン・パウエル、ケイマン諸島のティム・リドリー、マン島のマルコム・カウチが、こうした友人に含まれる。

幸運なことに、出版社が匿名の査読者を二名選んでくれた。お二人とも、本書の質の向上のために辛抱強く取り組んでくださり、考えを明確化するよう優しく促してくださった。お二人のご協力・ご支援に感謝申し上げる。私たちとともに本プロジェクトに取り組んでくださったコーネル大学出版局のチームの皆さんに感謝する。最初から刊行に至るまで世話をしてくださったロジャー・ヘイドンに、とくに感謝の意を表したい。ロジャーは、本プロジェクトを委託してくれただけでなく、本書全体の編集も行ない、刊行までのあらゆる点で意見をくれた。本書は、彼に大いに助けられた。

本プロジェクトは、今は亡きスーザン・ストレンジ教授に負うところも非常に大きい。教授は、何年も前に、本書の共著者二名——クリスチアンとロナン——にタックスヘイブンという闇の世界について学ぶよう勧めてくださった。最後に、私たちの妻、アナスタシア、ジャクリーン、ベアトリーチェに感謝する。彼女たちは、本書執筆中、否応なく私たちの懸念やフラストレーションを分かち合うことになった。本プロジェクトの成功を信じる彼女たちの思いが、私たちの最大の支えだったと思う。

[日本語版解説]

タックスヘイブンと日本企業

林 尚毅

著者の紹介と本書の概要

本書は、Ronen Palan, Richard Murphy, Christian Chavagneux, *Tax Havens–How Globalization Really Works*, Cornell University Press, 2010 の全訳である。本書の著者であるクリスチアン・シャヴァニューとロナン・パランは、二〇〇六年にフランス語の *Les Paradis Fiscaux*, Editions La Decouverte, Paris, 2006 を公刊しており、それは二〇〇七年に日本語に翻訳され（クリスチァン・シャヴァニュー／ロナン・パラン『タックスヘイブン――グローバル経済を動かす闇のシステム』杉村昌昭訳、作品社）、日本においても多くの読者を引きつけてきた。本書はそれに続くものであるが、新たにリチャード・マーフィーが著者に加わり、さらにより多くの最新のデータを取り入れて多面的に考察されたものである。

ロナン・パランは、バーミンガム大学教授を経て、現在はシティ大学ロンドンで国際経済学の教鞭を執る教授であり、先記の著作のほかに代表作として *The Offshore World*（未訳）がある。彼はタックスヘイブン研究の先駆者の一人であり、とくにオフショア金融の研究が高く評価されている。

リチャード・マーフィーは、公認会計士であり、イギリスに拠点を置いている税研究所（Tax Reserch

UK, LLP）のＣＥＯである。彼は企業のコーポレート・ガバナンス問題に精通していて、メディア、ＮＧＯ、政治家にしばしば助言を行なっている。また研究所のホームページでブログを書いている（http://www.taxresearch.org.uk/Blog/）。

クリスチャン・シャヴァニューは、パリに拠点を置いているジャーナリストであり、月刊誌*Alternatives Economiques* の副編集長、および*L'Economie Politique* の編集者である。

シャヴァニューと彼らの著書を日本語に翻訳した杉村昌昭（龍谷大学名誉教授）氏は、お互いにグローバリゼーションにかかわる諸問題について世界中を取材していて旧知の間柄である。杉村氏は、スーザン・ジョージ（Susan George）をはじめとするグローバリゼーションの諸問題に鋭く切り込む研究者の著作を数多く日本語に翻訳している数少ない日本のオルター・グローバリゼーションの研究者である。

二〇世紀終盤以降、タックスヘイブンにかかわる企業事件が幾度も起こっているが、タックスヘイブンに焦点をあてて理論的に考察された文献はあまり多くない。というのも、タックスヘイブンと称される多くの国や地域がその自治を名目に守秘法域に守られているために証拠を得ることが困難であり、それゆえ正確な統計データの裏づけができないため、その帰結は憶測の域を出ないからである。そのようななかで、パラン、マーフィー、そしてシャヴァニューの研究は評価されるべきものである。タックスヘイブンの実態とメカニズム、そしてその歴史的な展開が、多様な研究論文をはじめ、公的・民間機関の公表する可能な限りのデータを集めながら、またジャーナリストや活動家への調査も取り入れながら導き出されていて、タックスヘイブンが現代のグローバル経済においていかに重要な位置にあるかということをわれわれに教えてくれる。

彼らは以下のことを考察する。本書はグローバルな金融システムにおけるタックスヘイブンの役割と機能の現時点での評価を、つまりタックスヘイブンの歴史、仕組み、その影響と範囲、そしてその実施様態を提供する。タックスヘイブンは一二兆ドルの個人の富、すなわちアメリカの一年間のGNPに相当する額に匹敵するものを持っていて、また二〇〇万の法人とすべての国際的な融資銀行の半数の合法的な本拠地として役立ちながら、発展途上国の経済を犠牲にする形でグローバリゼーションの費用と利益の分配をゆがめさせる。つまりタックスヘイブンは、グローバリゼーションの最強の手段、グローバル金融の不安定性の主要な原因の一つ、そして私たちの時代の最も大きな政治的問題の一つとなっている（序文より）。これらのことを考慮すると、タックスヘイブンはグローバル経済の帰趨に決定的な影響を有するものであるという彼らの卓見は評価に値するだろう。

またオックスフォード大学の Dariusz Wojicik と Christopher Boote によって、本書はタックスヘイブンに関する初めての包括的な概説書であると同時に、経済地理学者に問題を提起しているとして書評されている（*Journal of Economic Geography*, Vol. 11 No. 4, July 2011, p. 753）。さらに本書の翻訳が出版される以前に、ニコラス・シャクソンの翻訳書（『タックスヘイブンの闇――世界の富は盗まれている！』藤井清美訳、朝日新聞出版、二〇一二年。原書：Nicholas Shaxson, *Treasure Islands: Tax Havens and the Men Who Stole the World*）が出版された。シャクソンの翻訳書も日本で大きな反響を呼んでいるが、その本のなかでパランやマーフィー等の論文とその見解が幾度も取り上げられていることをみても、シャクソンが彼らをタックスヘイブン研究者として高く評価していることがうかがえる。

日本企業とタックスヘイブン

日本においてタックスヘイブンという言葉を最初に有名にした出来事は、一九九七年の山一證券の廃業である。日本のバブル経済と称された好景気が終焉した一九九〇年代の不況のなかで、さらに一九九七年のアジア通貨危機によって株価が低迷するなかで、大手証券会社である山一證券が廃業した。

山一証券のニュースで有名になったのが「飛ばし」という言葉である。これは発生した含み損（簿外債務）を隠蔽する手段として業界で使用されている言葉である。もちろん会社に簿外債務がどれくらいあるのかについて一般の人々が知る由もない。それらを人々に知らせたのが海外の民間の格付会社である。その簿外債務の「飛ばし」の受け皿として海外のペーパーカンパニーが使用され、その場所としてケイマン諸島やバハマなどの名前とともにそれらの国や地域を特徴づけるタックスヘイブンという言葉が新聞や雑誌に取り上げられた。

アメリカでは、一九九〇年代にＩＣＴ関連産業の発展がサービス産業にまで波及して、ニューエコノミーまたはＩＣＴバブルと称される経済全体の膨張につながった。しかし、そのバブルに陰りがみられたとき、二〇〇一年にエンロンが破綻した。エンロンはタックスヘイブンに七〇〇もの系列企業を設立していた（スーザン・ジョージ『オルター・グローバリゼーション宣言』杉村昌昭／真田満訳、作品社、二〇〇四年、一二三頁）。また、二〇〇二年にワールドコムが一〇〇億ドルを超える資産を粉飾して破綻した。その粉飾の隠れ蓑としてタックスヘイブンが取り上げられ、監査人である大手会計事務所のアーサー・アンダーセンが粉飾や証拠隠蔽に関与していたとして解散に追い込まれた（イグナシオ・ラモネほか『グローバリゼーション・新自由主義批判事典』杉村昌昭／村澤真保呂／信友建志訳、作品社、二〇〇六年、八四頁）。これらの事件に対して、企業情報の透明性とそれを監査する会計士の義務などがコーポレート・ガバナンスの問題として議論された。しかしながら、その後もタックスヘイブンを利用した粉飾会計という企業の不祥事が繰り返されている。

二〇〇八年にはアメリカの投資銀行であるリーマン・ブラザーズが破綻し、それにともなう世界的な金融危機の影響もあり、含み損を隠しきれなくなった日本企業が現われた。それが二〇一一年のオリンパスの損失隠し事件や二〇一二年のＡＩＪ投資顧問の年金消失事件である。それらの事例においてもケイマン、タックスヘイブン、ファンド、ペーパーカンパニーといった横文字が新聞や雑誌の見出しに並び、「またか！」という思いでそれらの記事を読んだ読者も多いと思われる。

オリンパスの損失隠し事件は、一九九〇年代に最大で一〇〇〇億円超の含み損を抱えた会社がその資産を企業買収の報酬や買収資金として還流させ、またケイマン諸島などの投資ファンドに出資して、いわゆる「飛ばし」を行ない、損失計上を回避した事件である。資金が守秘法域であるケイマン諸島を経由することによって、金融当局の目が届かなくなるのである（『日本経済新聞』二〇一一年一一月九日付）。オリンパスの事件は、取締役の責任とともに監査の適切性が問われた。二〇〇九年三月期までオリンパスを担当していたあずさ監査法人は、なぜその会計報告を適正と判断したのだろうか（『日本経済新聞』二〇一一年一一月二一日付）。この事件について、諸外国から日本ではコーポレート・ガバナンスが機能していないと指摘された。

このような事件が繰り返される背景には、企業のコーポレート・ガバナンスの問題だけでなく、グローバリゼーションの進展のなかでその中心に位置するようになってきたタックスヘイブンと呼ばれる国や地域の制度がある。たとえば、代表的なタックスヘイブンと考えられているケイマン諸島は、人口が約四万人のイギリスの海外領土であり、主な産業は金融業と観光業しかない。しかしながら、この小さな島に世界の銀行の五七〇行以上が支店を置いているという（野口悠紀雄『現代版宝島物語――「オフショア」の秘密』http://voiceplus-php.jp/web_serialization/takarajima/002/index.html）。さらに世界の投資ファンドの八〇％がこの島に登記しているという（前掲：シャヴァニュー／パラン『タックスヘイブン』杉村昌昭訳、一〇六頁）。

たとえば日本からケイマン諸島への資金流出は、二〇一一年に、一五兆三六〇三億円（二〇一〇年は一七兆八四五四億円）であったという（『産経新聞』二〇一二年六月二六日付）。さらに二〇〇八年の金融危機のなかで日本からケイマン諸島への海外直接投資（ＦＤＩ）は二一二五億五〇〇〇万ドル（とくに、この二〇〇八年の金額が突出して多い）を計上している。同年の日本から中国へのＦＤＩが六四億九六〇〇万ドルであることと比較するとこの金額の大きさがわかる。また二〇一〇年の日本の国別のＦＤＩ残高においてもケイマン諸島は、アメリカ、オランダ、中国に次いで第四位に位置している（ジェトロ『ジェトロ世界貿易投資白書 二〇一一年版』一一五頁）。それらをみる限りこの資金流出がいかに大きいかが理解できる。もちろん日本の都市銀行、大手の証券会社や総合商社もこの島に支店を有している。なぜこれだけの資金（および企業）が日本からケイマン諸島へ向かうのか、その理由と構造は究明される必要がある。

最近の新聞記事によれば、「国際調査報道ジャーナリスト連合」（ＩＣＩＪ）がタックスヘイブンにかかわる取引の秘密ファイルを入手し、そのなかにはオリンパス事件の関係者やいくつかの日本企業の名前も含まれているという（『朝日新聞』二〇一三年四月五日付）。たとえば、東北電力がオランダの子会社を通じてマレーシアのラブマン島（タックスヘイブン）の丸紅の子会社に三〇億ドルを出資し、さらにそこからオーストラリアの発電事業に参画したという取引が記されていたという（『朝日新聞』二〇一三年四月一〇日付）。

また日本政府が三四％の株式を所有し、元通産官僚が会長や社長を務める石油資源開発と同社の専務と三菱商事の執行役員が取締役に就任している英領バージン諸島の法人エネルギー・メガ・プラタマ社の両社が同島に所在するプラタマ社（事務所も常駐スタッフも存在しない）に出資し、インドネシアの天然ガスなどの開発に着手し、商業生産に至ったが、その発表文にはプラタマ社がインドネシアにあるかのように書かれていたという。これらの取引を解説した編集委員は、公益性の高い企業が資金をタックスヘイブンに回すことについて、納税者などの利害関係者に対して説明責任がある、と述べている（『朝日新聞』二〇一三年四月一〇日付）。

現代の多国籍企業とタックスヘイブン

多国籍企業と資本輸出の関係は、二〇世紀の初頭から議論されている。実際に、第一次世界大戦以前においても欧米の大企業のいくつかは多国籍化していた。さらに第二次世界大戦後には、アメリカの大企業の多くが復興してきたヨーロッパの市場の確保を目指して海外進出した。その後、欧米の多国籍企業が天然資源や安価な労働力の利用を目的として発展途上国に進出した。それ以来、先進国の多国籍企業がその生産活動と取引によって実体経済を支配している。それは世界の生産と貿易の多くが多国籍企業によって担われていることによって証明される。

たとえば二〇一〇年に世界最大の小売業企業であるウォルマートの売上高は約四〇〇〇億ドルであり、また日本最大の製造業企業であるトヨタ自動車の売上高は約二〇〇〇億ドルである。それらの数値は、それぞれ二〇一〇年の世界各国のＧＤＰの第二七位、第四五位に相当する。ウォルマートの売上高はノルウェー（第二六位）のＧＤＰに次ぐ価であり、一企業の売上高がオーストリア（第二七位）、アルゼンチン（第二八位）を上回ることになる（ＧＤＰ値についてはＩＭＦの *World Economic Outlook Databases* を参照）。

さらに、たとえば二〇〇九年のアメリカの多国籍企業の輸出はアメリカの全輸出の五四・七％を占めていて、その親会社から子会社への企業内輸出は全輸出の一九・八％を占めている。またアメリカ多国籍企業の輸入はアメリカの全輸入の四五・一％を占めていて、その子会社から親会社への企業内輸入は全輸入の一四・三％を占めている（*Survey of Current Business*, 二〇一一年一一月号、四三頁）。二〇世紀終盤以降、この企業内貿易の割合は低下してきたが、依然として影響力のある数値である。

そもそも多国籍企業は、国内の独占的な大企業が多国籍化したものであり、その国境を越えた親会社と子会社、または子会社同士の企業内貿易の際に移転価格を利用して、法人税率の低い諸国に位置する子会社に利益を生ませ、法人税率の高い諸国に位置する親会社や子会社に利益を少なく計上するような操作を行なう。そのことが多国籍化していない企業に対する競争優位の一つである。

たとえば、世界的なコーヒーチェーンのスターバックスの英国法人は、その英国での累計三〇億ポンド（約四二〇〇億円）の売上高に対して法人税の支払いがわずか八六〇万ポンド（約一二億円）であったという。その理由は、コーヒー豆をスイス法人経由で仕入れ、コーヒー製法やブランドの使用料をオランダにある欧州本社に納めるから、つまりスイスとオランダという法人税率が極めて低い諸国を企業内貿易に巻き込むことによって英国法人の利益を圧縮するのである。これらはグローバル・タックス・プラニングと呼ばれる多国籍企業の国際税務戦略によるものである（『日本経済新聞』二〇一三年一月一〇日付）。

またアメリカを代表するＩＣＴ企業のアップル、グーグル、マイクロソフトの二〇一一年の実効税率は、それぞれ約二四％、約二一％、約二八％であり、これらの数値は、その本社が位置するカリフォルニア州の実効税率の約四一％と比べてかなり低く、企業が専門的な節税手法を用いて課税を回避しているという（『日本経済新聞』二〇一二年七月二三日付）。

このような移転価格操作に対して多国籍企業の本国である先進諸国は、移転価格税制やタックスヘイブン対策税制を採用する。それらの制度については、たとえば多国籍企業の本国である先進国が多国籍企業の子会社が進出先国のビジネスにおいて獲得した利益とその本国の親会社の利益とを合算して課税することが適切かという議論の余地を残している。しかし多くの先進諸国ではこのような税制を採用し、多国籍企業の税回避行動を規制しようとしている。ところが、税規制が強化されれば、結果として企業のグローバル化が加速するという政府のジレンマもある。

しかしながら日本の国税局が指摘した税に関する企業の申告漏れ事件は、近年において年間一〇〇件前後もあるという。二〇一二年に明らかになった例では、パナソニックがその子会社との取引における移転価格に関連して二〇一一年三月までの二年間で一一〇億円の申告漏れを（『産経新聞』二〇一二年五月一日付）、また日本ガイシが移転価格税制に基づき二〇一〇年までの一〇年間で一六〇億円の申告漏れを国税局から指摘されている（『朝日新聞』二〇一二年五月九日付）。さらにNECが二〇一〇年三月期までの三年間で一〇〇億円超の所得隠しを指摘されている（『産経新聞』二〇一二年六月二五日付）。過年度においても二〇一一年に東レ、二〇一〇年に京セラなどの日本を代表する大企業が多額の申告漏れをしたというショッキングな実態がある。

ところで二〇世紀を特徴づける大量生産システムのなかで、多国籍企業の巨大な生産を可能とする活動が過剰生産に陥ったとき、また効率的な生産から生み出された利益が過剰な資本となったとき、その生産活動は市場を求めて、また資本は運用上のより有利な条件を求めて海外へと向かった。しかし二〇世紀終盤になると、多国籍企業の生産とその企業内貿易の比率が低下し、多国籍企業から生産を委託されたアジアＮＩＥＳ、中国やインドなどの新興工業諸国が台頭してきた。

それと同時期に、また旧社会主義諸国が崩壊し市場のグローバル化が進展するなかで、新自由主義的な政策が多くの諸国で受け入れられ、グローバルな金融市場が拡大し、とくに金融派生商品市場が急成長した。そのなかで先進国や新興工業諸国の多国籍企業や銀行、そして先進国や途上国を問わず富裕な個人がこの新しい市場の資本を増殖するシステムを活用するためにタックスヘイブンへと接近していった。つまり、この資本増殖システムへのインターフェイスがタックスヘイブンといえる。

というのも金融資本の一部が実体経済から遊離し、これまで論じられることのなかった新しい資本増殖システムが創り出されるなかで、多国籍企業はそれを有効に利用するために適応していったのである。さらに実体経済における多国籍企業の生産活動は、巨大な企業であるがゆえに生じる管理・調整のためのコストの増加、さらに市場経済システムのなかで価格が事後決定されるために生じる過剰生産の不安などから逃れるために委託生産（オフショア・アウトソーシング）を推し進めるようになった。すなわち多国籍企業は、一方で自らの生産活動を縮小し、新興工業諸国に生産を委託することを推し進めながら、他方で非統合ながらその委託先も含めたサプライチェーンを管理すること、さらにそのグローバルな資本の流れを管理することに重点を置き始めた。つまり多国籍企業は自らの生産力を拡大することよりも資本を増殖させることに熱心になっていった。

　多国籍企業は世界中で得た収益を最適に管理するために、タックスヘイブンを活用する経営戦略を立案しそれを遂行する。そのために企業内で財務や法律の専門家が活躍するのである。とくに多国籍企業の場合、前述の移転価格操作に加えて、発展途上国が国内の資本不足を補うために多国籍企業の誘致に向けてさまざまな誘因を提供することによって、多国籍企業がその本国と進出先国の課税義務から同時に逃れられるという二重非課税の実態が指摘されている。たとえ、それが多国籍企業にとって合法的な節税対策であったとしても、公正な社会発展を阻害しているとすれば大きな問題である。発展途上国は、これらの多国籍企業の行動を規制する制度を有していない、もし仮に、それが制定されたとしても、それを運用できる能力をもった専門家を有していないのである。

　また、企業の多国籍化が進展しその海外収益率が高まれば高まるほど、多国籍企業の収益は税率の低い諸国や地域に留保され、そこから資本として再投資または配当などで分配されるようになる。このような資本の動きは資本の増殖のみを自己目的化してきている。それゆえに多国籍企業の発展が社会発展と結びつかなくなってきている。言い換えれば、多国籍企業の活動によって所得の再分配がゆがめられ、その結果として貧富の格差は拡大していく。

　たとえば日本の多国籍企業の収益が海外の税率の低い諸国に留保されるなかで、日本政府は二〇〇九年に、外国子会社からの配当金等の益金不算入制度を導入した。これは海外から還流した益金の九五％を非課税とするもので、この税制改正の結果、二〇一〇年に日本へ配当を還元する企業の割合が大幅に伸びた（経済産業省『通商白書　二〇一二』一七〇頁）。なぜこのような税改正が実施されたのかといえば、二〇〇八年のいわゆるリーマン・ショックによる金融危機が挙げられる。この世界的な危機に対して、日本の政府はその国内への経済的影響を最小限に抑えるために、つまり国内の雇用や景気にプラスの効果を期待して海外に留保されている資金の還流を促す税改正を実施したと考えられる。すなわち日本政府は、国の財源を利用して公共事業を起こす代わりに、民間企業の海外ストックを利用しようとしたのである。

ところで、アメリカではジョージ・W・ブッシュ政権時代に、同様の税制改革がすでに行なわれている。すなわち二〇〇五年に雇用創出法・内国投資促進条項（本国投資法）が施行されると、三六〇〇億ドルがアメリカ国内に還流した。しかし、この還流資金の多くが配当や自社株買いに回り、つまり経営者のボーナスに回り、新規投資や雇用には回らなかったという（前掲：シャクソン『タックスヘイブンの闇』一八六頁）。その前例をみる限り、二〇〇九年の日本の税改正も日本の景気にとってあまり期待できなかったといえる。逆に、この還流資金が二〇一〇年の円高に影響した可能性も考えられる。

今までみてきたように、今日のグローバリゼーションを推進しているのが先進諸国であり、その国境を巧みに利用している、すなわち各国の制度の違いを利用しているのが多国籍企業であり、さらに銀行や富裕な個人であるといえる。それらを結びつけている、つまり世界中の資本をひきつけているのがタックスヘイブンであるが、それはグローバリゼーションの負の影響、すなわち貧富の格差を拡大させる役割をも担っている。本書のなかでそれらが明らかにされるであろう。

———. 2002. The role of the board of directors in Enron's collapse. Report Prepared by the Permanent Subcommittee on Investigations of the Committee on Governmental Affairs, United States Senate, 107th Congress, 2nd Session, 107-70. Washington, DC: U. S. Senate.

———. 2003. U. S. Tax shelter industry: The role of accountants, lawyers and financial professionals, U. S. Senate Committee on Homeland Security and Governmental Affairs, Permanent Subcommittee on Investigations. http://hsgac.senate.gov/public/index.cfm?Fuseaction=Hearings.Detail&HearingID=f5bce0f9-8780-456e-bb1b-c2e6b6ad525.

United States of America v. Bradley Birkenfeld. 2008. United States District Court, Southern District of Florida, Case no. *08-CR-60099-ZLOCH.* http://www.gfip.org/storage/gfip/documents/birkenfeld%20statement%20of%20facts.pdf

UN. 1999. International convention for the suppression of the financing of terrorism. http://untreaty.un.org/english/Terrorism/Conv12.pdf

———. 2008. Follow-up international conference on financing for development to review the implementation of the monetary consensus, Doha, Qatar, November 29-December 2.

Van Dijk, Michiel, Francis Weyzig, and Richard Murphy. 2006. *The Netherlands: A tax haven.* Amsterdam: Centre for Research on Multinational Corporations (SOMO).

Van Fossen, Anthony B. 2002. Norfolk Island and its tax haven. *Australian Journal of Politics & History* 48 (2): 210-25.

———. 2003. Money laundering, global financial instability, and tax havens in the Pacific Islands. *Contemporary Pacific* 15 (2): 237-75.

Vleck, William. 2008. *Offshore finance and Small states.* London: Palgrave Macmillan.

Warf, Barney. 2002. Tailored for Panama: Offshore banking at the crossroads of the Americas. *Geografiska Annaler* 84 (1): 33-47.

Warner, Philip, J. 2004. *Luxembourg in international tax planning.* Amsterdam: IBFD publication.

Webb, Michael. 2004. Defining the boundaries of legitimate state practice: Norms, transnational actors and the OECD's project on harmful tax competition. *Review of International Political Economy* 11 (4): 787-827.

Wechsler, William F. 2001. Follow the money. *Foreign Affairs* 80: 40-57.

Weichenrieder, Alfons. 1996. Fighting international tax avoidance: The case of Germany. *Fiscal Studies* 171: 37-58.

World Bank. 2006. Utilization of repatriated Abacha loot. www.gov.je/statistics

Yeandle, Mark, Michael Mainelli, and Adrian Berendt. 2005. *The competitive position of London as a global financial centre.* London: Corporation of London.

Zoromé, Ahmed. 2007. Concept of offshore financial centers: In search of an operational definition. IMF Working paper no. 07/08.

Zuill, L. 2005. Bermuda lags behind Cayman as hedge fund domicile. *Royal Gazette,* September 21.

13: 1190-1200.

———. 2004b. Economic analysis: Profit shift out of U. S. grows, costing treasury $10 billion or more. *Tax Analysts*, September 28.

———. 2007a. Lessons from the last war on tax havens, *Tax Notes* 116: 327-37.

———. 2007b. Tax analysts offshore project. *Tax Notes Today*, October 10. http://www.taxanalysts.com/www/features.nsf/Articles/C3C3ACF3CB703637852573770076DFAD?OpenDocument

Summers, Lawrence. 2008. A strategy to promote healthy globalization. *Financial Times*, May 4.

Sunderland, Ruth, and Nick Mathiason. 2007. Into the lion's den. *Observer*, June.

Suss, E., O. Williams, and C. Mendis. 2002. Caribbean offshore financial centers: Past, present, and possibilities for the future. IMF Working Paper, wp/02/88, Revised 6/26/02.

Swank, Duane. 2006. Tax policy in an era of internationalization: Explaining the spread of neoliberalism. *International Organization* 60: 847-82.

Sylla, Richard. 2002. United States banks and Europe: Strategy and attitudes. In *European banks and the American challenge: Competition and cooperation in international banking under Bretton Woods*, ed. Stefano Battilossi and Youssef Cassis. Oxford: Oxford University Press.

Taylor, David. 2006. A political technology of information technology: Assessing the developmental impact of the Eastern Caribbean Securities Exchange. PhD diss., University of Sussex.

Tiebout, Charles M. 1956. A pure theory of local expenditure. *Journal of Political Economy* 64: 416-24.

Tikhomirov, V. 1997. Capital fight from post-Soviet Russia. *Europe-Asia Studies* 49 (4): 591-615.

TJN. 2005. Tax us if you can. http://www.taxjustice.net/cms/upload/pdf/tuiyc_-_eng_-web_file.pdf

Tolley's Tax Havens. 1993. Croydon: Tolley.

Toniolo, Gianni. 2005. *Central bank cooperation at the Bank for International Settlements, 1930-1973*. Cambridge: Cambridge University Press.

Tranoy, Bent Sofus. 2002. Offshore finance and money laundering: The politics of combating parasitic strategies. SNF project no. 1370, Institute for Research in Economics and Business Administration, Bergen, April.

Tschoegl, Adrian E. 1989. The benefits and costs of hosting financial centres. In *International banking and financial centres*, ed. Yoon S. Park and M. Essayyad. Amsterdam: Kluwer.

UNCTAD. 2005. *World Investment Report 2005*. Geneva: UNCTAD.

United States Department of Treasury. 2001. Treasury Secretary O'Neill statement on OECD tax havens. Office of Public Affairs for Immediate Release May 10, 2001 PO-366, Washington, DC.

U. S. Senate. 1983. *Crime and secrecy*. Washington, DC: U. S. Government Printing Office.

Select Committee on Trade and Industry. 1998. Examination of Witnesses Questions 112-122, Professor P. Sikka, Tuesday 1 December 1998. http://www.parliament.the-stationery-office.co.uk/pa/cm199899/cmselect/cmtrdind/59/81201a19.htm

Sharman, Jason C. 2005. South Pacific tax havens: From leaders in the race to the bottom to laggards in the race to the top? *Accounting Forum* 29: 311-23.

———. 2006. *Havens in a storm: The struggle for global tax regulation.* Ithaca, NY: Cornell University Press.

———. 2007. The future of offshore. Paper Presented at the International Studies Association Annual Conference, San Francisco, March.

Sharman, Jason, and Percy S. Mistry. 2008. *Considering the consequences: The development implications of initiatives on taxation, anti-money laundering and combating the financing of terrorism.* London: Commonwealth Secretariat.

Sharman, Jason, and Greg Rawlings. 2006. National tax blacklist: A comparative analysis. *Journal of International Taxation* 17 (9): 38-47.

Shaxson, N. 2007. *Poisoned wells: The dirty politics of African oil.* Basingstoke: Palgrave Macmillan.

Sikka, Prem. 2003. The role of offshore financial centres in globalization. *Accounting Forum* 27: 365-99.

Slemrod, Joel. 1994. Free trade taxation and protectionist taxation. NBER Working Paper no. 4902.

———. 2004. The economics of corporate tax selfishness?, *NBER Working Paper* no. 10858, October.

Slemrod, Joel, and John D. Wilson. 2006. Tax Competition with Parasitic Tax Havens. Ross School of Business Working Paper Series, no. 1033, Michigan State University, March.

Sorensen, P. B. 2006. Can capital income taxes survive? And should they? *CESifo Economic Studies* 53 (2): 172-228.

Srinivasan, Kannan. 2005. Capital flight recycling in India. *Tax Justice Focus* 1 (4): 1-2.

State of Jersey. 2005. Survey of financial institutions 2005, Statistics Unit. St. Peter Port, State of Jersey.

Step Survey 2004. 2004. *STEP Journal.* www.step.org

Stewart, Jim. 2005. Fiscal incentives, corporate structure and financial aspects of treasury management. *Accounting Forum* 29: 271-88.

Stockman, Farah. 2008. Shell firms shielded U. S. contractor from taxes. *Boston Globe,* May 4.

Strange, Susan. 1988. *States and markets: An introduction to international political economy.* New York: Basil［スーザン・ストレンジ『国際政治経済学入門――国家と市場』西川潤・佐藤元彦訳、東洋経済新報社、1994 年］

Sullivan, Martin A. 2004a. Data show dramatic shift of profits to tax havens. *Tax Notes,* September

Radaelli, Claudio M. 2003. The code of conduct against harmful tax competition: Open method of coordination in disguise? *Public Administration* 81 (3): 513-31.

Radaelli, Claudio M., and Ulrike S. Kraemer. 2005. *The rise and fall of governance legitimacy: The case of international direct taxation.* http://huss.exeter.ac.uk/politics/research/readingroom/

Radelet, Steven, and Jeffrey Sachs. 1998. The onset of the East Asian financial crisis. Harvard Institute for International Development, March 30. http://www.cid.harvard.edu/archive/hiid/papers/eaonset2.pdf

Ramati, U.E. 1991. *Liechtenstein's uncertain foundation: Anatomy of a tax haven.* Dublin: Hazlemore LTD. tax publications.

Rawlings, Greg. 2004. Laws, liquidity and eurobonds: The making of the Vanuatu tax haven. *Journal of Pacific History* 393: 325-41.

———. 2005. Mobile people, mobile capital and tax neutrality: Sustaining a market for of offshore finance centres. *Accouting Forum* 29: 289-310.

Rawlings, Greg, and Brigitte Unger. 2005. Competing for Criminal Money. Utrecht School of Economics discussion paper series 05-26.

Ridley, Timothy. 2007. What makes the Cayman Islands a successful international financial services centre? Background paper presented at the Caribbean Investment Forum, Montego Bay, Jamaica, June. *BIS Review* 72/2007 1.

Riesco, Manuel, Gustavo Lagos, and Marcos Lima, 2005. The "pay your taxes" debate: Perspectives on corporate taxation and social responsibility in the Chilean mining industry. UN Research Institute for Social Development. http://www.taxjustice-usa.org/index2.php?option=com_content&do_pdf=1&id=151

Rixen, Thomas. 2008. *The political economy of international tax governance.* Basingstoke: Palgrave.

Robbie, K. J. H. 1975/6. Socialist banks and the origins of the euro-currency markets.
Moscow Narodny Bank Quarterly Review (Winter): 21-36.

Robé, J-P. 1997. Multinational enterprises: The constitution of a pluralist legal order. In *Global law without a State*, ed. Gunther Teubner. Aldershot, UK: Dartmouth.

Roberts, Susan. 1994. Fictitious capital, fictitious spaces: The geography of offshore financial flows. In *Money, power and space*, ed. Stuart Corbridge, Ron Martin, and Nigel Thrift. Oxford: Blackwell.

Rose, Andrew K., and Mark M. Spiegel. 2007. Offshore financial centres: Parasites or symbiotics? *Economic Journal* 117 (523): 1310-55.

Schenk, Catherine R. 1998. The origins of the eurodollar market in London, 1955-63. *Explorations in Economic History* 21: 1-19.

Schmidt Report. 1999. General principles relating to the use of offshore tax havens. http://www.schmidtreport.co.uk/Subscribers/offshore/offshore4.html

Palan, Ronen, and Jason Abbott. 1996. *State strategies in the global political economy.* London: Pinter.

Palan, Ronen, and Richard Murphy. 2007. Tax subsidies and profits: Business and Corporate capitalisation. In *After deregulation: Global finance in the new century,* ed.

Libby Assassi, Duncan Wigan, and Anastasia Nesvetailova. London: Palgrave.

Papke, Leslie E. 2000. One-way treaty with the world: The U.S. withholding tax and the Netherland Antilles. *International Tax and Public Finance* 7: 295-313.

Park, Y. S. 1982. The economics of offshore financial centers. *Columbia Journal of World Business.* 17 (4): 31-35.

Paris, Roland. 2003. The globalization of taxation? Electronic commerce and the transformation of the state. *International Studies Quarterly* 47 (2): 153-82.

Payne, P. L. 1967. The emergence of the large-scale company in Great Britain, 1870-1914. *Economic History Review* 20 (3): 519-42.

Pearson, Robin. 2006. Introduction to *The history of the company: The development of the business corporation 1700-1914,* ed. Robin Pearson, James Taylor, and Mark Freemen. London: Pickering and Chato.

Peillon, V., and A. Montebourg. 2000. La Principauté du Liechtenstein: paradis des affaires et de la délinquance financière. *Rapport d'information de l'Assemblé e nationale,* no. 2311, 18/2000.

———. 2001. La Cité de Londres, Gibraltar et les Dépendances de la Couronne: des centres offshore, sanctuaires de l'argent sale. *Rapport d'information de l'Assemblée nationale,* no. 2311. 52/2001.

Picciotto, Sol. 1992. *International business taxation.* London: Weidenfeld and Nicolson.

———. 1999. Offshore: The state as legal fiction. In *Offshore finance centres and tax havens: The rise of global capital,* ed. Mark Hampton and Jason Abbott. Basingstoke: Macmillan.

Piketty, Thomas. 2001. *Les haunts revenus en France au XXe siècle: inégalités et redistributions, 1901-1998.* Paris: Grasset.

Piotrowska, Joanna, and Werner Vanborren. 2008. The corporate income tax raterevenue paradox: Evidence in the EU. European Commission taxation papers. http://ideas.repec.org/p/tax/taxpap/0012.html

Powers, William C., Raymond S. Troubb, and Herbert S. Winokur. 2002. Report of investigation by the Special Investigative Committee of the Board of Directors of Enron Corp. Austin, TX, February 1.

President Kennedy appeal to the Congress for a tax cut. 1961. http://www.nationalcenter.org/JFKTaxes1961.html

President's Commission on Organized Crime. 1984. Organized Crime of Asian Origins. Record of Hearing III-October 23-25, New York, NY. Washington DC: Government Printing Office.

Quiet flows the dosh: A piece on capital flight out of Russia. 2000. *Economist,* December 7.

野忠恒監訳、高木由利子訳、日本租税研究協会、1998 年]

———. 1999. *OECD benchmark definition of foreign direct investment.* 3rd ed. http://www.oecd.org/dataoecd/10/16/2090148.pdf

———. 2000. *Improving access to bank information for tax purposes.* Paris: OECD. http://www.oecd.org/dataoecd/24/63/39327984.pdf

———. 2001. Transfer pricing guidelines for multinational enterprises and tax administrations. Paris: OECD. http://www.oecd.org/document/34/0,3343,en_2649_33753_1915490_1_1_1_1,00.html

———. 2002. Intra-industry and intra-firm trade and the internationalisation of production. OECD Economic Outlook 71. June. http://stats.oecd.org/Index.aspx?DataSetCode=EO71_MAIN

———. 2004. *The OECD's Project on harmful tax practices: The 2004 progress report.* Paris: OECD.

———. 2006. Third meeting of the OECD forum on tax administration, 14-15 September, 2006, Final Seoul Declaration. Paris: OECD.

———. 2007. *Revenue statistics, 1965-2006,* Paris: OECD.

———. 2008a. 4th Meeting of the forum on tax administration. Cape Town, 10 January 2008. Address by Trevor Manuel, MP, Minister of Finance of the Republic of South Africa.

———. 2008b. Tax disclosures in Germany part of broader challenge, says OECD Secretary-General. http://www.oecd.org/document/34/0,3343,en_2649_201185_40114018_1_1_1_1,00.html

Olson, P. 2002. Testimony of Pamela Olson before the House Committee on ways and means on corporate inversion transactions. Office of Public Affairs, U. S. Treasury.

Oppenheimer, Peter M. 1985. Comment on Aliber, Robert Z. Eurodollars: An economic analysis. In *Eurodollars and international banking,* ed. Paolo Savona and George Sutija. Basingstoke: Macmillan.

Oxfam. 2000. Tax havens: Releasing the hidden billions for poverty eradication. Policy Paper. http://www.taxjustice.net/cms/upload/pdf/oxfam_paper_-_final_version__06_00.pdf

Pack, S. J, and J. S. Zdanowicz. 2002. US Trade with the world. An estimate of 2001 lost U. S. federal income tax revenues due to over-invoiced imports and underinvoiced exports. Study for Senator Byron Dorgan.

Palan, Ronen. 1998. Luring buffaloes and the game of industrial subsidies: A critique of national competitive policies in the era of the competition state. *Global Society* 12 (3): 323-41.

———. 2002. Tax havens and the commercialisation of state sovereignty. *International Organization* 56 (1): 153-78.

———. 2003. *The offshore world: Sovereign markets, virtual places, and nomad millionaires.* Ithaca: Cornell University Press.

Meinzer, Marcus. 2005. Buenos Aires bans investment from offshore companies. *Tax Justice Focus* 1 (2): 10.

Merrill Lynch, Gapgemini, Ernst & Young. 2002. *World Wealth Report 2002*. New York.

Moffett, Michael H., and Arthur Stonehill. 1989. International banking facilities revisited. *Journal of International Financial Management and Accounting* 1 (1): 88-103.

Morgenthau, Henry. 2006, Note du Trésor sur la fraude et l'évasion fiscales. *L'economie politique*, no. 19, July.

Murphy, Richard. 2006. The price of offshore. TJN Briefing Paper. http://www.taxjustice.net/cms/front_content.php?idcatart=134

———. 2007. UK subsidises the Isle of Man to be a tax haven. Tax Justice Network. http://www.taxresearch.org.uk/Documents/TRIoM3-07.pdf.

———. 2008a. *The missing billions: The UK tax gap*. Touch Stone Pamphlets. www.tuc.org.uk/touchstonepamphlets

———. 2008b. The Direct Tax Cost of Tax Havens to the UK. Tax Research. http://www.taxresearch.org.uk/Documents/TaxHavenCostTRLLP.pdf

Naím, Moisés. 2005. *Illicit: How smugglers, traffickers, and copycats are hijacking the global economy*. New York: Doubleday［モイセス・ナイム『犯罪商社.com――ネットと金融システムを駆使する、新しい "密売業者"』河野純治訳、光文社、2006 年］

National Audit Office (NAO). 2007. Managing Risk in the Overseas Territories. Report by the Comptroller and Auditor General. London: The Stationery Office.

Naylor, R. T. 1987. *Hot money and the politics of debt*. London: Unwin Hyman.

———. 2002. *Wages of crime: Black markets, illegal finance and the underworld economy*. Ithaca: Cornell University Press.

Nesvetailova, Anastasia. 2007. *Fragile finance: Debt, speculation and crisis in the age of global credit*. Basingstoke: Palgrave.

Neveling, Nicholas. 2007a. Mass opposition to HMRC's disclosure changes as a head. *Accountancy Age*, January 18.

———. 2007b. Darling on the offensive against UK "tax havens" claims. *Accountancy Age*, July 19.

Norregaard, John, and Tehmina S. Khan. 2007. *Tax policy: Recent trends and coming challenges*. International Monetary Fund: IMF Working Paper, WP/07/274.

Novack, J., and L. Saunders. 1998. The hustling of rated shelters. *Forbes*, December 14.

OECD. 1987. International tax avoidance and evasion: Four related studies. Issues in International Taxation. no. 1. OECD Committee on Fiscal Affairs. Paris: OECD.

———. 1998. *Harmful tax competition: An emerging global issue*. Paris: OECD. HYPERLINK "http://www.oecd.org/dataoecd/33/0/1904176.pdf" http://www.oecd.org/dataoecd/33/0/1904176.pdf［ＯＥＣＤ『有害な税の競争――起こりつつある国際問題』水

Kynaston, D. 2001. *The city of London. A club no more, 1945-2000.* London: Chatto & Windus.

Les paradis fiscaux. 1999. *L'economie politique.* vol. 4.

LeRoy, Greg. 2006. The great American jobs and tax scam. *Tax Justice Focus* 2 (4).

Levin, Carl. 2003. U. S. tax shelter industry: The Role of accoutants, lawyers and financial professionals. Statement by Senator Carl Levin before U.S. Senate Permanent Subcommittee on Investigations, November 18. http://levin.senate.gov/newsroom/release.cfm?id=216379

———. 2006. Tax havens abuses: The enablers, the tools and secrecy. Senate Permanent Subcommittee on Investigations. U. S. Senate. Committee on Homeland Security and Government Affairs, August 1. http://levin.senate.gov/newsroom/supporting/2006/PSI.taxhavenabuses.080106.pdf

———. 2007. Levin, Coleman, Obama introduce Stop Tax Haven Abuse Act. Press Office of Senator Carl Levin. http://levin.senate.gov/newsroom/release.cfm?id=269479

Likhovski, Assaf. 2007. The law and public opinion explaining IRC v. Duke of Westminster. In *Studies in the history of tax law,* ed. John Tiley, vol. 2. Oxford: Hart.

Lindholm, Richard W. 1944. *The corporate franchise as a basis of taxation.* Austin: University of Texas Press.

Looijestijn-Clearie, Anne. 2000. Centros LTD: A complete u-turn in the right of establishment for companies? *International and Comparative Law Quarterly* 49 (3): 621-42.

Maillard, De J. 1998. *Un monde sans loi. La criminalité financière en image.* Paris: Stock.

———. 2001. *Le Marché fait sa loi. De l'usage du crime par la mondialisation.* Paris: Mille et une nuits.

Maingot, Anthony P. 1995. Offshore secrecy centers and the necessary role of states: Bucking the trend. *Journal of Interamerican Studies and World Affairs* 37 (4): 1-24.

———. 1998. Laundering drug profits: Miami and Caribbean tax havens. *Journal of Interamerican Studies and World Affairs* 30 (2): 167-87.

Marias, Saul G. 1957. Liechtenstein-A corporate home away from home. *Business Lawyer* 1956-57.

Marshall, Don D. 1996. Understanding late-twentieth-century capitalism. *Government and Opposition* 31: 193-214.

Masciandaro, Donato, ed. 2004. *Global financial crime: Terrorism, money and offshore centers.* London: Ashgate.

Mathiason, Nick. 2008. Tax scandal leaves Swiss giant reeling. *Observer,* June 29.

Maurer, Bill. 1998. Cyberspatial sovereignties: Offshore finance, digital cash, and the limits of liberalism. *Indiana Journal of Global Legal Studies* 52: 493-519.

McClam, Warren D. 1974. Monetary growth and the euro-currency market. In *National monetary policies and the international financial system,* ed. Robert Z. Aliber. Chicago: Chicago University Press.

———. 2007b. International Financial Markets in the UK. www.IFSL.org.uk/research.

IMF. 2000. Offshore Financial Centers. IMF Background Paper. Prepared by the Monetary and Exchange Affairs Department, June.

INCSR. 2008. U. S. International Narcotics Contorol Strategy Report, vol. 2, U. S. Department of State, Bureau for International Narcotics and Law Enforcement Affairs. March 2008.

Irish, Charles R. 1982. Tax havens. Vanderbildt Journal of Transnational Law, pp. 49-510.

Ise, William H. Boston College. *Indus. & Com. L. Rev.* 194 1969-1970, Secret Swiss bank accounts as a mechanism for violating United States securities laws: An analysis of proposed solutions legislation, *J. Comp. Legis. & Int'l L.* 3d. ser. 216.

Jao, Y. C. 2003. Shanghai and Hong Kong as international financial centres: Historical Perspective and contemporary analysis. Hong Kong Institute of Economics and Business Strategy, no. 1071. http://www.hiebs.hku.hk/working_paper_updates/pdf/ wp1071.pdf

Jersey Financial Services Commission (JFSC).(no date). Report of the Working Group on Offshore Centers. http://www. jerseyfsc.org/the_commission/international_co-operation/evaluations/independent_reportofworkinggroup.asp#7

Jersey Police Report. 2006. http://www.taxresearch.org.uk/Documents/Statesof JerseyPoliceAnnualReport2006.pdf

Jeune, Philip. 1999. Jersey hits back over tax haven allegations. *Financial Times*, September 25.

Johns R. A. 1983. *Tax havens and offshore finance: A study of transnational economic development.* New York: St. Martin's Press.

Johns, R. A., and C. M. Le Marchant. 1993. *Finance centres: British isle offshore development since 1979.* London: Pinter.

Kane, Daniel R. 1983. *The eurodollar market and the years of crisis.* London and Canberra: Helm.

Kakazu, H. 1994. *Sustainable development of small island economies.* Oxford: Westview Press.

Kim, Woochan, and Shang-Jon Wei. 2001. Offshore Investment funds: Monster in Emerging Markets? HKIMR Working Paper no. 05/2001. http://papers.ssrn.com/sol3/papers.cfm?abstract_id=1009446#PaperDownload

KPMG. 2005. Transfer Pricing Surveys 2005-2006.

———. 2007. *The KPMG Corporate Tax Rate Survey 1993 to 2006.* http://www.kpmg.com/NR/rdonlyres/D8CBA9FF-C953-45FA-940A-FAAC86729554/0/KPMGCorporateTaxRateSurvey.pdf

Kudrle, Robert T. 2003. Hegemony strikes out: The U. S. global role in antitrust, tax evasion, and illegal immigration. *International Studies Perspectives* 4 (1): 52-71.

Kudrle, Robert T., and Lorraine Eden. 2003. The campaign against the tax havens: Will it last? Will it work? *Stanford Journal of Law, Business and Finance* 9: 37-68.

Kuenzler, Roman. 2007. Les paradis fiscaux. M. A. thesis, University of Geneva.

———. 2008. Company residence: Guidance originally published in the International Tax Handbook. http://www.hmrc.gov. uk/manuals/intmanual/INTM120150.htm.

Herbert, Christine. 2008. 100,000 PR campaign. *Jersey Evening Post*, June 27.

Heyndels, B., and J. Vuchelen. 1997. Tax mimicking among Belgian municipalities. *National Tax Journal* 51: 89-101.

Higonnet, René P. 1985. Eurobanks, eurodollars and international debt. In *Eurdollars and international banking*, ed. Paolo Savona and George Sutija. Basingstoke: Macmillan.

Hines, J. R. 1999. Lessons from behavioural responses to international taxation. In *Location and competition*, ed. S. Brakman and H. Garretsen. London: Routledge.

Hines, James R., and Eric M. Rice. 1994. Fiscal paradise: Foreign tax havens and American business. *Quarterly Journal of Economics* 109: 149-82.

Hinks, Gavin. 2008. UK corporations moving overseas: Will they stay or will they go? *Accountancy Age*, May 14.

Hodess, Robin. 2004. Introduction: Transparency International. Where did the money go? Global Corruption Report 2004. London: Pluto.

Hodjera, Zlatan. 1978. The Asian currency market: Singapore as a regional financial centre. International Monetary Fund Staff Papers, 251: 221-53.

Hong, Qing, and Michael Smart. 2007. In Praise of Tax Havens: International Tax Planning and Foreign Direct Investment. http://www.fatf-gafi.org/document/9/0,2340,en_32250379_32236920_34032073_1_1_1_1,00.html.

Hoskins, Patrik. 2007. HBOS bails out own fund as effect of credit crisis spreads. *Times*, August 22.

Houlder, Vanessa. 2008a. Accord puts suspected tax evaders in spotlight. *Financial Times*, October 29.

———. 2008b. Harbours of resentment, *Financial Times*, December 1.

Huber, Nick. 2008. Offshore tax havens: Crackdown. *Accountancy Age*, November 27.

Hübsch, Marc. 2004. Economic development policy in the context of EU enlargemet: The case of Luxembourg. Paper presented at the workshop on small states, University of Iceland, September.

Hudson, Alan C. 1998. Reshaping the regulatory landscape: Border skirmishes around the Bahamas and Cayman offshore financial centers. *Review of International Political Economy* 5(3): 534-64.

Hug, Peter. 2000. Les vraies origines du secret bancaire, démontage d'un mythe. *Le Temps*, April 27.

IFSL. 2007a. 2007 Hedge Funds. International Financial Services, City Business Series. http://www.ifsl.org.uk/upload /CBS_Hedge_Funds_2007.pdf

———. 2008. Cayman Islands: Business and tax advantages attract U. S. persons and enforcement challenges exist. Report to the Chairman and Ranking Member, Committee on Finance, U. S. Senate, July.

Gray, Simon. 2005. Vista trusts allow BVI to sough off past and attract global business. *The Lawyer. com,* 17 Januwary.

Gruber, H., and J. Mutti. 1991. Taxes, tariff and transfer pricing in multinational corporate decision making. *Review of Economics and Statistics* 73(2): 285-93.

Grundy, Milton. 1987. *Grundy's tax havens: A world survey.* London: Sweet and Maxwell.

Guex, Sebasiten. 1998. *L'argent de l'état: Parcours des finances publiques au xxe siécle.* Lausanne: Réalités sociales.

———. 1999. Les origines du secret bancaire suisse et son rôle dans la politique de la confédération au sortir de la Seconde Guerre mondiale. *Genèses* 34.

Gutcher, Lianne. 2006. Banks braced for demands to hand over offshore information. *The Scotsman,* May 4.

Haiduk, Kiryl. 2007. The political economy of post-Soviet offshorization. In *After deregulation: Global finance in the new century,* ed. Libby Assassi, Duncan Wigan, and Anastasia Nesvetailova. London: Palgrave.

Hampton, Mark. 1996. *The offshore interface: Tax havens in the global economiy.* Basingstoke: Macmillan.

———. 2007. Offshore finance centers and rapid complex constant change. Kent Business School Working Paper no. 132.

Hampton, M. P., and John Christensen. 1999. Treasure island revisited. Jersey's offshore finance centre crisis: Implications for other small island economies. *Environment and Planning* 31: 1619-37.

———. 2002. Offshore pariahs? Small island economies, tax havens and the reconfiguration of global finance. *World Development* 30(9): 1657-73.

Hanzaw, Masamitsu. 1991. *The Tokyo offshore market. In Japan's Financial Markets.* Tokyo: Foundation for Advanced Information and Research.

Hedge Fund Research Inc. 2006. HFR industry report-Year end 2006. http: //www.hedgefundresearch.com

Hejazi, Walid. 2007. Offshore financial centres and the Canadian economy. http://www.rotman.utoronto.ca/facBios/file/canadianeconomy.pdf

Helleiner, Eric. 1994. *States and the reemergence of global finance.* Ithaca: Cornell University Press.

Her Majesty's Revenue & Customs (HMRC). 2007. Taxation of the foreign profits of companies: a discussion document. http://customs.hmrc.gov.uk/channelsPortal WebApp/downloadFile?contentID=HMCE_PROD1_027592

G-20. 2009. Declaration on strengthening the financial system-London, 2 April. http://www.g20.org/pub_communiques. aspx

Garretsen, Harry, and Jolanda Peeters. 2006. Capital mobility, agglomeration and corporate tax rates: Is the race to the bottom for real? De Nederleandsche Bank (DNB) Working Paper no. 113.

Gates, Carolyn L. 1998, *The merchant republic of Lebanon: Rise of an open economy.* Oxford: I. B. Tauris.

Genschel, Philip. 2002. Globalization, tax competition, and the welfare state. *Politics and Society* 30(2): 245-75.

———. 2005. Globalization and the transformation of the tax state. *European Review* 13: 53-71.

Gerakis, A. S., and A. G. Roncesvalles. 1983. Bahrain's offshore banking center. *Economic Development and Cultural Change, 31(2): 271-93.*

Ginsburg, Anthony S. 1991. *Tax havens.* New York: New York Institute of Finance.

Global Witness. 2006. Heavy mittal? A state within a state: The inequitable mineral development agreement between the government of Liberia and Mittal Steel holdings NV. A Report by Global Witness, October. http://www.globalwitness.org /media_library_detail.php/156/en/heavy_mittal

Glos, George E. 1984. Analysis of a tax haven: The Liechtenstein Anstalt. *International Lawyer* 18(4): 929-36.

Godefroy, T., and P. Lascoumes. 2004. Le *capitalisme* clandestin. L'illusoire ré gulation des places offshore. Paris: La Découverte.

Goodfriend, Marvin. 1998. Eurodollar. In Instruments of money market, ed. Timothy Q. Cook and Robert K. Laroche. 7th ed. Richmond, VA: Federal Reserve Bank of Richmond.

Gordon Report. 1981. Tax Havens and their use by U. S. taxpayers. Report prepared for the Internal Revenue Service Washington, DC.

Gorton, G., and N. S. Souleles. 2005. Spesial purpose vehicles and securization. Federal Reserve Bank of Philadelphia Working Paper no. 05-21.

Gourvish, T. R. 1987. British business and the transition to a corporate economy: Entrepreneurship and management structures. *Business History* 29(4): 18-45.

Government Accounting Office (GAO). 2000. Suspicious banking activities: Possible money laundering by U. S. corporations formed for Russian entities. Report to the Ranking Minority Member, Permanent Subcommittee on Investigations, Committee on Governmental Affairs, U. S. Senate Washington, DC.

———. 2004. Tax administration comparison of the reported tax liabilities of foreign and U. S.-controlled corporations, 1996-2000. Report to Congressional Requesters, February. http://www.gao.gov/new. itemsUnited States General Accounting Office/d04358.pdf.

Dixon, Liz. 2001. Financial flows via offshore financial centers. *Financial Stability Review* 10: 104-15.

Doggart, Caroline. 2002. *Tax havens and their uses.* 10th ed. London: Economist Intelligence Unit.

Doyle, Michelle, and Anthony Johnson. 1999. Does offshore business mean onshore economic gains. Central Bank of Barbados Working Papers 1999, pp. 95-111.

Duménil, Gerard, and David Lévy. 2004. *Capital resurgent.* Cambridge, MA: Harvard University Press.

Dupuis-Danon, M. C. 2004. *Finance criminelle,* 2nd edition. Paris: PUF.

ECOFIN. 1999. Code of conduct business taxation council of the European Union. Brussels. http://ec.europa.eu/taxation_customs/resources/documents/primarolo_en.pdf

Eden, Lorraine, and Robert Kudrle. 2005. Tax havens: Renegade states in the international tax regime? *Law & Policy* 27: 100-127.

Edwards, Andrew. 1998. Review of financial regulation in the Crown Dependencies: A report." The Edwars report, London, Home Office.

Epstein, Edwin. 1969. *The corporation in American Politics.* Englewood Cliffs, NJ: Pren tice Hall.

Ernst & Young. 2008. Global transfer pricing report for 2007. http://www.ey.com/

European Commission. 2006. Taxation papers: A history of the "tax package." The Principles and issues underlying the community approach. Working Paper no. 10.

Evans, N. "2002. Bermuda: The new standard setter?" *Euromoney,* January.

Federal Reserve Bank of New York (FRBNY). 2007. International Banking Facilities. Fedpoints. http://www.newyorkfed. org/aboutthefed/fedpoint/fed20.html

Fehrenbach, R. R. 1996. *The gnomes of Zurich.* London: Leslie Frewin.

Feld, Lars P., and Emmanuelle Reulier. 2005. Stategic tax competition in Switzerland: Evidence from a panel of the Swiss cantons. Cesifo Working Paper no. 1516 Category 1: Public Finance, August.

Financial Action Task Force on Money Laundering (FATF). 2000. Report on noncooperative countries and territories. February 14, OECD, Paris.

Financial Stability Forum (FSF). 2000. Report of the Working Group on Offshore Centers. www.fsformum.org/Reports/ RepOFC.pdf

———. 2005. FSF Announces a New Process to Promote Further Improvements in Offshore Financial Centers (OFCs). Press Release. Ref 11/2005. March 11. http://www.fsforum.org/press/pr_050311b.pdf?noframes=1

Fleming, Donald M. 1974. The Bahamas tax paradise. *Tax Executive* 27: 217-24.

Frank, Robert. 2007. *Richistan: A journey through the 21st century wealth boom and the lives of the new rich.* London: Piatikus［ロバート・フランク『ザ・ニューリッチ——アメリカ新富裕層の知られざる実態』飯岡美紀訳、ダイヤモンド社、2007 年］

Clausing, K., and A. Calusing. 2007. Closer economic integration and corporate tax systems. Paper presented at the conferene Tax Havens and tax competition, Universita Bocconi.

Clegg, David. 2006. The morality of taxation. Ernst & Young. http://www.schmidtreport.co.uk/Subscribers/offshore/offshore4. html

Cobb, Corkill. 1998. Global finance and the growth of offshore financial centers: The Manx experience. *Geoforum* 29: 7-21.

Commons, John. [1924] 1959. *The Legal foundations of capitalism.* Madison: University of Wisconsin Press.

Corporation of London. 2005. *The competitive position of London.* http://www.zyen.com/Knowledge/Research/LCGFC. pdf

Council on Foreign Relations. 2002. Terrorist financing. Task Force Report, Washington, DC.

Couzin, Robert. 2002. *Corporate residence and international taxation.* Amsterdam: IBFD.

Crombie, Roger. 2008. Bermuda in-depth series part I: lighting and fire. *Risk and Insurance*, January 1.

CRS Report. 1998. The 1997-98 Asian financial crisis. http://www.fas.org/man/crs/crs-asia2.htm

Desai, Mihir, A. C. Fritz Foley, and James R. Hines Jr. 2002. Dividend policy inside the firm. NBER Working Paper no. 8698.

———. 2004a. Foreign direct investment in a world of multiple taxes. *Journal of Public Economics* 88: 2727-44.

———. 2004b. Economic effects of tax havens. *NBER Working Paper* no. 10806.

———. 2005. The degradation of reported corporate profits. *Journal of Economic Perspectives* 19(4): 171-92.

———. 2006. The demand for tax haven operations. *Journal of Public Economics* 90: 513-31.

Dev, Kar, and Devon Cartwright-Smith. 2008. *Illicit financial flows from developing countries*: 2002-2006. Washington, DC: Global Financial Integrity. www.gfip.org

Devereux, M., R. Griffith, and A. Klemm. 2002. Corporate income tax reforms and international tax competition. *Economic Policy* 35: 449-96.

Dharmapala, Dhammika A., and James R. Hines. 2006. Which countries become tax havens? *NBER Working Paper* no. 12802.

Diamond, Walter, and Dorothy Diamond. 1998. *Tax havens of the world.* New York: Matthew Bender Books.

Dill, T. M., and L. M. Minty. 1932. Bermuda laws and franchise. *J. Comp. Legis. & Int'l L.* 3d ser. 216.

Dinmore, Gary, and Hugh Williamson. 2008. Italy gripped as names of Liechtenstein accounts holders leak out. *Financial Times*, March 20.

20.

Calcutta Jute Mills, Limited v. Nicholson (Surveyor of Taxes), Cesena Sulphur Company, Limited v. Nicholson(Surveyor of Taxes), (1876) I TC 83, 88 (HL).

Campbell, Greg. 2002. *Blood diamonds: Tracing the deadly path of the world's most precious stones.* Boulder, CO: Westview Press.

Capgemini, and Merrill Lynch. 2007. World wealth report 2007. http://www.ml.com/media/79882.pdf

Case, A. C. 1993. Interstate tax competition after TRA86. *Journal of Policy Analysis and Management* 12: 136-48.

Cassard, M. 1994. The role of offshore centers in international financial intermediation. IMF Working Paper no. 107, Washington, DC.

Cavalier, G. A. 2005. Tax havens and publics international law: The case of the Netherlands Antilles. *Bepress Legal Series.* Working Paper 567. http://law.bepress.com/expresso/eps/567

Cayman Island Government. 2004. Budget 2004/5, Tabled in the Legislative Assembly 16 March 2004. Strategic Policy Statement, Caymans Islands. http://www.radiocayman.gov.ky/pls/portal30/docs/FOLDER/SITE83/LOCALISSUES/BDGTSPSOS. PDF

CBO. 2005. Why does U. S. investment abroad earn higher returns than foreign investment in the United States? Economic and budget issue briefs. November 30. http://www.cbo.gov/ftpdocs/69xx/doc6905/11-30-Cross-BorderInvestment.pdf

Chaikin, David. 2005. Policy and fiscal effects of Swiss bank secrecy. *Revenue Law Journal* 15(1): 90-110.

Chambost, Eduard. 1977. *Guides des paradis fiscaux.* Paris: Fabre.

Chavagneux, Christian. 2001. Secret bancaire: une légende helvétique. *Alternatives Economiques* no. 188, January.

———. 2004. *Economie politique internationale.* Paris: La Découverte.

———. 2009. *Les dernières heures du libéralisme.* Paris: Editions Perrin.

Chavagneux, Christian, and Ronen Palan. 2006. *Paradis Fiscaux.* Paris: La Découverte (Edition Repères)［クリスチアン・シャヴァニュー／ロナン・パラン『タックスヘイブン――グローバル経済を動かす闇のシステム』杉村昌昭訳、作品社、2007 年］

Chee Soon Juan. 2008. Singapore's future as a financialcentre.Singapore's Democrats. http://yoursdp.org/index.php/perspective/special-feature/1513-singaporesfuture-as-a-financial-centre-part-i

Christain Aid. 2008. Death and taxes. London. http://www.christianaid.org.uk/getinvolved/christianaidweek/cawreport /index. aspx

Clark, Andrew. 2008. How to set up a hedge fund. *Guardian,* August 6.

Clarke, William M. 2004. *How the City of London works.* London: Sweet & Maxwell.

Bhattacharya, Anindya. 1980. Offshore banking in the Caribbean. *Journal of International Business Studies*. 11(3): 37-46.

BIS. 1995. The BIS statistics on international banking and financial market activity. Monetary and Economic Department, Basle, Switzerland.

———. 2000. Guide to the international banking statistics. Monetary and Economic Department. Basle, Switzerland.

———. 2003a. Shell banks and booking offices. Basel Committee on Banking Supervision, Basle, January.

———. 2003b. Parallel-owned banking structures. Basel Committee on Banking Supervision. Basle, January.

———. 2005. 75th annual report. Basle, June.

Blum, Jack A., Michael Levi, R. Thomas Naylor, and Phil Williams. 1998. Financial havens, banking secrecy and money laundering. A study prepared on behalf of the United Nations under the auspices of the Global Programme against Money Laundering. Office for Drug Control and Crime Prevention, Vienna, December.

Blum, R. H. 1984. *Offshore haven banks, trusts, and companies: The Business of crime in the Euromarket*. New York: Praeger［リチャード・H・ブラム『オフショア市場の犯罪』名東孝二訳、東洋経済新報社、1986 年］

Boyrie, Maria E., Simon J. Pak, and John S. Zdanowicz. 2001. The impact of Switzerland's money laundering law on capital flows through abnormal pricing in international trade. CIBER Working Paper.

———. 2005. Estimating the magnitude of capital flight due to abnormal pricing in international trade: The Russia-USA case. *Accounting Forum* 29(3): 249-70.

Bräutigam, Deborah, Odd-Helge Fjeldstad, and Mick Moore, eds. 2008. *Taxation and state-building in developing countries: Capacity and consent.* Cambridge: Cambridge University Press.

Brittain-Caitlin, William. 2005. *Offshore: The dark side of the global economy*. New York: Farrar, Strauss and Giroux［ウィリアム・ブリテェイン - キャトリン『秘密の国オフショア市場』森谷博之監修、船見侑生ほか訳、東洋経済新報社、2008 年］

Browning, Lynneley. 2008. A one-time tax break saved 843 U. S. corporations $265 billion. *New York Times*, June 24.

Brueckner, J. K., and L. A. Saavedra. 2001. Do local governments engage in strategic property tax competition? *National Tax Journal* 54: 203-29.

Burn, Gary. 1999. The state, the city and the Euromarket. *Review of International Political Economy* 4(2): 225-60.

———. 2005. *Re-emergence of global finance*. London: Palgrave.

Burton, John. 2008. Singapore: From guns to bankers in colonial bungalow. *Financial Times*, June

参照文献一覧

Altman, Oscar L. 1969. Eurodollars. In *Reading in the Euro-Dollar*, ed. Eric B. Chalmers. London: W. P. Griffith.

Avery Jones, John F. 1996. Tax law: Rules or principles? *Fiscal Studies* 17(3):63-89.

Baker, Raymond W. 2005. *Capitalism's Achilles heel: Dirty money and how to renew the free-market system*. London: John Wiley and Sons.

Baldacchino, Godfrey. 2006. Managing the hinterland beyond: Two ideal-type strategies of economic development for small island territories. *Asia Pacific Viewpoint* 47(1): 45-60.

Baldwin, R., and P. Krugman. 2004. Agglomeration, integration and tax harmonization. *European Economic Review* 48(1): 1-23.

Balzli, Beat, and Frank Hornig. 2008. Europe, US battle Swiss bank secrecy. *Der Spiegel Online International*, May 20.

Beauchamp, A. 1983. *Guide mondial des paradis fiscaux*. Paris: Grasset.

Becht, Marco, Colin Mayer, and Hannes F. Wagner. 2006. Where do firms incorporate? CEPR Discussion Paper no. 5875, October.

Becker, Brandon, and Colleen Doherty-Minicozzi. 2000. Hedge funds: A reprise of 1999's "Where do we go from here" program. Panel Discussion, ABA Section of Business Law, Columbus, Ohio.

Beja, Edsel L. Jr. 2005. Capital flight: Meanings and measures. In *Capital flight and capital controls in developing countries*, ed. Gerald Epstein. Cheltenham, UK: Edward Elgar.

———. 2006. Was capital fleeing Southeast Asia? Estimates from Indonesia, Malaysia and the Philippines and Thailand. *Asia Pacific Business Review* 12(3): 261-83.

Belotsky, Vincent P. 1987. The prevention of tax havens via income tax treaties. *California Western International Law Journal* 17: 43-101.

Beltran, Daniel O., Laurie Pounder, and Charles Thomas. 2008. Foreign exposure to asset-backed securities of U. S. origin. Board of Governors of the Federal Reserve System, International Finance Discussion Papers, 939. August 6. http://www.federalreserve.gov/pubs/ifdp/2008/939/ifdp939.pdf

Bertrand, Benoit, and Vanessa Houlder. 2008. Trounced on tax. *Financial Times*, March 6.

Berle, A. A. 1950. Historical inheritance of American corporation. In *Social meaning of legal concepts*. Vol. 3: *The power and duties of corporate management*. New York: New York University School of Law.

Bestley, T., and A. C. Case. 1995. Incumbent behavior: Vote-seeking, Tax-setting, and yardstick competition. *American Economic Review* 85: 25-45.

[訳者・解説者紹介]

訳者 **青柳伸子**（Aoyagi Nobuko）
翻訳家。青山学院大学文学部英米文学科卒業。主な訳書に、フリア・アルバレス『蝶たちの時代』（作品社）、エリザベス・ピーターズ『砂洲にひそむワニ』（原書房）、メイカ・ルー『バイアグラ時代――“魔法のひと粒”が引き起した功罪』（作品社）、ドリス・レッシング『老首長の国――ドリス・レッシング アフリカ小説集』（作品社）、ハミッド・ダバシ『イラン、背反する民の歴史』（共訳、作品社）、ナギーブ・マフフーズ『渡り鳥と秋』（文芸社）ほか。

日本語版解説 **林 尚毅**（Hayashi Naoki）
1965年、愛知県生まれ。現在、龍谷大学経営学部教授。専攻：多国籍企業論。主な著書に、『アジアICT企業の競争力』（共著、ミネルヴァ書房、2010年）、『グローバリゼーションと経営学』（共著、ミネルヴァ書房、2009年）、『21世紀の企業経営』（共著、日本評論社、2006年）ほか。

[著者紹介]

ロナン・パラン (Ronen Palan)
イギリスの政治学者。サセックス大学、バーミンガム大学の教授を経て、現在、シティ大学ロンドンの国際政治経済学部の教授。タックスヘイブンやオフショア経済の研究の第一人者であり、世界的に高く評価されている。著書は世界10か国で翻訳出版されている。

リチャード・マーフィー (Richard Murphy)
イギリスの公認会計士であり、イギリス税研究所（Tax Reserch UK, LLP）の代表。世界的なタックスヘイブン監視組織タックス・ジャスティス・ネットワークの創設者の一人であり、税の不正やコーポレート・ガバナンスなどの問題に精通している。『ガーディアン』『インデペンデント』紙への定期的な寄稿者であり、イギリス労働組合会議（TUC）の経済・税問題対策の顧問を務めている。

クリスチアン・シャヴァニュー
(Christian Chavagneux)
フランスの経済学者・経済ジャーナリスト。現在、グローバル経済を分析対象とした月刊誌 *Alternatives Economiques* の副編集長、および経済誌 *L'Economie Politique* の編集者。フランス政府の計画庁（旧）やソシエテ・ジェネラルのエコノミストとして活躍し、パリ政治学院やパリ第9大学（ドフィーヌ）の講師を務めた。現在、英サセックス大学・グローバル政治経済センターの研究員でもある。

TAX HAVENS : How Globalization Really Works
by Ronen Palan, Richard Murphy, Christian Chavagneux,
originally published by Cornell University Press

[徹底解明]
タックスヘイブン
――グローバル経済の見えざる中心のメカニズムと実態

2013 年 9 月 10 日　第 1 刷発行
2016 年 5 月 20 日　第 5 刷発行

著者――ロナン・パラン
リチャード・マーフィー
クリスチアン・シャヴァニュー

訳者――青柳伸子

発行者――和田 肇
発行所――株式会社作品社
〒 102-0072 東京都千代田区飯田橋 2-7-4
tel 03-3262-9753　fax 03-3262-9757
振替口座 00160-3-27183
http://www.sakuhinsha.com

編集担当――内田眞人
本文組版――有限会社閏月社
装丁――伊勢功治
印刷・製本――シナノ印刷(株)

ISBN978-4-86182-416-6　C0033

21世紀世界を読み解く
作品社の本

肥満と飢餓

世界フード・ビジネスの不幸のシステム

ラジ・パテル　佐久間智子訳

なぜ世界で、10億人が飢え、10億人が肥満に苦しむのか？世界の農民と消費者を不幸するフードシステムの実態と全貌を明らかにし、南北を越えて世界が絶賛の名著！《日本のフード・システムと食料政策》収録

ウォーター・ビジネス

世界の水資源・水道民営化・水処理技術・ボトルウォーターをめぐる壮絶なる戦い

モード・バーロウ　佐久間智子訳

世界の"水危機"を背景に急成長する水ビジネス。グローバル水企業の戦略、水資源の争奪戦、ボトルウォーター産業、海水淡水化、下水リサイクル、水に集中する投資マネー…。最前線と実態をまとめた話題の書。

モンサント

世界の農業を支配する遺伝子組み換え企業

M・M・ロバン　村澤真保呂／上尾真道訳　戸田清監修

次の標的は、TPP協定の日本だ！PCB、枯葉剤…と史上最悪の公害を繰り返し、現在、遺伝子組み換え種子によって世界の農業への支配を進めるモンサント社──その驚くべき実態と世界戦略を暴く！

ブラックウォーター
世界最強の傭兵企業

ジェレミー・スケイヒル　益岡賢・塩山花子訳

殺しのライセンスを持つ米国の影の軍隊は、世界で何をやっているのか？　今話題の民間軍事会社の驚くべき実態を初めて暴き、世界に衝撃を与えた書。『ニューヨーク・タイムズ』年間ベストセラー!

ジャパナイゼーション

日本の「失われた数十年」から、世界は何を学べるのか？

ウィリアム・ペセック　北村京子訳

海外からみた日本経済の問題とは？　日本の失敗から世界が学ぶべき教訓とは？　世界が、いまの日本経済を知りたいとき、迷うことなく手にする「必読書」、待望の翻訳!

ワインの真実

本当に美味しいワインとは?

ジョナサン・ノシター　加藤雅郁訳

映画『モンドヴィーノ』の監督が、世界のワイン通に、再び大論争を巻き起こしているベストセラー! 世界の「絶品ワイ148」「醸造家171」を紹介!「本書を読むと、次に飲むワインの味が変わる……」

ダニエル・コーエンの著書

経済と人類の1万年史から、21世紀世界を考える

林 昌宏［訳］

ヨーロッパを代表する経済学者による
欧州で『銃・病原菌・鉄』を超えるベストセラー！

「経済学」というコンパスを使った、人類文明史への壮大なる旅。いかに経済が、文明や社会を創ってきたか？　そして、21世紀、資本主義と人類はどうなるのか？

経済は、人類を幸せにできるのか？

〈ホモ・エコノミクス〉と21世紀世界

林 昌宏［訳］

トマ・ピケティ（『21世紀の資本』）絶賛！
「コーエン先生は、経済と人間の関係について、最も深い示唆を我々に与え続けてくれる……」

経済とは何か?　人間の幸せとは何か?　新興国の台頭、米国の衰退、技術革新と労働の変質…。経済と人類の歴史的転換期のなかで、その核心に迫る 。